Wolfgang Leonhard

Spiel mit dem Feuer

Rußlands schmerzhafter Weg
zur Demokratie

Gustav Lübbe Verlag

Originalausgabe
Copyright © 1996 by Gustav Lübbe Verlag GmbH,
Bergisch Gladbach

Lektorat: Helmut Feller
Textredaktion: Arnd Kösling, Köln
Schutzumschlag: DyaDesign, Düsseldorf, unter Verwendung eines Fotos
von Bildarchiv Jürgens, Ost + Europa-Photo, Berlin (Hintergrund)
und von Gudrun Stockinger, Köln (W. Leonhard)
Satz: Bosbach & Siebel Print Media Concept, Lindlar
Gesetzt aus der 10 Punkt Rotis Serif von Agfa
Karten: Kremerdruck GmbH, Lindlar-Hartegasse
Druck und Einband: Friedrich Pustet, Regensburg

Alle Rechte, auch die der fotomechanischen Wiedergabe,
vorbehalten.

Printed in Germany
ISBN 3-7857-0845-9

5 4 3 2 1

INHALT

DIE RUSSISCHEN PARLAMENTSWAHLEN
VOM 17. DEZEMBER 1995 – MEINE EINDRÜCKE
ALS INTERNATIONALER WAHLBEOBACHTER —————————— 9

Die Slogans der Parteien · Unsere Aufgaben als Wahlbeobachter · Gespräche in Parteizentralen · Der komplizierte
Wahlzettel · Die Wahllokale · Die Ergebnisse der Wahlen
vom 17. Dezember 1995

WIE WEIT IST RUSSLAND AUF DEM WEG ZUR DEMOKRATIE
UND ZUM RECHTSSTAAT?————————————————— 35

Wie demokratisch ist die russische Verfassung? · Das ver-
schwommene Parteiensystem · Wie krank ist Boris Jelzin? ·
Jelzins Wandlung: Vom Reformvorkämpfer zum autori-
tären Präsidenten · Jelzins Verbündete und die neuen Staats-
sicherheitsdienste · Moskaus Krieg gegen Tschetschenien ·
Wie unabhängig sind Presse und Fernsehen? · Die Freiheit der
Kirchen und Religionsgemeinschaften · Erste rechtsstaatliche
Schritte · Das Hauptproblem: die organisierte Kriminalität · Die
Armee – Zustand und politischer Einfluß · Fazit

WIE WEIT IST RUSSLAND AUF DEM WEG
ZUR MARKTWIRTSCHAFT? ——————————————— 89

Ein Wirtschaftsraum zerfällt · Zunehmende Inflation ·
Das harte Ringen um die Privatisierung · Produktionsrückgang:
Ursachen und Folgen · Investitionen: Notwendigkeit und Pro-

bleme · Die Rüstungsindustrie: Konversion und Waffenex-
porte · Mafia und organisierte Wirtschaftskriminalität · Die
Bisnesmeny – die neuen russischen Unternehmer · Soziale
Probleme und Konflikte · Die große Gefahr: Kernkraftwerke
und atomare Anlagen · Risiko: Umweltzerstörung · Fazit:
Rußlands Weg zur Marktwirtschaft

RUSSLAND UND DIE GUS _____ 141

Wie kam es zum Zusammenbruch der Sowjetunion? · Die
Gründung der Gemeinschaft Unabhängiger Staaten (GUS) ·
Die GUS: Institutionen und Beschlüsse · Die GUS: Schwachstel-
len und Widersprüche · Die Überwindung der gewaltsamen
Konflikte in der GUS · Der Bürgerkrieg in Tadshikistan · Ruß-
land, die Ukraine und die Krim · Das Gebiet Kaliningrad ·
Die Situation der Rußlanddeutschen · Moskaus Anspruch auf
die »führende Rolle« in der GUS · 25 Millionen russische
»Landsleute, die im Ausland leben« · Forderungen nach »Wie-
derherstellung der Sowjetunion« · Rußlands Union mit Belarus
und die neue Gemeinschaft Integrierter Staaten (GIS) · Fünf
Jahre GUS: ein Überblick

DIE HEUTIGE AUSSENPOLITIK RUSSLANDS _____ 189

Abkehr von der »romantischen Periode« · Der Abzug der
russischen Truppen aus den ost- und mitteleuropäischen Län-
dern · Auswirkungen des Truppenabzugs · Außenpolitik im
Wandel: Schewardnadse, Kosyrew, Primakow · Rußland und
die baltischen Staaten · Rußland, der Nahe Osten und Asien ·
Akteure der russischen Außenpolitik · Moskau und die KSZE-
Verträge · Die Aufnahme Rußlands in den Europarat · Moskaus
Haltung im Jugoslawien-Konflikt · Rußland und die NATO-
Osterweiterung · Schlußfolgerungen

DIE PRÄSIDENTENWAHLEN IM SOMMER 1996 _____ 233

Eine Wahl soll verhindert werden · Die Kandidaten · Medienwirksame Auftritte: Jelzins Wahlkampfreise · Die Hauptfrage des Wahlkampfs: Rückkehr zum Kommunismus? · Beobachtung der Präsidentschaftswahl: War die Wahl fair? · Das Wahlergebnis vom 16. Juni 1996 · Jelzin, Lebed und die Vorbereitungen für die Stichwahl · Die Entscheidung: Stichwahl am 3. Juli 1996 · Jelzins Sieg bei der Präsidentschaftswahl · Nach der Präsidentschaftswahl: Situation und Probleme

DEUTSCHLAND UND DIE ENTWICKLUNG IN RUSSLAND UND DEN GUS-LÄNDERN – WAS WURDE BISHER GETAN? WAS KÖNNTE NOCH GETAN WERDEN? _____ 273

Milliardenkredite für Rußland: ein Weg aus der Krise? · Investitionen – Ausmaß und Risiken · Wie steht es mit den Jointventures? · Information und Beratung: Schlüssel zum russischen Markt · Der Ausbildungsbereich: Hilfe zur Selbsthilfe · Das deutsche Wohnungsbauprogramm für zurückkehrende Soldaten und Offiziere · Rußlanddeutsche: Ausreise nach Deutschland oder neue Möglichkeiten in Rußland? · Die Rückführung »verlagerter Kunstschätze« · Deutsche Initiativen im Bereich des Rechtswesens und der Verwaltung Rußlands · Humanitäre Hilfe: neue Akzente, neue Prioritäten · Kontakte zu russischen politischen Parteien · Deutschland, Rußland und die GUS: Zusammenarbeit im kulturellen Bereich · Besonders wichtig: Städtepartnerschaften.

NACHWORT _____ 315

Entscheidende Thesen und Zukunftsperspektiven

BILDNACHWEIS _____ 328

REGISTER _____ 329

Die russischen Parlamentswahlen vom 17. Dezember 1995 –
Meine Eindrücke als internationaler Wahlbeobachter

Am 12. Dezember 1995 um 18.45 Uhr Ortszeit kamen wir – die internationalen Wahlbeobachter – in Moskau an. Auf dem Flugplatz gab es lange Warteschlangen, weil mehrere Flugzeuge gleichzeitig eingetroffen waren und das Gepäck völlig durcheinandergeraten war. Anschließend lief jedoch alles glatt, und wir wurden in unsere Hotels gebracht.

Entscheidend war für uns Wahlbeobachter zunächst, daß die Parlamentswahlen überhaupt stattfanden. Bereits im Frühjahr 1994 hatte die Jelzin-Führung versucht, die Wahlen zu verschieben. Dieser Schritt war damals – das wurde erst im Sommer 1995 bekannt und von der »Njesawissimaja Gaseta« veröffentlicht – in einer internen Analyse »Über mögliche Schritte zur Stabilisierung der politischen Lage in Rußland« vorgeschlagen worden. Im Juni 1994 trat Wladimir Schumejko, der damalige Vorsitzende des Föderationsrates und enger Vertrauter Jelzins, öffentlich dafür ein, die Wahlen zu verschieben und – entgegen der Verfassung – die Amtszeit sowohl des Präsidenten wie auch des Parlaments zu verlängern.

Diese Versuche stießen jedoch auf geschlossene Ablehnung. Der Präsident der Staatsduma, Ivan Rybkin, der Petersburger Oberbürgermeister Anatolij Sobtschak, der Leiter des Industrieverbandes des Arkadij Wolskij, der KP-Chef Gennadij Sjuganow und der Vorsitzende von »Rußlands Demokratische Wahl«, Jegor Gaidar, traten alle für eine termingerechte Einhaltung der Wahlen ein.

Im Frühjahr 1995 gab es ein neues Problem. Entgegen der im Wahlgesetz vorgesehenen Bestimmung, die Hälfte der 450 Duma-Sitze über Direktmandate, die anderen 225 über Parteilisten zu wählen, schlug Jelzin überraschend vor, 300 Abgeordnete durch Direktwahl und nur 150 über die Parteilisten in das Parlament zu entsenden. Auch sollte die Wahl nicht, wie bis dahin, bei einer Wahlbeteiligung von 25 Prozent, sondern erst bei 50 Prozent der abgegebenen Stimmen als gültig anerkannt werden. Damit wäre, angesichts der befürchteten geringen Wahlbeteiligung, ein Parlament überhaupt nicht zustandegekommen. Erst nach langen Diskussionen erklärte sich Jelzin im Juni 1995 bereit, die Wahlen wie vorgesehen abhalten zu lassen.

Gleich am ersten Abend fuhr ich kreuz und quer durch Moskau, um Wahlveranstaltungen zu besuchen. Aber offenbar gab es keine.

An Plätzen und Straßen in Moskau sah man wiederholt offizielle Aufforderungen, an den Wahlen teilzunehmen. Der Text auf diesem Schild: »Am 17. Dezember finden die Wahlen zur Staatsduma der Föderalen Versammlung der Russischen Föderation statt. Denken Sie nach! Entschließen Sie sich! Wählen Sie!«

Die Slogans der Parteien

Am nächsten Morgen nahm ich die Wahlplakate in Augenschein. Wiederholt sah ich große, quer über die Straßen gespannte Transparente mit der behördlichen Aufforderung an die Moskauer, zur Wahl zu gehen. Offensichtlich bestand nach der katastrophal geringen Wahlbeteiligung bei den Regionalwahlen die Befürchtung, dies könne sich bei den Parlamentswahlen wiederholen. Die Aufforderungen lauteten zum Beispiel:

»Moskauer! Die aktive Teilnahme an den Wahlen ist die Grundlage einer realen Volksherrschaft!«

»Am 17. Dezember finden die Wahlen zur Staatsduma der Föderalen Versammlung der Russischen Föderation statt. Denken Sie nach! Entschließen Sie sich! Wählen Sie!«

»Moskauer! Die aktive Teilnahme an den Wahlen ist unsere Bürgerpflicht!«

Auch Lichtreklamen wurden von einzelnen Parteien benutzt. Hier von den Rechtsextremisten Shirinowskijs. Oben die Wahlliste 33, in der Mitte die Abkürzung für Liberal-Demokratische Partei Rußlands (die offizielle Bezeichnung der rechtsextremistischen Partei), darunter der Name Shirinowskij.

Die bedeutendsten Parteien hatten große Plakate aufgehängt; am häufigsten sah ich die der Regierungspartei »Unser Haus Rußland« von Ministerpräsident Tschernomyrdin. Als Emblem hatte seine Partei das Bild eines schönen Hauses gewählt (das es in der Realität wohl nur selten gibt). Ihre beiden Hauptslogans wiederholten sich auf all ihren Plakaten und Flugblättern: »Gemeinsam mit uns in die Zukunft« und »Auf festem Fundament der Verantwortung und Erfahrung«.

»Unser Haus Rußland« warb außer dem Haus auch mit der Abbildung eines Hahns. Gleich beim ersten Rundgang erhielt ich einen

Neben Plakaten für die Parteien gab es auch Plakate für Einzelpersonen, die die jeweiligen Parteien vertraten: Hier ein Plakat für Wladimir Resin, stellvertretender Bürgermeister Moskaus und Minister für Bauwesen, von der Regierungspartei »Unser Haus Rußland«. Oben: »Keine Zeit zum Streiten«, unten: »Laßt uns bauen!«

Die Slogans der Parteien 13

Anstecker, auf dem ein großer Hahn verkündete: »Verschlafen Sie nicht die Zukunft! Wachen Sie auf! Stimmen Sie am 17. Dezember für unser Haus Rußland«. Darunter stand wieder der Slogan: »Auf festem Fundament der Verantwortung und Erfahrung«.

Neben Wahlplakaten für »Unser Haus Rußland« und die Shirinowskij-Partei (die sogar Leuchtreklamen einsetzte) entdeckte ich ein Plakat der Sozialdemokraten: in der Mitte ein großes Bild von Gawriil Popow, der mehrere Jahre Moskauer Oberbürgermeister war, darunter die Unterschriften der bekannten russischen Sozialdemokraten Orlow und Bogomolow. Oben stand: »1917 wäre mit den Sozialdemokraten eine große Chance gewesen. Sie wurde nicht genutzt – und das war unsere Tragik«. Darunter las man in großen Lettern: »1995 nehmen wir endlich die Chance mit den Sozialdemokraten wahr«.

Es war ein eindrucksvolles Plakat, hatte jedoch nur wenig Wirkung: Die Sozialdemokraten erhielten nur 0,13 Prozent der Stimmen.

Die beiden wichtigsten Oppositionsparteien – die Kommunistische Partei der Russischen Föderation (KPRF) und die Rechtsextremisten Shirinowskijs – konzentrierten sich vor allem auf Flugblätter. In Auflagen von mehr als einer Million verkündeten sie ihre Ziele.

Neben Plakaten und Lichtreklamen gab es auch Flugblätter, meist in kleinem Postkartenformat. Hier ein Flugblatt der Shirinowskij-Partei. Überschrift: »Stimmt für die LDPR! Nr. 33« (Abkürzung für Liberal-Demokratische Partei Rußlands, der offizielle Parteiname der Rechtsextremisten Shirinowskijs), unten der Hinweis »Stimmen Sie für die LDPR, und Ihr Leben verändert sich zum Besseren!« Unterschrift: W. Shirinowskij.

Das Flugblatt der KPRF war relativ gemäßigt, einfühlsam und werbend:
»Bald kommt der Tag der Wahl. Die Hauptfrage ist – wem zu glauben, wem das eigene Schicksal anzuvertrauen, das Schicksal der Familie und unseres Landes. Es ist klar, daß man nicht denjenigen glauben kann, die uns einen Krieg brachten, die Bevölkerung ausplünderten, das Volk entmündigten und unser Land erniedrigten.

Auf wen kann man denn heute hoffen? Unsere Partei hat eine schwierige Aufarbeitung der Vergangenheit durchgemacht. Aufgrund der neuen Lebenserfahrung haben wir unsere Reihen gereinigt, eine den gegenwärtigen Bedingungen entsprechende Konzeption ausgearbeitet, wie man die Wirtschaft zu Aufschwung bringen, das Verbrechen überwinden, eine Neugeburt des Landes erreichen und unser Leben verbessern kann.

Wahlflugblatt der Kommunistischen Partei der Russischen Föderation (in einer Auflage von 1 Million Exemplaren) mit drei ihrer prominentesten Repräsentanten. Links: A. Tulejew, in der Mitte: S. Gorjatschewa, rechts: der Parteivorsitzende G. Sjuganow. Unten die Losung: »Wir glauben an die Weisheit und Gerechtigkeit der Wahl des Volkes.«

Unser Weg mit Ihnen ist der Weg des Aufschwungs, die kategorische Verneinung der Zerstörung. Wir werden alles Gute nicht nur aus dem vergangenen, sondern auch aus dem heutigen Leben schützen. Wir bitten Sie, sich an den Wahlen zu beteiligen. Wir glauben an die Weisheit und Gerechtigkeit der Wahl des Volkes.«

Völlig anders – kurz, knapp, hart und militant – war das ebenfalls sehr weit verbreitete Wahlflugblatt der Rechtsextremisten Shirinowskijs. Der offizielle Parteiname »Liberaldemokratische Partei Rußlands« kam im Flugblatt nicht vor, man las lediglich seine Abkürzung: »LDPR – Vorsitzender W. Shirinowskij«. Darunter standen die Wahlziele. Hier die wichtigsten:

»Die LDPR ist für

die Wiederherstellung eines einheitlichen, mächtigen und blühenden russischen Staates in den historischen Grenzen auf friedlichem Wege,

die territoriale Gliederung in Gouvernements, die Abschaffung nationaler Republiken,

die Einstellung jeglicher Hilfe sowohl an das nahe als auch an das ferne Ausland,

die Beendigung der Blockade unseres Landes und der Rückzahlung der Schulden an unsere Gläubiger,

die Beendigung der Konversion der Verteidigungsindustrie, den weitreichenden Verkauf von Waffen ins Ausland,

die Entwicklung der vaterländischen Kultur, den Kampf gegen die Amerikanisierung in Fernsehen und Filmen,

die vorrangige Finanzierung der maßgeblichen Wissenschaft des Weltraums – Rußlands Stolz,

die Verteidigung der Russen in den Ländern des nahen Auslands mit allen Mitteln,

eine kampfbereite, mit allem Notwendigen ausgerüstete Armee, die fähig ist, das Land zu verteidigen.«

In einem anderen Flugblatt derselben Partei wurde kurz und bündig erklärt: »Stimmt für die LDPR, und Ihr Leben verändert sich zum Besseren«; darunter die große Unterschrift »W. Shirinowskij«.

Einige an den Wahlen teilnehmende Parteien hatten für westeuropäische Begriffe ungewöhnliche Namen; so sah ich ein Plakat einer

Neben Wahlplakaten und Flugblättern gab es auf den Mauern gemalte Hinweise. Hier für die KPRF, die »Kommunistische Partei der Russischen Föderation«.

Partei »Die Sache Peters des Großen« mit dem Hinweis: »Für die Wiedergeburt einer Großmacht. Dabei helfe uns Gott«. Ungewöhnlich war auch der lange Name der Partei mit der Nummer 34 auf der Wahlliste: »Wahlblock der Partei der Verteidigung der Pensionäre und Veteranen, der Partei der Überwindung des Verbrechens, der Gesetzlichkeit und Ordnung, der Partei der Verteidigung der Gesundheit, Bildung, Wissenschaft und Kultur, der Partei der Verteidigung der Gewerkschaften, der Jugend, der Vereinigung freier Gewerkschaften, der Partei der Gerechtigkeit und der Partei des Naturschutzes«.

Zu den bekanntesten Repräsentanten dieses Wahlblocks gehörte die Wunderheilerin Dshuna. Sie versprach: »Sie stimmen für Ihre Gesundheit, für Ihr Wohlbefinden und für Gerechtigkeit« und fügte – wie alle konservativ-nationalen Parteien – hinzu: »Für die Wiedergeburt einer Großmacht. Dabei helfe uns Gott«.

Vor allem die Kommunisten verwendeten neben Plakaten und Flugblättern auch Farbe für ihre Wahlwerbung; auf zahlreichen Mauern und Häuserwänden las man die roten Buchstaben »KPRF«.

Unsere Aufgaben als Wahlbeobachter

Gemeinsam mit den Wahlbeobachtern der anderen Länder ging ich zur großen Konferenz der Zentralen Wahlkommission Rußlands im

Unsere Aufgaben als Wahlbeobachter   17

УДОСТОВЕРЕНИЕ № 930

фамилия

имя

страна, организация

аккредитован
при Центральной избирательной комиссии
Российской Федерации
в качестве иностранного (международного)
наблюдателя.

Председатель
Центральной избирательной
комиссии Российской Федерации   Н. Рябов

Действительно
до 6 января 1996 года
(при предъявлении документа,
удостоверяющего личность)   "15 "декабря 1995 г.
         (дата выдачи)

Ausweis eines OSZE-Wahlbeobachters für
die Wahlen am 17. 12. 1995.

Prospekt Mira 36. Im Saal waren etwa 100 Personen um einen großen rechteckigen Tisch plaziert. Am Kopfende saßen die vier maßgeblichen Vertreter der Wahlkommission. Jeder von ihnen sprach,
recht sachlich, etwa 15 Minuten über die verfassungsmäßigen
Grundlagen der Wahl, den bisherigen Wahlkampf, die Organisation
der Wahlen und die Aufgaben der Wahlbeobachter – sowohl der russischen als auch der aus anderen Ländern. Alle Vorträge wurden
simultan ins Englische übersetzt.

Anschließend erhielten die Teilnehmer detaillierte Richtlinien
über ihre Aufgaben als Wahlbeobachter ausgehändigt. Ihre vollstän-
dige Wiedergabe würde den Rahmen dieses Buches sprengen, daher
beschränke ich mich hier auf einige besonders wichtige Passagen:

Allgemeine Feststellungen: Die Wahlbeobachter haben die Aufgabe, Unregelmäßigkeiten bei den Wahlen herauszufinden, vor
allem jene, die in organisierter Weise begangen worden sind. Die
Wahlbeobachter sollen sich nicht in den Wahlprozeß einmischen,
keine Instruktionen an Wahlkommissionen geben, sondern ihre
Besorgnisse und Meinungen schriftlich notieren. Beschwerden sind

stets an den Vorsitzenden der jeweiligen Wahlkommission zu richten. Alle Beobachtungen sind sorgfältig zu notieren, mit Hinweisen auf Ort, Zeit, beteiligte Personen und Augenzeugen. Wahlbeobachter sollten davon ausgehen, daß manche Fehler aus mangelnder Erfahrung erfolgen und nicht unbedingt mit dem Ziel einer Fälschung begangen werden. Daher sollte keineswegs jeder Fehler oder jede mangelnde Einhaltung der Bestimmungen gleich als gewollte Fälschung eingestuft werden.

Bei Interviews mit Medien sollten sich die Wahlbeobachter auf ihre Aufgaben und Tätigkeiten beschränken und keine Meinungen allgemeiner Art verbreiten, die lediglich auf persönlichen Erfahrungen beruhen. Die Wahlbeobachter haben nach den Wahlen die Möglichkeit, in einem Erfahrungsaustausch über ihre Schlußfolgerungen zu berichten.

Die Öffnung der Wahllokale: Die Wahllokale öffnen um 8 Uhr. Die Wahlbeobachter sollten mindestens 20 Minuten vor Abstimmungsbeginn am Wahllokal sein, um den Vorgang der Öffnung des Wahllokals zu beobachten. Dabei sollen sie sich zunächst beim Vorsitzenden der jeweiligen Wahlkommission melden und als Wahlbeobachter vorstellen. Sie sollten sich nicht in die Vorbereitungsarbeiten einmischen, sondern den Abstimmungsort begutachten, vor allem daraufhin, ob im Wahllokal andere Materialien ausliegen und ob alles korrekt für die Öffnung der Wahllokale vorbereitet ist, ob der jeweilige Vorsitzende den Beginn der Wahlen bekanntgibt und den übrigen Mitgliedern der Kommission die leeren Wahlurnen zeigt und sie versiegelt.

Die Umgebung sollte beobachtet werden, um festzustellen, ob eventuell Busse mit Wählern organisiert zum Wahllokal gebracht werden und ob noch Wahlpropaganda betrieben wird, da dies am Wahltag selbst nicht gestattet ist.

Nach der Vorstellung und dem kurzen Gespräch mit dem Vorsitzenden sollte auch mit den anderen Mitgliedern der Wahlkommission sowie mit den russischen Wahlbeobachtern gesprochen werden, um festzustellen, ob es irgendwelche Spannungen gibt. Auch ist festzustellen, ob die Mitglieder der Wahlkommission im Wahllokal wirklich Mitglieder sind und sich kein Fremder unter ihnen befindet. Bei den jeweiligen russischen Wahlbeobachtern von anderen Parteien, Wahlblocks und Bündnissen sollte man sich über die Wahlen informieren sowie feststellen, ob auf den Tischen irgendwelche Materialien außer den für die Abstimmung notwendigen ausliegen, z.b. Flugblätter, Anstecker, Symbole des Staates, Fotos der Regierungsmitglieder oder nicht-offizielle Instruktionen für den Wahltag. In höflicher Form sollte um Einblick in die Wahllisten gebeten werden, um festzustellen, ob diese wirklich komplett sind und ob neue Namen hinzugefügt wurden.

Abstimmung: Vor allem ist festzustellen, ob das Wahlgeheimnis eingehalten wird. Weiter ist festzustellen, ob es Wähler gibt, die ihre Wahlzettel öffentlich ausfüllen und ob sich bei der Abstimmung noch andere Familienmitglieder oder andere Personen in den Wahlkabinen befinden. Die Wahlurnen sind genau zu beobachten, um festzustellen, ob außer den Wählern irgendwelche andere Personen vorbereitete Wahlscheine hineinwerfen. Besondere Aufmerksamkeit sollte jenen Wählern gewidmet werden, die bei der Ausfüllung um Hilfe bitten. Hier muß garantiert sein, daß keine Beeinflussung stattfindet. Die Wähler haben das Recht, einen neuen Wahlschein von der Kommission zu erhalten, falls sie bei der ersten Ausfüllung Fehler begangen haben und diese korrigieren wollen. In solchen Fällen muß festgestellt werden, was mit den fehlerhaft ausgefüllten Wahlzetteln geschieht, ob wirklich ein neuer, leerer Wahlzettel ausgehändigt wird und wie oft sich solche Vorfälle im Wahllokal ereignen.

Die Wahlbeobachter sollten mit dem Vorsitzenden der jeweiligen Wahlkommission darüber sprechen, ob es Probleme, Störungen, Verzögerungen oder andere Unregelmäßigkeiten oder Beschwerden über den Wahlvorgang gegeben hat. Nach Möglichkeit sollte auch mit den Wahlbeobachtern anderer russischer Parteien oder Wahlblocks darüber gesprochen werden, ob sie mit der Durchführung der Wahl im entsprechenden Wahllokal einverstanden sind, wie sie den Vorsitzenden und die offiziellen Mitglieder der Wahlkommission beurteilen und ob sie irgendwelche Probleme, Unregelmäßigkeiten oder Beschwerden entdeckt haben.

Gespräche mit den Wählern: In den Wahllokalen sind jegliche

Gespräche mit den Wählern untersagt. Sie können jedoch *nach* der Stimmabgabe und *außerhalb* des Wahllokals geführt werden. Dabei kann nach Folgendem gefragt werden:

Allgemeiner Eindruck des Wählers, ob es in dem Wahllokal fair und kompetent zuging, ob er von irgendwelchen Unregelmäßigkeiten oder Beschwerden gehört hat.

Ob der betreffende Wähler oder die Wählerin der Auffassung ist, daß diese Wahlen wirklich geheim waren.

Ob er oder sie sich bei der Auswahl der Partei unter Druck befand.

Wie er oder sie sich über die jeweilige Partei, den Wahlblock oder die Kandidaten informierten sowie ob die Medien die Bevölkerung fair und sachlich über die unterschiedlichen Parteien unterrichtet haben.

Auszählung der Stimmen: Eine wichtige Rolle spielen die Wahlbeobachter beim Auszählen der Stimmen. Im Unterschied zu den meisten europäischen Ländern sind die Abstimmungslokale in Rußland bis 22 Uhr geöffnet. Es ist wichtig, bereits vor 22 Uhr im betreffenden Wahllokal zu erscheinen, um festzustellen, ob alle Regeln eingehalten werden. Der Vorsitzende der jeweiligen Wahlkommission muß um 22 Uhr bekanntgeben, daß die Wahlen beendet sind und die Auszählung beginnen kann, allerdings nur, wenn alle Wähler das Wahllokal verlassen haben. Die Auszählung darf nur von den Mitgliedern der entsprechenden Wahlkommission vorgenommen werden. Außerdem dürfen im Wahllokal nur anwesend sein: a) Vertreter der jeweiligen Kandidaten, Parteien oder Wahlblocks, b) internationale Wahlbeobachter, c) Vertreter der Medien und d) Sicherheitsbeamte.

Vor Beginn der Auszählung muß der Vorsitzende unbenutzte Wahlzettel im Beisein aller Kommissionsmitglieder so ungültig machen, daß sie nicht mehr verwertet werden können. Der Vorsitzende muß die Zahl der gültigen Wahlzettel mitteilen, die Siegel öffnen und die Wahlzettel den Kommissionsmitgliedern übergeben. Es gilt, genau zu sehen, ob die nicht benutzten Wahlzettel wirklich unbrauchbar gemacht wurden und vor allem, ob sie sorgfältig vom Auszählungstisch entfernt wurden. Besonders genau ist zu beobachten, wie die Siegel von den Wahlurnen entfernt werden, wie die

Wahlurnen geöffnet und die Wahlzettel an die Kommissionsmitglieder verteilt werden.

Protokoll der Wahlergebnisse: Die Wahlergebnisse müssen von der Wahlkommission sorgfältig protokolliert werden. Die Protokolle müssen die Zahl der Wähler enthalten und ebenso die Zahl der ungültigen Wahlzettel. In einem zweiten Protokoll müssen dann die für den Bezirk gewählten Kandidaten und in einem dritten die jeweiligen Parteien aufgeführt sein. Die Erstellung der Protokolle ist sorgfältig zu verfolgen.

Die Auszählung dauert bei russischen Wahlen durchschnittlich zwei bis fünf Stunden. Sie muß ohne Pause erfolgen und darf erst beendet werden, wenn alle Wahlzettel gezählt und protokolliert sind.

Das endgültige Protokoll der Wahlkommission muß in drei Exemplaren mit Füllfederhalter bzw. Federhalter mit Tinte (nicht mit Bleistift!) erstellt und von allen Mitgliedern der Wahlkommission unterzeichnet werden. Mitglieder der Kommission, die mit dem Protokoll oder mit Teilen des Protokolls nicht einverstanden sind, haben das Recht, die eigene Meinung in den Bericht einzutragen.

Weitergabe der Wahlergebnisse: Nach der Auszählung muß das Protokoll an das nächsthöhere Wahlgremium weitergeleitet werden. Das zweite Exemplar bleibt beim Leiter der Wahlkommission, bis die gesamte Arbeit beendet ist. Es empfiehlt sich, daß zumindest ein internationaler Wahlbeobachter mit den Wahlurnen mitfährt, um die nächsthöhere Wahlkommission bei ihrer weiteren Tätigkeit zu beobachten. Internationale Wahlbeobachter haben das Recht, jede Phase des gesamten Wahlvorgangs zu beobachten, darunter auch die Weitergabe der Berichte an die jeweils höhere Wahlkommission. Dies ist vor allem wichtig, um die Wahlresultate des betreffenden Wahllokals mit den Resultaten der höheren Gremien zu vergleichen.

Bei den Kreiswahlkommissionen erfolgt die Zählung entweder durch Computer oder durch gewöhnliche Zählung. Beides ist zu beobachten. Nach Artikel 66 der russischen Wahlgesetzgebung kann das automatisierte System nur für die Bekanntgabe der ersten inoffiziellen Resultate benutzt werden, das endgültige offizielle Resultat erfolgt wie bei früheren Wahlen durch die einfachen Zählungsmethoden.

GESPRÄCHE IN PARTEIZENTRALEN

Bereits vor den Wahlen hatten sich die ausländischen Wahlbeobachter ständig über die möglichen Wahlergebnisse unterhalten – über die mit den russischen Wählern selbst ja nicht diskutiert werden durfte.

Allgemein rechneten wir mit einer hohen Wahlbeteiligung, einem großen Sieg der Kommunisten, einem Rückgang der Rechtsextremisten Shirinowskijs sowie damit, daß innerhalb der Demokraten die JABLOKO-Partei von Grigorij Jawlinskij die stärkste werden würde, während die Partei »Rußlands Demokratische Wahl« von Jegor Gaidar knapp um die notwendigen fünf Prozent herum liegen würde. Der noch im Sommer 1995 hoch eingestufte Wahlblock »Kongreß Russischer Gemeinden« (KRO) wurde von uns in den Wochen vor der Wahl schwächer eingeschätzt, vor allem, weil sich gezeigt hatte, daß der populäre Alexander Lebed nicht immer mit dem KRO identifiziert wurde und gegenüber dem Sommer 1995 an Einfluß verloren hatte. Wir rechneten damit, daß von den 43 Parteien nur sechs oder sieben die Fünf-Prozent-Hürde überwinden würden.

In den letzten Tagen vor den Wahlen besuchte ich die Zentralen einiger russischer Parteien. Besonders interessant für mich war das Gespräch mit Ivan Melnikow, einem Mitglied des Vorstandes der Kommunistischen Partei Rußlands. Melnikow ist Leiter der Fakultät für Mathematik der Moskauer Universität und Kandidat der Physisch-Mathematischen Wissenschaften an der Akademie der Wissenschaften Rußlands. Ich traf ihn in den Fraktionsräumen der KPRF in der Staatsduma in Moskau. Der Weg dorthin war mit Kontrollen gespickt wie auf einem Flughafen.

Meine Frage nach den Zielen der KPRF beantwortete Melnikow so: Seine Partei trete dafür ein, daß in allen Staatsorganen Fachleute eingesetzt würden, denn Fachkenntnisse seien wichtiger als Parteibücher. Die KPRF strebe eine Zusammenarbeit aller »volkspatriotischen Kräfte« an, wobei sie sich darüber im klaren sei, daß es dabei Schwierigkeiten geben könne und man Konzessionen machen müsse. Auf meine Frage nach möglichen Verbündeten nannte Melnikow an erster Stelle die Agrarpartei sowie die Partei des ehemaligen Mini-

Gespräche in Parteizentralen 23

sterpräsidenten Ryschkow, »Die Macht dem Volke«. Ferner käme die Bewegung der »Frauen Rußlands« in Frage sowie eventuell auch der »Kongreß Russischer Gemeinden« von General Lebed, diese Gruppie-

Staatsoberhaupt Boris Jelzin und die wichtigsten Parteiführer während der russischen Parlamentswahlen vom 17. Dezember 1995 (von links oben): Boris Jelzin, Gennadij Sjuganow (Kommunistische Partei der Russischen Föderation), Alexander Lebed (Kongreß Russischer Gemeinden), Jegor Gaidar (Rußlands Dem. Wahl), Grigorij Jawlinskij (JABLOKO), Viktor Tschernomyrdin (Unser Haus Rußland), Wladimir Shirinowskij (Liberaldemokratische Partei Rußlands), Nikolaj Ryschkow (Die Macht dem Volke), Alexander Ruzkoj (Staatsmacht)

rung sei jedoch sehr heterogen. Auf meine Frage, ob die KPRF eine Änderung der gegenwärtigen Verfassung oder sogar die Ausarbeitung einer neuen Verfassung als wichtige Aufgabe ansähe, erklärte Melnikow, die Verfassung sei gegenwärtig nicht das Hauptproblem; über sie könne erst nach den Präsidentenwahlen im Juni 1996 entschieden werden. Nach Meinung der KPRF leide die gegenwärtige Verfassung daran, daß der Präsident zu viele Kompetenzen habe; zu gegebener Zeit werde sich die Partei für die Ausarbeitung einer neuen Verfassung aussprechen, in der die parlamentarischen Gremien entscheidenden Einfluß erhalten sollten. Dann fragte ich, ob die KPRF mit »Bruderparteien« in anderen Ländern in Kontakt stehe oder eine Zusammenarbeit anstrebe. Melnikow sagte, die KPRF sei offen für die Zusammenarbeit mit allen Parteien aller Länder, vor allem mit Parteien der Linken und der Mitte, sowohl für einen Meinungsaustausch als auch eventuell für eine gewisse Zusammenarbeit. Die KPRF lehne jedoch den Begriff »Bruderparteien« ab, weil dieser zu sehr an die Vergangenheit erinnere, an die Zeiten, in denen es einen großen Bruder Moskau gab und kleinere Brüder in anderen Ländern. Im Prinzip sei die KPRF jedoch für Kontakte aufgeschlossen, vor allem mit ähnlich gesinnten Parteien in Polen, Ungarn, Bulgarien und anderen Ländern.

Auch mit der PDS? Es gäbe, so Melnikow, gute Beziehungen zur PDS und regelmäßige Zusammenkünfte, unter anderem mit Hans Modrow. Was die Zusammenarbeit mit den Parteien anderer Länder angehe, so seien – im Unterschied zu früher – die jeweiligen Gegebenheiten dieser Länder sorgfältig zu berücksichtigen. Die im Westen häufig konstatierte Ähnlichkeit zwischen Alexander Kwasnjewskij in Polen und dem Parteivorsitzenden Gennadij Sjuganow sei übertrieben. Gewiß gebe es Kontakte, aber die Bedingungen für politische Tätigkeit seien in Polen und Rußland außerordentlich unterschiedlich.

Von den Gesprächen mit anderen Parteien erschien mir das mit der Leitung des Wahlblocks »Kongreß Russischer Gemeinden« (KRO) besonders interessant. Wir wurden vom Pressesprecher freundlich empfangen; als erstes informierte er uns, der »Kongreß Russischer Gemeinden« sei keine Partei, sondern eine Dachorganisation unterschiedlicher Strömungen und Vereinigungen, darunter der »Demokratischen Partei Rußlands«, der »Sozialistischen Partei der Werktätigen«, der unabhängigen Gewerkschaften, der Föderation der Warenproduzenten und anderer.

Der »Kongreß Russischer Gemeinden«, so erklärte er uns, trete für die Neugeburt Rußlands auf evolutionärem Wege ein. Die bisherige Entwicklung, die man als Reform bezeichnet hatte, habe die Mafia hervorgebracht und zur Plünderung des Volkes und des Staates geführt. Der »Kongreß Russischer Gemeinden« trete für eine Marktwirtschaft bei gleichzeitiger Verstärkung der Rolle des Staates ein. Er sei für demokratische marktwirtschaftliche Reformen, bei denen jedoch die nationalen Traditionen und Gepflogenheiten Rußlands gewahrt bleiben müßten. Der KRO wende sich gegen das blinde Kopieren von fremden Erfahrungen; er sei für eine Diktatur, allerdings für eine Diktatur der Gesetze, bei der die Gesetze vom Straßenfeger bis zum Präsidenten verpflichtend sein müßten. Der »Kongreß Russischer Gemeinden« trete nach wie vor für die Demokratie ein, obwohl dieser Begriff in Rußland jetzt weitgehend diskreditiert sei.

In bezug auf russische Außen- und Sicherheitspolitik meinte der Sprecher des KRO: »Wir sind für eine pragmatische Außenpolitik, wir kennen weder ewige Feinde noch ewige Verbündete. Wir sehen die Rolle der USA mit Skepsis und wollen uns auf unsere engen Nachbarn konzentrieren – das heißt, auf Europa. Die Außenpolitik muß nach Auffassung des KRO pragmatisch und ohne ideologische Scheuklappen sein. Im Zentrum sollte die Verstärkung der Zusammenarbeit Rußlands mit den anderen GUS-Staaten stehen.«

DER KOMPLIZIERTE WAHLZETTEL

Auf der ersten Konferenz mit der Zentralen Wahlkommission erhielt jeder von uns Wahlbeobachtern einen Wahlzettel mit dem großen Aufdruck »Obrasez« (also: »Muster« und damit ungültig für den Wahlvorgang). Der »Zettel« bestand aus vier Einzelblättern, auf denen sich einiges Ungewöhnliche fand.

Der vierseitige Wahlzettel

Auffällig waren zunächst drei Dinge:

1. Von den 43 Bewerbern benutzten nur wenige den Begriff Partei, darunter die »Kommunistische Partei«, die »Agrarpartei«, die »Partei der Christlichen Demokraten«, die »Ökologische Partei KEDR«

Der komplizierte Wahlzettel 27

(auf deutsch: Zeder) und – etwas ungewöhnlich für andere Länder – die »Partei der Bierliebhaber«. Alle anderen benutzten andere Begriffe wie Bewegung, Verband, Block, Gesellschaftliche Vereinigung, Assoziation oder Union – offensichtlich, weil der Begriff Partei für viele russische Bürger durch die frühere KPdSU diskreditiert ist. Einige der an den Wahlen teilnehmenden Organisationen nannten sich sogar »Parteilose Politische Bewegung« oder »Block der Unabhängigen«, um sich vom Begriff der Partei deutlich zu distanzieren.

2. Die Aufzählung der Parteien in der Wahlliste erfolgte weder nach der Wahlstärke, noch (wie bei den vergangenen Wahlen im Dezember 1993) nach dem Alphabet, sondern war ausgelost worden. So erschienen die jeweiligen Parteien, Wahlblocks, Bündnisse und Vereinigungen in völlig willkürlicher Reihenfolge auf den Wahllisten.

3. Die Liste der 43 Wahlblocks, Vereinigungen usw. zeigte, daß der Begriff »Demokratie« nur in Ausnahmefällen in den Namen der Organisationen vorkam. Die überwiegende Mehrzahl trug patriotisch-nationale Bezeichnungen wie etwa »Sozial-Patriotische Bewegung Großmacht«, »Mein Vaterland«, »Für die Heimat – Vorwärts Rußland« oder »Die Sache Peters des Großen«.

Die Namen der teilnehmenden Gruppierungen waren recht klein gedruckt und für manche Wähler schwer lesbar. Die erste Seite des Wahlzettels enthielt die Parteien Nr. 1 bis 8. Die Nr. 1 waren die »Frauen Rußlands«, und unter Nr. 7 fand sich die von uns mit Interesse beobachtete »Islamische Bewegung NUR« (»Licht«), die bei den Wahlen dann allerdings nur eine unbedeutende Rolle spielte, obwohl es 20 Millionen Anhänger des Islam in der Russischen Föderation gibt.

Auf der zweiten Seite der Wahlliste waren besonders interessant die Nr. 13: »Mein Vaterland« von General Boris Gromow (der die Rückführung der sowjetischen Truppen aus Afghanistan leitete), die Nr. 17: das als Regierungspartei bekannte »Unser Haus Rußland« und die Nr. 19: die demokratische Bewegung »JABLOKO« unter Leitung von Grigorij Jawlinskij.

Auf dem dritten Blatt fanden sich unter Nr. 23 die von Jegor Gaidar geleitete »Rußlands Demokratische Wahl«, unter Nr. 25 die

»Kommunistische Partei der Russischen Föderation«, unter Nr. 29 die Sozialdemokraten, unter Nr. 30 »Die Macht dem Volke« unter Leitung des früheren Ministerpräsidenten und Reformgegners Nikolaj Ryschkow, unter Nr. 31 der bereits erwähnte »Kongreß Russischer Gemeinden« und unter Nr. 32 die Partei »Gewerkschaften und Industrielle Rußlands – das Bündnis der Arbeit«, in der paritätisch sowohl Gewerkschaften wie Unternehmerverbände vertreten sind. Unter Nr. 33 waren die Rechtsextremisten Shirinowskijs unter ihrem offiziellen Namen »Liberaldemokratische Partei Rußlands« aufgeführt.

Auf dem letzten Blatt war als Nr. 36 die Partei »Kommunisten – Werktätiges Rußland für die Sowjetunion« unter Leitung von Viktor Anpilow aufgeführt, die weitaus militanter und radikaler ist als die offizielle KPRF; als Nr. 41 die »Agrarpartei Rußlands«, die Interessenvertretung der Funktionäre der Sowjetgüter und Kollektivwirtschaften, und als Nr. 42 die »Christlich Demokratische Union«.

Ganz am Schluß fand sich eine Besonderheit russischer Wahlzettel: Man konnte die Rubrik »Gegen alle Wahllisten« ankreuzen.

Die Wahllokale

Die rote Farbe, die noch bei den Wahlen von 1993 dominiert hatte, war verschwunden: die Wahllokale waren durch weiße Schrift auf blauem Grund kenntlich gemacht. In allen Wahllokalen hatte man große Informationstafeln aufgestellt; eine trug die Überschrift »Ich, der Wähler«. Sie informierte mit Texten und Diagrammen über die Vorbereitungen und den Verlauf der Wahlen.

Die Wahlkommissionen waren besser eingespielt als 1993, und alles verlief ruhiger und sachlicher als damals. Allerdings fiel mir auf, daß die Wahllokale mehr als früher durch Polizei oder Miliz bewacht waren. Der Andrang war bisweilen so groß, daß die Menschen vor Abgabe des Stimmzettels Schlange stehen mußten.

Überraschend war, daß die russischen Wähler die komplizierten Wahllisten mit ihren 43 Wahlvereinigungen offensichtlich gut verstanden, sich gut auskannten und die Partei wählten, von der sie überzeugt waren.

Die Wahllokale 29

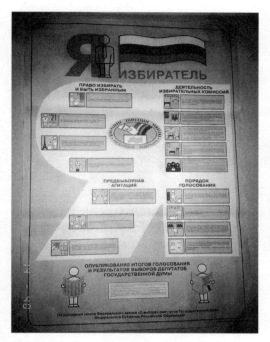

In den Wahllokalen befanden sich stets Informationshinweise für die Wähler. Hier die Informationstafel mit der Überschrift »Ich, der Wähler« mit Hinweisen über das Wahlrecht, die Tätigkeit der Wahlkommissionen, den Vorgang der Abstimmung und die Veröffentlichung der Wahlresultate.

Die Wahllokale waren zumindest von einem, manchmal von mehreren Polizisten bewacht. Hier das Wahllokal Nr. 77.

Die russischen Parlamentswahlen vom 17. Dezember 1995

Häufig waren bei den Wahlen am 17. Dezember die Wahllokale überfüllt. Hier ein typisches Bild der Abstimmung in einem Moskauer Wahllokal am 17. Dezember 1995.

In manchen Wahllokalen befanden sich Bilder oder Plakate aus sowjetischen Zeiten; oben im Bild eines der bekanntesten Kriegsplakate aus dem Jahre 1942 »Mutter Heimat ruft!«.

Allerdings gab es auch einige Pannen, vor allem Schwierigkeiten mit dem neuen Computersystem, das die lokalen Wahlergebnisse nach Moskau weiterleiten sollte. In mehreren Orten waren die Computer noch gar nicht installiert, in anderen waren sie noch nie erprobt worden.

In einigen Wahllokalen gab es nicht genügend Stimmzettel, so daß die Wähler oft lange warten mußten, ehe neue eintrafen. Trotz dieser Mängel gab es nach Einschätzung aller Wahlbeobachter keine gravierenden Verstöße gegen die Wahlordnung, so daß die Wahlen in Rußland – mit Ausnahme von Tschetschenien – übereinstimmend als korrekt beurteilt wurden.

Häufig hörte ich Diskussionen über die Notwendigkeit einer Änderung des Wahlgesetzes; vor allem die von Deutschland übernommene Fünf-Prozent-Klausel als Voraussetzung für eine parlamentarische Vertretung erregte die Gemüter. Vielfach wurde die Befürchtung ausgesprochen, daß nur vier bis sieben Parteien diese Hürde überwinden würden (was sich später bewahrheiten sollte) und diese zusammen nur etwa 30 Prozent der abgegebenen Stimmen ausmachen würden, während sich 70 Prozent auf kleinere Parteien verteilten, die dann keine parlamentarische Vertretung hätten.

Auch heute noch, Monate nach den Wahlen, wird dieser Punkt diskutiert – obwohl viele Parteien, die die Fünf-Prozent-Marke nicht erreichten, durch Direktmandate im Parlament vertreten sind. Im Unterschied zu Deutschland ist die jeweilige Partei allerdings *nur* durch ihre Direktmandate vertreten, während die übrigen für die Partei abgegebenen Stimmen nicht zählen und sich daher nicht auf die parlamentarische Vertretung dieser Partei auswirken.

DIE ERGEBNISSE DER WAHLEN VOM 17. DEZEMBER 1995

Den Wahlabend erlebte ich im Wahllokal des »Hauses der Gelehrten«, einem Gebäude, das zur Akademie der Wissenschaften gehört und das ich schon seit meiner Kindheit und Jugend in Moskau kannte. Kurz vor 22 Uhr, dem Wahlende, wurden die letzten Wähler gebeten, möglichst schnell ihre Stimmen abzugeben und dann das

Wahllokal zu verlassen. Schließlich war neben den Offiziellen und zwei Sicherheitsbeamten nur noch ein älteres Ehepaar anwesend, das sich als »Veteranen« vorstellte, aber nach kurzem Gespräch mitteilte, daß es von der Kommunistischen Partei als Beobachter delegiert worden war. Um Punkt 22 Uhr wurden die nicht benutzten Wahlzettel unbrauchbar gemacht, die Siegel der Wahlurne geöffnet und die Wahlzettel auf dem großen Tisch der Kommission ausgeschüttet.

Es begann eine schwierige Zählerei – selbst hier, in der Akademie der Wissenschaften, gab es keinen Computer. Weil zunächst die Gesamtzahl aller Wahlzettel festgestellt wurde, mußten wir – ein ZDF-Team und ich – zwei Stunden bis zum Beginn der eigentlichen Auszählung warten. Erst kurz vor Mitternacht begann die Kommission mit dem Auszählen der Stimmen.

Später besuchte ich das zentrale Pressezentrum, wo sich Hunderte, vielleicht Tausende Journalisten befanden. Über Lautsprecher wurden die ersten Wahlergebnisse aus dem Fernen Osten bekanntgegeben. Da der Zeitunterschied zehn Stunden beträgt, waren dort die Stimmen bereits ausgezählt. Es herrschte atemlose Stille, als die Lautsprecher riesige Gewinne sowohl der Kommunisten als auch der Shirinowskij-Partei bekanntgaben. Schrittweise veränderte sich jedoch das Bild, und in den frühen Morgenstunden erhielten wir bereits vorläufige Gesamtergebnisse, die sich im Laufe des nächsten Tages nur noch geringfügig veränderten.

Der große Wahlsieger war erwartungsgemäß die Kommunistische Partei der Russischen Föderation. Mit 22,3 % wurde sie die bei weitem stärkste Partei. An zweiter Stelle folgten die Rechtsextremisten Shirinowskijs mit 11,8 % (gegenüber 22,8 % bei den Wahlen im Dezember 1993), dicht gefolgt von der Regierungspartei »Unser Haus Rußland« mit 10,1 % und der demokratischen JABLOKO-Partei mit 6,9 %.

Sechs weitere Parteien verfehlten nur relativ knapp die Fünf-Prozent-Marke. Die Frauenpartei erhielt 4,6 %, die militanten Kommunisten unter dem Namen »Kommunisten – Werktätiges Rußland für die Sowjetunion« 4,5 %, der »Kongreß Russischer Gemeinden« mit Alexander Lebed 4,3 %, die Partei der »Selbstverwaltung der Arbei-

Die Ergebnisse der Wahlen vom 17. Dezember 1995   33

ter« 3,98 %, »Rußlands Demokratische Wahl«, geführt von Jegor Gaidar, 3,86 % sowie die mit der KPRF verbündete Agrarpartei 3,78 %.

Alle übrigen Parteien lagen unter 2 %, die meisten sogar unter 1 % der abgegebenen Stimmen. Interessant und vielleicht etwas unerwartet erschien die Tatsache, daß 2,77 %, fast zwei Millionen Wähler, sich die Mühe gemacht hatten, zu den Wahllokalen zu gehen, um sich dann – bei einer Auswahl von 43 Parteien und Wahlblocks – in der untersten Rubrik »gegen alle Wahllisten« auszusprechen.

Die Wahlbeobachter aller Regionen stimmten darin überein, daß die Wahlen insgesamt und überall korrekt verlaufen waren – lediglich Tschetschenien lag uns allen im Magen. Nach den offiziell verkündeten Wahlresultaten hatten sich in diesem blutig umkämpften Land angeblich 53,6 % der Wahlberechtigten an den Wahlen beteiligt und den von Moskau eingesetzten Regierungschef Doku Sawgajew mit mehr als 90 % der Stimmen zum Republikchef gewählt. Dies wurde sowohl von uns ausländischen Wahlbeobachtern als auch von russischen Journalisten bezweifelt. Sawgajew war der einzige Kandidat gewesen, da die Anhänger Dudajews die Wahl boykottiert hatten. Selbst der ehemalige Duma-Präsident Rußlands, der Tschetschene Ruslan Chasbulatow, hatte seine Kandidatur aus Protest gegen das »Moskauer Marionettenregime« zurückgezogen. Internationale Wahlbeobachter waren bei den Wahlen in Tschetschenien nicht zugelassen worden.

Wie weit ist Rußland auf dem Weg zur Demokratie und zum Rechtsstaat?

Nach der Amtseinführung Michail Gorbatschows am 11. März 1985 und der bald darauf folgenden »Perestroika« (Umgestaltung) und »Glasnost« (Öffnung oder Transparenz) wuchsen im Westen die Hoffnungen, der große Reformprozeß würde zu einer Demokratie und zu rechtsstaatlichen Verhältnissen führen.

Anfangs schien manches dafür zu sprechen. Das System lockerte sich zusehends, abweichende Auffassungen konnten mehr und mehr öffentlich dargelegt werden. In den Jahren von 1989 bis 1991 standen sich Kommunisten als Verteidiger des alten Systems und Demokraten als Vorkämpfer für einen demokratischen Rechtsstaat gegenüber. Die Demokraten erhielten immer mehr Zulauf, und nach der Niederschlagung des Putsches von 1991 schien es vielen, daß nun der Durchbruch zur Demokratie und zum Rechtsstaat gelingen werde.

Das erwies sich jedoch schon bald als überoptimistischer Trugschluß. Die Demokraten nutzten ihre damaligen Chancen nicht und konnten die Bevölkerung von der Richtigkeit ihrer Politik nicht überzeugen. Schrittweise formierten sich sowohl Kommunisten und Rechtsextreme (Shirinowskij) als auch in zunehmendem Maße konservativ-nationalistische Kräfte und verstärkten ihren Einfluß – nicht zuletzt im Parlament. Im September 1993 folgte der Beschluß Jelzins, das weitgehend reformfeindliche Parlament aufzulösen, und am 4. Oktober ließ er das Parlamentsgebäude durch ihm ergebene Truppen bombardieren und besetzen. Dies wurde von der Bevölkerung jedoch nicht als Kampf zwischen Demokraten und autoritären Kräften angesehen, sondern als Konflikt zwischen unterschiedlichen Cliquen der neuen herrschenden Schicht. Im Dezember 1993 konnte zwar eine Verfassung installiert werden, aber die Neuwahlen zum

Parlament brachten den Shirinowskij-Extremisten und Kommunisten mit ihren Verbündeten erneut eine eindeutige Mehrheit.

Jelzin hatte inzwischen den Nimbus des demokratischen Reformvorkämpfers verloren und näherte sich zunehmend den national-konservativen autoritären Kräften an, ja, er begann, ihr Sprecher zu werden. Für die Bevölkerung standen nicht mehr demokratische Freiheiten, Menschenrechte und eine rechtsstaatliche Ordnung im Vordergrund, sondern die sozialen Ungerechtigkeiten, die ökonomischen Schwierigkeiten sowie vor allem die zunehmende Kriminalität. Der Durchbruch zur Demokratie war mißlungen; national-autoritäre und kommunistische Kräfte bestimmten seit Ende 1993 weitgehend das Geschehen. Mit dem im Dezember 1994 begonnenen brutalen Krieg gegen Tschetschenien sank das Prestige Jelzins weiter; die autoritären Tendenzen und Strukturen verstärkten sich zunehmend.

Im Sommer 1996 stellte sich Rußland als eine widerspruchsvolle Mischung aus einem autoritären Präsidialsystem und parlamentarisch-demokratischen Ansätzen dar.

Im folgenden will ich kurz die einzelnen Elemente skizzieren: die Verfassung und das Parteiensystem, die politische Rolle des Präsidenten und der neuen Staatssicherheitsdienste, die Medien und die Religionsgemeinschaften. Anschließend gehe ich auf die ersten rechtsstaatlichen Schritte ein, auf das drastische Ansteigen der Kriminalität sowie auf den Zustand der Armee und ihren Einfluß auf das politische Geschehen.

WIE DEMOKRATISCH IST DIE RUSSISCHE VERFASSUNG?

Rußland verfügt erstmalig über eine Verfassung, in der die demokratischen Rechte und Freiheiten und die Trennung der Gewalten festgeschrieben sind. Sie wurde von der Bevölkerung am 12. Dezember 1993 angenommen. Die Verfassung ist im großen und ganzen einer europäischen demokratischen Verfassung ähnlich – allerdings mit einer außerordentlichen Machtstellung des Präsidenten. Die Verfassung wird von der Führungsspitze des Landes nicht so beachtet, wie es in einem demokratischen Land eigentlich sein sollte. Die Annahme der Verfassung erfolgte überhastet, die Bevölkerung war nur unzureichend informiert.

In der ersten Oktoberwoche 1993 hatte Präsident Boris Jelzin eine Arbeitsgruppe unter Leitung von Sergej Filatow eingesetzt, die den endgültigen Text des Verfassungsentwurfs erstellen sollte. Die Gruppe arbeitete den am 12. Juni 1993 von der Verfassungskommission verabschiedeten Entwurf noch einmal um – vor allem zugunsten einer weiteren Stärkung des Präsidenten und zu Lasten der Souveränität der einzelnen Gebiete und Republiken innerhalb der Russischen Föderation. Das Ergebnis wurde erst am 9. November 1993 veröffentlicht – nur knapp fünf Wochen vor der für den 12. Dezember 1993 angesetzten Volksbefragung über die Verfassung.

Zwei Parteien setzten sich sofort für die Annahme des Verfassungsentwurfs ein: die unter Gaidars Leitung stehende »Wahl Rußlands«, eine demokratische Partei, die damals noch eindeutig für Jelzin auftrat, und die rechtsextremistische Partei Wladimir Shirinowskijs. Von der Kommunistischen Partei wurde der Verfassungsentwurf abgelehnt. Die unter Führung Jawlinskijs stehende demokratische JABLOKO-Partei befürchtete autoritäre Tendenzen und verlangte mehr Demokratisierungsaspekte im Entwurf. Die beiden autonomen Republiken Tatarstan und Baschkortostan lehnten den Entwurf ab, weil der Sonderstatus der Republiken und Regionen zu stark zurückgedrängt war. Der Oberbürgermeister von St. Petersburg, Anatolij Sobtschak, ein berühmter Rechtsgelehrter und damals Vorsitzender der demokratischen »Bewegung für demokratische Reformen«, kritisierte, daß die Macht des Präsidenten nicht durch ausreichende Gegengewichte ausbalanciert sei.

Am Sonntag, dem 12. Dezember 1993, fand neben den Parlamentswahlen auch das Referendum über den Verfassungsentwurf statt. Dieses Referendum habe ich als internationaler Wahlbeobachter in Kaliningrad, dem früheren Königsberg, miterlebt. Neben den Wahlscheinen gab es einen besonderen Wahlzettel (zur Unterscheidung im kleineren DIN-A5-Format) mit der Frage: »Nehmen Sie die Verfassung der Russischen Föderation an?« Darunter stand in großen Buchstaben links ein Ja und rechts ein Nein. Nach dem Referendum wurde bekanntgegeben, die Wahlbeteiligung habe bei 54,8 % gelegen. Für die Verfassung hätten 58,4 % der Wähler gestimmt. Damit war die Verfassung angenommen. Dies war allerdings kaum ein Sieg Jelzins, da auch Shirinowskij vehement für die Annahme plädiert hatte – offensichtlich in der Hoffnung, die in der Verfassung festgeschriebenen weitgehenden Kompetenzen des Präsidenten später einmal selbst erlangen zu können.

In der seit Dezember 1993 gültigen Verfassung wird Rußland als »demokratische, föderative und rechtsstaatliche Republik« definiert. Der Mensch, seine Rechte und Freiheiten, sind die höchsten Werte; die Anerkennung, Einhaltung und der Schutz der Rechte sind die höchsten Pflichten des Staates. Die Würde des Menschen wird durch den Staat geschützt. Jeder Bürger genießt Freizügigkeit bei der Wahl des Wohnortes und des Arbeitsplatzes. Das Privateigentum und die Freiheit der wirtschaftlichen Betätigung sind garantiert. Die Gleichberechtigung von privatem, staatlichem, kommunalem und anderem Eigentum ist festgeschrieben (Artikel 1-8).

Artikel 13 bekräftigt den ideologischen und politischen Pluralismus. Verboten sind lediglich Vereinigungen, deren Ziele und Aktionen sich auf eine gewaltsame Änderung der Verfassungsordnung richten oder soziale, ethnische, nationale und religiöse Gegensätze schüren. In Artikel 14 wird die Trennung von Staat und Religion festgeschrieben und die Unabhängigkeit aller religiösen Vereinigungen vom Staat sowie ihre Gleichheit vor dem Gesetz garantiert. Die Verfassung garantiert ebenso das Recht auf freie Informationsbeschaffung und die Freiheit der Masseninformationen, verbunden mit dem ausdrücklichen Verbot jeder Zensur (Artikel 29). Weiter schreibt sie die politischen Partizipationsrechte fest, darunter das Recht zur Beteiligung an der Leitung staatlicher Angelegenheiten sowie das aktive und passive Wahlrecht (Artikel 32).

In Artikel 10 wird das Prinzip der Trennung von legislativer, exekutiver und judikativer Gewalt festgeschrieben. Heftige Diskussionen löste damals – und seitdem immer wieder – die starke Machtstellung des Präsidenten aus. Die Kritik richtet sich vor allem darauf, daß sie im Widerspruch zur Gewaltenteilung steht. Der Präsident ist, laut Verfassung, Staatschef der Russischen Föderation und »Garant

der Verfassung sowie der Einhaltung der Menschenrechte und Freiheiten«; er wird jeweils für vier Jahre vom Volk in geheimer Abstimmung gewählt.

In den Artikeln 83-87 werden die Vollmachten des Präsidenten
festgelegt.

Der Präsident
• ernennt mit Zustimmung der Staatsduma (dem Unterhaus des Parlaments) den Regierungschef,
• trifft die Entscheidung über die Entlassung der Regierung,
• schlägt der Staatsduma den Kandidaten für den Posten des Chefs
der Zentralbank (und auch seine Entlassung) vor,
• ernennt auf Vorschlag des Regierungschefs die einzelnen Minister
respektive entbindet sie von ihren Ämtern,
• bildet und leitet den Sicherheitsrat,
• bestätigt die Militärdoktrin,
• ernennt und entläßt das Oberkommando der Streitkräfte.

Besonders wichtig – und heftig umstritten – ist das Recht des Präsidenten, das Parlament aufzulösen. Dieses Recht wird ihm zugestan-
den, falls das Parlament dreimal den vom Präsidenten vorgeschlagenen Ministerpräsidenten ablehnt. In einem solchen Fall kann der
Präsident Neuwahlen anordnen. Ferner kann der Präsident Volksab-
stimmungen ansetzen, Gesetzesvorlagen einbringen sowie Erlasse
und Verordnungen verfügen. Als Oberbefehlshaber der Streitkräfte
kann er in den vom Gesetz vorgesehenen Fällen über die gesamte
Russische Föderation bzw. über Teilgebiete den Ausnahmezustand
verhängen.

Die Verfassung sieht als legislatives Organ eine »Föderale Versammlung« vor, die aus zwei Kammern besteht: dem Föderationsrat
und der Staatsduma. Der *Föderationsrat* ist aus je einem Vertreter
der Exekutive und Legislative der 88 (wenn man Tschetschenien mit-
zählt: 89) »Föderationssubjekte« gebildet, d.h. der Gebiete, Regionen, autonomen Gebiete und autonomen Republiken der Russischen
Föderation. Der Föderationsrat bestätigt den Erlaß des Präsidenten
über die Verhängung des Kriegs- oder Ausnahmezustandes und ent-

scheidet über den Einsatz der Streitkräfte der Russischen Föderation im Ausland.

Die *Staatsduma* besteht aus 450 Abgeordneten, die vom Volk für vier Jahre gewählt werden. Sie bestätigt den vom Präsidenten vorgeschlagenen Regierungschef (oder lehnt ihn ab), entscheidet über eventuelle Vertrauensfragen der Regierung und kann Amnestien erlassen.

So weitgehend die Vollmachten des Präsidenten sind, so kompliziert ist seine Ablösung. Der Präsident scheidet nur dann vor Ablauf der Amtsperiode aus dem Amt, wenn ihn entweder sein Gesundheitszustand ständig an der Ausübung seiner Pflichten hindert, oder er kann vom Föderationsrat seines Amtes enthoben werden, wenn die Staatsduma ihn des Hochverrats oder schwerer Gesetzesverstöße bezichtigt hat. Allerdings muß vorher das oberste Gericht in einem Gutachten die Handlung des Präsidenten für strafbar erklären, und das Verfassungsgericht muß den rechtmäßigen Ablauf der Prozedur bestätigen.

DAS VERSCHWOMMENE PARTEIENSYSTEM

Auf dem Weg von der Diktatur zum pluralistischen, demokratischen Mehrparteiensystem wurden zweifellos erste, wichtige Schritte vollzogen. Die frühere Kommunistische Partei der Sowjetunion (KPdSU), die nach der Verfassung und in der Realität die »führende Rolle« spielte, alle entscheidenden Fragen der Innenpolitik, Wirtschaft, Bildung, Kultur, Militär- und Außenpolitik bestimmte und das öffentliche Leben der Sowjetunion dirigierte und kontrollierte, existiert nicht mehr. An ihre Stelle ist eine Vielfalt unterschiedlicher Parteien, Wahlbündnisse und Wahlblocks getreten. An den Parlamentswahlen vom 12. Dezember 1993 nahmen 13 Parteien und Gruppierungen teil, an den Wahlen vom 17. Dezember 1995, wie berichtet, sogar 43.

Das gegenwärtige russische Parteiensystem zeichnet sich im Verhältnis zu anderen Staaten in Europa durch folgende Besonderheiten aus:

Mit Ausnahme der KPRF verfügen die Parteien in der Regel über keine oder nur sehr kleine Organisationsstrukturen und sind in den Städten und Regionen Rußlands nur selten durch Büros oder Stützpunkte vertreten. In der Regel handelt es sich um Strömungen im Umfeld einzelner Personen. Die politischen Parteien spielen in den parlamentarischen Körperschaften der Gemeinden, Städte, Kreise und Regionen eine völlig untergeordnete Rolle. Viele Kandidaten treten auf örtlicher und regionaler Basis als »Unabhängige« auf. In der Duma ist die Zahl der Unabhängigen seit Dezember 1993 jedoch zurückgegangen, und allmählich beginnen die Parteien, sich zu etablieren.

Viele Parteien haben noch keine Kontinuität: sie entstehen und verschwinden wieder oder lösen sich in unterschiedliche neue Gruppierungen auf. Einige Parteien, die im Dezember 1993 noch wichtig waren, spielen heute nur noch eine geringe Rolle, während inzwischen andere Parteien – etwa der Wahlblock »Unser Haus Rußland« oder der »Kongreß Russischer Gemeinden« – neu entstanden sind.

Gegenwärtig, im Sommer 1996, stehen vor allem folgende Parteien bzw. Wahlblocks oder Wahlbündnisse im Vordergrund:

• Die KPRF, die *Kommunistische Partei der Russischen Föderation*, die bei den Wahlen im Dezember 1993 12,3 % der Stimmen erhielt, wuchs im Dezember 1995 auf 22,3 % und ist damit stimmenmäßig die stärkste Partei. Die heutige KPRF unterscheidet sich von der früheren KPdSU; sie ist moderner, pragmatischer, aktiver. Durch ihre Opposition gegen soziale Mißstände und durch ihre Forderung nach nationaler Größe und Wiederherstellung der Sowjetunion mit friedlichen Mitteln ist es ihr gelungen, beträchtlichen Einfluß zu gewinnen. Eine große Rolle spielt dabei die Nostalgiewelle in weiten Kreisen der russischen Bevölkerung, in denen die Sowjetperiode – angesichts der gegenwärtigen großen Schwierigkeiten – in einem verklärten Licht gesehen wird. Der Vorsitzende der KPRF, Gennadij Sjuganow, ein ehemaliger Funktionär des kommunistischen Jugendverbandes, verhielt sich gegenüber den Gorbatschow-Reformen kritisch und gehörte sogar zu den Unterzeichnern des berüchtigten »Aufrufs an das Volk« vom 19. Juli 1991. Eine direkte Beteiligung am Augustputsch 1991 konnte Sjuganow jedoch nicht nachgewiesen werden.

Die KPRF wird von ehemaligen Partei- und Staatsfunktionären unterstützt sowie von jenen Bevölkerungskreisen, die zu den Opfern des Übergangs zur Marktwirtschaft gehören: Rentner, Kriegsveteranen, Industriearbeiter und ehemalige Kollektivbauern. Die KPRF tritt zwar nicht für die Rückkehr zum Staatseigentum und zur Planwirtschaft ein, wohl aber für ein »gleichberechtigtes Nebeneinander« unterschiedlicher Eigentumsformen (staatlich, genossenschaftlich und privat). Sie kritisiert die »zu weit gehende« Privatisierung und tritt für einen verstärkten staatlichen Einfluß auf die Großindustrie ein. Weiterhin fordert sie eine Begrenzung der Tätigkeit der Neureichen sowie umfangreiche Sozialprogramme (ohne klar mitzuteilen, woher die Mittel dafür kommen sollen). Die KPRF steht in Opposition zur Jelzin-Politik, war gegen den Tschetschenien-Krieg und tritt für die Wiederherstellung einer – etwas gewandelten – Sowjetunion mit friedlichen Mitteln ein. Ferner fordert sie die Veränderung der gegenwärtigen Verfassung durch Beschränkung oder sogar völlige Abschaffung des Präsidentenamtes und strebt größere Kompetenzen des Parlaments sowie – ungewöhnlich für Kommunisten – Pressefreiheit und Rechtsstaatlichkeit an.

• Die Rechtsextremisten Shirinowskijs, die unter der offiziellen Bezeichnung *Liberaldemokratische Partei Rußlands* auftreten, sind eine großrussische, chauvinistische, demagogische, extremistische Partei. Gegründet wurde sie im Frühjahr 1990 von dem mit dem sowjetischen Sicherheitsdienst verbundenen Juristen Wladimir Shirinowskij, der bei den ersten russischen Präsidentschaftswahlen im Juni 1991 6,2 Millionen Stimmen erhielt. Bei den bewaffneten Konflikten in Moskau Anfang 1993 zwischen der Jelzin-Exekutive und dem Parlament stellte sich Shirinowskij auf die Seite Jelzins und begrüßte die Erstürmung des Parlamentsgebäudes. Er unterstützte auch den Verfassungsentwurf Jelzins mit der weitreichenden Machtstellung des Präsidenten. Seit Dezember 1993, als seine Partei 22,8 % der Stimmen erhielt, hat Shirinowskij seinen Höhepunkt überschritten. Viele seiner ehemaligen Wähler haben sich von ihm abgewandt, weil sie seinen unseriösen, demagogischen Charakter erkannten. Bei

Das verschwommene Parteiensystem 43

den Parlamentswahlen am 17. Dezember 1995 sackte die Partei auf
11,8 % ab, verfügt jedoch immer noch über eine gewisse Unterstützung, vorwiegend der ländlichen Bevölkerung. Shirinowskij propa-
giert die Wiederherstellung des russischen Reiches (nicht der
Sowjetunion!) in den Grenzen der UdSSR (also einschließlich der
baltischen Staaten), fordert die Vorherrschaft der Russen in den
anderen GUS-Staaten, das Zurückdrängen des westlichen Einflusses
auf allen Ebenen und die Besinnung auf die eigene Stärke Rußlands.
Die Waffenproduktion sei anzukurbeln, die Armee zu verstärken,
Innenministerien und Staatssicherheit sollten im Innern »aufräumen«, dem organisierten Verbrechen sei »ein entscheidender Schlag«
zu versetzen. Seine Partei zieht die Proteststimmen auf sich und verkörpert die rechtsnationalen Strömungen in der russischen Bevölkerung.
• An dritter Stelle ist der Wahlblock *Unser Haus Rußland* zu nennen,
geführt von Ministerpräsident Viktor Tschernomyrdin. Diese Partei,
am 12. Mai 1995 gegründet, hat, wie Tschernomyrdin auf dem Grün-
dungskongreß erklärte, das Ziel, für Stabilität in Staat und Gesellschaft sowie für die Wiedergeburt der Würde und Selbstachtung
Rußlands zu sorgen. Sein Wahlbündnis, so Tschernomyrdin, trete für
den Übergang von der Romantik zum Pragmatismus ein. Der Wahlblock »Unser Haus Rußland« distanziert sich gleichermaßen von den
Demokraten auf der einen und den Rechtsnationalisten und Kommunisten auf der anderen Seite. Zum Wahlblock gehören führende
Regierungsmitglieder, die Präsidenten einiger Republiken und auto-
nomer Gebiete, Chefs der Gebietsverwaltungen und Direktoren der
größten Wirtschaftsunternehmen. »Unser Haus Rußland« setzt sich
für Stabilität, Kontinuität, Erfahrung und Berechenbarkeit ein und
fordert den Kampf gegen jeglichen Extremismus. Der Block wird von
mächtigen Wirtschaftsverbänden, vor allem von GASPROM, und privaten Banken unterstützt. Die Partei gilt als »Partei der Macht«. Trotz
großzügigster Unterstützung und eindeutiger Bevorzugung in den
Medien erhielt »Unser Haus Rußland« bei den Parlamentswahlen im
Dezember 1995 nur 10,13 % der Stimmen.
• Die führende demokratische Partei ist die *JABLOKO*, abgeleitet von
den Anfangsbuchstaben ihrer Gründer, Grigorij Jawlinskij, Jurij

Boldyrew (inzwischen ausgeschieden) und Wladimir Lukin. Die JABLOKO-Partei befürwortet Reformen – im Bereich der Wirtschaft allerdings in gemäßigtem Tempo –, kritisiert die Jelzinsche Verfassung und tritt für eine stärkere Demokratisierung der Gesellschaft ein. Bei den Wahlen im Dezember 1995 erhielt sie 6,9 % der Stimmen, konnte jedoch durch Direktmandate 25 Abgeordnete in das Parlament entsenden und war damit die viertgrößte Fraktion. JABLOKO wird vor allem von gebildeteren Schichten in den Großstädten gewählt. Sie tritt für die Beschneidung der Machtfülle des Präsidenten, für die Stärkung des Föderationsrates und für eine konsequentere Demokratisierung ein. Die Partei plädiert gleichzeitig für eine stärker sozialorientierte und in die Regionen verlagerte Wirtschaftsreform. Sie unterstützt die sozial Schwachen und die Kleinunternehmer und will die großen Monopole auflösen. Sie bezeichnet sich selbst als »demokratische Alternative« zum Jelzin-System.

• Zu den Demokraten gehört neben der JABLOKO-Partei auch die »Wahl Rußlands« (inzwischen in *Rußlands Demokratische Wahl* umbenannt) unter Leitung des früheren Ministerpräsidenten Jegor Gaidar. Sie tritt für schnelle Reformen in Richtung Marktwirtschaft ein, für eine rasche Privatisierung von Industrie und Grundbesitz sowie für eine strenge Haushaltsdisziplin. Von den Wählern wurde die »Wahl Rußlands« jedoch zunehmend für die galoppierende Inflation, den niedrigen Lebensstandard und die sozialen Ungerechtigkeiten in der Übergangsperiode verantwortlich gemacht. Bei den Parlamentswahlen im Dezember 1993 erhielt die »Wahl Rußlands« noch 15,4 % der Stimmen und war durch zusätzliche Direktmandate mit 76 Sitzen zunächst sogar die stärkste Fraktion. In den Jahren 1994/5 kam es jedoch zunehmend zu Meinungsverschiedenheiten zwischen denen, die weiterhin Jelzin unterstützten, und denen, die für eine Opposition eintraten. Eine Reihe prominenter Mitglieder der »Wahl Rußlands«, wie Finanzminister Boris Fjodorow sowie die früheren engsten vertrauten Jelzins, Gennadij Burbulis und Galina Starowoitowa, verließ die Partei; manche von ihnen bildeten eigene Gruppierungen. So erhielt die »Wahl Rußlands« im Dezember 1995 nur noch 3,86 % der Stimmen und ist nun mit neun Direktmandaten im Parlament vertreten. Der Parteivorsitzende Jegor Gaidar wurde jedoch nicht in das neue Parlament gewählt.

• Die sich 1993 schnell entwickelnde *Agrarpartei Rußlands* unter dem Vorsitz von Michail Lapschin vertritt die Interessen der Funktionäre der Kollektivwirtschaften und der Staatsgüter. Sie ist gegen die Privatisierung von Grund und Boden und fordert »die Erneuerung Rußlands durch die Erneuerung seiner Dörfer«. Bei den ersten Parlamentswahlen im Dezember 1993 war sie im Parlament mit 47 Abgeordneten vertreten – vor allem, weil sie damals auch vielfach von Kommunisten gewählt wurde, mit denen sie ein enges Bündnis unterhält. Bei den Wahlen im Dezember 1995 scheiterte die Agrarpartei mit 3,8 % an der Fünf-Prozent-Klausel, verfügt jedoch im Parlament über 20 direkt gewählte Abgeordnete.

• Die von der ehemaligen kommunistischen Funktionärin Alewtina Fedulowa geleitete Partei *Frauen Rußlands* trat 1993 mit einer imposanten Kandidatinnenliste von Ärztinnen, Pädagoginnen, Juristinnen, Unternehmerinnen usw. auf und führte den Wahlkampf mit den Losungen: »Frauen Rußlands für Rußland« und »Es gibt keine Demokratie ohne Frauen«. Sie erhielt 8,1 % der Stimmen und war bis Dezember 1995 durch 23 Abgeordnete im Parlament vertreten. Die »Frauen Rußlands« rechnet man zu den »Zentristen«, weil sie zuweilen mit den Kommunisten und der Agrarpartei, andererseits aber auch mit den Reformparteien oder mit der Regierung kooperierten. Bei den Wahlen im Dezember 1995 scheiterte die Frauenpartei mit 4,6 % an der Fünf-Prozent-Klausel, gewann jedoch drei Direktmandate.

• Die Partei *Für die Heimat – Vorwärts Rußland!*, geleitet vom ehemaligen Finanzminister Boris Fjodorow, spaltete sich von der Gaidar-Partei »Rußlands Wahl« ab. Sie unterstützt nach wie vor die Wirtschaftsreformen, schlägt dabei jedoch deutlich nationale Töne an. »Vorwärts Rußland!« erhielt im Dezember 1995 nur 1,9 % der Stimmen, ist aber im Parlament durch drei Direktmandate vertreten.

• Ferner ist der – sowohl in Rußland wie auch im Ausland – zunächst überschätzte *Kongreß Russischer Gemeinden* zu erwähnen. Ursprünglich wurde diese Gruppierung von Jurij Skokow geführt, doch im Juni 1995 trat der in national-konservativen Teilen der Bevölkerung populäre General Alexander Lebed an ihre Spitze. Der berühmte Kommandeur der 14. Armee, der im Mai 1995 von Jelzin seines Postens enthoben worden war, ist als Nationalkonservativer bekannt. Er ist gegen den Tschetschenien-Krieg, gilt als absolut integer und ist äußerst populär. Überraschenderweise erhielt der »Kongreß Russischer Gemeinden« dennoch nur 4,3 % der Stimmen, weil viele nicht wußten, daß Alexander Lebed mit ihm in Verbindung steht. So zog diese Partei nur mit fünf Direktmandaten in das Parlament ein; Lebed selbst errang sein Direktmandat in überzeugender Weise.

• Schließlich sind noch zwei kommunistisch ausgerichtete Parteien anzuführen, nämlich *Die Macht dem Volke* unter Leitung des ehemaligen sowjetischen Ministerpräsidenten und Reformgegners Nikolaj Ryschkow, die für die Wiederherstellung der UdSSR inklusive Planwirtschaft eintritt und sich mit der Kommunistischen Partei eng verbunden fühlt. Außenpolitischer Sprecher dieser Partei ist der frühere Sowjetbotschafter in Bonn, Julij Kwizinskij. Einen noch härteren Ton schlägt die Bewegung *Kommunisten – Werktätiges Rußland für die Sowjetunion* an, geleitet von Viktor Anpilow. Diese Partei vertritt die unversöhnlich dogmatischen Kommunisten, die die KPRF als »sozialdemokratisch« einstufen.

Die kurze Übersicht der wichtigsten politischen Parteien im gegenwärtigen Rußland zeigt, daß die in Deutschland und den meisten europäischen Ländern im Vordergrund stehenden politischen Parteien im russischen politischen Leben nur eine geringfügige Rolle spielen: die Christlichen Demokraten, die Sozialdemokraten und die Grünen. Das gegenwärtige Parteienspektrum Rußlands zeichnet sich durch eine Schwäche der demokratischen Parteien und ein Überwiegen kommunistischer, national-konservativer und russisch-nationalistischer Kräfte aus.

WIE KRANK IST BORIS JELZIN?

Weit wichtiger als die politischen Parteien und das Parlament ist – sowohl laut Verfassung als auch in der Realität – der Präsident. Sein

Gesundheitszustand steht daher seit mehreren Jahren im Zentrum öffentlicher Diskussionen. Seit Anfang 1994 war Präsident Jelzin immer häufiger für mehrere Tage oder gar Wochen in der Öffentlichkeit nicht zu sehen. Bei Reden und Äußerungen im Fernsehen wirkte er oft zerstreut, bisweilen sogar hilflos. In Moskau schwirrten Gerüchte – nicht nur über angebliche jahrelange Alkoholexzesse, sondern auch über Medikamentenabhängigkeit.

Wiederholt wurde auf seine Notlandung mit einem Flugzeug während eines Spanienbesuches im April 1990 hingewiesen, bei der Jelzin eine schwere Verletzung der Wirbelsäule erlitten habe. Manche meinten sogar, es habe sich um einen Anschlag des KGB gehandelt, dem der damalige Reformer Jelzin ein Dorn im Auge war. Jedenfalls litt Jelzin seit 1990 periodisch unter starken Schmerzen.

Im Oktober 1991, zwei Monate nach dem Augustputsch, mußte Jelzin eine zweiwöchige Arbeitspause einlegen; der Grund: Herzprobleme. Auch in seiner Rede vor dem amerikanischen Kongreß im März 1993 machte der russische Präsident einen völlig angeschlagenen Eindruck: Seine Sprache war schleppend und verzerrt, und er litt offensichtlich unter Gleichgewichtsstörungen. Im September 1993 mußte sich Jelzin wegen der Spätfolgen des Flugzeugunfalls einer Operation unterziehen.

Mediziner erklärten, Jelzin habe aufgrund einer verschleppten Angina mehrere Herzanfälle erlitten, dazu leide er unter Bandscheibenschäden. Als Folge von Medikamenten- und Alkoholmißbrauch sei seine Leber geschrumpft; arbeitsfähig halte er sich mit Schmerzmitteln und Herztabletten.

Der Gesundheitszustand Jelzins wurde von offizieller Seite vertuscht. So erklärte Wjatscheslaw Kostikow, damals Sprecher des Präsidenten, Mitte März 1994, Jelzin sei bei bester Gesundheit. Anderslautende Gerüchte hätten seine politischen Gegner ausgestreut, um Rußland zu destabilisieren. Es sei »unpatriotisch«, über Jelzins Krankheit zu spekulieren, denn er werde das Land bis 1996 sicher führen und »auch darüber hinaus«. Aber seit dem Frühsommer 1994 wurde auch von offizieller Seite immer häufiger vom »Unwohlsein des Präsidenten« gesprochen. Im Sommer 1994 wurden selbst Sonderemissäre von US-Präsident Clinton und Bundeskanzler Kohl nicht vorgelassen, Anrufe aus Washington und Bonn tagelang nicht durchgestellt. Besondere Aufregung rief ein Mißgeschick im September 1994 hervor: Auf seinem Rückflug von Washington versäumte Jelzin das vorgesehene Treffen mit dem irischen Ministerpräsidenten am Shannon-Airport. Später wurde erklärt, der russische Präsident habe verschlafen; es gab jedoch die Vermutung, Jelzin habe zuviel Wodka genossen und sei erneut krank geworden.

Vier Wochen später, bei seinem Auftritt in Kasachstan im Oktober 1994 anläßlich eines GUS-Gipfels, konnte sich Präsident Jelzin nur mit fremder Hilfe auf den Beinen halten. Im Dezember 1994 wurde er erneut für zehn Tage ins Krankenhaus eingeliefert. Auch auf dem Gipfeltreffen der GUS Anfang 1995 erschien er orientierungslos und konnte nicht ohne Unterstützung gehen. Im April 1995 verlängerte er seinen Urlaub ohne Angabe von Gründen um eine Woche. Im Juli 1995 wurde er wegen akuter Herzschmerzen mit dem Notarztwagen in ein Moskauer Krankenhaus eingeliefert. Vom Kreml wurde erklärt, es habe sich um eine »Herzattacke« gehandelt. Erst nach einem vierwöchigen Krankenhausaufenthalt konnte Jelzin das Hospital verlassen.

Schwer mitgenommen war Jelzin auch am 19. Oktober 1995 bei einer Pressekonferenz in Moskau: Der russische Präsident lief in die falsche Richtung, faßte – vor laufenden Kameras – einer Sekretärin an den Rücken und verhaspelte sich bei seinen Antworten an die Reporter. Am 26. Oktober 1995 mußte er erneut ins Krankenhaus. Als Diagnose wurden Durchblutungsstörungen der Herzmuskulatur bekanntgegeben. Die Situation schien inzwischen so ernst, daß sie große Teile der Öffentlichkeit beschäftigte. Auf eine Interviewfrage an seinem Krankenbett antwortete der Präsident am 14. November 1995 jedoch ein wenig barsch: »Die Genesung verläuft insgesamt normal. All dieses dumme Gerede der Medien in den Vereinigten Staaten und im kommunistischen Sprachrohr 'Moskowskije Komsomolez' hier bei uns, wonach ich operiert werden mußte, ist wirklich nur Gerede. Ich brauche lediglich eine gewisse Zeit, vielleicht eine etwas längere Zeit, zur Wiederherstellung, und die Wiederherstellung wird vollständig sein – so wie vor der Krankheit« (ITAR TASS, 14. November 1995).

Nach Ansicht von Ärzten, darunter auch von Moskauer Ärzten handelt es sich bei der Krankheit Jelzins um eine Herzschwäche, die aus einer langjährigen Dreifachbelastung durch Kortison-Präparate, Psychopharmaka und Alkohol herrührt. Zudem sei Jelzin Alkoholiker und leide oft unter Depressionen. Nach Darstellung der US-Zeitung »Boston Globe« (»Bild am Sonntag«, 25. Februar 1996) hat Jelzin seit 1987 mindestens vier Herzinfarkte erlitten. Nach einer anderen Quelle (»Neues Deutschland«, 8. November 1995) handelte es sich jedoch nicht um Infarkte, sondern lediglich um Herzattacken.

Überraschend war auf jeden Fall seine schnelle Genesung im Frühjahr 1996 – in der Periode des Kampfes um die Präsidentenwahl. Jelzin schien plötzlich frei von allen Beschwerden, er fuhr unermüdlich von Veranstaltung zu Veranstaltung. Aber in Moskau hörte ich die Befürchtung, daß nach dieser Aktivperiode erneut eine Verschlechterung seines Gesundheitszustandes einsetzen könnte – dies wurde Ende August 1996 öffentlich zugegeben; die Notwendigkeit einer Herzoperation wurde bekanntgemacht.

JELZINS WANDLUNG: VOM REFORMVORKÄMPFER ZUM AUTORITÄREN PRÄSIDENTEN

Nicht weniger wichtig – obwohl leider in der Presse weit seltener behandelt – war der weitgehende politische Wandel Jelzins in den letzten Jahren. Von 1985 bis 1991 war Jelzin der entscheidende Demokrat und Hoffnungsträger einer Reformentwicklung Rußlands. Doch seitdem hat er sich – zunächst langsam, später immer deutlicher – zum Vertreter des national-autoritären Flügels gewandelt, wobei die Erhaltung seiner persönlichen Macht jedoch immer im Vordergrund stand.

Jelzins Rolle als konsequenter Reformer und Demokrat begann am 22. Dezember 1985, als er auf Geheiß Gorbatschows zum Parteisekretär des Moskauer Stadtkomitees ernannt wurde. Durch seine Arbeit und seine Äußerungen auf diesem Posten und durch seine Kritik am System und seine Reformforderung auf dem 27. Parteitag der KPdSU (25. Februar bis 6. März 1986) wurde Jelzin im ganzen

Land bekannt. Auf dem Parteitag sprach Jelzin offen über die Fehler der Partei, über fehlende Selbstkritik, über Abkapselung der privilegierten Funktionärsschicht und die mangelnde gesellschaftliche Kontrolle der Partei. Er rügte die »Chefallüren von Parteifunktionären« und die »Trägheit der Konjunkturritter mit dem Parteidokument in der Tasche«. Die Wurzeln des Bürokratismus, so Jelzin bereits im März 1986, die soziale Ungerechtigkeit und der Machtmißbrauch seien »auszurotten«.

Vom Frühjahr 1986 bis zum Frühjahr 1987 zogen Gorbatschow und Jelzin als Reformer an einem Strang. Aber immer deutlicher machten sich dann die Unterschiede bemerkbar: Gorbatschow wollte die Perestroika *mit* der Kommunistischen Partei, zumindest mit einem großen Teil ihres Apparats und ihrer Führung, vollziehen und beschränkte sich darauf, besonders hartnäckige Reformgegner aus der Parteispitze zu entfernen. Jelzin hielt dagegen den Frontalkampf gegen die Parteibürokratie für notwendig. Auch die unterschiedlichen Temperamente waren unübersehbar: Gorbatschow, meist beherrscht, strebte, soweit irgend möglich, Kompromißlösungen an, Jelzin dagegen, impulsiv und oft unbeherrscht, war zu jeder direkten Konfrontation bereit, wenn er von der Richtigkeit seiner Auffassung überzeugt war.

Im Oktober 1987 kam es zum Bruch zwischen den beiden. Nach einer sehr temperamentvollen, für die damalige Parteiführung »zu weit gehenden« Rede Jelzins, kam es zu einer erregten Debatte. Jelzin wurde von allen 24 Mitgliedern der damaligen Parteiführung kritisiert, ja, scharf verurteilt. Am 11. November 1987 wurde Jelzin von seinen Posten als Kandidat des Politbüros und als Moskauer Parteisekretär abgesetzt; er verlor zwar seine Machtstellung, aber in der Bevölkerung steigerte er seine Popularität als konsequenter Reformer.

Dies wurde bei der ersten Mehrkandidatenwahl am 26. März 1989 deutlich. Der gesamte Moskauer Parteiapparat unterstützte seinen Gegner, einen gewissen Brakow, damals Generaldirektor der Autofabrik SIL, und inszenierte eine gewaltige Schmutzkampagne gegen Jelzin. Doch der wurde dadurch nur noch populärer: Am 26. März stimmten 89,6 % der Moskauer Wähler für ihn.

Jelzin wurde nun zum Hoffnungsträger der Reformwilligen. Unter seiner Leitung wurde Ende Juni 1989 die »Interregionale Gruppe« des Volksdeputiertenkongresses gebildet, der unter anderem Andrej Sacharow angehörte, ebenso der spätere Oberbürgermeister Moskaus, Gawriil Popow, sowie viele andere konsequente Reformer. Im Januar 1990 bildete sich aus dieser Gruppe die Bewegung »Demokratisches Rußland«. Bei den Wahlen errang Jelzin – er bewarb sich in seiner Heimatstadt Swerdlowsk (inzwischen: Jekaterinburg) – bei elf Mitkandidaten 84,2 % der Stimmen! Am 12. Juli 1990 trat Jelzin auf dem 28. Parteitag unter den Buh-Rufen der 5000 Parteitagsdelegierten aus der KPdSU aus. Bei den Massendemonstrationen im Januar/Februar 1991 in Moskau, an denen mehrere hunderttausend Menschen teilnahmen, wurde Jelzin als Hoffnungsträger der Reformer bejubelt.

Seine Wahlreisen vor den ersten Präsidentenwahlen (12. Juni 1991) glichen wahren Triumphzügen. Bei einer Wahlbeteiligung von fast 75 % wurde Jelzin – gegen sechs andere Kandidaten – mit 57,3 % aller Stimmen zum Präsidenten Rußlands gewählt. Bei seiner Vereidigung am 19. Juli 1991 erklärte Jelzin, die Bürger Rußlands hätten sich »für den Weg zur Demokratie, der Wiedergeburt der Würde der Menschen« entschieden. Er, Jelzin, werde dafür eintreten, Rußland zu einem »demokratischen, friedliebenden, souveränen Rechtsstaat zu entwickeln«.

Nur vier Wochen später, am 18. August 1991, begann der Putsch der Reformgegner. Jelzin entging der geplanten und bereits vorbereiteten Verhaftung. Während die Panzer der Putschisten auf die Moskauer Innenstadt vorrückten, ja, vor dem Weißen Haus auffuhren, rief Jelzin, auf einem Panzer stehend, die Bevölkerung dazu auf, »den Putschisten die gebührende Antwort zu erteilen«. An diesem Tag erreichte er den Höhepunkt seiner Beliebtheit.

Dieser Höhepunkt leitete seinen Niedergang ein. Wenige Tage nach der Niederlage der Putschisten, am 23. August 1991, fand eine Sitzung des russischen Parlaments statt, bei der es zum Schlagabtausch zwischen Jelzin und Gorbatschow kam. Es war deutlich erkennbar, daß der nunmehr selbstbewußte Jelzin seinen Sieg über den unsicheren und zögernden Gorbatschow auskostete. Auf viele

Menschen in Rußland wirkte die Szene peinlich. Für viele, auch für mich, war dies ein neuer, ungewohnter Jelzin, der sich in seiner Rachsucht anders zeigte, als man ihn bisher gekannt hatte, und seinen Willen zur Macht unverhüllt zum Ausdruck brachte.

Die Hoffnungen nach der Niederschlagung des Putsches im August 1991 wichen schon bald der Enttäuschung. Die schwierige soziale und ökonomische Lage, die Versorgungsprobleme, die zunehmende Kriminalität, die Unsicherheit und Perspektivenlosigkeit lösten Resignation und Apathie aus. Ehemalige KP-Funktionäre und rechtsnationalistische Kreise bekamen wieder Oberwasser. Aber Jelzin stellte sich nicht entschlossen auf die Seite der Demokraten, sondern ging völlig in der Kabinettspolitik auf. Nach monatelangem Gerangel zwischen ihm und dem von Reformgegnern beherrschten Parlament kam es zum Referendum vom 25. April 1993: Es ging um das Vertrauen zum Präsidenten.

Ich erlebte dieses Referendum in Moskau als Wahlbeobachter. Gewiß: Jelzin wurde von prominenten Schriftstellern und Dichtern, Wissenschaftlern, Sportlern, Schauspielern und Sängern unterstützt, aber das stürmische Engagement für ihn war geschwunden. Trotzdem sprachen ihm noch mehr als 58 % der Abstimmenden ihr Vertrauen aus.

Das Tauziehen zwischen der Jelzin-Führung und dem reformgegnerischen Parlament zog sich erneut Monate hin, bis der Präsident am 21. September 1993 in seinem berühmten Erlaß Nr. 1400 die Auflösung des Parlaments verfügte. Nach Kämpfen zwischen jelzintreuen Militärverbänden und bewaffneten Einheiten, die sich für das Parlament aussprachen, rückten am 4. Oktober 1993 von Jelzin beorderte Armee-Einheiten mit gepanzerten Fahrzeugen in die Moskauer Innenstadt vor. Schwere T80-Panzer umstellten das Weiße Haus, den Sitz des Parlaments. Das Gebäude wurde gestürmt, die führenden Parlamentarier festgenommen und in das Lefortowo-Gefängnis abtransportiert. Jelzin hatte gesiegt – aber es war wohl ein Pyrrhussieg. Zwei Jahre nach dem Augustputsch von 1991, der in seiner Grundsätzlichkeit alle elektrisiert hatte, erschien dieser Konflikt der Bevölkerung nun wie ein Machtkampf zwischen rivalisierenden Cliquen. Jelzin hatte die Erstürmung des Weißen Hauses nicht seinen

Anhängern, sondern herbeigerufenen Elitetruppen zu verdanken. Damit war er nun auf das Wohlwollen der Armeeführung angewiesen und mußte ihr Konzessionen machen. Die Demokraten waren gespalten: Viele wandten sich von Jelzin ab, andere versuchten, seine Handlungsweise weiter zu rechtfertigen.

Immer deutlicher verstärkten sich ab 1993 die autoritär-national-russischen Tendenzen, und Jelzin paßte sich dieser Stimmungslage zunehmend an. Am 1. Dezember verfügte er das neue Staatswappen. Er wählte jedoch nicht, wie erwartet, die republikanische Variante ohne Krone und Zepter aus, wie sie beim Sturz des Zarismus 1917 und bei der Niederschlagung des Augustputsches 1991 zu sehen war, sondern den zaristischen Doppeladler in Gold auf rotem Grund mit den drei historischen Symbolen – Krone, Zepter und Reichsapfel – und dem Schild, auf dem St. Georg den Drachen tötet.

Zwei Wochen später, bei den ersten Parlamentswahlen am 12. Dezember 1993, erhielt die Pro-Jelzin-Partei, die von Jegor Gaidar geleitete »Wahl Rußlands«, vom Präsidenten keine Unterstützung mehr und erlangte nur gut 15 % der Stimmen. Die Rechtsextremisten von Shirinowskij siegten mit 22,8 %; die Kommunisten (12,3 %) stellten im Verbund mit der Agrarpartei (8 %) den zweitgrößten Block im Parlament. Jelzin ging nun mehr und mehr Kompromisse ein. Längst hatte er aufgehört, der beliebteste Volkstribun Rußlands zu sein.

Nach diesen Wahlen sprach Jelzin immer seltener von demokratischen Freiheiten, Menschenrechten, Rechtsstaat, Marktwirtschaft und der engsten Zusammenarbeit mit den westlichen Demokratien. Statt dessen verwendete er national-imperial-autoritäre Begriffe: Rußlands Stärke, Rußlands Sicherheitsinteressen, Rußlands führende Rolle in den GUS-Staaten, die nationale Mission Rußlands und so weiter.

JELZINS VERBÜNDETE UND DIE NEUEN STAATSSICHERHEITSDIENSTE

Der Präsident kapselte sich jetzt immer mehr von der Bevölkerung ab und verwandelte den Kreml in eine bewachte Festung. Die Milizgarnisonen in und um Moskau und die Leibgarde Jelzins wurden drastisch verstärkt. Die »Hauptverwaltung Bewachung«, bekannt unter der Abkürzung GUO, unter Leitung von General Michail Barsukow umfaßte 1995 bereits 40 000 Personen und wurde seitdem noch weiter aufgestockt. In der russischen Presse wird darauf hingewiesen, daß Jelzin über eine größere Privattruppe verfügt als jeder andere Kremlherrscher vor ihm – einschließlich der früheren KP-Generalsekretäre.

Jelzin trennte sich Ende 1993 von seinen früheren Freunden aus dem demokratischen Lager: Gennadij Burbulis, Galina Starowoitowa, Jegor Gaidar, Michail Poltoranin, Alexander Jakowlew und dem Beauftragten für Menschenrechte, Sergej Kowaljow. An ihre Stelle traten bullige Machttypen, die nichts mit der demokratischen Reformbewegung verband. Es waren vorwiegend Funktionäre der Polizei und des Staatssicherheitsdienstes, von Jelzin wegen ihrer Loyalität zu ihm ausgesucht.

Zum engsten Kreis gehörten nun *Pawel Gratschow*, ein Absolvent der Frunse-Militärakademie in Moskau, der am Afghanistan-Krieg als stellvertretender Kommandeur eines Luftlanderegiments teilgenommen und Jelzin im August 1991 unterstützt hatte. Ende Mai 1992 war Gratschow von Jelzin zum Verteidigungsminister ernannt worden – eine Funktion, die er bis Juni 1996 innehatte.

Der zweite neue Vertraute war *Alexander Korschakow*, 1950 in Moskau geboren. Seit 1970 war er Mitarbeiter der Abteilung 9 des KGB gewesen – verantwortlich für den Schutz hochrangiger Personen. 1986 wurde er Major in der 9. Abteilung des KGB und war dort stellvertretender Chef der persönlichen Garde Jelzins. Seitdem sind die beiden befreundet. Korschakow stieg zum Oberst, dann zum Generalmajor auf und wurde im Dezember 1993 Leiter des präsidialen Sicherheitsdienstes. Von 1993 bis Juni 1996 überwachte Korschakow die Telefonate im Kreml, leitete die Aktionen der Sicherheitsgarde Jelzins und war Herr über die Gesprächstermine seines Chefs. Von vielen wurde er als die »graue Eminenz im Kreml« angesehen.

Der dritte im Bund war *Michail Barsukow*, 1947 im Gebiet Lipezk geboren. Barsukow hatte die Moskauer Militärhochschule sowie die Militärakademie »M. W. Frunse« absolviert. Seit 1992 war er Leiter der Hauptabteilung für Staatsschutz der Russischen Föderation und als solcher militärischer Kommandant des Kreml. Während der Kämpfe zwischen Jelzin und Parlamentseinheiten im Oktober 1993 leitete Barsukow die Erstürmung des Parlaments und ließ die Abgeordneten, die sich gegen Jelzin stellten, verhaften. 1995 wurde er zum Chef des Föderalen Sicherheitsdienstes der Russischen Föderation berufen.

Jelzin umgab sich nicht nur mit völlig neuen engsten Mitarbeitern, sondern ersetzte auch den KGB (Komitee für Staatssicherheit) durch eine Reihe neuer Sicherheitsdienste:

• Der *Äußere Aufklärungsdienst* (russische Abkürzung: SVR) ist aus der früheren Ersten Hauptabteilung des KGB als eigenständige Organisation hervorgegangen. Der SVR untersteht direkt dem Präsidenten und ist jeder parlamentarischen Kontrolle entzogen. Neben der Auslandsaufklärung verlieh Jelzin ihm im November 1994 zusätzliche Befugnisse, darunter die Prävention von Staatsstreichen sowie die Ermittlungsvollmacht bei Hochverrat, Spionage und Terrorismus (»FAZ«, 25. November 1994). Zunächst stand der SVR unter der Leitung von Jewgenij Primakow. Nach dessen Ernennung zum russischen Außenminister am 9. Januar 1996 übernahm sein bisheriger Stellvertreter, Wjatscheslaw Trubnikow, den Auslandsaufklärungsdienst.

• Die wichtigste Nachfolgeorganisation des KGB ist der *Föderale Sicherheitsdienst* (russische Abkürzung FSB). Nach dem Gesetz »Über die Organe des Föderalen Sicherheitsdienstes« verfügt der FSB über eine eigene Abteilung für Festnahmen und Verhöre. Mitarbeiter dürfen schon auf bloßen Verdacht hin Wohnungen, Geschäfts- und Regierungsbüros sowie ausländische Privatunternehmen durchsuchen, können Telefone abhören, über jeden Bürger Daten sammeln und Unterlagen beschlagnahmen. Sie dürfen falsche Dokumente und Decknamen benutzen. Alle Maßnahmen unterliegen höchster Geheimhaltung und sind sowohl staatlicher als auch parlamentarischer Kontrolle entzogen. Der Inlandgeheimdienst zählt 75 000 Mitarbeiter und ist, laut »Iswestija«, ein »Deckmantel für den alten KGB«. Der Föderale Sicherheitsdienst stand zunächst unter Leitung von Sergej Stepaschin, der aber aufgrund seiner Aktivitäten während des Geiseldramas von Budjonnowsk am 30. Juni 1995 abgesetzt wurde. An seine Stelle trat am 24. Juli 1995 General Oberst Michail Barsukow.

• Der selbständige *Sicherheitsdienst des Präsidenten* (russische Abkürzung: SBP) war bis Juni 1996 Alexander Korschakow unterstellt. Er verfügt über hervorragend ausgebildete und bestens ausgerüstete Kämpfer der ehemaligen KGB-Eliteeinheiten »Alpha« und »Wega«. Die zahlenmäßige Stärke des Sicherheitsdienstes wurde offiziell nie bekanntgegeben; Schätzungen schwanken zwischen 4000 und 40 000 Personen.

• Die *Föderale Agentur für Regierungsnachrichtenwesen und Informationen* (russische Abkürzung: FAPSI) leitet das geheime, das ganze Land überziehende regierungseigene Kommunikations- und Informationsnetz, ein Telekom-System, das der Sicherung der Macht des Präsidenten dient. Die FAPSI kontrolliert sämtliche Kommunikationsverbindungen des Regierungsapparates, der Duma, des Föderationsrates und des Verfassungsgerichtes.

Die Sicherheitsorgane verfügen gegenwärtig über etwa 1,5 Millionen hauptamtliche Mitarbeiter. Ivan Rybkin, der ehemalige Vorsitzende der Staatsduma, erklärte, diese »Sonderdienste« seien der einzige Weg, um den Zerfall der Russischen Föderation zu verhindern (»Times«, 31. Januar 1995). Das »Wuchern« und die ständige Ausdehnung der Geheimdienste, ihre unübersichtliche Kompetenzverteilung und die fehlende Koordinierungs- und vor allem politische Kontrolle durch das Parlament, rufen besonders in demokratischen Kreisen Rußlands Besorgnis hervor. Der Status und die personelle Besetzung der neuen Dienste erinnern so manchen an den alten KGB.

Moskaus Krieg gegen Tschetschenien

Am Montag, dem 28. November 1994, berief Jelzin den Sicherheitsrat ein. Auf dieser Tagung wurde der unmittelbare russische Angriff auf Tschetschenien beschlossen. Am nächsten Tag wurde den Tschetschenen ein Ultimatum gestellt: Im Verlauf von 48 Stunden seien »die Waffen niederzulegen« und »alle bewaffneten Gruppierungen aufzulösen«. Im weiteren Text bezeichnete Jelzin Tschetschenien als »untrennbaren Teil unseres Vaterlandes«. Diese Behauptung wird seitdem von der Moskauer Führung ständig wiederholt – und manchmal auch unbesehen von den westlichen Medien übernommen. Doch sie steht auf äußerst wackligen Füßen.

Tschetschenien, im westlichen Abschnitt des Nordkaukasus gelegen und etwa so groß wie Hessen, verfügt über 1,2 Millionen Einwohner. Im Februar 1944 wurden fast 500 000 Tschetschenen unter dem Vorwurf angeblicher Kollaboration mit den Nazis nach Kasachstan und Mittelasien deportiert. 1956 unter Chruschtschow rehabilitiert, kehrten in den sechziger und siebziger Jahren viele von ihnen in ihre angestammte Heimat zurück, in der das politische und wirtschaftliche Leben jedoch nun von den inzwischen angesiedelten Russen kontrolliert wurde. Erst seit der 1985 begonnenen Perestroika Gorbatschows konnten die Tschetschenen wieder eine eigenständige Rolle spielen.

Ähnlich wie in anderen nichtrussischen autonomen Republiken und Unionsrepubliken entstand auch in Tschetschenien im Herbst 1990 eine national-demokratische Bewegung. In dieser spielte Dschochar Dudajew, geboren im Frühjahr 1944 und aufgewachsen im kasachischen Exil, zunehmend eine führende Rolle. Dudajew hatte die Hochschule für Militärluftfahrt in Tambow und anschließend die Luftwaffenakademie »Jurij Gagarin« absolviert und war zum Generalmajor der damaligen sowjetischen Luftwaffe avanciert. Von 1987 bis 1990 diente er als Kommandeur einer sowjetischen Bomberstaffel in Tartu/Estland und soll bereits damals mit der estnischen Unabhängigkeitsbewegung sympathisiert haben.

Im November 1990 quittierte Dudajew seinen Dienst bei der Sowjetarmee, kehrte nach Tschetschenien zurück und wurde auf dem ersten Nationalkonvent der Unabhängigkeitsbewegung zum Kongreßpräsidenten gewählt. Am 27. Oktober 1991 gewann er die tschetschenischen Präsidentenwahlen gegen drei Mitkandidaten mit 85 % aller abgegebenen Stimmen und verkündete am 1. November 1991 die Unabhängigkeit seines Landes. Am 12. März 1992 nahm Tschetschenien eine neue Verfassung an, in der es als »demokratischer Rechtsstaat« bezeichnet wurde. Präsident Dudajew mißbrauchte jedoch seine Macht, löste im April 1993 das Parlament per Dekret auf und verfügte ein auf seine Person zugeschnittenes Präsidialregime – ähnlich wie Jelzin das in Rußland getan hatte. Fast 50 000 Menschen demonstrierten gegen diesen Staatsstreich, wurden jedoch auseinandergetrieben.

Was Tschetscheniens Zugehörigkeit zur Russischen Föderation angeht, so hat die Moskauer Propaganda zwei entscheidende Tatsachen stets verheimlicht: Zum einen hat Tschetschenien am Referendum über die Annahme der russischen Verfassung am 12. Dezember 1993 nicht teilgenommen und ist daher nicht an die Verfassung der Russischen Föderation gebunden. Und zweitens: Die Bevölkerung Tschetscheniens nahm auch an den Parlamentswahlen vom 12. Dezember 1993 nicht teil und ist daher weder in der Staatsduma noch im Föderationsrat vertreten. Daher stehen die Moskauer Forderungen nach einer Wiederherstellung der »verfassungsmäßigen Ordnung« – worunter die Annahme der russischen Verfassung zu verstehen ist – auf schwachen Füßen. Und die Behauptung des Kreml, Tschetschenien sei ein »untrennbarer Bestandteil der russischen Föderation«, ist zumindest stark anzuzweifeln.

Bis zum Sommer 1994 verschärften sich die Beziehungen zwischen Moskau und Tschetschenien immer mehr, aber noch am 4. Juli 1994 schloß Jelzin militärische Gewaltanwendung aus: »Wenn wir Gewalt gegen Tschetschenien anwenden, wird sich der gesamte Kaukasus erheben, und es wird so viele Unruhen und Blut geben, daß uns das niemals jemand verzeiht.«

Trotz dieser Warnung Jelzins marschierten am frühen Sonntagmorgen des 11. Dezember 1994 russische Truppen in Tschetschenien ein. Mit der Invasion verfolgte die russische Führung vor allem drei Ziele:

• Sie sollte von den innerrussischen sozialen und wirtschaftlichen Schwierigkeiten ablenken und durch den – nicht bezweifelten – Blitzsieg Jelzins schwindende Autorität bei der Bevölkerung wiederherstellen.

- Sie sollte Rußlands Macht und Größe demonstrieren – nicht nur gegenüber Tschetschenien und anderen Völkern des Nordkaukasus, sondern auch gegenüber allen anderen GUS-Staaten.
- Sie sollte dazu dienen, die Pipelines vom Kaspischen Meer zum Westen, von denen viele durch Tschetschenien laufen, in die Hand zu bekommen.

Statt des erwarteten Blitzsieges – Verteidigungsminister Gratschow hatte erklärt, mit einigen Luftlandeeinheiten sei die tschetschenische Angelegenheit in drei Tagen erledigt – folgte ein bis heute nicht beendeter grausamer und blutiger Krieg. Schon in den ersten Kriegstagen wurden die völlige Desorganisation der russischen Armee und die mangelnde Kampfmoral vieler Soldaten deutlich. Es kam zu Befehlsverweigerungen – einschließlich des Rücktritts von Kommandeuren.

Hinzu kam, daß der Krieg von der Mehrheit der russischen Bevölkerung abgelehnt wurde. In einer in der letzten Dezemberwoche 1994 erfolgten Umfrage in russischen Großstädten sprachen sich zwei Drittel der Bürger gegen den Krieg aus, nur knapp ein Drittel unterstützte den Einmarsch der russischen Truppen in Tschetschenien.

In ganz Rußland war die »Bewegung der Soldatenmütter« aktiv. Tausende von Müttern machten sich auf, ihre Söhne aus dem Krieg, dem »Fleischwolf«, wie er in Tschetschenien genannt wurde, herauszuholen. Sie legten sich vor den Kasernen in den Schnee, um die Wagen mit der menschlichen Last aufzuhalten, sie reisten nach Tschetschenien, um ihre Söhne zu finden – eine Friedensdemonstration mitten im Kampfgebiet.

Der damalige Kreml-Beauftragte für Menschenrechte und ehemalige Gulag-Häftling Sergej Kowaljow, ein Abgeordneter der Staatsduma, flog mit anderen Abgeordneten in die tschetschenische Hauptstadt Grosny, um sich für den sofortigen Friedensschluß einzusetzen – der Versuch kostete ihn seinen Posten. Am 23. Dezember 1994 appellierte die Duma an Präsident Jelzin, die Kämpfe in Tschetschenien zu beenden und Gespräche mit der Führung der Kaukasus-Republik aufzunehmen. Die Resolution wurde mit 228 zu 38 Stimmen bei drei Enthaltungen angenommen. Nicht nur die Demokraten, sondern auch – für manche überraschend – die KP Rußlands und die mit ihr verbündete Agrarpartei forderten einen Stopp des Vormarsches und eine Verhandlungslösung. Unterstützt wurde der Tschetschenien-Krieg nur von den Rechtsextremisten Shirinowskijs: »Der Einsatz der Streitkräfte ist völlig berechtigt«, erklärte Shirinowskij. Es sei nur bedauerlich, daß der Präsident »nicht schon früher zu diesen Maßnahmen gegriffen habe«.

Um die Jahreswende 1994/95 wurde unübersehbar, daß der Blitzschlag gescheitert war und der Krieg sich in die Länge ziehen würde. Die Soldaten mußten bei Eiseskälte in Panzern und Schützenpanzern übernachten. Sie waren nur unzureichend mit Winterkleidung ausgerüstet und wußten häufig nicht, was sie eigentlich tun sollten und worin der Zweck ihres Einsatzes lag. An den Kampfhandlungen gegen Tschetschenien nahmen 40 000 Soldaten sowie mehrere hundert Panzer teil, unterstützt von Kampfflugzeugen und -hubschraubern. Am 1. Januar 1995 mißlang der Versucht, den Präsidentenpalast in Grosny einzunehmen. Der überhastete und schlecht vorbereitete Sturmangriff wurde von den Tschetschenen zurückgeschlagen. Mehrere hundert Soldaten gerieten in das Sperrfeuer und wurden getötet. Dazu erklärte Verteidigungsminister Gratschow vor Fernsehkameras: »Sie starben mit einem Lächeln auf den Lippen für das Vaterland.« Auf einer Pressekonferenz nannte er den Menschenrechtler Kowaljow einen »Feind Rußlands«, und Demokraten, die den Vernichtungskrieg in Tschetschenien verurteilten, waren für ihn »stinkende Ratten« und »häßliche Läuse«.

Während der verlustreichen und erfolglosen Kämpfe in Grosny hielt Boris Jelzin seine Neujahrsansprache im russischen Fernsehen. Er beendete sie mit einem erhobenen Sektglas – ohne ein Wort für die Toten in Tschetschenien zu finden.

Erst Mitte Januar 1995 – nach fünfwöchigen Straßenkämpfen – konnten die russischen Soldaten den Präsidentenpalast von Grosny, das Symbol des tschetschenischen Widerstandes, einnehmen. Das Stadtzentrum von Grosny war fast völlig zerstört. 50 000 Menschen lebten seit Wochen in Kellern oder Ruinen. Es fehlte an allem – an Wasser, Strom, Nahrungsmitteln und Kleidung. Eine OSZE-Delegation fand entsetzliche Zustände vor. Überall lagen Leichen auf den Straßen, es herrschte Seuchengefahr. Viele der Zivilisten konnten die Keller nicht verlassen, weil sie zu schwach und zu krank waren – und die anderen wußten nicht, wie sie von Grosny fortkommen sollten.

Die Kämpfe gingen weiter. Im Mai und Anfang Juni 1995 fielen die Städte Argun, Gudermes und die Siedlung Wedeno – jener berühmte Ort, wo Mitte des 19. Jahrhunderts der legendäre kaukasische Unabhängigkeitsführer Schamil Zuflucht gefunden hatte. Die tschetschenischen Einheiten teilten sich in kleine bewaffnete Gruppen auf, die über einen längeren Zeitraum unabhängig voneinander kämpfen konnten. Am Mittwoch, dem 14. Juni 1995, wurde über den Ortschaften Schatoj und Noascha-Jurt die russische Fahne gehißt und der Krieg für beendet erklärt.

Aber diese Siegesmeldung sollte sich schon bald als voreilig erweisen. Mehrfach hatten tschetschenische Führer erklärt, selbst nach der völligen Besetzung Tschetscheniens würde der Kampf fortgesetzt werden – durch Guerilla-Aktionen in russischen Städten: »Neben der russischen Hauptstadt gibt es auch noch den Nordkaukasus, Krasnodar, Stawropol und das Gebiet von Astrachan«, erklärte Dudajew am 29. Januar 1995. In einem Interview mit der »Komsomolskaja Prawda« warnte Dudajew am 14. März 1995 erneut, es könne zu Anschlägen seiner Anhänger in russischen Städten kommen.

Am 14. Juni 1995 fuhren Lastwagen mit schwerbewaffneten tschetschenischen Kämpfern mitten ins Zentrum von Budjonnowsk. Die Guerillas trieben Geiseln zusammen, verschanzten sich mit ihnen im zentralen Krankenhaus der Stadt und drohten mit ihrer Erschießung, falls Moskau den Krieg in Tschetschenien nicht beende.

Die russische Führung entsandte Sondereinheiten der Luftlandetruppen und Soldaten des Innenministeriums, darunter die Spezialtruppen »Alpha« und »Wega«. Präsident Jelzin, zu dieser Zeit auf dem Weltwirtschaftsgipfel in Halifax, erklärte, er wolle mit den »Banditen aufräumen«. Seine Direktive war klar: Das Krankenhaus sollte gestürmt werden.

Für die Durchführung waren der damalige Innenminister Viktor Jerin und Sicherheitschef Sergej Stepaschin verantwortlich. Drei Tage später fand der russische Sturmangriff auf das Krankenhaus statt. Mehr als einhundert Menschen wurden getötet, aber der Widerstand nicht gebrochen. Auch ein zweiter Angriff verlief erfolglos.

Weite Kreise der russischen Bevölkerung waren über das Blutbad von Budjonnowsk entsetzt und fürchteten, durch weitere Härte werde der kaukasische Krieg auf das russische Territorium übergreifen. Innerhalb der russischen Führung kam es zu Meinungsverschiedenheiten. Ministerpräsident Tschernomyrdin versicherte, man werde alles tun, um die Menschen zu retten, Verteidigungsminister Pawel Gratschow sprach sich dagegen für eine »schnelle Gewaltlösung« aus.

In einem Telefonat zwischen Tschernomyrdin und dem Tschetschenen-Führer Bassajew, das im Fernsehen übertragen wurde, konnte ein Übereinkommen erzielt werden. Tschernomyrdin versprach die Einstellung aller Kampfhandlungen und den sofortigen Beginn von Verhandlungen. Die Geiselnehmer ließen daraufhin zwei Gruppen mit etwa 200 Frauen, Kindern und einigen Verwundeten frei. In den unmittelbar darauf beginnenden russisch-tschetschenischen Verhandlungen in Grosny einigte man sich auf einen Waffenstillstand, die Entwaffnung der übriggebliebenen tschetschenischen Verbände und den Rückzug der russischen Truppen. Am 18. Juni 1995 waren alle Geiseln frei; die tschetschenischen Kämpfer in Budjonnowsk erhielten freies Geleit.

Am 21. Juni 1995 sprachen die Abgeordneten der Staatsduma mit 240 gegen 72 Stimmen bei 20 Enthaltungen der Regierung das Mißtrauen aus. Vor allem Verteidigungsminister Gratschow, Innenminister Viktor Jerin und Staatssicherheitsdienstchef Sergej Stepaschin gerieten ins Kreuzfeuer der Kritik. Jelzin gab nach und entließ Jerin und Stepaschin, die für die Blutbäder in Budjonnowsk verantwortlich waren, beließ jedoch Gratschow im Amt. Dessen Absetzung im Juni 1996 im Zusammenhang mit dem Aufstieg von Alexander Lebed läutete eine neue Etappe im Tschetschenien-Krieg ein, über die an anderer Stelle berichtet wird.

Wie unabhängig sind Presse und Fernsehen?

Auf wenigen Gebieten vollzog sich im letzten Jahrzehnt ein so gewaltiger Umschwung wie in den Medien. Anstelle der eintönigen, das System verherrlichenden Sowjetpresse entstand in nur wenigen Jahren eine interessante, weit gefächerte Presselandschaft. Zweifellos hat Gorbatschow mit der von ihm verkündeten »Glasnost« (Öffnung, Transparenz) dabei eine außerordentliche Rolle gespielt, allerdings ging es ihm dabei wohl weniger um Meinungspluralismus als um einen höheren Informationsgehalt und eine realistischere Berichterstattung in Presse und Fernsehen.

Seit 1987 wurden die Zeitungen schrittweise lebendiger und kritischer: Mit dem »Gesetz über die Presse und andere Masseninformationsmittel« vom 1. August 1990 war der Wendepunkt erreicht. Die bis dahin als illegal eingestuften – oder teilweise bereits tolerierten – Periodika waren nunmehr legalisiert. Eine unübersehbare Flut neuer Presseerzeugnisse überschwemmte das Land. Ihre Zahl ging in die Tausende, aber nur ein Bruchteil von ihnen konnte sich für längere Zeit halten.

Einige Reformzeitungen und -zeitschriften spielten bei der beginnenden demokratischen Umgestaltung eine sehr wichtige Rolle, darunter die Wochenzeitungen »Argumenti i Fakty« (Argumente und Tatsachen), »Ogonjok« (Flämmchen), »Moskowskije Nowosti« (Moskauer Nachrichten), »Literaturnaja Gaseta« (Literatur-Zeitung) und die Tageszeitung »Iswestija« (Nachrichten), früher das offizielle Organ des Obersten Sowjet. Auch die Wochenzeitungen »Komsomolskaja Prawda« (Die Wahrheit der Komsomolzen) und »Moskowskij Komsomolez« (Der Moskauer Komsomolze) sind zu erwähnen sowie die sich auf soziale Fragen konzentrierende Tageszeitung »Trud« (Arbeit). Manche Reformzeitungen entstanden neu, wie etwa die »Njesawissimaja Gaseta« (Unabhängige Zeitung).

Ähnlich wie Gorbatschow unterstützte auch Boris Jelzin anfangs eine unabhängige Presse. »Wenn wir heute keine Kritik üben«, erklärte er Mitte Juli 1992, »dann gleiten wir wieder in den Sumpf ab, in dem wir uns viele Jahrhunderte befunden haben. Das darf nicht zugelassen werden.« Einige Tage später verdeutlichte er: »Ich bekräf-

СОВЕТСКАЯ РОССИЯ
Независимая народная газета
ОСНОВАНА В ИЮЛЕ 1956 ГОДА
№ 64 [11349] Четверг, 6 июня 1996 г.
Цена договорная

КОМСОМОЛЬСКАЯ ПРАВДА
ОСНОВАНА В МАЕ 1925 г.
2 июля 1996 г., вторник, № 121 (21372)
Цена договорная

ЛИТЕРАТУРНАЯ ГАЗЕТА
СВОБОДНАЯ ТРИБУНА ПИСАТЕЛЕЙ

РОССИЙСКАЯ ГАЗЕТА
Вторник, 2 июля 1996 года № 124 (1484)

выходит с ноября 1990 г.

МОСКОВСКАЯ ПРАВДА
ЛОВИТЕ МИГ УДАЧИ
ВТОРНИК, 2 июля 1996 года
Учредитель — Акционерное общество закрытого типа «Редакция газеты «Московская правда»
ЕЖЕДНЕВНАЯ ГАЗЕТА
№ 120 (1221)

МОСКОВСКИЕ НОВОСТИ
MOSCOW NEWS № 22 (837)
ГАЗЕТА ВЫХОДИТ С 1930 г.
ЕЖЕНЕДЕЛЬНАЯ ГАЗЕТА
2–9 июня 1996 г.

СЕГОДНЯ
Суббота 29 июня
ежедневная политическая и деловая газета
1996. № 114 (719)

АРГУМЕНТЫ И ФАКТЫ
СПЕЦВЫПУСК
Номер вопросов и ответов
еженедельная газета
22 (815) Май 1996 г.
В розницу цена свободная

ТРУД
Суббота, 3 августа 1996 года
Выходит с 19 февраля 1921 года ● № 137 (22640) ● Цена в розницу — свободная

ИЗВЕСТИЯ
ГАЗЕТА ВЫХОДИТ С МАРТА 1917 ГОДА
7 июня 1996 года, пятница
№ 105 (24712)

Die wichtigsten russischen Zeitungen (von links oben): Sowjetskaja Rossija (national-patriotisch, KP-nah), Komsomolskaja Prawda (links-liberal), Literaturnaja Gaseta (führende Kultur- und Literaturzeitung mit politischem Anspruch), Rossijskaja Gaseta (offizielle Regierungszeitung), Moskowskaja Prawda (Hauptstadt-Zeitung), Moskowskije Nowosti (liberale Reformwochenzeitung), Sewodnja (liberal-demokratische Reformzeitung), Argumenty i Fakty (demokratisch-liberale Reformwochenzeitung), Trud (sozial-konservativ), Iswestija (liberale Tageszeitung, Krasnaja Swesda (national-patriotisches Organ des Verteidigungsministeriums), Prawda (Zeitung der KPRF), Sawtra (national-patriotisch, auch rechtsextrem und antisemitisch), Moskowskij Komsomolez (kritisch-demokratische Boulevardzeitung), Kommersant Daily (führende Wirtschaftszeitung), Njesawissimaja Gaseta (national-liberal)

tige vor Ihnen noch einmal den Schutz und die Unterstützung der Massenmedien durch den Präsidenten« (Deutsche Welle, Monitor Osteuropa, Nr. 135, 17. Juli 1992).

Aber je mehr sich Jelzins Macht festigte, um so mehr veränderte sich auch seine Haltung der Presse gegenüber. Am 26. Dezember 1992 unterstellte er durch die Schaffung des »Föderalen Informationszentrums Rußlands« die Medien präsidialer Kontrolle.

Die entstehende Pressevielfalt wurde jedoch vor allem durch die Wirtschaftskrise gehemmt. Nach der Freigabe der Preise Anfang 1992 war es vielen Zeitungen unmöglich, den Redaktionsbetrieb aufrechtzuerhalten. Von 1991 bis Mitte 1993 stiegen die Preise für Zeitungspapier um das 360fache, und die Zustellungskosten machten Mitte 1993 durchschnittlich 56 Prozent des Verkaufspreises aus. Neben dieser Verteuerung wurden Presseunternehmen einer äußerst hohen Besteuerung unterworfen. Die immer mehr ansteigenden Kosten zwangen die Zeitungen zu ständigen Preiserhöhungen – die Folge war ein drastischer Rückgang der Auflagen. Von Anfang 1992 bis März 1995 sank die Auflage von »Argumenti i Fakty« von 25,7 Millionen auf 4,4 Millionen; die »Komsomolskaja Prawda« ging von 13,5 Millionen auf 1,4 Millionen zurück, die »Iswestija« von 4,7 Millionen auf 800 000. Die Auflage der in sozialwirtschaftlichen Fragen kompetenten Tageszeitung »Trud«, vor allem von Industriearbeitern gelesen, sank von 13,5 Millionen im Januar 1992 auf 1,4 Millionen im März 1995. Die berühmte Parteizeitung »Prawda«, die 1992 noch mehr als 1,4 Millionen Exemplare verkauft hatte, fiel bis Februar 1995 auf 205 000 zurück. Anfang August 1996 wurde sie vorübergehend eingestellt, weil ihre griechischen Sponsoren, linksorientierte Geschäftsleute, in einen Konflikt mit der Redaktion geraten waren. Danach erschien die Prawda jedoch bald wieder – nicht als offizielles Organ der KPRF, de facto aber als KP-Zeitung.

Der Niedergang der überregionalen Zeitungen fand vor allem außerhalb der Großstädte statt. Die Leser in den Provinzen konnten sich aufgrund der gestiegenen Lebenshaltungskosten in der Regel nur noch eine Zeitung leisten, meist ein lokales Blatt. Die regionalen Zeitungen aber sind, von wenigen Ausnahmen abgesehen, finanziell – und daher auch politisch – stark von den örtlichen Verwaltun-

Wie unabhängig sind Presse und Fernsehen?

gen abhängig und somit viel stärker staatlichen Kontrollen ausgesetzt.

Die Verdrängung der überregionalen Presse aus den Regionen bedeutete, daß wichtige Informationen, vor allem aus dem politischen Leben, die Provinz nicht mehr erreichten. Dies wurde besonders bei der Berichterstattung über den Krieg in Tschetschenien deutlich, der in den Provinzzeitungen kaum vorkam, da diese sich auf die Probleme ihrer Kreise und Stadtbezirke konzentrierten.

Hinzu kam seit 1993 zunehmender Druck krimineller Gruppen. Nach einer Studie der »Stiftung zur Verteidigung von Glasnost« aus dem Jahr 1994 wurde mehr als ein Drittel aller Journalisten von Mafiosi unter Druck gesetzt und bedroht. Mehrere Journalisten, die kritisch über die reale Situation berichteten oder gar Korruptionsfälle in Regierungskreisen aufdeckten, mußten dafür mit ihrem Leben bezahlen. Verschiedentlich wurde der Verdacht geäußert, daß manche Kriminellen im Auftrag der politischen Führung handelten.

Dimitrij Cholodow, Journalist der Zeitung »Moskowskij Komsomolez«, hatte Korruptionsfälle in den russischen Streitkräften aufgedeckt, vor allem in der bis August 1994 in Deutschland stationierten »Westgruppe« unter dem Kommando des Generals Matwej Burlakow. Er hatte herausgefunden, daß General Burlakow große Mengen von Flugzeugen, Hubschraubern und Panzern an Drittländer verkauft sowie Mittel, die für soziale Zwecke und Wohnungsbau vorgesehen waren, für Luxusautos für sich und Verteidigungsminister Gratschow ausgegeben hatte. Am 17. Oktober 1994 wurde Cholodow durch eine Plastikbombe getötet.

Am 1. März 1995 wurde der populäre 38jährige Fernsehjournalist Wladislaw Listjew von Unbekannten vor seinem Haus erschossen. Listjew war als Moderator der erfolgreichen Fernsehsendung »Wsgljad« (Blick) bereits in der Perestroika-Periode im ganzen Land bekannt geworden. Ab 1990 hatte er die Sendung »Stoßzeit« geleitet, in der er Persönlichkeiten des öffentlichen Lebens interviewte und Zuschauern die Möglichkeit gab, sich live mit Fragen zuzuschalten. Er war zur Zeit seiner Ermordung Intendant des Fernsehsenders »Ostankino«.

Wjatscheslaw Rudnjew, ein bekannter Journalist in Kaluga, erlag im Frühjahr 1995 schweren Gehirnverletzungen. Jewgenij Nikitin, ein ebenfalls bekannter Journalist der Nachrichtenagentur »Itar-TASS«, wurde am 17. April 1995 in Moskau grausam mißhandelt aufgefunden.

Mit dem Beginn des Tschetschenien-Krieges im Dezember 1994 verstärkte sich auch der politische Druck auf die Presse. Die Jelzin-Führung versuchte sofort nach Ausbruch des Krieges, die Informationen aus dem Kriegsgebiet zu kontrollieren, und bildete zu diesem Zweck das »Provisorische Informationszentrum«, in Rußland unter der Abkürzung WIZ bekannt. Es verfälschte Angaben über die Verluste der russischen Armee, über die Situation an der Front und über die Folgen der Luftangriffe auf Grosny.

Oleg Soskowez, bis Juni 1996 Erster Stellvertretender Ministerpräsident, erklärte am 16. Dezember 1994, die Berichte über Tschetschenien sollten »mit den richtigen Akzenten« erscheinen. Er warf der »Iswestija« vor, daß es ihren Journalisten »an Vernunft mangele«, um dies zu tun. Zugleich drohte er dem Sender »Unabhängiges Fernsehen« (NTV, keine Verbindung mit dem US-Sender gleicher Abkürzung), der als einziger damals versuchte, objektiv über den Kriegsverlauf zu berichten, mit Abschaltung. Am 27. Dezember 1994 erklärte Präsident Jelzin, er verfüge über Informationen, wonach viele russische Journalisten von den Tschetschenen bestochen worden seien. Das »Komitee für Redefreiheit und Rechte der Journalisten« sowie Redakteure der größten russischen Zeitungen forderten den Präsidenten auf, er möge die Namen der bestochenen Medienvertreter nennen. Eine Antwort blieb aus.

Gleichzeitig verstärkte sich der Druck auf die Journalisten im Kriegsgebiet. Die Beschlagnahmung von Filmen war an der Tagesordnung, und sogar offiziell akkreditierte Reporter wurden durch körperliche Gewalt eingeschüchtert. Der als liberal geltende Pressesprecher des Präsidenten, Wjatscheslaw Kostikow, trat zurück und wurde zum russischen Botschafter beim Vatikan entsandt.

Auch der Druck der Behörden in der Heimat verstärkte sich. Ein beliebtes Instrument zur Knebelung der Presse war die sogenannte »Rundum-Überprüfung«, bei der gleich eine ganze Reihe staatlicher Behörden – vom Sanitären Dienst bis zur Steuerfahndung – die mißliebige Zeitung unter die Lupe nahm. Die Prüfer waren berechtigt, empfindliche Strafgelder zu verhängen.

Während die in Moskau erscheinenden überregionalen Zeitungen an Einfluß einbüßten, wurde die »Rossijskaja Gaseta«, die Regierungszeitung, gefördert. Sie vermittelte ein geschöntes Bild des Krieges in Tschetschenien und diffamierte seine Kritiker, darunter den Bürgerrechtler Sergej Kowaljow, als »Feinde«.

Trotz aller Bemühungen ist der politischen Führung die Gleichschaltung der Presse nicht gelungen. Dies ist vor allem dem Mut und der Entschlossenheit der meisten russischen Journalisten zu verdanken, die sich unter schwierigsten Bedingungen für die Pressefreiheit einsetzen.

Das Fernsehen wird dagegen noch stark von der Regierung beeinflußt, am meisten der wichtigste Sender: *Öffentliches Russisches Fernsehen* (ORT). Er ist zu 51 Prozent in Staatsbesitz, der Rest verteilt sich auf privatwirtschaftliche Investoren, darunter zwölf große Firmen und Organisationen. Gewiß gibt es in diesem Sender auch Diskussionssendungen und eine relativ objektive Darstellung der Situation im Ausland, aber bei allen entscheidenden innenpolitischen Angelegenheiten steht Präsident Jelzin im Mittelpunkt; Einfluß und Kontrolle des Präsidentenapparates sind unverkennbar.

Etwas freier geht es beim RTR zu (Abkürzung für *Russischer Rundfunk und Fernsehen*), der im Unterschied zum ORT nicht für die gesamte GUS konzipiert ist, sondern nur für die Bevölkerung der Russischen Föderation. An dritter Stelle – in den Programmzeitschriften wie auch auf der Verbreitungsskala – steht das *Fernsehen St. Petersburg*, an vierter Stelle der viel beachtete Sender NTV (russische Abkürzung für *Unabhängiges Fernsehen*), der vergleichsweise der unabhängigste und kritischste Fernsehsender der Russischen Föderation ist. Der Sender *Rußländische Universitäten* unter der Schirmherrschaft des RTR stellt Bildung und Kultur in den Mittelpunkt und wird manchmal mit dem französisch-deutschen Kanal »arte« verglichen. Ferner sind die Sender »TV 6« und »2 mal 2« zu nennen; letzterer strahlt stündlich ausführliche Nachrichten aus. Alle Sender werden, wenn auch in unterschiedlichem Maß, von der Regierung beeinflußt, doch die völlige Gleichschaltung ist nicht gelungen. Es besteht die Hoffnung, daß dies auch in Zukunft nicht stattfindet.

DIE FREIHEIT DER KIRCHEN UND RELIGIONSGEMEINSCHAFTEN

Zu den wichtigsten Veränderungen in Rußland gehörte die Abkehr vom offiziellen Atheismus, die die ungehinderte Tätigkeit von Kirchen und Religionsgemeinschaften ermöglichte. Diese Entwicklung begann während der Glasnost-Periode unter Gorbatschow. Anläßlich der Tausendjahrfeier der Einführung des Christentums in Rußland gab es 1988, für viele unerwartet, beträchtliche Lockerungen in Sachen Glaubensfreiheit. Entscheidend für die weitere Entwicklung war jedoch das neue Religionsgesetz von 1990.

Die Religionsgemeinschaften wurden von der Kontrolle durch Partei, Staat und KGB befreit. Die Abteilung des KGB, die alle Kirchen und religiösen Vereinigungen des Landes bespitzelt hatte, wurde aufgelöst. Die religiösen Organisationen konnten nun unabhängig vom Staat operieren, die Einrichtung neuer staatlicher Organe zur Kontrolle der Glaubensgemeinschaften wurde verboten und die Gleichheit aller Religionen vor dem Gesetz festgelegt.

Nach Inkrafttreten des Religionsgesetzes kam es zunächst zu einem kräftigen Aufschwung von Kirchen und Religionsgemeinschaften. Viele Bürger, auch solche, die bis dahin noch nie eine Kirche betreten hatten, strömten zu den Gottesdiensten, manche ließen sich taufen oder schlossen kirchliche Ehen. Auch in den Massenmedien wurde objektiv oder sogar positiv über Kirchen und Religionsgemeinschaften berichtet. Die russisch-orthodoxe Kirche öffnete in kurzer Zeit Tausende von wiedererrichteten Gotteshäusern und hunderte von Klöstern. Die russischen Protestanten (Baptisten, evangelische Christen, Adventisten) gründeten neue Gemeinden. Die katholische Kirche richtete zwei Diözesen ein: eine in Moskau, die andere in Nowosibirsk.

Die größte Glaubensgemeinschaft ist natürlich die russisch-orthodoxe Kirche. Über die Zahl ihrer Gläubigen gibt es jedoch keine verläßlichen Angaben, weil es in Rußland weder eine Kirchensteuer noch

Die Freiheit der Kirchen und Religionsgemeinschaften

verläßliche Kirchenbücher gibt. Die Repräsentanten der russisch-orthodoxen Kirche sprechen von 70 Millionen Glaubensanhängern, westliche Beobachter halten die Zahl von 30 Millionen für realistischer. Etwa 20 Millionen Bürger der Russischen Föderation gehören dem Islam an, vorwiegend in Tatarstan und Baschkortostan (dem früheren Baschkirien), aber auch in vielen anderen Regionen. Etwa 500 000 bis 700 000 Menschen sind jüdischen Glaubens, vorwiegend (jeweils etwa 100 000 Menschen) in Moskau und St. Petersburg (»NZZ« vom 6. Oktober 1995). Ferner gibt es in der Russischen Föderation etwa 100 000 Christen römisch-katholischen Glaubens (»Rheinischer Merkur« vom 4. April 1995) und, nach Einschätzung der Evangelischen Kirche Deutschlands, etwa ebenso viele Protestanten.

Neben den seit langem tätigen Religionsgemeinschaften kamen nun auch neue religiöse Vereinigungen nach Rußland: die Krischna-Jünger, verschiedene protestantische Gruppen, die Zeugen Jehovas, die koreanische Mun-Sekte, die »Kinder Gottes« und schließlich auch die japanische Aum-Sekte. Nach Jahrzehnten des verordneten Atheismus sogen die russischen Bürger die unterschiedlichen Heilslehren begierig auf.

Die Religionsfreiheit wurde in der am 12. Dezember 1993 durch Referendum angenommenen Verfassung der Russischen Föderation bekräftigt. Die Verfassung schreibt ausdrücklich die Trennung von Staat und Kirche und die Gleichberechtigung religiöser Vereinigungen fest. Die Existenz einer Staatsreligion oder einer sonstwie verbindlichen Religion wird verworfen (Artikel 14, Absatz 1-2). Jegliche Propaganda, die religiöse Feindschaft oder religiöse Überlegenheit zum Inhalt hat, wird ebenfalls nicht gestattet (Artikel 29, Abs. 2).

Der anfänglich schnelle Aufschwung der russisch-orthodoxen Kirche kam nach 1993 wieder ins Stocken. Nach Öffnung der KGB-Archive wurden die engen Beziehungen der kirchlichen Würdenträger zur Geheimpolizei bekannt – unzählige Berichte über das Leben in den jeweiligen Gemeinden fanden sich dort, aber auch Materialien über die direkte Zusammenarbeit von Kirchenleuten mit KGB-Offizieren. Hinzu kam, daß die russisch-orthodoxe Kirche sich kaum auf die Sorgen, Wünsche und Hoffnungen der Gläubigen einstellte, ihnen nicht die erwartete Hilfe zuteil werden ließ und in ihren Strukturen und Methoden weit hinter den Erfordernissen der Zeit zurückblieb. Dies trieb viele nach religiöser Orientierung suchende Menschen in andere, meist aus dem Ausland einströmende, religiöse Vereinigungen.

Seit 1993 versuchten sowohl russische Nationalisten wie auch Kommunisten – die längst ihren Atheismus aufgegeben und sich zu Freunden und Mitkämpfern der russisch-orthodoxen Kirche gewandelt hatten – die Verbreitung anderer Religionen zu stoppen. Die Zeitungen kommunistisch-nationalistischer Ausrichtung wie »Prawda«, »Sowjetskaja Rossija«, »Sawtra« (Morgen) und die rechtsnationalistische »Russkij Porjadok« (Russische Ordnung) griffen das Gesetz für Religionsfreiheit immer häufiger an – vor allem die Ablehnung einer Staatsreligion, die Trennung von Staat und Kirche sowie die Gleichberechtigung religiöser Vereinigungen. Diese Tendenz wurde von der russisch-orthodoxen Kirche begierig aufgenommen: Mehrfach wurde auf Betreiben des Moskauer Patriarchen eine Änderung dieses Gesetzes verlangt.

Patriarch Alexij II. brachte seine Besorgnis zum Ausdruck, daß sich die »nationale Mentalität der Russen durch die Tätigkeit der Sekten verändern« werde. Die orthodoxe Kirche forderte ein Verbot der religiösen Aktivität von Ausländern. In einigen Zeitungen wurde verlangt, die russisch-orthodoxe Kirche wieder zur Staatsreligion zu machen, wie sie es zu Zeiten des Zarismus gewesen war.

Tatsächlich wurde das Gesetz über die Religionsfreiheit noch im Juli 1993 geändert: Die Tätigkeit nicht-russischer Missionare (oder russischer, deren organisatorisches Zentrum sich im Ausland befindet) wurde jetzt von der Zustimmung einer in Rußland registrierten Glaubensgemeinschaft abhängig gemacht. Damit war der bisher geltende Gleichheitsgrundsatz für religiöse Vereinigungen praktisch Makulatur. Selbst innerhalb der russisch-orthodoxen Kirche stieß dies hier und da auf Widerstand; manche Priester sprachen von »mittelalterlichen Eingriffen«. Nicht wenige bemängelten auch die seelsorgerische Rückständigkeit, das mangelhafte Eingehen auf die ethischen und gesellschaftlichen Probleme der Menschen.

Doch insgesamt wird die russisch-orthodoxe Kirche, vor allem seit 1993, mehr und mehr zum Hort isolationistischer und antiwestlicher Stimmungen. In ihren Reihen wurde sogar vorgeschlagen, eine Schwarze Liste zu erstellen, die zwischen traditionell in Rußland vertretenen Religionsgemeinschaften – darunter in erster Linie die russisch-orthodoxe Kirche, aber auch der Islam – und anderen unterscheiden sollte. Zu diesen »anderen« gehörten die Protestanten und Sekten wie Hare Krischna, Pfingstler, Zeugen Jehovas und so weiter. Ungeklärt blieb das Verhältnis zur katholischen Kirche.

Innerkirchliche Reformversuche wurden und werden von offizieller Seite unterbunden. Dies gilt besonders für die beiden Moskauer Reformpriester Georgij Kotschetkow und Alexander Borissow, deren Gemeinden vor allem Zulauf von jungen Menschen haben. Sie bemühen sich um Reformen im Sinne von Brüderschaft und sehen ihre Hauptaufgabe in der katechetisch-missionarischen Arbeit. Patriarch Alexij II. hat inzwischen gegen beide Priester Sanktionen (Zelebrierverbot und Versetzung) verhängt.

Der Priester und (demokratische) Duma-Abgeordnete Gleb Jakunin erklärte Anfang 1995 in einem Interview: »Unsere Kirche verwandelt sich zunehmend in eine totalitäre Sekte. Langfristig führt sie dieser Weg nicht in eine lichte Zukunft, sondern ins ethnographische Museum« (»TAZ«, 20. Januar 1995).

ERSTE RECHTSSTAATLICHE SCHRITTE

Zwar sind in Rußland erste wichtige Schritte in Richtung auf einen Rechtsstaat erfolgt – aber das Land ist von diesem Ziel noch sehr weit entfernt. Das Eintreten für rechtsstaatliche Verhältnisse ist vor allem durch die drastische Zunahme der Kriminalität gefährlich geworden; hemmend wirkt auch der Stimmungsumschwung großer Bevölkerungsteile, die sich nach einem »starken Mann« sehnen, der »endlich für Ordnung sorgt«.

Gorbatschow, übrigens selbst Jurist, hatte sich schon seit 1985 nachdrücklich für die Entwicklung eines Rechtsstaats eingesetzt. Nach dem Zusammenbruch der Sowjetunion im Dezember 1991 ging es den russischen Reformjuristen dann vor allem um folgende Punkte:

• Die Rechtsprechung sollte von einem Straforgan zu einem Rechtsschutzorgan werden.
• Die völlige Unabhängigkeit der Rechtsprechung von der Legislative sowie vor allem von der Exekutive sollte verwirklicht werden.
• Der Vorrang der Rechtsprechung vor der Verwaltung sollte gesichert werden.

Ein Hauptanliegen bildete die Installierung eines wirkungsvollen Verfassungsgerichts. Bis 1991 gab es lediglich ein »Komitee für die Verfassungsaufsicht«, danach wurde das »Verfassungsgericht der Russischen Föderation« eingerichtet. Es litt jedoch bis 1993 im Rahmen des Konflikts zwischen der Jelzin-Exekutive und dem Parlament unter einer zunehmenden Politisierung. Ende 1993 schien sich eine Verbesserung anzubahnen, doch das im Juni 1994 verabschiedete »Gesetz über das Verfassungsgericht« beschnitt dessen Zuständigkeit ganz erheblich. Es ist seitdem nicht mehr berechtigt, aus sich selbst heraus initiativ zu werden, es darf die Handlungen hochrangiger Amtspersonen nicht mehr auf ihre Übereinstimmung mit der Verfassung hin prüfen und auch keine Gutachten darüber mehr erstellen, ob diese Personen abgesetzt werden können. Das Recht, in letzter Instanz über eine mögliche Amtsenthebung des Präsidenten zu entscheiden, wurde dem Verfassungsgericht ebenso entzogen, wie das, die Verfassungsmäßigkeit von politischen Parteien und gesellschaftlichen Organisationen zu verhandeln. Die Amtsperiode seines Vorsitzenden wurde auf drei Jahre befristet. Trotz dieser Beschränkungen gewinnt das Verfassungsgericht allmählich an Gewicht, obwohl es immer wieder mit den Widersprüchlichkeiten der Gesetzgebung zu kämpfen hat.

Die Schiedsgerichte (»Arbitragen«) verhandelten bis 1989 nur Streitfälle zwischen Unternehmen, vor allem Verstöße gegen die »Plandisziplin«, und übten ansonsten lediglich Verwaltungsfunktionen aus. Nach dem im Juli 1991 erlassenen Gesetz »Über das Schiedsgericht« avancierten sie zu wirklichen Gerichten und konnten wirtschaftliche Streitfragen regeln. Anfang 1995 erhielten sie mit der Annahme des Gesetzes »Über die Arbitragen in der Russischen Föderation« erheblich erweiterte Geltungs- und Arbeitsmöglichkeiten, zum Beispiel durch die Einführung einer Berufungsinstanz.

Im Zuge der Rechtsreform wurde die Stellung der Gerichte insgesamt erheblich gestärkt. Das Gesetz »Der Status der Richter in der Russischen Föderation« aus dem Jahre 1992 etablierte die Rechtsprechung als eigenständige, von Legislative und Exekutive unabhängige Gewalt und bestätigte die Richter als deren Träger. Die Befristung der Amtszeit der Richter wurde aufgehoben, ihre Unabsetzbarkeit, Unantastbarkeit und Unabhängigkeit wurde festgeschrieben. Gleichzeitig werden seit 1992 höhere fachliche Anforderungen an sie gestellt; ihr Amt schließt zudem die Mitgliedschaft in einer politischen Partei aus. Durch ein Gesetz vom März 1995 »Über den staatlichen Schutz der Richter und der Amtspersonen« wurde die Einflußnahme des Justizministeriums auf die Tätigkeit der Gerichte beschnitten. Personelle und organisatorische Fragen wurden teilweise der Zuständigkeit der Richtergemeinschaft und ihrer Organe – dem Richterkongreß und dem Richterrat – zugeordnet. Die Ernennung der Richter erfolgt nicht mehr durch die Verwaltungsorgane, sondern durch den Präsidenten der Russischen Föderation.

Auch die Stellung der Geschworenen wurde 1992 durch die »Bestimmung über die Tätigkeit von Geschworenen bei den Amtsgerichten« gestärkt und abgesichert. Im Juni 1993 folgte das »Gesetz über die Anforderungen an die Geschworenen und an das Verfahren im Geschworenengericht«. Damit sollte neue Rechtssicherheit geschaffen werden.

Die Staatsanwaltschaft untersteht, im Unterschied zu den meisten demokratischen Ländern, nicht dem Justizministerium, sondern bildet eine separate Einheit; der Generalstaatsanwalt ist nur dem Präsidenten der Russischen Föderation untergeordnet. 1992 wurde ein Gesetz verabschiedet, um den großen Einfluß der Staatsanwaltschaft auf die Gerichte zu verringern, doch das gelang nur teilweise: So hat eine Staatsanwalt zum Beispiel das Recht, den Vollzug von Gerichtsurteilen durchzusetzen. Anfang 1995 debattierte die Staatsduma einen neuen Gesetzentwurf, nach dem sich die Staatsanwaltschaft in erster Linie der Kriminalitätsbekämpfung widmen sollte. Im Gegenzug sollte sie von der Aufsichtspflicht über die Einhaltung der Gesetze entbunden werden. Der Duma-Ausschuß für Gesetzgebung und Gerichtsreform unterbreitete auch die Variante, daß nur eine allgemein gehaltene Aufsichtspflicht, beschränkt auf die Kontrolle der Staatsorgane sowie der Einhaltung der Bürgerrechte, im staatsanwaltlichen Zuständigkeitsbereich bleiben sollte. Diese Variante erhielt zwar in der Duma eine Mehrheit, wurde jedoch anschließend im Föderationsrat abgelehnt.

Im Bereich der Rechtsprechung ist unzweifelhaft viel geleistet worden – allerdings verläuft die Reform wesentlich langsamer als geplant und erhofft. Sie ist vor allem darauf zurückzuführen, daß die rechtsprechende Gewalt im Bewußtsein der russischen Bevölkerung schon immer einen geringen Stellenwert hatte. Viele empfanden die Justiz als zweitrangigen, ja, unwichtigen Bestandteil der Staatsmacht. Rußland wurde (und wird) in erster Linie von Personen regiert – nicht durch Institutionen und Gesetze. Vor allem zwei Umstände verstärken derzeit die traditionelle Einstellung: die ständig anwachsende Macht des Präsidenten und die ebenso ständig anwachsende Kriminalität, die immer lauter werdende Rufe nach einer ordnenden Hand erschallen läßt.

DAS HAUPTPROBLEM: DIE ORGANISIERTE KRIMINALITÄT

Seit Anfang 1994 sind die Bemühungen um eine rechtsstaatliche Entwicklung in der russischen Öffentlichkeit völlig in den Hintergrund getreten. Was die überwiegende Mehrheit der Bevölkerung bewegt, ist das drastische Ansteigen der organisierten Kriminalität. Seit nunmehr fast drei Jahren erlebt Rußland eine Welle von Bombenattentaten, bestellten Morden und Überfällen auf Passanten am hellichten Tag.

Mitte Juni 1994 unterzeichnete Präsident Jelzin den Erlaß über »Sofortmaßnahmen zum Schutz der Bevölkerung vor Banditentum und anderen Erscheinungen des organisierten Verbrechens«. Damit erhielten Polizei und andere Ordnungsorgane weitreichende Befug-

Das Hauptproblem: die organisierte Kriminalität

nisse. Jeder, der eines Verbrechens verdächtigt wird, kann bis zu 30 Tagen in Haft gehalten werden. Miliz und Sicherheitsdienste haben das Recht, sich Informationen über Vereinigungen und Privatpersonen zu beschaffen, sobald ein Verdacht der Zusammenarbeit mit dem organisierten Verbrechertum besteht. Die Truppen des Innenministeriums wurden zudem um 52 000 Mann verstärkt.

Der Jelzin-Erlaß rief heftige Reaktionen in der Öffentlichkeit hervor – lediglich der Rechtsextremist Shirinowskij begrüßte den Beschluß und regte zusätzlich an, Verbrecher gleich bei der Festnahme zu erschießen und alle Ausländer (gemeint waren in erster Linie Bürger anderer GUS-Staaten) aus russischen Städten zu entfernen. In der Duma lehnten die meisten Fraktionen den Jelzin-Erlaß ab, da er gegen die russische Verfassung, geltende Gesetze und Menschenrechte verstoße: Laut Artikel 22 der Verfassung dürften Personen nicht länger als 48 Stunden ohne Gerichtsbeschluß festgehalten werden, außerdem dürfe nur die Duma ein Anti-Verbrechensprogramm ausarbeiten – nicht aber der Präsident. Die liberale Zeitung »Segodnja« (Heute) warnte vor Willkür: »Wir hoffen, daß man nicht in unsere Wohnungen eindringt, daß man uns nicht auf der Straße durchsucht und festnimmt«. Die ebenfalls demokratische »Njesawissimaja Gaseta« (Unabhängige Zeitung) wertete den Jelzin-Erlaß als »skandalös«.

Tatsächlich erreichte das Jelzin-Dekret vom Juni 1994 das Gegenteil der beabsichtigten Zielsetzung: Die Bürger wurden noch mehr eingeschüchtert, die Banditen blieben unbeeindruckt und die Ordnungsinstanzen verschlossen weiterhin häufig die Augen. Nach der Veröffentlichung des Jelzin-Erlasses floß sogar mehr Blut als zuvor. Anfang März 1995 gab der Justizminister Kowaljow bekannt, daß alleine im Februar 1995 in Moskau 113 Menschen umgebracht worden waren.

Nach der Ermordung des populären Fernsehjournalisten Wladislaw Listjew im März 1995 kündigte Jelzin dem organisierten Verbrechen erneut den »unnachsichtigen Kampf« an. Er werde, so Jelzin, alles tun, damit der Mörder gefunden werde. Bisher wurde der Fall allerdings nicht aufgeklärt – genauso wie die vielen anderen Morde an Geschäftsleuten, Politikern und Journalisten.

Beim Begräbnis von Listjew, an dem über hunderttausend Menschen teilnahmen, erklärte Oleg Popzow, der Chef des zweiten Kanals des Fernsehens, es erhebe sich die Frage, wer überhaupt Rußland regiere. »Ein Land, in dem das Verbrechen grenzenlos ist, hat keine Zukunft«, sagte er. »In unserer Gesellschaft ist das Verbrechen zur Ware geworden.«

Am 25. Mai 1995 äußerte Michail Jegorow, der Erste Stellvertretende Innenminister Rußlands, die Kriminalität wachse »zu einer ernsthaften Bedrohung für die Stabilität des wirtschaftlichen und sozialen Lebens« in Rußland an. Innenminister Anatolij Kulikow erklärte im Juni 1996, die Kriminalität habe einen solchen Stand erreicht, »daß die Frage nach der Zukunft Rußlands aktuell wird« (Anatolij Kulikow: Die Kriminalitätsrate und die Zukunft des Landes, in: »Sputnik«, Juni 1996, S. 9). In der Tat hat sich die Kriminalitätsrate seit 1989 Jahr für Jahr drastisch erhöht. Insgesamt wurden 1995 drei Millionen Straftaten in Rußland gezählt; 1994 waren es noch 2,6 Millionen gewesen (»Süddeutsche Zeitung«, 9. März 1995). Die Wirtschaftsdelikte nahmen 1995 um 14 Prozent zu. 4800 Korruptionsdelikte wurden aufgedeckt; die Zahl der kriminellen Gruppen stieg von 785 im Jahre 1990 auf 6500 im Jahre 1995 (Heinrich Vogel: Die Mafia in Rußland, in: »Internationale Politik«, Nr. 2, 1995, S. 12-18). 1994 ereigneten sich in Rußland 32 000 Morde – doppelt so viele pro hunderttausend Einwohner wie in den USA (»Der Spiegel«, Nr. 11, 1995).

Die Bekämpfung der Kriminalität wird unter anderem auch durch Mängel der Strafgesetzgebung erschwert. »Das Strafgesetzbuch war der Bekämpfung von Korruption und organisiertem Verbrechen nicht angepaßt«, räumte Innenminister Anatolij Kulikow ein. »Gesetze wie das Gesetz 'Über die Waffen' und das Gesetz 'Über die private Detektiv- und Schutztätigkeit' enthalten schlecht durchdachte Bestimmungen« (Anatolij Kulikow in »Sputnik«, Juni 1996, S. 8-14).

Mitte 1995 war geplant, die Moskauer Polizei mit weiteren 900 Beamten zu verstärken, um erweiterte Patrouillen einzusetzen. Bis Ende 1995 sollten in Rußland 10 000 Polizisten als motorisierte Spezialeinheiten eingesetzt werden (»Süddeutsche Zeitung«, 9. März

Das Hauptproblem: die organisierte Kriminalität

1995). Aber, so meinte Kulikow, die Kriminalität könne unmöglich allein durch die Bemühungen der Rechtsschutzorgane bekämpft werden. Er schlug daher vor, private Schutz- und Detektivdienste heranzuziehen und die sogenannten »Drushinniki« zu reaktivieren, freiwillige Milizhelfer der Breshnjew-Ära; außerdem sollten Kosakenabteilungen und Schutzvereinigungen eingesetzt werden. Nach offiziellen Angaben haben gegenwärtig 20 000 solcher Organisationen mit insgesamt über drei Millionen Mitgliedern und Helfern ihre Arbeit aufgenommen (Anatolij Kulikow: Die Kriminalitätsrate und die Zukunft des Landes, in »Sputnik«, Juni 1996, S. 8-14).

Die großen Schwierigkeiten der Regierung bei der Bekämpfung der Kriminalität liegen vor allem in der kriminellen Durchdringung nahezu aller staatlicher Sektoren (»Rossiskaja Gaseta«, 25. Juni 1994). Korruption und organisierte Kriminalität sind eng miteinander verbunden, und selbst die Staatsduma und die Rechtsschutzorgane und Gerichte sind davon nicht verschont. Die Polizei mußte sich bereits 1993 von mehr als 500 operativen Mitarbeitern befreien, die mit kriminellen Gruppen zusammenarbeiteten. Die Korrumpiertheit der staatlichen Strukturen wird auch von offizieller Seite als eine der größten Gefahren bezeichnet, die der russischen Staatsordnung zu schaffen mache. Jede zehnte Verbrecherbande wird von einem bestochenen Staatsbeamten gedeckt. Gegenwärtig wird gegen 2000 Polizeibeamte ermittelt; über 600 stehen vor Gericht. Mehr als zehn führende Mitarbeiter des Innenministeriums, darunter auch Generale, sind zur Verantwortung gezogen worden.

Vor allem in der Presse wird deutlich auf die Ursachen dieser Kriminalität hingewiesen. Die »Iswestija« zählte am 10. August 1994 die Erbstücke des Sowjetstaates auf: Massenterror, Gefängnisse, Gulag, Zwangsansiedlung, die traditionelle Tolerierung physischer Gewalt, die Kameradenschinderei in der Armee, die unglaubliche gesellschaftliche Sittenverrohung und Mafia-Morde – und all das noch verschärft durch den Afghanistan-Krieg. G. Tschebotajew, Generalmajor der Polizei, meinte, die Strafanstalten des Gulag seien »Kaderschmieden des Verbrechertums« gewesen.

Zum Erbe der sowjetischen Vergangenheit kommen die neuen Probleme: die Wirtschaftskrise und die Verschlechterung der Lebensverhältnisse. Etwa 35 Millionen Russen (25 Prozent der Bevölkerung) leben unter der Armutsgrenze; nach anderen Quellen sind es noch mehr. Diesen Menschen, die im wahrsten Sinne des Wortes nichts mehr zu verlieren haben, bleibt oft nichts, als der Weg in die Kriminalität. Einige Etagen höher finden die Verteilungskämpfe der »neuen Russen« um Kapital und Produktionsmittel statt, und viele der Aufsteiger verfügen über kriminelle Erfahrungen oder über Beziehungen zur Verbrecherwelt.

Unter diesen Bedingungen ist das Eintreten für rechtsstaatliche Maßnahmen ins Stocken geraten. Angesichts des rasanten Werte- und Autoritätsverfalls wächst die Sehnsucht der Bevölkerung nach Ruhe und Ordnung, nach einem starken Mann, der »endgültig Ordnung schafft«, gleich, welcher Mittel er sich dabei bedient. Größere Teile der Bevölkerung sind heute bereit, einen autoritären Staat hinzunehmen, ja, sehen ihn sogar als Voraussetzung für die Wiederherstellung von Sicherheit und Ordnung an. Nach einer Umfrage vom Mai 1995 sehen 80 Prozent der Befragten die Herstellung der Ordnung als entscheidend an. Nur ein Fünftel schätzt die persönliche Freiheit ohne Einmischung des Staates höher ein.

DIE ARMEE – ZUSTAND UND POLITISCHER EINFLUSS

Ende 1991 verfügte die sowjetische Armee über 3,7 Millionen Soldaten. Mit dem Zerfall der Sowjetunion wurde die Armee schrittweise auf die Streitkräfte der GUS-Staaten aufgeteilt. Der auf sowjetische Bedürfnisse zugeschnittene einheitliche Verteidigungsraum zerfiel – mit gravierenden Folgen für die neuen russischen Streitkräfte.

Am 16. März 1992 ordnete Präsident Jelzin per Erlaß die Gründung des russischen Verteidigungsministeriums an und erklärte, daß »Vorschläge für den Ausbau von Streitkräften der Russischen Föderation« ausgearbeitet würden (»FAZ«, 17. März 1992). Am 7. Mai 1992 wurde »die Gründung der russischen Streitkräfte« bekanntgegeben (»Deutsche Welle«, Monitor Osteuropa, Nr. 88, 8. Mai 1992).

Mitte Mai 1992 ernannte Jelzin den Armeegeneral Pawel Gratschow zum neuen Verteidigungsminister. Am 5. Juni 1992 gab Grat-

Die Armee – Zustand und politischer Einfluß

schow die Inhalte der sich in Vorbereitung befindlichen neuen Militärdoktrin bekannt: Von allen GUS-Staaten werde nur Rußland »bis zum Jahre 2000 über Atomwaffen verfügen und mit einem Atomschirm die anderen GUS-Staaten abdecken«, die einen »Vertrag über die kollektive Sicherheit unterzeichnet« hätten. Es würde »genug russische Kernwaffen geben«, um die »Gewährleistung der Sicherheit der Länder zu verfolgen, die diesem Vertrag beigetreten sind« (»Deutsche Welle, Monitor Osteuropa, Nr. 108, 9. Juni 1992). Die »Hauptleitsätze« der Militärdoktrin wurden auf der Sitzung des Sicherheitsrates am 3. März und 6. Oktober 1993 behandelt, am 2. November 1993 vom Sicherheitsrat gebilligt und am selben Tag per Präsidentenerlaß angenommen. Kernpunkte waren die Anerkennung Rußlands als Ordnungsmacht im »nahen Ausland« – also in den übrigen GUS-Staaten – und die entscheidende Rolle Rußlands bei der Lösung regionaler Konflikte.

In zunehmendem Maße geriet nun die Armeereform ins Zentrum der Aufmerksamkeit, vor allem die Verringerung der russischen Streitkräfte auf 1,5 Millionen Mann, mit der die Option zur Errichtung einer Berufsarmee geschaffen werden sollte.

Insgesamt wurden drei Militärkreisverwaltungen aufgelöst, acht Armeeverwaltungen, 19 Divisionen und acht militärische Lehranstalten. 1995 bestanden die russischen Streitkräfte nur noch aus 1,7 Millionen Mann. Für 1996 wurde ein Gesamtbestand von 1 467 000 Soldaten und 600 000 Zivildienstleistenden angepeilt.

Die finanziellen Schwierigkeiten wurden jedoch immer größer. Verteidigungsminister Gratschow teilte am 5. Juni 1992 mit, die Verteidigungsausgaben Rußlands würden bis zum Jahre 2000 auf fünf bis sechs Prozent des Bruttosozialprodukts reduziert (»Deutsche Welle«, Monitor Osteuropa, Nr. 108, 9. Juni 1992). Im ersten Halbjahr 1995 betrug der Verteidigungsetat um 4,1 Millionen Rubel weniger, als im Föderalen Haushalt ursprünglich angesetzt waren. Auch 1996 umfaßte der Wehretat rund 30 Prozent weniger als zunächst vorgesehen. Statt den ursprünglich beantragten 111 Billionen Rubel erhält die Truppe nur noch 80 Billionen Rubel, was etwa 24,5 Milliarden Dollar entspricht.

Die schwierige finanzielle Situation hatte ernste Auswirkungen in der Praxis: Seit 1992 konnten wegen Treibstoffmangels weder Manöver auf Divisionsebene durchgeführt noch größere Flottenmanöver abgehalten werden; die Übungsflüge der Luftstreitkräfte wurden ebenfalls drastisch eingeschränkt. Aufgrund der ausbleibenden Soldzahlungen kam es bereits im Juni 1994 zu größeren Streiks von Baueinheiten der Nordflotte. 2000 Soldaten stellten die Bauarbeiten an Raketenstellungen und Kasernen ein, da sie vom Verteidigungsministerium nur ein Viertel der versprochenen Gelder erhalten hatten. Das war kein Einzelfall: Allein im Mai 1994 blieb Moskau Soldzahlungen von über 165 Milliarden Rubel schuldig. Unter diesen Bedingungen konnten die regionalen Armeeführungen ihren finanziellen Verpflichtungen für Gas, Wasser und Strom gegenüber den Gemeinden nicht mehr nachkommen. Zwischen Kursk und Kamtschatka hatte die russische Armee Mitte 1994 Schulden von 221 Milliarden Rubel. An vielen Standorten wurden Obst und Gemüse von den Speiseplänen der Militärkantinen gestrichen (»Der Spiegel«, Nr. 36, 1994).

Das Militärbudget reichte auch nicht mehr zur Anschaffung moderner Waffen. Noch Mitte der achtziger Jahre hatte die Luftverteidigung jährlich 450 neue Jagdflugzeuge gekauft; 1993/94 waren es nur noch 23, was nicht einmal mehr dazu ausreichte, ausrangierte Maschinen zu ersetzen.

Die Wohnungsproblematik wurde ebenfalls immer dramatischer: 1995 waren etwa 155 000 Offiziere ohne feste Unterkunft. Zugleich verschlechterte sich die Versorgung mit elementaren Bedarfsgütern: Ende 1995 fehlte es an enormen Mengen von Schuhwerk und Soldatenbekleidung (Gerhard Wettig: Militär und Duma-Wahlen, Bundesinstitut für ostwissenschaftliche Studien, Nr. 66, 10. November 1995).

Eine Befragung unter Berufsoffizieren, durchgeführt von russischen und deutschen Soziologen im Auftrag der Friedrich-Ebert-Stiftung, ergab im Sommer 1994, daß 9 % monatlich nur über 76 000 Rubel (etwa 45 DM) pro Familienmitglied verfügen konnten, 30 % über 76 000 bis 100 000 Rubel, 35 % über 100 000 bis 150 000 Rubel und nur 20 % über mehr als 150 000 Rubel (etwa 90 DM).

Nach den Angaben des russischen Staatskomitees für Statistik betrugen im dritten Quartal 1994 die durchschnittlichen Lebenshaltungskosten 91 400 Rubel (etwa 54 DM), bei arbeitsfähigen Bürgern 102 800, bei Rentnern 64 400 Rubel (Aus: Wie desolat sind die Streitkräfte?, »Wostok«, Nr. 6/1994 bis 1/1995, S. 13-15).

Die negative Stimmung in den Streitkräften – hervorgerufen durch den als demütigend empfundenen Truppenrückzug aus den Warschauer-Pakt-Staaten, den allgemeinen Prestigeverlust der Streitkräfte, die katastrophalen sozialen Zustände, die Finanznot und die Versorgungsengpässe – fand ihren Widerhall sowohl in der mangelnden Bereitschaft, überhaupt Militärdienst zu leisten, als auch in Demoralisierungserscheinungen innerhalb der Truppen.

Das militärische Einberufungssystem brach ab 1991 praktisch zusammen. In manchen Gebieten Rußlands fanden sich zu den Einberufungsterminen im Herbst und im Frühjahr gerade noch 20 Prozent der Wehrpflichtigen in den Musterungsbüros ein (»Der Spiegel«, Nr. 36, 1994), 1993 kamen insgesamt über 70 000 Wehrpflichtige ihrem Einberufungsbefehl nicht nach (»Der Spiegel«, Nr. 45, 1994), 1994 waren es bereits 140 000.

Vor allem die grausame Kameradenschinderei von Rekruten durch »gestandene« Soldaten und Offiziere wirkte auf Wehrpflichtige äußerst abschreckend. Nach offiziellen Angaben fanden 1993 1300 Soldaten während ihres Militärdienstes den Tod. Das Moskauer Komitee der Soldatenmütter schätzt, daß jährlich bis zu 10 000 Soldaten außerhalb von Kampfhandlungen ihr Leben verlieren: ein Drittel davon durch Selbstmord, der Rest durch Verletzung oder Verstümmelung (»Der Spiegel«, Nr. 9, 1995).

Auf der anderen Seite verließen immer mehr Offiziere die Armee: Von 1992 bis 1994 schieden 1018 Generäle, 116 000 höhere und 20 000 jüngere Offiziere aus ihren Einheiten aus – viele aufgrund der Truppenreduzierung, aber immerhin 42 000 quittierten aus finanziellen und sozialen Gründen den Dienst beziehungsweise aus Protest gegen die grassierende Bereicherung und Korruption in der Generalität. Offiziersnachwuchs konnte nicht in genügender Zahl herangebildet werden, da in den genannten Jahren 14 Militärakademien, vier militärische Hochschulen und 74 militärische Fachschulen aufgelöst wurden.

Eine Anfang 1996 für den Verteidigungsausschuß des Deutschen Bundestages angefertigte Analyse kam zu dem Schluß, daß »durch den Mangel an Geld und Personal sowie durch Lücken in der Ausbildung, aber auch nach rapidem Ansehensverlust in der Bevölkerung« Rußlands Armee derart geschwächt sei, »daß sie zu weiträumigen Operationen außerhalb der Grenzen der früheren Sowjetunion« nicht mehr in der Lage ist. Knapp zwei Drittel (nämlich 51 von 81) der russischen Divisionen seien nicht mehr einsatzbereit (»Die Welt«, 23. Februar 1996).

Erst im Frühjahr 1995 begann die russische Regierung, neue militärpolitische Prioritäten zu setzen. Dies kam besonders bei der Militärparade am 8. Mai 1995 zum Ausdruck. Erstmals seit mehreren Jahren wurde der Jahrestag des Sieges über Hitler-Deutschland mit einer umfangreichen Präsentation von Militärtechnik und schweren Waffen begangen. Seit der Auflösung der Sowjetunion hatte Rußland bis dahin auf Demonstrationen militärischer Stärke bei Volksfesten verzichtet (Rußlands Armee – Wechsel der Qualität, »Sputnik«, Nr. 2, 1996, S. 8-19).

Die Unzufriedenheit im Offizierskorps führte nicht nur zu Austritten aus den Streitkräften: Etliche, vor allem hohe Dienstgrade, begannen, aktiv an den innenpolitischen Auseinandersetzungen teilzunehmen. Die Mitgliedschaft von Generälen in Parteien ist inzwischen so weit verbreitet, daß von »politischen Hochzeitsgenerälen« gesprochen wird. Dieser Begriff geht auf einen Brauch des 19. und beginnenden 20. Jahrhunderts zurück, als reiche Kaufmannsfamilien ihre Hochzeitsfeiern mit einem General als Ehrengast schmückten. Entsprechend sind die politischen Parteien heute daran interessiert, ihr Ansehen und ihren Einfluß durch einen »politischen General« aufzubessern. So nahm General Alexander Ruzkoj, ehemaliger Vizepräsident und Gegner Jelzins, als Spitzenkandidat der Partei »Dershawa« (Staatsmacht) an den Parlamentswahlen vom Dezember 1995 teil. Der berühmte ehemalige Befehlshaber der 14. Armee in Transnistrien und heutige Sicherheitsberater von Jelzin, General Alexander Lebed, kandidierte bei dieser Wahl als zweiter Spitzenkandidat der Partei »Kongreß Russischer Gemeinden«, und General Lew Rochlin gehörte zu den Spitzenkandidaten der Regierungspartei

Die Armee – Zustand und politischer Einfluß   85

»Unser Haus Rußland«. General Boris Gromow, früher Oberbefehlshaber der in Afghanistan stationierten sowjetischen Truppen und
vorübergehend Stellvertretender Verteidigungsminister, führt seine
eigene, relativ kleine Partei »Mein Vaterland«. Der ehemalige Stellvertretende Verteidigungsminister General Valentin Warennikow
(der sich aktiv am Augustputsch 1991 beteiligt hatte) kandidierte für
die KPRF.

Im politischen Leben Rußlands, auch in der Duma, sind
Generäle – oft in Uniform – stärker vertreten, als es in den demokra-
tischen Ländern Europas üblich ist. Einen Militärputsch samt der
Errichtung einer Militärdiktatur ist jedoch sehr unwahrscheinlich.

Mitten während des Wahlkampfes im Mai 1996 kündigte Jelzin in
einem Dekret an, daß die allgemeine Wehrpflicht in Rußland abgeschafft und die Streitkräfte in eine Berufsarmee umgewandelt würden – allerdings erst ab Frühjahr 2000. Bis zum 1. Dezember 1996
soll die Regierung die entsprechenden Maßnahmen ausarbeiten.

In der russischen Armee dienen nach Angaben der Zeitschrift
»Argumente und Fakten« gegenwärtig 1,7 Millionen Soldaten und
Offiziere sowie 1700 Generale und Admirale. Hinzu kommen 200 000
Mann Grenztruppen und 264 000 Angehörige der Truppen des Innen-
ministeriums. Das Dekret Jelzins wurde insgesamt zurückhaltend
aufgenommen. Militärfachleute der Duma erklärten, die geplante
Umstellung sei schwierig und sehr teuer. Bisher dienten nur 25 bis 27
Prozent aller Soldaten auf Vertragsbasis, und sie kosteten den Staat
bis zu fünfmal mehr als die eingezogenen Soldaten.

Das Militärbudget umfaßte 1996 umgerechnet etwa 25 Milliarden
DM, während der Bedarf bei etwa 40 Milliarden lag. Die Militärexperten bezeichneten Jelzins Armeereform folglich als »rein populistisch« – der Präsident wolle sich dadurch nur Stimmen sichern,
außerdem sei der Zeitraum viel zu kurz und die künftige Personal-
stärke völlig unklar.

In einem weiteren Dekret hatte Jelzin gleichzeitig verfügt, daß
Rekruten künftig nur noch auf Vertragsbasis in Konfliktgebiete entsandt werden dürfen – offensichtlich, weil (nach inoffiziellen Schätzungen) in dem Krieg in Tschetschenien bereits über 10 000 Soldaten
den Tod gefunden hatten. So kritisch die beiden Dekrete von Sach-

kennern aufgenommen wurden, so populär waren sie während des Wahlkampfes vor allem bei der Jugend.

FAZIT

Die gegenwärtige politische Situation läßt sich in folgenden Punkten zusammenfassen:

• Durch ein Referendum, das am 12. Dezember 1993 von der Mehrheit der Bevölkerung angenommen wurde, gibt es in Rußland erstmals eine Verfassung, in der die demokratischen Rechte und Freiheiten, die Trennung der Gewalten und andere Menschenrechte festgeschrieben sind – allerdings mit einer außerordentlichen (und für die Zukunft gefährlichen) Machtstellung des Präsidenten und sehr unklaren Bestimmungen über den föderativen Aufbau des Landes.

• Anstelle der KP gibt es inzwischen eine vielfältige Parteienlandschaft, allerdings mit einem deutlichen Übergewicht der Kommunisten und Rechtsnationalisten und einer relativ schwachen Vertretung demokratischer Parteien und Vereinigungen. Viele Parteien sind zudem noch nicht fest etabliert.

• Die Machtstellung des Präsidenten ist größer als in irgendeinem anderen demokratischen Staat Europas. Die autoritäre Präsidialherrschaft ist in den letzten Jahren durch den Ausbau der Sicherheitsdienste und den Tschetschenien-Krieg verstärkt worden.

• Anstelle der früher staatlich kontrollierten Einheitspresse gibt es inzwischen eine erstaunliche Pressevielfalt, allerdings sind die Papierpreise und Vertriebskosten so gestiegen, daß die Auflagen seit 1993 drastisch zurückgehen. Die Journalisten geraten in den letzten Jahren vermehrt unter Druck sowohl der zentralen als auch lokaler Behörden; etliche von ihnen sind sogar ermordet worden. Bedauerlich ist auch, daß das Fernsehen noch außerordentlich stark von der Regierung beeinflußt wird.

• Die Religionsfreiheit ist heute garantiert und in der Praxis verwirklicht. Allerdings gibt es starke Kräfte in der russisch-orthodoxen Kirche, die einen Monopolanspruch gegenüber anderen Glau-

Fazit

bensgemeinschaften erheben, sich gegen die in der Verfassung fest-
gelegte Gleichberechtigung unterschiedlicher religiöser Gruppierungen wenden und religiöse Einflüsse aus anderen Ländern unterbinden wollen.

• Die ersten Schritte zu einem Rechtsstaat sind erfolgt, vor allem
durch die Bildung eines Verfassungsgerichts und die Garantierung
der Unabhängigkeit der Richter. Dennoch ist das heutige Rußland
noch sehr weit von rechtsstaatlichen Verhältnissen entfernt.

• Die Kriminalität nimmt so bedrohliche Formen an, daß sie zum
Hauptproblem der Innenpolitik geworden ist. In immer größeren Teilen der Bevölkerung wird als Folge davon der Ruf nach einem starken Mann laut, der Ordnung schafft.

• Innerhalb der Armee gibt es aufgrund ihres Prestigeverlustes und
ihrer außerordentlichen ökonomisch-sozialen Schwierigkeiten starke
Protestströmungen gegen einen Reformkurs. Generale und andere
Offiziere spielen im politischen Leben Rußlands eine weitaus größere
Rolle als in den anderen demokratischen Ländern Europas.

Insgesamt ist im politischen Bereich der Entwicklung von der Diktatur zur Demokratie zwar manches erreicht worden, aber ein wirkli-
cher Durchbruch zur Demokratie ist bisher noch nicht erfolgt. Die
Zunahme autoritärer Tendenzen ist unübersehbar und gibt zu
Besorgnis Anlaß.

Wie weit ist Rußland auf dem Weg zur Marktwirtschaft?

Der Übergang von staatlicher Planwirtschaft zur Marktwirtschaft erwies und erweist sich in Rußland, einem Staat mit 150 Millionen Einwohnern, als besonders schwierig. Gegenwärtig ist ein Zwischenstadium erreicht: Die Planwirtschaft existiert nicht mehr; die Marktwirtschaft ist erst im Entstehen begriffen.

Die bürokratisch-zentralistische Planwirtschaft der Sowjetunion existierte 70 Jahre – drei Generationen lang. Unter ihren Bedingungen verkümmerte die Fähigkeit der Menschen, eigene wirtschaftliche Initiative zu entwickeln: Auf privatwirtschaftliche Tätigkeit stand die Todesstrafe.

1985 begann Michail Gorbatschow seine Perestroika-Reform, doch zahlreiche Fehler bremsten den dringend notwendigen Übergang zur Marktwirtschaft. Sein schwerwiegendstes Versäumnis: Im Sommer 1990 verhinderte er die Umsetzung des »500-Tage-Programms«, das von den hervorragenden Ökonomen Stanislaw Schatalin und Grigorij Jawlinskij ausgearbeitet worden war.

Ab 1992/93 – bereits in der Amtszeit Jelzins – verstärkte sich der Widerstand der Repräsentanten der großen Staatsbetriebe, des militärisch-industriellen Komplexes und der Bürokratie der Kollektivwirtschaften und Staatsgüter in der Landwirtschaft. Das zähe Ringen zwischen Wirtschaftsreformern und Vertretern des militärisch-industriellen Sektors, die effektive Reformen zu verhindern suchten, führte zu einem kontraproduktiven Zickzackkurs der Wirtschaftspolitik, die ohnehin kaum lösbaren Problemen gegenüberstand: drastischer Produktionsrückgang, Zersplitterung des einst einheitlichen Wirtschaftsraums, galoppierende Inflation, drastisches Ansteigen der Wirtschaftskriminalität, Durchdringung fast aller Wirtschaftsbereiche durch mafiöse Organisationen, gewaltige soziale Spannungen zwischen einer Minderheit von Neureichen und der Mehrheit der sozial Benachteiligten, äußerst ernste Umweltprobleme und gefährlich unsichere Atomanlagen.

Trotz aller Probleme – die Talsohle scheint mittlerweile durchschritten zu sein. Michael Camdessus, Generaldirektor des Internationalen Währungsfonds (IWF) erklärte vor kurzem, Rußland »habe 1995 einen guten Schritt auf dem Weg zu einer finanziellen Stabilisierung« getan; das Wirtschaftswachstum könne schon 1998 bei sechs Prozent im Jahr liegen und die Inflation dann praktisch beseitigt sein. Andere Sachkenner meinen gar, der Niedergang der russischen Wirtschaft sei bereits beendet, und für 1996 könne erstmals mit erneutem Wachstum gerechnet werden. »Die marktwirtschaftlichen Reformen kommen erstaunlich gut voran«, resümierte Wolfgang Kartte, ehemaliger Präsident des Bundeskartellamtes und seit Jahren als Berater in Rußland tätig. Dem stehen jedoch kritische Stimmen – gerade auch innerhalb Rußlands – gegenüber: Von einer tiefgreifenden Stabilisierung könne keine Rede sein, stellten Wirtschaftsexperten im November 1995 in Moskau fest, und ob es zu einem dauerhaften Wirtschaftswachstum ab 1996 komme, sei zumindest zweifelhaft.

EIN WIRTSCHAFTSRAUM ZERFÄLLT

Der früher einheitliche sowjetische Wirtschaftsbereich ist zerfallen. Durch den Zusammenbruch der Sowjetunion wurden die horizontalen Verbindungen zwischen Rohstofflieferanten, Energieversorgungs- und Industrieunternehmen weitgehend zerrissen: Einst eng kooperierende Betriebe befinden sich heute nicht selten in unterschiedlichen Mitgliedsländern der GUS mit unterschiedlichen Währungen und Ökonomien – wirtschaftliche Verbindungen müssen erst mühsam wiederhergestellt werden.

Geldscheine einiger GUS-Staaten. (Von links oben nach rechts unten): *Rubel* (Rußland), Karbowanez, Anfang September 1996 in *Griwna* umgewandelt (Ukraine), *Dram* (Armenien) und *Tenge* (Kasachstan).

Som, hier kleinste Einheit: Tiyan (Kirgisien) und *Manat* (Turkmenistan). *Lari* (Georgien), *Sum* (Usbekistan), *Manat* (Aserbaidshan) und tadshikische *Rubel* (Tadshikistan).

Währungen der GUS-Mitgliedsländer

Land	Währung	Kurs[1]	Einführung
Armenien	Dram	100 Dram: 0,3653 DM	November 1993
Aserbaidshan	Manat	100 Manat: 0,0337 DM	Sommer 1992
Georgien	Lari	100 Lari: 117,07 DM	Mai 1993
Kasachstan	Tenge	100 Tenge: 2,2695 DM	November 1993
Kirgisien	Som	100 Som: 13,02 DM	Mai 1993
Moldawien	Leu	100 Leu: 32,747 DM	November 1993
Rußland	Rubel	100 Rubel: 0,0305 DM	
Tadshikistan	Tadshikische Rubel	100 Rubel: 0,52705 DM	Mai 1995
Turkmenistan	Manat	100 Manat: 0,0492 DM	September 1993
Ukraine	Karbowanez	100 Karbowanez: 0,0008 DM	November 1992
Usbekistan	Sum	100 Sum: 4,0858 DM	Juli 1994
Weißrußland	Weißrussische Rubel	(nicht mehr notiert)	Mai 1992 (als Interimswährung)

[1] Stand: 16. August 1996

Unter Stalin war die Sowjetunion bewußt als einheitlicher Wirtschafts- und Handelsraum ausgestaltet worden. Jede Entscheidung ging von Moskau aus, die Sowjetrepubliken wurden von hier aus industrialisiert. Standorte und Produktionsbereiche wurden so gewählt, daß sie den inneren Zusammenhalt der Sowjetunion sicherten. Die Abhängigkeit der Republiken untereinander, vor allem aber von der Moskauer Zentrale, war so stark ausgeprägt, daß kein Teil des Sowjetimperiums für sich alleine existieren konnte. Ökonomische Erwägungen spielten allenfalls eine sekundäre Rolle. Standortbedingungen – etwa Infrastruktur, Bodenverhältnisse, Nähe von Absatzmärkten oder wirtschaftliche Tradition einer Region – wurden nur selten in die Überlegungen einbezogen. So entstanden gigantische Industriemoloche, die nicht auf die Bedürfnisse der Bevölkerung und der Volkswirtschaft, sondern auf die der Moskauer Zentrale zugeschnitten waren. Typisch für diese Entwicklung waren das dramatische Übergewicht des Rüstungsbereichs, der 83 Prozent des Industriepotentials ausmachte, sowie die Schwäche der Konsumgüterproduktion. Die gegenseitige Abhängigkeit der Unionsrepubliken spiegelte sich in dem intensiven Binnenhandel wider, dessen Umsatz den des Außenhandels bei weitem übertraf.

All dies zerfiel mit dem Ende der UdSSR im Dezember 1991. Die jahrzehntealten wirtschaftlichen Verflechtungen wurden mit einem Male zerschnitten. Als auf Anweisung des Wirtschaftsreformers und damaligen Stellvertretenden Ministerpräsidenten Jegor Gaidar am 2. Januar 1992 der größte Teil der Preise freigegeben wurde, spitzte sich die Problematik zu: Vertriebsnetze rissen, Handelswege wurden unterbrochen, anstelle der Zentralwirtschaft entstanden neue, nicht mehr miteinander verbundene Wirtschaftsregionen. Dies wirkte sich auf die Ökonomien der UdSSR-Nachfolgestaaten verheerend aus. Armeniens Nationaleinkommen war zum Beispiel zu 20 Prozent von Exporten in andere Mitgliedsstaaten abhängig, und 31 Prozent seiner Importe stammten aus GUS-Ländern. In ähnlicher Lage befanden sich die meisten GUS-Mitgliedsländer – lediglich die Russische Föderation, dreimal größer als alle übrigen Nachfolgestaaten der UdSSR zusammen, befand sich in einer etwas günstigeren Situation: Der russische Importanteil lag bei 16, der Exportanteil bei elf Prozent, so daß Rußland weniger als die anderen Länder auf den Handel innerhalb der GUS angewiesen war und ist. Doch selbst die Russische Föderation mit ihren reichen Bodenschätzen mußte von 1991 bis 1994 einen Rückgang des Bruttoinlandsprodukts um 40 Prozent verkraften – eine Rezession, die nur mit der Weltwirtschaftskrise von 1929-33 vergleichbar ist. Beispiele zeigen die konkreten Auswirkungen, die hinter den nüchternen Statistiken stehen:

• In Kasachstan waren Anfang der fünfziger Jahre Millionen Hektar Land gerodet worden, gigantische Industriekomplexe entstanden. Das Ende der UdSSR führte ins wirtschaftliche Desaster – Rohstoff- und Ersatzteillieferungen, die einst aus Rußland kamen, fielen fort. Die riesigen Webereien von Alma Ata und Kustanaj mußten ihre Arbeit einstellen, weil ein Webstuhl nach dem anderen mangels Ersatzteilen aus der Russischen Föderation ausfiel.
• Vor ähnlichen Problemen stand die berühmteste und traditionsreichste Waffenfabrik Rußlands, die Kirow-Werke in St. Petersburg. Mit dem Zusammenbruch der Sowjetunion verlor das Unternehmen, aus dem die Panzer T-34 und T-72 stammen und das einst 30 000

Menschen beschäftigt hatte, den größten Teil der Staatsaufträge. Ein ziviles Projekt – die Produktion eines kleinen, modernen Traktors – scheiterte: Dieselmotoren waren zu Sowjetzeiten nur in der Ukraine, in Kasachstan, Usbekistan und Lettland produziert worden, und diese einstigen Sowjetrepubliken verlangten als unabhängige Staaten harte Devisen, die das Werk nicht besaß. Ein betuchter Provinzunternehmer aus Sibirien konnte das Problem durch den Kauf von 600 Aggregaten aus englischer Produktion nur vorübergehend lösen.

Zweieinhalb Jahre lang – von Ende 1991 bis Mitte 1993 – wurden die Handels- und Wirtschaftsbeziehungen Rußlands durch den Wunsch der Republiken nach Unabhängigkeit von Moskau massiv beeinträchtigt: Im ersten Halbjahr 1992 lieferten die GUS-Länder in keiner Warengruppe auch nur die Hälfte der in bilateralen Verträgen festgelegten Mengen; bei wichtigen Energieträgern wie Heizöl und Benzin lag die Quote bei kaum über zehn Prozent. Die Russische Föderation kam umgekehrt ihren Lieferverpflichtungen nur bei 23 Erzeugnissen nach – vereinbart war der Export von 112 Produkten. Sämtliche Nachfolgestaaten der UdSSR standen vor bislang unbekannten Problemen: Zölle im Handel mit den baltischen Staaten, Georgien, der Ukraine und Aserbaidshan; fremde Währungen in Lettland, Estland, Aserbaidshan und der Ukraine; Transitgebühren in Moldawien, der Ukraine und den Häfen Lettlands; Quoten und Lizenzen für Exporte.

Im ersten Halbjahr 1992 bestand noch die gemeinsame Rubelwährung für alle GUS-Länder, doch sie wirkte sich für Rußland negativ aus, weil eine Kontrolle der Geldmenge durch Moskau unter den geänderten Bedingungen unmöglich geworden war. Präsident Jelzin reagierte mit dem Erlaß »Über Maßnahmen zum Schutz des Geldsystems der Russischen Föderation« vom 21. Juli 1992, der zur Bildung einer russischen Zentralbank und der Abwicklung des Zahlungsverkehrs mit den übrigen GUS-Ländern über eigens dafür vorgesehene Konten führte. Mehr und mehr gingen die nicht-russischen GUS-Staaten in der Folge dazu über, eigene Währungen einzuführen.

Wie im politischen Bereich, so ebbte der Souveränitätsrausch ab

Mitte 1993 auch in ökonomischer Hinsicht ab – eine Phase der Ernüchterung und des Umdenkens setzte ein; die Notwendigkeit wirtschaftlicher Zusammenarbeit wurde erkannt. Dies zeigt das wichtige GUS-Abkommen vom 24. September 1994, das zunächst die Bildung einer Freihandelszone, danach die Schaffung einer Zollunion und schließlich eine Wirtschafts- und Währungsunion vorsah. Zu weiteren Integrationsschritten kam es nach dem GUS-Gipfeltreffen in Aschgabat (Turkmenistan) Ende 1993; eine zunehmende Zahl von bilateralen Verträgen und Sondervereinbarungen sollte Handelshemmnisse abbauen. Die vorläufig wichtigsten Schritte zu verstärkter wirtschaftlicher Kooperation folgten im Frühjahr 1996: Die Bildung der »Union zweier Staaten« aus der Russischen Föderation und Weißrußland sowie die Gründung der »Gemeinschaft Integrierter Staaten« durch die Russische Föderation, Weißrußland, Kasachstan und Kirgisien, die eine Wirtschafts- und Währungsunion anstreben. Der einst einheitliche, durch den Zusammenbruch der Sowjetunion atomisierte Wirtschaftsraum auf dem Gebiet der ehemaligen UdSSR scheint angesichts der wirtschaftlichen Probleme und Hindernisse wieder stärker zusammenzufinden.

ZUNEHMENDE INFLATION

Seit 1991 erfolgte in Rußland – wie in anderen GUS-Ländern – eine tiefgreifende Zerrüttung der Geldwirtschaft. Die Inflation nahm bedrohliche Formen an; eine leichte Verbesserung war erst ab 1995 erkennbar. Über den finanzpolitischen Kurs Rußlands wurde und wird heftig gerungen. Die Vertreter der Staatsbetriebe forderten (und fordern) eine Fortsetzung der Subventionspolitik, also die weitere Unterstützung unproduktiver und vollkommen unrentabler Großunternehmen, vor allem im militärisch-industriellen Bereich. Die Reformer, zunehmend von Kreisen der Privatwirtschaft unterstützt, traten und treten für eine solide Finanz- und Wirtschaftspolitik ein, was konkret eine restriktive Geldpolitik und die Sanierung des russischen Staatshaushalts bedeutet – Voraussetzungen für das Gelingen der Wirtschaftsreform.

Am 2. Januar 1992 gab der Reformer Jegor Gaidar, seit 6. November 1991 Stellvertretender Ministerpräsident für Wirtschaftsfragen, die Preise für 90 Prozent der Verbrauchs- und für 80 Prozent der Investitionsgüter frei. Die Weichen waren gestellt, die Richtung hieß: grundlegende Reform der Wirtschafts- und Finanzpolitik. Diese »Sternstunde der neuen russischen Wirtschaftspolitik« (Wolfgang Kartte) veränderte das Verhältnis von Staat und Wirtschaft tiefgreifend: Statt selbst zu planen und zu wirtschaften, sollte der Staat nun lediglich regulierend eingreifen. Es oblag ihm jetzt, angemessene wirtschaftliche Rahmenbedingungen zu schaffen, unter anderem durch Preis- und Währungsstabilität, Marktöffnung, maßvolle Haushaltspolitik, Förderung und Sicherung von Investitionen und Privatbesitz sowie Gewährung von Rechtssicherheit – viele schwere Aufgaben für ein Land ohne jede Erfahrung mit marktwirtschaftlicher Ordnung. Die Organisation für wirtschaftliche Zusammenarbeit und Entwicklung (OECD) hob Ende 1995 hervor, die Rolle des Staates in der russischen Wirtschaft sei merklich reduziert, Binnenpreise und Außenhandel seien spürbar liberalisiert worden, und mehr und mehr werde die Währungs- und Haushaltspolitik an marktwirtschaftliche Maßstäbe angepaßt. Der Stellvertretende Generalsekretär der OECD, Salvatore Zecchini, warnte jedoch vor übertriebenem Optimismus: »Der Prozeß der Transformation ist bei weitem nicht vollendet, und sein Ergebnis ist ungewiß«.

Anlaß für eine zurückhaltende Einschätzung der wirtschaftspolitischen Reformen gibt vor allem der Schlingerkurs, der sie von Anfang an begleitete und nicht selten zu halbherzigen Ja-Aber-Maßnahmen führte. Die Unwägbarkeiten der wirtschaftlichen Zukunft Rußlands sind zweifellos erheblich: Großzügige Versprechen, die Boris Jelzin im Vorfeld der Präsidentschaftswahl vom Sommer 1996 gab – Besserstellung der desolaten staatlichen Großbetriebe, Verbesserung der Sozialleistungen, Nachzahlung ausstehender Löhne, 50prozentige Erhöhung der Gehälter von Mitarbeitern des öffentlichen Dienstes –, könnten sich als finanzpolitische Stolpersteine erweisen, werden aber in jedem Falle dazu führen, das Haushaltsdefizit Rußlands zu vergrößern und damit die einsetzende Konsolidierung der Staatsfinanzen wieder gefährden.

Eine unabhängige Zentralbank, die für die Umsetzung einer konsequenten Geldpolitik – vor allem zur Stabilisierung des Rubelkurses in der Phase der Preisfreigabe – notwendig gewesen wäre, existiert nur auf dem Papier: In der Praxis ist die Zentralbank fast ausschließlich von der Regierung abhängig. Nicht selten mußte sie in der Vergangenheit die Regierungspolitik flankieren, etwa bei der schlecht vorbereiteten und unkoordinierten partiellen Währungsreform vom 24. Juli 1993: Gleichsam über Nacht sollten alle vor 1993 ausgegebenen Rubelnoten ungültig sein – ein Vorgehen, das der damalige Finanzminister, der Reformer Fjodorow, abgelehnt hatte. Nach offizieller Ankündigung sollte die Maßnahme dazu dienen, den Zustrom von Bargeld aus anderen GUS-Ländern mit Rubelwährung zu stoppen. Außerdem sollten die Unübersichtlichkeit des Papiergeldes – 13 Nennwerte mit 27 verschiedenen Banknoten – und die damit verbundenen Möglichkeiten für Geldfälscher beseitigt werden.

Der wirkliche Grund für die Nacht- und Nebelaktion aber lag nach Ansicht der Zeitung »Wetschernaja Moskwa« darin, die großen Mengen der auf Betreiben der finanzschwachen staatlichen Großbetriebe neu gedruckten Rubelscheine wieder aus dem Verkehr zu ziehen: Allein im April 1993 waren 719 Milliarden Rubel neu ausgegeben worden – mit gravierenden Folgen für Währung und Preise. 35 000 Rubel – der Gegenwert für ein Paar Herrenschuhe – konnte jeder Bürger laut Präsidentenerlaß innerhalb von 14 Tagen in neues Geld umtauschen; was darüber hinausging, sollte von den Banken für sechs Monate in Verwahrung genommen und verzinst werden. Dieses Versprechen wurde nicht geglaubt: In den Geschäften zwischen Smolensk und Wladiwostok kam es zu tumultartigen Szenen: Viele Russen wollten das in Kürze wertlose Geld in letzter Minute in Sachwerte umsetzen. Wechselgeld wurde knapp – leere Flaschen, Streichhölzer oder halbe Zigaretten dienten als Ersatz. Manche staatlichen Stellen nutzen die Gelegenheit, akzeptierten schon vor dem Ende der Umtauschfrist formell nurmehr neue Rubel und machten damit satte Gewinne: So mußten Urlauber am Schwarzen Meer für ein Rückflugticket nach Moskau das 25fache des bisherigen Preises zahlen. Jelzins Zugeständnisse vom 26. Juli 1993 – Erhöhung der

Umtauschsumme auf 100 000 Rubel und Verlängerung der Frist um drei Wochen – konnten das Fiasko nicht verhindern.

In der zweiten Jahreshälfte 1993 und im ersten Halbjahr 1994 verschärfte sich die finanzpolitische Situation: Druck von Repräsentanten des militärisch-industriellen Komplexes und Forderungen von Arbeitnehmern, die seit Monaten keine Löhne und Gehälter erhalten hatten, führten dazu, daß die zu jener Zeit unter Leitung von Geraschtschenko stehende Zentralbank Banknoten in unkontrollierter Menge druckte. Die Folge dieser kurzsichtigen Politik war das Desaster des »Schwarzen Dienstag«, jenes 11. Oktober 1994, als der Rubel innerhalb von 24 Stunden ein Viertel seines Wertes verlor. Einen wei-

Rubelkurs: Entwicklungen März 1993 bis März 1996
Angaben für jeweils 10 000 Rubel

1. Quartal 1993	23,80 DM	4. Quartal 1994	4,38 DM
2. Quartal 1993	16,00 DM	1. Quartal 1995	2,82 DM
3. Quartal 1993	13,70 DM	2. Quartal 1995	3,06 DM
4. Quartal 1993	13,64 DM	3. Quartal 1995	3,15 DM
1. Quartal 1994	9,56 DM	4. Quartal 1995	3,09 DM
2. Quartal 1994	7,98 DM	1. Quartal 1996	3,05 DM
3. Quartal 1994	5,97 DM		

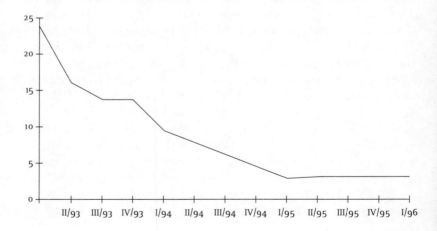

teren Risikofaktor stellte die Höhe der Kredite dar, die die Zentralbank den Geschäftsbanken gewährte. Statt dieses Instrument zur Steuerung der Geldmenge und damit im Sinne der Währungsstabilität zu nutzen, wurden Kredite gezielt an bestimmte Interessengruppen oder in bevorzugte Regionen gelenkt. Die Wirtschaft reagierte – mit Kapitalflucht und Umstieg auf sichere Währungen, vor allem auf den US-Dollar. Waren 1992 in Rußland rund 10 Milliarden Dollar im Umlauf, erhöhte sich die Summe bis 1995 auf 25 bis 30 Milliarden.

Eine solide Finanzpolitik, die eine vertretbare Inflationsrate sicherstellt, ist jedoch ohne restriktive Geldpolitik nicht möglich. Sie wurde anfangs angestrebt, aber nicht lange durchgehalten: Nach der Freigabe der Preise entwickelte sich mit rasender Geschwindigkeit eine Hyperinflation. Insgesamt stieg die Geldmenge in Rußland zwischen 1991 und 1995 um das 450fache, die Verbraucherpreise erhöhten sich im selben Zeitraum um das 5000fache. Die extreme Inflationsrate traf die Bevölkerung hart: Die Renten stiegen zwischen 1990 und 1993 zwar um das 60fache, die Kaufkraft aber war niedriger als je zuvor. Die Gesellschaft spaltete sich in eine extrem arme Mehrheit und eine extrem reiche Minderheit; das Wort von der »Dollar-Apartheid« ging um – sozialer Sprengstoff, der die Umgestaltung Rußlands erheblich beeinträchtigen kann.

Unverkennbar ist aber auch eine positive Tendenz der wirtschaftlichen Kennzahlen im Bereich der Geldpolitik: Nach Inflationsraten von 2500 % (1992), 840 % (1993) und 224 % (1994) konnte der Wert 1995 auf 110 % zurückgeführt werden. Die monatliche Inflationsrate sank von 18 % im Januar auf 4 % im Dezember 1995. Die russische Regierung hofft für 1996 auf eine Jahresinflation von nur 20 %. Westliche Beobachter gehen jedoch davon aus, daß dieser Wert nicht zu erreichen sein wird.

DAS HARTE RINGEN UM DIE PRIVATISIERUNG

Der Übergang zur Marktwirtschaft setzt in Rußland die Privatisierung einer bis dahin hundertprozentigen Staatswirtschaft sowjetischer Prägung voraus – ein gigantisches Vorhaben, weit über die ökonomischpolitische Dimension hinaus. »Privatisierung ist nicht nur ein fiskalischer Vorgang, sondern bedeutet zugleich sozialen Wandel. Jahrzehntelang ist uns gepredigt worden, daß allen alles gehört«, schrieb der Moskauer Ökonom Oleg Bogomolow zur psychologischen Problematik. »Und niemand versteht, warum wir unser Eigentum plötzlich freikaufen sollen, für das Generationen mit entsprechenden Lohnabzügen bereits gezahlt haben.«

Der Prozeß der Privatisierung begann am 3. Juli 1991, als das Parlament – damals noch der Oberste Sowjet – die Gesetze »Über die Privatisierung der Staats- und Kommunalbetriebe« und »Über privatisierte Konten und Einlagen« verabschiedete. Jedem Bürger der damaligen Russischen Sozialistischen Föderativen Sowjetrepublik (RSFSR) wurde ein Anteil an den bisherigen Staatsbetrieben garantiert; jeder erhielt einen Anteilschein (Voucher) im Nennwert von 10 000 Rubel (nach damaligem Kurs, vor der Freigabe der Währung, umgerechnet 9756,00 DM, nach heutigem Wechselkurs 2,82 DM) – seinen Anteil am Staatsvermögen.

Wenige Monate später, am 28. Oktober 1991, erteilte der russische Volksdeputiertenkongreß Präsident Jelzin Sondervollmachten »Für den Durchbruch der Reformen« – darunter Preisfreigabe, Privatisierung kleiner und mittlerer Unternehmen und Maßnahmen zur sozialen Abfederung der Umgestaltung. Nach dem Amtsantritt Jegor Gaidars als Stellvertretender Ministerpräsident und Wirtschaftsminister folgte ein Programm zur Beschleunigung und Vereinfachung der Privatisierung: 70 Prozent der »Kleinen Privatisierung« – also vorwiegend Betriebe des Einzelhandels und im Dienstleistungsbereich, in der Leicht- und Lebensmittelindustrie – sollten bis Ende 1992 durch Ausschreibungen und Auktionen beendet sein; die »Große Privatisierung« zielte auf Umwandlung der Energiewirtschaftsunternehmen und Großbetriebe mit über 10 000 Mitarbeitern in Aktiengesellschaften mit Bevorzugung von Betriebsangehörigen als Aktionären. Die Kernelemente der Planwirtschaft, das heißt Rüstungs- und Energieversorgungsunternehmen, aber auch Medien und Bodenschätze, wurden ausdrücklich von der Privatisierung ausgenommen. Ausländische Mehrheitsbeteiligungen wurden unter Genehmigungsvorbehalt gestellt – eine Ausnahme bildeten lediglich Verlustbetriebe und

Investitionsruinen. Innerhalb eines Jahres sollte so insgesamt ein Viertel des staatlichen Vermögens Rußlands privatisiert werden. Ende Dezember 1991 verfügte Jelzin außerdem, daß alle landwirtschaftlichen Flächen, die bislang von Kolchosen und Sowchosen bewirtschaftet worden waren, beschleunigt privatisiert werden sollten: Die Entscheidung über die (unentgeltliche) Verteilung des Bodens, der nur ausnahmsweise verkauft werden durfte, wurde den örtlichen Behörden übertragen. Die Unantastbarkeit von Privateigentum an Grund und Boden sowie die freie Verfügbarkeit über Grundbesitz – ein Novum seit 1917 – wurden durch Präsidentenerlaß vom 27. Oktober 1993 garantiert; Ausländer blieben jedoch vom Landerwerb ausgeschlossen und auf die pachtweise Nutzung von Grund und Boden beschränkt. Doch die Privatisierung ging und geht gerade in der Landwirtschaft nur schleppend voran: Nicht nur der Widerstand der Verwaltungen von Kolchosen und Staatsgütern ist daran schuld – die meisten Landbewohner haben es, so die Zeitschrift »Wostok« im Februar 1994, »nicht eilig damit, den Grund und Boden zu übernehmen, oder sie belassen ihre Anteile im Besitz der ehemaligen Kolchosen und Sowchosen. Die meisten wissen nicht einmal, wo die ihnen übereigneten Felder liegen.« Die Erklärung für diese Zurückhaltung liegt vor allem darin, daß private Wirtschaftsführung erhebliche Eigeninvestitionen erfordert, die die meisten Landwirte in die Verarmung führen würden.

Zuständig für die Durchführung der Privatisierung war – so das Gesetz vom 3. Juli 1991 – das »Staatliche Vermögenskomitee Rußlands« (Goskomimuschtschestwa, GKI). Vorsitzender des Komitees – eine Position mit Ministerrang – wurde Anatolij Tschubaijs, Jahrgang 1955, ein aus Riga stammender Absolvent der Ingenieurtechnischen Hochschule St. Petersburg und zu jener Zeit ökonomischer Chefberater des St. Petersburger Bürgermeisters Sobtschak, der Tschubaijs für diese Funktion empfohlen hatte. Während *eine* Voraussetzung der wirtschaftlichen Umgestaltung rasch erfüllt wurde – die Herstellung eines freien Marktes durch Freigabe der Preise –, ließ die Privatisierung auf sich warten: Erst im Oktober 1992 begannen 5500 Staatsbetriebe mit der Ausgabe von Vouchers, und Boris Jelzin ermöglichte per Dekret vom 5. Oktober 1992 den Erwerb von Wohnungen und Grundstücken durch Anteilscheine. Die Voucher stießen nicht nur auf massive Kritik – die Kommunistische Partei sprach von einem »Ausverkauf russischer Interessen« –, sondern zeigten erhebliche Nachteile: Die Fonds verfügten weder über Kapital noch über Know-how, das in die Betriebe hätte investiert werden können; die ersteigerten Anteile waren meist so gering, daß Einflußnahme auf ein Unternehmen unmöglich war; und wenn die Belegschaft – wie es bei den meisten der modernen Betriebe der Fall war – selbst die Aktienmehrheit übernahm, verloren ausländische Investoren in aller Regel das Interesse, sich an diesen »Filetstücken« der russischen Volkswirtschaft zu beteiligen. Der Bankrott des größten Investmentfonds, der Kleinanlegern hohe Renditen versprochen hatte, ließ zudem in der Bevölkerung eine ablehnende Haltung entstehen. Und dennoch: Tschubaijs' wichtigstes Ziel wurde erreicht – der Staat war aus vielen Betrieben und Unternehmen verdrängt.

Nach offiziellen Angaben wurden 1992 rund 47 000 kleine und mittlere Unternehmen – etwa Gaststätten und Geschäfte – in private Hände übergeben. Während diese Maßnahme anfangs ohne große Proteste durchgeführt werden konnte, verstärkte sich der Widerstand ab Ende 1992 und vor allem seit Frühjahr 1993, denn am 30. November 1992 verfügte Jelzin durch einen Erlaß, daß zentrale Industriebereiche – die Sektoren Rüstung, Transport, Energie und Edelmetalle – sowie das Finanzwesen ab 1993 in die Privatisierung einbezogen werden sollten. Dies führte zu heftiger Opposition der betroffenen Direktoren, Funktionäre usw. wie auch des reformfeindlichen Obersten Sowjet unter dem damaligen Parlamentspräsidenten Ruslan Chasbulatow. Die Abgeordneten sprachen sich am 28. April 1993 mit großer Mehrheit gegen das Dekret aus – die Privatisierung gehe, so die Begründung, zu weit. Kurz darauf, am 21. Juli 1993, beschloß das Parlament, das »Komitee für Staatseigentum« unter direkte Kontrolle der Regierung zu stellen.

Der Privatisierungsminister und Reformer Anatolij Tschubaijs, der »Vater der Privatisierung«, bezeichnete dies zu Recht als Versuch, die Privatisierung zu stoppen. Wenig später, am 6. August 1993, unternahm Chasbulatow einen weiteren Vorstoß, um die Entwicklung der Privatisierung abzubremsen: Zum zweiten Mal hob das Parlament ein Privatisierungsdekret des Präsidenten auf und leitete es zur Überprüfung an das Verfassungsgericht weiter.

Trotz des offenen Widerstands ging die Privatisierung weiter. So wurden im ersten Halbjahr 1993 nach offiziellen Angaben 2621 Staatsbetriebe mit jeweils mehr als 1000 Beschäftigten – 12 Prozent aller Unternehmen – privatisiert. Ende 1994 waren nach offiziellen Angaben bereits 80 Prozent der Staatsbetriebe in privaten Händen. 62 Prozent des Bruttosozialprodukts sollen in jenem Jahr in privatisierten Unternehmen erwirtschaftet worden sein.

Einen Spezialfall bildete der alles dominierende militärisch-industrielle Bereich, der Rüstungssektor. Boris Jelzin sah sich gezwungen, am 19. August 1993 nochmals ein entsprechendes Dekret (»Über die Besonderheiten der Privatisierung und zusätzliche Maßnahmen zur staatlichen Regulierung der Tätigkeit der Unternehmen der Rüstungsindustrie«) zu erlassen. Die Unternehmen der Rüstungsindustrie wurden in drei Kategorien eingeteilt: 400 Unternehmen, die nicht privatisiert werden durften (Kategorie 1), Unternehmen, die zu maximal 49 Prozent privatisiert werden durften, ihr Produktionsprofil aber beibehalten mußten (Kategorie 2) sowie weitere Unternehmen des Rüstungssektors, die innerhalb eines Jahres privatisiert werden sollten (Kategorie 3). Eine Erfolgsbeurteilung in diesem wenig durchschaubaren Bereich ist schwierig. Meldungen über Privatisierungsfortschritte müssen mit Vorsicht genossen werden: Bei dem größten Teil ehemals staatlicher Rüstungsbetriebe war nach der »Privatisierung« der Staat Hauptaktionär.

Weitreichende Veränderungen der Privatisierungspolitik waren seit Mitte 1994 festzustellen: Per Dekret verfügte Boris Jelzin am 22. Juli 1994 den Beginn der zweiten Phase der Privatisierung. Nach Abschluß der Voucher-Ausgabe am 30. Juni 1994 war nun der freie Erwerb von Unternehmensanteilen durch in- und ausländische Investoren möglich. Der Schwarze Dienstag (11. Oktober 1994) mit seinem rasanten Kurssturz des Rubel veranlaßte Präsident Jelzin, den Privatisierungsminister Anatolij Tschubajs neben Oleg Soskowez zum Ersten Stellvertretenden Ministerpräsidenten der Russischen Föderation zu ernennen. Nachfolger Tschubajs' wurde Wladimir Polewanow, ein in der Öffentlichkeit wenig bekannter Geologe ohne wirtschaftspolitische Erfahrung, der zuvor Verwaltungsleiter des Amur-Kreises gewesen war. Polewanows Ernennung war Ausdruck der wachsenden Macht der Reformgegner: Unter dem Druck von Oleg Soskowez und dem Chef der Leibgarde Jelzins, Alexander Korschakow, galt sein Bemühen dem Ziel, die russische Wirtschaft vor dem »Einfluß ausländischer Investoren und fremden Kapitals« abzuschotten. Wie der einflußreichen Gruppe des »vaterländischen Kapitals« ging es ihm nicht allein um die Interessen der Rüstungslobby – aus national-patriotischen Motiven wollte er Rußland vor Zugriffen des Auslands schützen.

Anfang 1995 kam es erneut zu einer vorübergehenden Kehrtwende – zum einen aufgrund der Unfähigkeit von Privatisierungsminister Polewanow, zum anderen wegen des Eintreffens einer Delegation des Internationalen Währungsfonds in Moskau: Ein Kredit über 6,25 Milliarden Dollar stand auf dem Spiel. Der erfolglose Privatisierungsminister wurde am 24. Januar 1995 von Ministerpräsident Tschernomyrdin entlassen und am 8. Februar durch Sergej Beljajew, einen Wunschkandidaten des Reformers Anatolij Tschubajs, ersetzt. Der Zickzackkurs der Privatisierungspolitik setzte sich fort: Nun standen wieder Intensivierung der Privatisierung, Förderung von Investitionen und Herstellung wirtschaftlicher Stabilität im Vordergrund. Das Privatisierungsprogramm, das den Verkauf von 4000 bis 6000 Großbetrieben vorsah, wurde zwar nicht erfüllt, immerhin wurden jedoch bis August 1995 rund 6600 kleine und mittlere Unternehmen privatisiert.

Schon bald setzte erneut heftiger Widerstand ein, vor allem von Betriebsleitern der Industrie und regionalen Leitern staatlicher Vermögenskomitees, die mit fortschreitender Privatisierung um ihre Funktionen fürchteten. Zunehmend machten sich auch national-patriotische Tendenzen bemerkbar. So wurde 1995 beschlossen, 2800 Unternehmen, die für ausländische Investoren besonders interessant gewesen wären, von der Privatisierung auszunehmen. Anatolij Tschubajs wurde am 17. Januar 1996 von seiner Funktion als Stellvertretender Regierungschef entbunden; neuer Privatisierungsminister und Stellvertreter von Ministerpräsident Tschernomyrdin wurde Alexander Kosakow, der sich für eine »Nationalisierung privatisierten Eigentums« stark machte. Manche befürchteten bereits einen Rückfall in die Verstaatlichung, aber es handelte sich nur um eine weitere Auswirkung des wirtschaftspolitischen Hinundhers der Jelzin-Führung. Während des Präsidentschaftswahlkampfs 1996 war Jelzin in besonderem Maß auf die Unterstützung von Demokraten angewiesen. So wurde Anatolij Tschubaijs, der von Jelzin erst im Januar 1996 aus der Regierung gedrängt worden war, unvermittelt zum Wahlkampfleiter und Chefberater des Präsidenten ernannt.

Trotz der erheblichen Widerstände war die Privatisierung im großen und ganzen erfolgreich: 1990 waren 62,2 Millionen Menschen in Staatsbetrieben tätig, nur 9,4 Millionen in Privatbetrieben. Innerhalb von nur fünf Jahren, bis Ende 1995, hatte sich das Verhältnis drastisch verschoben: Staatsbetriebe hatten nur noch 28,5 Millionen Mitarbeiter, Privatbetriebe aber bereits 24,5 Millionen. Die Zahl der im »gemischten Sektor« Beschäftigten stieg von drei Millionen im Jahre 1990 auf 15,8 Millionen Ende 1995.

PRODUKTIONSRÜCKGANG: URSACHEN UND FOLGEN

Der Übergang von der zentralistischen Planwirtschaft zur Marktwirtschaft wurde von einem dramatischen Rückgang des Bruttoinlandsprodukts begleitet, einem erheblichen Schrumpfen der wirtschaftlichen Leistungsfähigkeit. Der Abstieg war unverkennbar: 1990 minus 11 Prozent, 1991 minus 12,9, 1992 minus 18,5, 1993 minus 12 und 1994 minus 15 Prozent.

Nicht weniger deutlich war der Rückgang der Industrieproduktion, Kern der russischen Wirtschaft. Nach einem nur leichten Rückgang um 0,1 Prozent im Jahre 1990 sackte die Produktion stark ab: 1991 um 8, 1992 um 18,8 und 1993 um 16 Prozent. Der Tiefpunkt wurde 1994 mit einem Minus von 21 Prozent erreicht: Das Produktionsniveau hatte im Jahresdurchschnitt nur 56 Prozent des Wertes von 1991. Die einzelnen Wirtschaftsbereiche waren dabei unterschiedlich stark betroffen: Verzeichnete die Landwirtschaft, vor allem wegen massiver staatlicher Subventionierung, vergleichsweise geringe Einbußen – die Produktion von 1994 lag rund 20 Prozent unter der von 1991 –, mußte die verarbeitende Industrie im Vergleich der Jahre 1991 und 1994 mit einem Rückgang der Produktion um 70 bis 80 Prozent schwere Verluste hinnehmen.

Symptomatisch war die Entwicklung der russischen Flugzeugindustrie: War diese Branche vor Beginn der wirtschaftlichen Umgestaltung eine der bedeutendsten des Landes, so verbringen nach Analyse der renommierten amerikanischen Wirtschaftsberatungsgesellschaft McKinsey heute rund eine Million schlecht bezahlte Ingenieure in 300 Konstruktionsbüros und Fabriken ihre Zeit damit, Pläne zu entwerfen, die nie umgesetzt werden, und Flugzeuge zu bauen, für die es keine Abnehmer gibt. Zwar wurden in den vergangenen Jahren in Rußland 400 Fluggesellschaften gegründet; für umfangreiche Neuanschaffungen aber fehlen ihnen die Mittel: 60 Prozent der Maschinen sind älter als 15 Jahre. Die problematische Lage der Fluggesellschaften und eine drastische Kürzung des Verteidigungshaushalts von 150 Milliarden US-Dollar 1989 auf 40 Milliarden US-Dollar 1995 sind die Hauptursachen der Existenzkrise im Flugzeugbau. Rußland verfügt jedoch mit den Plänen für den Senkrechtstarter Supersonic YAK-141 über ein Konzept, das westlichen Konstruktionen technologisch anderthalb Jahrzehnte voraus ist, wegen Geldmangels bislang aber nicht realisiert werden konnte. Eine Verbesserung könnte sich mittelfristig durch Rationalisierung und Joint-ventures mit westlichen Partnern ergeben: So erteilte das russische Verteidigungsministerium im September 1995 dem Flugzeugbauer Jakowlew die Genehmigung, mit dem US-Konzern Lockheed ein senkrecht startendes Kampfflugzeug zu entwickeln. Kosten des Projekts bis 1998: rund 400 Millionen US-Dollar.

Bei der Frage nach der Ursache des Produktionsrückgangs in der Russischen Föderation wird zumeist auf die Schocktherapie von Jegor Gaidar Anfang 1992 verwiesen. Durch Preisfreigabe und beginnende Privatisierung, so wird behauptet, seien unrentabel arbeitende Staatsbetriebe in den Konkurrenzkampf einer entstehenden Marktwirtschaft entlassen worden; an die Stelle von Regierungsaufträgen trat für die meisten Unternehmen die Suche nach

Abnehmern, deren Kaufkraft allerdings durch rapiden Geldwertverlust immer schwächer wurde. Hinzu kam der Zerfall des früher einheitlichen Wirtschaftsraums, durch den die Lieferung von Rohstoffen unterbrochen wurde.

Aber die Politik Gaidars dürfte wohl kaum der Hauptgrund gewesen sein, denn ähnliche Folgen zeigten sich auch bei dem »sanfteren Übergang zur Marktwirtschaft«, wie er etwa in Belarus und der Ukraine vollzogen wurde. Beide GUS-Länder versuchten, den Produktionsrückgang und seine volkswirtschaftlichen Folgen durch massive staatliche Subventionen und eine großzügige Geldpolitik zu begrenzen. Aber dies bedeutete in der Praxis lediglich eine Verschiebung längst überfälliger Reformen und führte – neben einer Hyperinflation – zur vorläufigen Konservierung verkrusteter, unwirtschaftlicher Produktionsstrukturen.

Es war weniger die Jegor Gaidar permanent angekreidete »Schocktherapie« als vielmehr die verspätet einsetzende Privatisierung, die sich negativ auswirkte. Eine früher begonnene Privatisierung nämlich hätte zur rechtzeitigen Entfaltung privatwirtschaftlicher Eigeninitiative geführt, so daß die Möglichkeiten, die die Preisfreigabe eröffnete, unternehmerisch hätten genutzt werden können.

Kann der Produktionsrückgang gestoppt werden? Dies wird weitgehend davon abhängen, ob der Zickzackkurs der Wirtschaftspolitik endlich durch geradlinige, ökonomisch vernünftige Entscheidungen ersetzt wird. Allgemein wird jedoch, bei allen Unwägbarkeiten, mit einem tendenziellen – freilich langsamen – Aufwärtstrend gerechnet. Ein besonderer Faktor ist dabei die witterungsabhängige Landwirtschaft: So führte die lange Dürre des Sommers 1995 zu einem drastischen Einbruch der landwirtschaftlichen Produktion, der Getreideimporte notwendig machte, die wiederum die Brotpreise um ein Viertel in die Höhe trieben.

Die Prognose der russischen Führung, die von zwei bis vier Prozent Wirtschaftswachstum ausgeht, ist zweifellos zu hoch gegriffen. Man wird eher – vor allem, falls Jelzin seine Wahlversprechungen erfüllen sollte – mit einem weiteren, allerdings nur noch leichten Abwärtstrend rechnen müssen. Nach Meinung einiger recht optimistischer westlicher Experten könnte allmählich ein Wachstum von rund einem bis drei Prozent pro Jahr möglich sein. Doch selbst unter solch extrem günstigen Voraussetzungen würde die Wirtschaft Rußlands den Durchschnittsstand europäischer Länder frühestens im Jahre 2005 erreichen.

Angesichts voraussichtlicher Rückschläge und einer absehbaren Fortsetzung des Zickzackkurses ist ein weit längerer Zeitraum bis zur endgültigen Durchsetzung der Marktwirtschaft anzunehmen: 15 bis 20 Jahre dürften realistisch sein. Grundbedingung ist jedoch, daß die noch aus Sowjetzeiten stammenden riesigen Industriekombinate völlig entflochten, privatisiert und rationalisiert werden und daß der Transformationsprozeß in Richtung Marktwirtschaft konsequent fortgesetzt wird.

INVESTITIONEN: NOTWENDIGKEIT UND PROBLEME

Der russischen Wirtschaft fehlt Kapital – vor allem ausländische Direktinvestitionen, durch die marode Betriebe wieder flottgemacht werden und neue, rentable Unternehmen entstehen können. Bis zur Verwirklichung dieser Zielsetzung ist es jedoch ein weiter Weg. In die gesamte Russische Föderation fließt rund ein Drittel weniger ausländisches Kapital als in die wesentlich kleinere Tschechische Republik: Zwischen 1991 und 1995 wurden in Rußland rund 7,9 Milliarden US-Dollar investiert – der Bedarf liegt jedoch bei 10 bis 12 Milliarden US-Dollar *jährlich*. Für 1996 wird mit ausländischen Direktinvestitionen von rund 2,2 Milliarden US-Dollar gerechnet, für 1997 mit einem Investitionsvolumen von 2,8 Milliarden US-Dollar. Gewiß ist dies ein Aufwärtstrend – aber auf recht niedrigem Niveau. Die Schwierigkeiten sind vielfältiger Natur:

• Es fehlt eine gezielte Investitionsförderung durch die russische Regierung. Noch immer werden Staatsbetriebe, etwa im Steuerrecht, gegenüber Joint-ventures und Unternehmen mit ausländischer Mehrheitsbeteiligung bevorzugt.

Investitionen: Notwendigkeit und Probleme

109

• Die schlechte Zahlungsmoral der russischen Regierung führt zu mangelndem Vertrauen der internationalen Kapitalmärkte und potentieller Investoren.

• Nach wie vor sind die eigentumsrechtlichen Regelungen unzureichend. So können ausländische Unternehmen Grundstücke nur pachtweise nutzen, nicht aber käuflich erwerben.

• Die ungenügende Bekämpfung des organisierten Verbrechens schreckt investitionswillige Unternehmen ab.

• Kompetenzstreitigkeiten zwischen der Moskauer Führung und den regionalen Verwaltungen führen zu Irritationen und Schwierigkeiten, die ein investitionsfeindliches Klima schaffen.

Allmählich verlagert sich der Schwerpunkt wirtschaftlicher Tätigkeit von Moskau auf die einzelnen Regionen der Russischen Föderation. Trotz damit verbundener Kompetenzkonflikte könnte sich dies in der Zukunft als positiv erweisen: Schon heute sind die wirtschaftlichen Möglichkeiten in einigen Regionen, etwa im Gebiet von Nishnij-Nowgorod, erheblich größer als im übrigen Land. Dies gilt auch für die Erschließung von Krasnojarskij Krai, einem der bodenschatzreichsten Gebiete Rußlands: Auf 14 Prozent des russischen Staatsgebiets lagern 10 Prozent des Goldes, 16 Prozent der Kohle, 24 Prozent des Bleis, 70 Prozent des Kupfers, 75 Prozent des Kobalts und 80 Prozent des Nickels der Russischen Föderation, außerdem große Mengen Platinmetalle, Helium, Eisenerz, Talk und andere Mineralien. Auch hier sind die Rahmenbedingungen für den Einsatz ausländischen Kapitals noch mangelhaft, aber der Chef der Regionalverwaltung von Krasnojarskij Krai versucht eigene Wege zu gehen: Mit Steuervorteilen will er das Gebiet für Investoren attraktiv machen, ferner denkt er über die Möglichkeit des Grunderwerbs durch ausländische Investoren nach – und zwar über den Kopf der Regierung in Moskau hinweg.

Doch dies sind Möglichkeiten der Zukunft – bislang gibt es noch erhebliche Schwierigkeiten im politischen und rechtlichen Bereich. Immerhin gelang es der Bonner Bundesregierung Ende Mai 1996, mit der Russischen Föderation ein Investitionsschutzabkommen zu schließen, das Anfang 1997 in Kraft treten und verhindern soll, daß die deutschen Investitionen – die 1995 um 22 Millionen auf 115 Millionen DM gesunken waren – weiter zurückgehen. Zum Vergleich: In den übrigen Staaten Mittel- und Osteuropas investierten deutsche Unternehmen im selben Zeitraum 4,1 Milliarden DM. Das Kieler Institut für Weltwirtschaft kommt zu der Schlußfolgerung, Rußland sei auch weiterhin »kein attraktiver Standort für privates ausländisches Risikokapital«.

Neben den erwähnten Schwierigkeiten und Hemmnissen gibt es ein weiteres Problem: die Dominanz des militärisch-industriellen Bereichs der Staatswirtschaft, der sich beharrlich den Regeln und Erfordernissen der Marktwirtschaft entzieht.

DIE RÜSTUNGSINDUSTRIE: KONVERSION UND WAFFENEXPORTE

Der Rüstungssektor hatte in der Sowjetunion seit der Zeit Stalins stets eine Spitzenstellung. Alle anderen Wirtschaftsbereiche blieben den Rüstungsanstrengungen untergeordnet, die die Weltmachtstellung der UdSSR zum Ausdruck bringen sollten. In den achtziger Jahren betrug der Anteil der Rüstungsausgaben am Bruttosozialprodukt der Sowjetunion zwischen zwölf und 25 Prozent; in den USA lag dieser Wert bei sechs bis sieben, in der Bundesrepublik bei drei bis vier Prozent. Die einseitige Konzentration auf den Rüstungssektor führte in der Sowjetunion seit Anfang der siebziger Jahre zu einer immer ernster werdenden Wachstumskrise – die enge Verzahnung von Militär, Rüstungsindustrie und Parteiführung verhinderte jedoch jede wirksame Reform.

Mit dem Amtsantritt Michail Gorbatschows im März 1985 begann schon bald auch in der Außen- und Sicherheitspolitik ein »neues Denken«. Internationale Zusammenarbeit im Interesse humaner Werte ersetzte den »internationalen Klassenkampf«, das »gemeinsame europäische Haus« trat in den Vordergrund. Erstmals wurden die negativen wirtschaftlichen Folgen des Rüstungswettlaufs öffentlich diskutiert. Außenminister Eduard Schewardnadse etwa sprach offen aus, daß die Kapazitäten der Sowjetunion durch die Hochrüstung in solchem Maße gebunden worden waren, daß das Wirtschaftswachstum

Die Rüstungsindustrie: Konversion und Waffenexporte 111

sich rückläufig entwickelte. Damit war auch die weltpolitische Rolle der UdSSR in Frage gestellt. Trotz des Widerstands der bislang privilegierten Bereiche Armee und Rüstungsindustrie kam es zum Vertrag über den Abbau von nuklearen Mittelstreckenwaffen in Osteuropa (INF-Vertrag am 7. Dezember 1987), zum Rückzug der Sowjetarmee aus Afghanistan (Oktober 1988 bis März 1989) und zu einer Verringerung des Rüstungsetats um 14,2 sowie der Rüstungsproduktion um 19,5 Prozent.

Etwa gleichzeitig setzte die öffentliche Kritik an den Mißständen in der Armee ein – etwa an der Mißhandlung von Rekruten. Noch 1988 hatte eine Umfrage der Zeitschrift »Moskowskije Nowosti« ergeben, daß die Armee bei der Moskauer Bevölkerung positiv eingestuft wurde, doch schon ein Jahr später hatte sich das Bild geändert: Eine Analyse der »Literaturnaja Gaseta« ergab, daß sich 71,2 Prozent der Befragten für eine deutliche Reduzierung der Streitkräfte aussprachen – das sinkende Ansehen des Militärs wurde immer deutlicher. Neben der für gering gehaltenen Wahrscheinlichkeit eines bewaffneten Konflikts waren dafür vor allem ökonomische Motive maßgebend: Der Zusammenhang zwischen Rüstungsbelastung und anhaltender Versorgungskrise rückte ins öffentliche Bewußtsein.

Schon seit 1988 wurde mehr und mehr über Möglichkeiten einer Konversion diskutiert, also über Konzepte zur Überleitung der Waffenproduktion in die Produktion von Bedarfsgütern. Die Arbeit an einem konkreten Konversionskonzept (der sogenannten »physischen Konversion«) begann Ende 1988, die Fertigstellung der Pläne wurde für Ende 1989 angekündigt. Der Anteil der Rüstungsproduktion sollte in den entsprechenden Unternehmen zugunsten der Konsumgüterproduktion auf 30 Prozent reduziert werden, damit die Versorgungsengpässe behoben werden könnten.

Der starke Einfluß der Rüstungslobby aber – die im Gegensatz zu westlichen Lobbys nicht von außen auf Parlamentarier und Regierung einwirkt, sondern im Regierungsapparat selbst vertreten ist – wirkte sich negativ aus. Obwohl die Pläne im Februar 1990 vorlagen, wurden sie nicht umgesetzt. Selbst im Rahmen des von Ministerpräsident Ryschkow im Frühjahr 1990 geplanten, sehr viel bescheideneren Übergangs zu einer »regulierten Marktwirtschaft« konnte die Konversion nicht durchgesetzt werden.

Gleichzeitig verringerten sich die Waffenexporte der Sowjetunion. Noch in den Jahren von 1988 bis 1990 lagen rund 37 Prozent des weltweiten Handels mit Militärgütern in den Händen der UdSSR, die damit der größte Waffenlieferant der Erde war. Der Waffenhandel mit Entwicklungsländern hatte in diesem Zeitraum ein Gesamtvolumen von 70,3 Milliarden US-Dollar. Die Entschärfung des Ost-West-Konflikts führte dazu, daß die Sowjetunion immer weniger Staaten der Dritten Welt im Interesse des eigenen Machtstrebens aufrüstete. Für die Rüstungsindustrie der UdSSR und ihrer Nachfolgestaaten bedeutete dies erhebliche Einbußen: Wurden 1989 konventionelle Waffen im Wert von 14,3 Milliarden US-Dollar exportiert, sank der Betrag im Jahre 1994 auf 4,6 Milliarden US-Dollar. Zugleich übernahmen die USA mit einem Marktanteil von 48 Prozent und einem Vertragsvolumen von 51 Milliarden US-Dollar den ersten Platz unter den Waffenexporteuren.

Als der Reformer Jegor Gaidar im November 1991, kurz vor dem Ende der Sowjetunion, zum Stellvertretenden Ministerpräsidenten mit der Zuständigkeit für Wirtschaftsfragen ernannt wurde, waren die Weichen in Richtung tiefgreifender Reformen gestellt: Die Betriebe des militärisch-industriellen Sektors, die von der Zentrale bislang vorrangig mit Rohstoffen und Arbeitskräften versorgt wurden, waren zum Fremdkörper in der entstehenden Marktwirtschaft geworden. Nach den Plänen des Präsidentenberaters für Konversionsfragen, Michail Maleij, sollte – unter dem Begriff »ökonomische Konversion« – die Umwandlung zur zivilen Produktion in einer Übergangsphase von vier bis fünf Jahren erfolgen, finanziert aus dem Erlös von Rüstungsexporten. Konkurrenzfähige Rüstungsbetriebe sollten ihre Produktion beibehalten und die Gewinne in einen Konversionsfonds einzahlen. Nicht konkurrenzfähige Unternehmen sollten, so die Vorstellung, die Übergangszeit nutzen, ihre Produktion auf zivile Güter umzustellen.

Die Folgen des Zerfalls des früher einheitlichen Wirtschaftsraums und des Zickzackkurses in der Wirtschaftspolitik wurden im Rüstungssektor noch durch die radikale Kürzung von Aufträgen verschärft: 1992 kam es zu einem Produktionsrückgang um 18 Prozent, 1994 sogar um 37 Prozent. Der allgemeine Stimmungsumschwung der Jahre 1993 und 1994, bewirkt vor allem durch den Rückzug der Truppen aus den Ländern des ehemaligen Warschauer Paktes, gab national-patriotischen Strömungen Auftrieb. Die Verringerung der Rüstungsexporte wurde nun öffentlich kritisiert, ihre Förderung für notwendig erklärt, etwa von Ministerpräsident Tschernomyrdin, einem entschiedenen Befürworter der Ausweitung des Waffenhandels. Im Zuge dieses Kurswechsels erließ Boris Jelzin die Dekrete »Über die Gründung der staatlichen Gesellschaft für den Export und Import von Waffen und militärischem Gerät« (11. November 1993) und »Über das staatliche Komitee der Russischen Föderation für militär-technische Politik« (30. Dezember 1994) mit der klaren Zielsetzung, die Waffen- und Rüstungsexporte Rußlands zu unterstützen.

Innerhalb von nur zwei Jahren steigerte die Russische Föderation ihren relativen Anteil am weltweiten Waffenhandel von 4,8 auf 18,1 Prozent. Zu den Hauptabnehmern von MIG-29-Kampfflugzeugen, SU-24-Bombern, T-72-Panzern und russischen U-Booten gehören vor allem die Länder Asiens und des Nahen Ostens, aber auch einige Länder Lateinamerikas. Besonders aktiv ist Moskau im Iran-Geschäft, aber auch in China interessiert man sich zunehmend für russische High-Tech-Rüstungsgüter, die meist erheblich kostengünstiger sind als vergleichbare Produkte aus US-amerikanischer oder europäischer Herstellung. So kostet ein T-72-Panzer umgerechnet eine Million US-Dollar; der vergleichbare amerikanische Abrams M-1A dagegen drei Millionen US-Dollar. Der neueste Kampfjet der MIG-Reihe wird für 20 bis 25 Millionen US-Dollar angeboten, ein amerikanischer F-18 Jäger kostet 40 Millionen US-Dollar.

Vor allem seit Ende 1993 wurde die Jelzin-Führung zu einem gewichtigen Förderer des profitablen Waffengeschäfts – sie rechtfertigte das mit den Argumenten, daß die Konversion ohne die Einnahmen aus den Waffenexporten nicht zu finanzieren sei und daß die russische Rüstungsindustrie die Beschäftigung von 35 Millionen Menschen sichere. Der russische Minister für Außenwirtschaftsbeziehungen, Oleg Dawydow, gab im Februar 1996 bekannt, daß ein

114 Wie weit ist Rußland auf dem Weg zur Marktwirtschaft?

bedeutendes Waffengeschäft mit der Türkei – perspektivisches Gesamtvolumen: 300 Millionen US-Dollar – abgewickelt werde. »Lieferungen russischer Waffen und militärischer Ausrüstung an die türkische Armee sind von besonderer Bedeutung, da die Türkei das erste NATO-Land ist, auf dessen Markt unsere Waffenexporte vordringen können«, erklärte der Minister gegenüber der Nachrichtenagentur INTERFAX. Mit der Reduzierung der russischen Waffenexporte dürfte somit auf absehbare Zeit kaum zu rechnen sein.

MAFIA UND ORGANISIERTE WIRTSCHAFTSKRIMINALITÄT

Das Streben Rußlands nach Stabilität und wirtschaftlichem Wachstum wird nicht zuletzt durch die zahllosen Mafia-Banden und die explosionsartig ansteigende Wirtschaftskriminalität bedroht. Am häufigsten sind folgende Delikte:

• *Erpressen von Schutzgeldern.* Sowohl russische als auch ausländische Geschäftsleute werden in außergewöhnlichem Maß, meist unter Androhung von Gewalt, dazu genötigt, regelmäßig Schutzgelder abzuführen. Dies betrifft alle Sparten der Wirtschaft, von Unternehmen mit weltweiter Bedeutung bis hin zu kleinen Verkaufsbuden auf Märkten. »Es ist fast unmöglich, in Moskau Geschäfte zu machen, ohne die Mafia am Ertrag zu beteiligen«, berichtete der »Spiegel«-Korrespondent Erich Wiedemann im Frühjahr 1995. Die alten Frauen, die auf dem Platz vor dem Bolschoi-Theater Dauerwürste, selbstgestrickte Socken und auf Bindfäden gezogene Pilze verkauften, hätten »Sondertarife«, die sich zwischen null und zehn Prozent der Einnahmen bewegten. »Für die anderen gilt als Normalsatz ein Viertel.« Mogeln sei nicht möglich, weil die Mafia eigene Buchhalter in die Betriebe schicke. Und wenn einige Kaufleute bisher noch nicht erpreßt würden, so liege das am »Auftragsstau« der Mafia. Gegenwärtig sollen rund 80 Prozent aller russischen Betriebe Schutzgelder zahlen, 35 000 Betriebe von Mafiosi kontrolliert sein.
• *Auftragsmorde.* Wird das geforderte Schutzgeld an die Mafia nicht gezahlt, müssen Geschäftsleute dies nicht selten mit ihrem Leben

büßen. »Alle 72 Stunden«, so der russische Justizminister Walentin Kowaljow, »wird in Rußland ein wichtiger Unternehmer oder Bankier umgebracht.« Allein 1993 wurden 94 Geschäftsleute und 22 Bankiers Opfer von Auftragsmördern; die Zahl nahm seitdem noch zu. So wurde der Generaldirektor der Jugorskij-Bank, Oleg Kantorn, am 21. Juli 1995 in seinem Landhaus brutal ermordet: Die Täter erstachen ihn und durchschnitten seine Kehle; ein Vierteljahr zuvor war der 33jährige Vizepräsident desselben Bankhauses auf offener Straße erschossen worden. Am 8. August 1995 starb Iwan Kiwelidi (45), Direktor der Rosbisnesbank, Vorsitzender einer Unternehmervereinigung und der »Russischen Partei der freien Arbeit«. Diagnose: Vergiftung durch Schwermetallsalze. Demselben Gift fiel auch seine Sekretärin zum Opfer. Der Fall Kiwelidi ist symptomatisch für die Brutalisierung Rußlands: Als Motiv kommt sowohl ein Racheakt der Mafia, die der Bankier entschieden bekämpft hatte, aber auch eine Bestrafung durch die russische Regierung in Frage – Kiwelidi hatte sich gegen den Plan eines Bankenkonsortiums ausgesprochen, der Regierung einen 9-Milliarden-Dollar-Kredit zu gewähren. Ein weiterer Gegner des Projekts, der Chef der Immobilienabteilung der Onexim-Bank, war kurz vor Kiwelidi Opfer eines Gewaltverbrechens geworden.

• *Einschleusen von Mafiosi in Unternehmen und Banken.* Von Anfang an waren Mafia-Gruppen bestrebt, Mitglieder ihrer Organisation in Betriebe und Geldinstitute einzuschleusen, um dort die notwendigen Informationen zur Berechnung der Höhe des Schutzgeldes zu erhalten. Schrittweise ging die Mafia dazu über, Unternehmen – vor allem Geldinstitute – zu kontrollieren beziehungsweise selbst zu übernehmen. Aus russischen Veröffentlichungen geht hervor, daß über 40 Prozent der Banken Rußlands, rund 700, vom organisierten Verbrechen beherrscht werden; ein Viertel davon dürfte von der Mafia selbst gegründet worden sein. Die Ermittlungen wegen möglicher Wirtschaftsdelikte stiegen seit 1995 explosionsartig an – von 16.000 im Januar auf 36 000 im Februar und 60 000 im März 1995.

• *Illegale Exporte und Kapitaltransfers.* Die von der Mafia übernommenen Banken dienen der Geldwäsche und dem Transfer von Überschüssen ins Ausland, vor allem auch in die Bundesrepublik

Deutschland. Die russische Mafia verfügt über weitreichende internationale Kontakte; illegale Devisengeschäfte sowie illegale Exporte und Kapitaltransfers sind an der Tagesordnung. Vor allem über die Ukraine und das Baltikum werden rund 20 Prozent des russischen Erdöls, ein Drittel der Düngemittel und knapp die Hälfte der Buntmetalle illegal ausgeführt. 30 bis 40 Milliarden US-Dollar aus derartigen Geschäften wurden im Westen angelegt – das entspricht etwa einem Viertel der gesamten russischen Auslandsverschuldung.

• *Korruption und Zusammenarbeit mit der Verwaltung.* Die Tätigkeit der Mafia wird durch die weitverbreitete Korruption von Beamten wesentlich erleichtert. Man schätzt, daß bis zu 50 Prozent der Mafia-Gewinne in Bestechungen »investiert« werden. Mitarbeiter des Innenministeriums, regionale Verwaltungsbeamte und Polizisten rangieren dabei an oberster Stelle. In einzelnen Bereichen und Regionen gibt es ein regelrechtes »Machtkartell« von Verwaltung und Mafia. Im ostsibirischen Verwaltungsbezirk Krasnojarsk schlossen sich rund 150 Banden zu fünf straff organisierten Verbänden à 2000 bis 2500 Mann zusammen. Sie kontrollieren Banken und Märkte, 90 Prozent der Privatwirtschaft und 40 Prozent der staatlichen Verwaltung.

Die Wirtschaftskriminalität reicht bis in die obersten Etagen des Verteidigungsministeriums. »Wer da sagt, daß eine ganze Armee von Mafiosi in Rußland arbeitet, der weiß gar nicht, wie nahe er der Wirklichkeit ist. Unsere russische Armee steigt ganz real in die Welt des organisierten Verbrechens ein«, schrieb der Moskauer Journalist Dimitrij Cholodow im Herbst 1994. Es sollte sein letzter Artikel sein: Am 17. Oktober 1994 wurde der Autor, der über illegale Geschäfte mit Kriegswaffen unter Beteiligung höchster Stellen des Verteidigungsministeriums recherchierte, an seinem Schreibtisch von einer Sprengladung zerrissen. Ein halbes Jahr zuvor hatte der damalige Verteidigungsminister Gratschow ihn in einer Fernsehsendung als »Feind Nummer 1« bezeichnet. Auch wenn der Fall Cholodow besonders spektakulär und aufsehenerregend war, so war er doch kein tragischer Einzelfall: Im September 1995 ermittelten die Behörden nach Angaben von Innenminister Anatolij Kulikow in 1600 Fällen, bei denen eine Verflechtung zwischen kriminellen Organisationen und hohen Ebenen des Staates vermutet wurde.

• *Allmähliche »Akzeptanz« der Mafia.* Die Mitglieder organisierter Banden sind in weiten Bevölkerungsteilen bereits zu einem gleichsam »normalen« Faktor geworden, da alle florierenden Wirtschaftszweige und Branchen von der Mafia erfaßt sind: vom Zeitungskiosk bis zu Großunternehmen und Gesellschaften der Finanzbranche. Unter diesen Bedingungen sind viele verunsicherte Menschen inzwischen bereit, die Mafia als »Ordnungsinstanz« zu akzeptieren; der »Beruf« des Mafiosi wird zunehmend gesellschaftlich akzeptiert, ja ist geradezu *in.* »Die örtlichen Mafia-Organisationen bilden an vielen Orten und in vielen Bereichen ein Gegengewicht zu den exzessiven Konzentrationen wirtschaftlicher Macht, die durch die Korruption der Regierungsapparate und heimliche Joint-ventures zwischen Funktionären und Ex-Funktionären, die nun private Firmen betreiben, entstanden sind«, so der amerikanische Politikwissenschaftler Edward Luttwak. Diese Verflechtungen beträfen auch die allerhöchsten Funktionäre und die allergrößten Firmen. Sergej Gromow, ein Fachmann für Fragen des organisierten Verbrechens, fügt eine weitere Erklärung für die Ausbreitung des organisierten Verbrechens hinzu: In Rußland finde eine Umverteilung des Eigentums statt – ein Prozeß, der den Vorgängen entgegengesetzt sei, die auf die Oktoberrevolution von 1917 folgten. Das Eigentum werde so in private Hände zurückgegeben. Da dies aber nicht gerecht geschehen könne, sei »eine Klasse Reicher und sehr Reicher entstanden, und für die Verbrecher kam ein günstiges Milieu zustande, in dem sich arbeiten läßt« (vgl. »Osteuropa« 12, 1994).

• *Die relative Wirkungslosigkeit staatlicher Maßnahmen.* Die Zahl der kriminellen Organisationen in Rußland wird auf 20 000, die Zahl ihrer Mitglieder auf über 100 000 geschätzt. Bereits 1989 wurde daher eine neue Behörde geschaffen, die »Hauptabteilung gegen das organisierte Verbrechen«, die dem Innenministerium zugeordnet ist. Erst seit rund zwei Jahren arbeitet sie einigermaßen effektiv. Allerdings hat sie landesweit 15 000 Mitarbeiter zu wenig – und außerdem griff auch bei ihr die Korruption um sich. Präsident Jelzin bezeichnete das organisierte Verbrechen seit Anfang 1995 mehrfach als »Staatsfeind Nummer 1« und kritisierte die Ordnungshüter als untätig und ihre Ermittlungen als unzureichend. Außerdem prangerte er die Gleichgültigkeit gegenüber den Opfern und das Wohlwollen gegenüber den Tätern an – allerdings ist das Monatseinkommen eines Polizisten, umgerechnet 140 DM, nicht unbedingt ein Anreiz für riskante Ermittlungen unter Lebensgefahr. Einige der Maßnahmen der Jelzin-Führung seit 1992 umfassen:

o den Präsidentenerlaß »Zum Schutz der Menschenrechte und zur Strafverfolgung krimineller Aktivitäten« vom Oktober 1992,

o den Präsidentenerlaß »Über die unaufschiebbaren Maßnahmen zum Schutz der Bevölkerung vor dem Banditentum und vor anderen Formen der organisierten Kriminalität« vom 14. Juni 1994, durch den den Behörden erhebliche, teils im Widerspruch zur Verfassung stehende Kompetenzen eingeräumt wurden,

o den Antrag des Sicherheitsrates vom März 1995 zur Verdoppelung des Etats für die Verbrechensbekämpfung, nachdem der populäre Generaldirektor des »Öffentlichen Fernsehens Rußlands«, Wladislaw Listjew, der sich mit einer geplanten Umstrukturierung des Senders bei Regierung, Werbeagenturen und Mitarbeitern des Senders unbeliebt gemacht hatte, erschossen worden war,

o Ankündigung des Präsidenten vom August 1995, die Gesetze zur Verbrechensbekämpfung zu verschärfen, das Innenministerium zu reformieren und ehemalige Armeeoffiziere für die Tätigkeit im Innenministerium umzuschulen.

15 000 Anklagen und die Beschlagnahmung von 140 Milliarden Rubel (umgerechnet rund 30 Millionen US-Dollar) im Jahre 1994 wirken imposant. Dabei darf jedoch nicht übersehen werden, daß die Aufklärungsquote von Verbrechen, die im Umfeld der organisierten Kriminalität begangen werden, nur 30 Prozent beträgt.

Zu den dringend notwendigen Maßnahmen gehört aktiver staatlicher Eigentumsschutz. Den rechtsstaatlichen Prinzipien muß Geltung verschafft werden, um zu verdeutlichen, daß harte Arbeit und kühles Management, aber nicht Betrug, Mord und Korruption gewinnversprechend sind. In erster Linie aber wird es darauf ankommen, in der Bevölkerung, bei den Strafverfolgungsbehörden und bei den Beamten der staatlichen Verwaltung Rußlands rechtsstaatliches Bewußtsein zu schaffen.

Die Bisnesmeny – die neuen russischen Unternehmer

Manche der neuen russischen »Businessmen« sind seriöse, aktive Unternehmer; manche von ihnen stehen den kriminellen Praktiken des organisierten Verbrechens näher als der sozialen Verantwortung einer Marktwirtschaft: Die Rede ist von jenen Geschäftsleuten, die die tiefgreifenden Veränderungen der russischen Wirtschaft nach siebzig Jahren bürokratisch-zentralistischer Planwirtschaft, welche privatwirtschaftliche Tätigkeit unter Todesstrafe gestellt hatte, als Chance begriffen und nun zu ihrem Vorteil nutzen.

Der Aufstieg der neuen Unternehmer begann mit der im zweiten Halbjahr 1992 einsetzenden Privatisierung. Anders als manche Angehörigen der Nomenklatura, die durch die Umwandlung von Staatsbetrieben in Aktiengesellschaften eher per Zufall Manager von Privatbetrieben wurden, mußten sie in einer Gesellschaft, der Privatinitiative und privates Unternehmertum seit Jahrzehnten fremd war, ohne gesicherte wirtschaftliche Rahmenbedingungen eigene Wege suchen – manche konnten sich nicht behaupten, andere schufen in erstaunlich kurzer Zeit zahlreiche neue Arbeitsplätze, vor allem im Dienstleistungsbereich. Weit mehr als eine Million mittelständische Unternehmen beschäftigen inzwischen rund 10 Millionen Menschen und tragen zur Stabilisierung der Versorgungslage bei – zusammen mit der in vielfältiger Form aktiven Schattenwirtschaft, die sich jeder Statistik und Besteuerung entzieht und mit geschätzten 1,5 Millionen Beschäftigten mittlerweile ein wichtiger Wirtschaftsfaktor ist.

Unternehmerische Aufbruchstimmung war in der russischen Öffentlichkeit bald nach Einsetzen der Privatisierung festzustellen. Der Umfrage eines russischen Meinungsforschungsinstituts vom Dezember 1992 zufolge dachten rund 80 Prozent der Befragten aus allen Teilen Rußlands positiv über eine Unternehmertätigkeit; 28 Prozent beabsichtigten ernsthaft, ein eigenes Geschäft zu eröffnen; für fast jeden zweiten war dies zumindest vorstellbar. Viele der neuen Unternehmer zeichnen sich angesichts der schwierigen Situation eines weitgehend regel- und gesetzlosen russischen Marktes durch Einfallsreichtum, Improvisationsvermögen und Flexibilität aus.

Dabei ging und geht es zweifellos nicht immer legal zu. Olga Kryschtanowskaja, die sich im Juli 1995 in einem Beitrag für die Zeitschrift »Delowoj Mir« mit dem Phänomen der Bisnesmeny befaßte, vertritt die Auffassung, »es wäre sinnlos, zu bestreiten, daß es bei uns Reichtümer gibt, die auf unrechtem Weg angehäuft worden sind. Unsere neue Gesellschaft ist nicht aus Ödland entstanden, sondern sozusagen aus der Schattenwirtschaft hervorgegangen, die parallel zur staatlichen bestanden hat« – und weiter besteht: Jurij Jurkow, Chef des statistischen Amtes GOSKOMSTAT, das dem Präsidenten direkt unterstellt ist, erklärte im Oktober 1995 gegenüber dem »Handelsblatt«, die Schattenwirtschaft mache rund ein Fünftel des russischen Sozialprodukts aus. 40 Prozent des Warenumsatzes würden an den Finanzbehörden vorbeigeleitet, illegale Importe hätten ein Volumen von rund 8 Milliarden US-Dollar. Von den exportierten alkoholischen Getränken würden 40 Prozent von den offiziellen Statistiken nicht erfaßt.

Nicht wenige der Bisnesmeny erwirtschaften ohne behördliche Registrierung satte Gewinne – sie verdienen an den Unzulänglichkeiten des russischen Marktes. Gehandelt wird mit Westprodukten aller Art: Wodka und Süßwaren aus Deutschland, Zigaretten aus den USA, Schweizer Uhren, japanische Fotoapparate und Computer, italienische Designerkleidung, aber auch Nahrungsmittel wie Obst und Gemüse – kurz, mit allem, was nachgefragt wird und Abnehmer findet. Gezahlt wird ausschließlich mit harten Devisen, zumeist US-Dollar. Die Bisnesmeny verdienen gut, und sie dokumentieren ihren neuen Reichtum: Solange ihre Luxusvillen in den Vorstädten noch im Bau sind, werden mehrere benachbarte Stadtwohnungen gekauft und die Zwischenwände herausgerissen – so entstehen Wohnungen mit 15 bis 20 Zimmern. Bei den Fahrzeugen stehen westliche Fabrikate, vor allem Volvo, BMW und Mercedes, an erster Stelle. Die jungen Reichen kleiden sich mit teuren Anzügen; die Rolex-Uhr ist ein Muß.

Neben den zahlreichen halbseidenen Geschäftsleuten und gewissenlosen Händlern gibt es auch eine Vielzahl seriöser Unternehmer, die sich zunehmend in Verbänden organisieren: So schlossen sich im April 1995 Privatunternehmer aus allen Teilen der Russischen Föderation zur »Gesellschaft für Kaufleute und Unternehmer« zusammen. Ihr Ziel: Konkurrenzfähigkeit russischer Produkte und Überwindung des zersplitterten Wirtschaftsraums, der unternehmerisches Engagement auch innerhalb Rußlands durch unterschiedliche Gesetze, Verordnungen und Regelungen der Teilrepubliken und autonomen Gebiete behindert. Auch legales, seriöses Unternehmertum kann lohnend sein: So produziert ein russisch-britisch-italienisches Gemeinschaftsunternehmen in der Nähe von Moskau seit zwei Jahren pro Schicht 700 Paar Damenschuhe, die reißenden Absatz finden. 80 Prozent der Belegschaft waren branchenfremd und wurden innerhalb weniger Wochen in Schnellkursen ausgebildet; in dieser Zeit erhielten die künftigen Mitarbeiter Durchschnittslöhne, die nach der Anlernphase verdoppelt und durch Gewinnbeteiligungen ergänzt wurden. Arbeitsdisziplin wird großgeschrieben: »Unsere Aufgabe ist es, zu arbeiten, nicht, uns zu erholen«, lautet das überraschende Motto. Die Region profitiert ebenfalls vom Aufschwung des Unternehmens: Die erhöhte Kaufkraft führte zu merklicher Belebung von Handel und Bauwirtschaft.

Geschickte und erfolgreiche Vertragsverhandlungen mit großen Baugesellschaften waren die Basis für den Erfolg eines anderen Geschäftsmanns, Wladimir Melichow aus Moskau, der ein Unternehmen zur Herstellung und Veredlung von Baumaterialien gründete. Der frühere Leiter einer Zementfabrik in Podolsk motivierte seine Mitarbeiter auf ungewöhnliche Weise: Er brachte die Arbeiter, die jahrzehntelang in Schuppen und Baracken gelebt hatten, dazu, sich feste Häuser zu bauen. Obwohl sich die Firma zu diesem Zeitpunkt noch in der Aufbauphase befand, entstanden mit Hilfe von Melichows Kapital nach Feierabend und in Eigenleistung schmucke Einfamilienhäuser und Wohnungen. Eine Schule und der Bau einer Kirche rundeten das Projekt ab. Die Mitarbeiter vergelten Melichows Unterstützung mit uneingeschränkter Loyalität und besonderem Arbeitseinsatz – auch dies ein neues Phänomen nach der laxen Arbeitsmoral früherer Jahre.

Der neue Mittelstand Rußlands konzentriert sich auf den Dienstleistungssektor und Handel – lediglich 38 Prozent sind im produzierenden Gewerbe tätig. Die tendenzielle Abkehr vom Produktionsbereich wird nicht von ökonomischen Erwägungen, sondern vielmehr von den Hindernissen bei der Aufnahme der Industrieproduktion diktiert: Ausufernde Bürokratie, mangelnde Motivation und Produktivität der Arbeitskräfte sowie unzuverlässige Lieferanten machen den Produktionsbereich oft zum Vabanquespiel. Dienstleistungen anzubieten ist demgegenüber mit geringerem Aufwand möglich: Nicht selten genügt ein Büro mit Telefonanschluß.

Neben dem überflüssigen bürokratischen Aufwand und dem mangelhaften Schutz vor der organisierten Kriminalität beklagen die neuen Mittelständler vor allem die erdrückende Steuerlast: Zu den nominellen 38 Prozent Abgaben kommen zusätzliche Umsatzsteuern hinzu; Abschreibungsmöglichkeiten fehlen. Sergej Sadowskij, Teilhaber der Moskauer Baufirma Dekor, hat, wie er selbst eingesteht, zu Sowjetzeiten in seinem Arbeitsleben »eine ruhige Kugel geschoben«. Mit Fleiß und Engagement nutzte der Neunundvierzigjährige die neuen Möglichkeiten, die die wirtschaftliche Umgestaltung bot – 150 Beschäftigte und umgerechnet 500 000 DM Monatsumsatz sind das Ergebnis. Von jedem Rubel, den Sadowski einnimmt, erhält der Staat 80 Kopeken, und das, obwohl Unternehmensneugründungen zwei Jahre lang von der Gewinnsteuer befreit sind. Viele Abgaben werden lediglich nach Umsatz und Personalaufwand erhoben: So muß der Bauunternehmer für die Löhne, die den gesetzlichen Mindestsatz um das Sechsfache überschreiten, 38 Prozent Strafsteuer bezahlen. Die Ertragslage des Unternehmens findet dabei keine Berücksichtigung. Auch die mangelhafte Zahlungsmoral der staatlichen Großbetriebe beeinträchtigt den Mittelstand: Ein öffentliches Krankenhaus schuldet dem Unternehmer Sadowski mehrere Milliarden Rubel, und eine Tochterfirma des LADA-Konzerns ist mit ihren Zahlungen einen Monat im Rückstand. Extrem hohe Zinsen machen die Aufnahme von Überbrückungskrediten unwirtschaftlich, und wenn die ausstehenden Zahlungen eines Tages eintreffen, wird die Inflation längst jeden Gewinn aufgezehrt haben.

Illegale Geschäftspraktiken sind nicht selten die Folge dieser gravierenden Probleme. Statt erfolglos Behördenwege einzuschlagen, zahlen nicht wenige Bisnesmeny lieber Schutzgelder an die Mafia, die sie unter anderem vor Untersuchungen durch Steuerinspektoren bewahrt. Für die russische Volkswirtschaft ist jedoch ein anderer Effekt von noch größerem Nachteil: Der unzulängliche Eigentumsschutz führt zum Transfer von Gewinnen ins Ausland – ein Investitionspotential mit einem Volumen von Milliarden US-Dollar geht der russischen Wirtschaft auf diese Weise verloren.

SOZIALE PROBLEME UND KONFLIKTE

Die Umwandlung der zentralen Planwirtschaft in eine Marktwirtschaft vollzieht sich in ständigem Hinundher – oft geht es chaotisch zu. Von einer Marktwirtschaft mit einer sozialen Komponente kann gegenwärtig keine Rede sein. Der Übergang bringt vielmehr eine dramatische Verarmung, ja teilweise Verelendung breiter Bevölkerungskreise mit sich.

Bereits 1992 bezeichnete der damalige Stellvertretende Ministerpräsident Rußlands, Boris Saltykow, die zunehmende Verarmung als »gigantische Belastung«. Kamen 1990 drei Arme auf einen Reichen, standen Ende 1992 bereits zehn Menschen mit Einkommen unterhalb des Existenzminimums einem Gutsituierten gegenüber. Selbst früher privilegierte Schichten – Wissenschaftler, Techniker, Künstler – wurden von der Krise erfaßt. Nach Angaben des Staatlichen Komitees für Statistik der Russischen Föderation lebte bereits Ende 1991 rund ein Fünftel der russischen Bevölkerung – etwa 37 Millionen Menschen – unter dem Existenzminimum.

Armut ist vor allem für viele der rund 29 Millionen russischen Rentner Alltag. In einer Umfrage des Staatskomitees für Statistik bezeichneten 52 Prozent der Befragten ihre Situation als schwierig beziehungsweise sehr schwierig, 42 Prozent als ausreichend. 95 Prozent beklagten Einsamkeit und mangelnde Zuwendung ihres gesellschaftlichen Umfelds. Die wirtschaftliche Lage der Senioren ist vor allem Folge fester Rentensätze, die besonders hart von der Inflation betroffen sind: Lag die Mindestrente 1992 rund 10 Prozent unter dem Existenzminimum, erhöhte sich die Spanne bis Ende 1994 auf 20 bis 30 Prozent. Erschwerend kommt hinzu: Was früher gang und gäbe war – zur Aufbesserung der Bezüge über das Rentenalter von 60 Jahren für Männer und 55 Jahren für Frauen hinaus weiterzuarbeiten –, ist in einer Zeit beginnender marktwirtschaftlicher Rationalisierung kaum mehr möglich.

In vielen meiner Gespräche mit russischen Freunden und Kollegen hörte ich immer wieder die Auffassung, die schwierige soziale Lage wäre noch erträglich und hinzunehmen, wenn man nicht ständig mit dem exzessiven Luxus der Neureichen konfrontiert würde. Das protzige Gehabe der Parvenüs, die mit Hundert-Dollar-Noten nur so um sich werfen, ist in einem Land, in dem große Teile der Bevölkerung in bitterster Armut leben, für viele Menschen verständlicherweise ein Grund zur Empörung.

Während auf den Straßen und Plätzen in Moskau, St. Petersburg und anderen Städten Hausfrauen, Veteranen und Rentner die letzten entbehrlichen Habseligkeiten zu verkaufen suchen, sind sie mit verschwenderischen Neureichen konfrontiert – etwa dem Chef einer großen russischen Waren- und Rohstoffbörse, der 1990 fast mittellos in die russische Hauptstadt gekommen war und mit 500 Rubel ein Büro für Börsenhandel eröffnet hatte. Heute verfügt er über zwei private und einen Dienstwagen samt drei bewaffneten Chauffeuren und mehreren Leibwächtern, über eine prunkvolle Vorstadtvilla für seine Familie, angefüllt mit westlichen High-Tech-Produkten, über eine Eigentumswohnung für seine Mutter in Moskau sowie über ein jährliches Einkommen von 700 000 US-Dollar für Beratertätigkeiten.

Ortswechsel: St. Petersburg. Auf dem Newski-Prospekt, Ecke Sadowaja, bieten alte Mütterchen, auf dem eiskalten Straßenpflaster sitzend, Heiligenbildchen zum Kauf an; eine in Lumpen gehüllte Frau aus Kjumien, einem Dorf in Karelien, hat zwei Paar selbstgestrickte Socken und ein Glas eingelegte Gurken zu verkaufen. Nur wenige hundert Meter entfernt begehen die Bisnesmeny ihre Geschäftserfolge in rauschenden Festen mit attraktiven jungen Frauen und kulinarischen Köstlichkeiten. Als Portemonnaie dient eine Plastiktüte – gefüllt mit Bündeln von Dollarnoten.

Der Armut weiter Bevölkerungsteile und der schlimmen Lage vor allem älterer Menschen steht der russische Staat hilflos gegenüber: Für knapp 30 Millionen Bürger im Rentenalter stehen kaum mehr als

Soziale Probleme und Konflikte

200 000 Plätze in Alten- und Pflegeheimen zur Verfügung. »Unser Land hatte sich selbst isoliert und aus ideologischen Gründen den Anschluß an die internationale Sozialarbeit verloren. Das hat Rußland sehr geschadet«, räumte die Leiterin der Hauptabteilung für die Organisation der Sozialhilfe im zuständigen Moskauer Ministerium im Mai 1993 ein. Bis 1998 wird mit einem Defizit von 150 000 Sozialarbeitern gerechnet – ein Problem, dessen Lösung der Quadratur des Kreises gleicht: Während es etwa in den Vereinigten Staaten von Amerika 457 Fachhochschulen für Sozialarbeit gibt, wurde die erste vergleichbare russische Einrichtung – das Russische Staatliche Sozialinstitut – 1991 gegründet. Und selbst der letzte Weg nicht weniger Russen wird zunehmend von Armut bestimmt: Die drastische Erhöhung der Friedhofsgebühren führte dazu, daß beispielsweise auf dem größten Moskauer Friedhof, Chowankoje, aus Kostengründen mitunter bis zu sieben Beisetzungen gleichzeitig in einem Großgrab erfolgen.

Eine Verbesserung der sozialen Lage würde man durch die Aktivitäten von Gewerkschaften erwarten. Doch eine wirksame Interessenvertretung durch Arbeitnehmerorganisationen ist nicht in Sicht. Die früheren Gewerkschaften sowjetischen Zuschnitts, heute als »alt« und »offiziell« abqualifiziert, waren einst Triebfeder und Kontrollorgan staatlich verordneter Produktivitätssteigerungen. Die großen Bergarbeiterstreiks Ende der achtziger und Anfang der neunziger Jahre, die auch im Westen Aufmerksamkeit fanden, überrollten sie. Die neuen, unabhängigen Gewerkschaften, die in dieser Phase entstanden, waren von Anfang an auf der Seite der demokratisch orientierten Reformer und befanden sich damals, 1990 bis 1992, unvermittelt »in der Nähe der Macht«, während die traditionellen Gewerkschaften sich in der Rolle der eigentlichen Opposition wiederfanden. Zwar wächst das Bewußtsein dafür, daß Zusammenarbeit im Interesse der Arbeitnehmer notwendig ist. Aber die Passivität und Lethargie vieler Russen angesichts der wirtschaftlichen Verschlechterung ihrer Lage trugen dazu bei, die Gewerkschaften in ihrer gesellschaftlichen Funktion als Korrektiv in der beginnenden Marktwirtschaft zu schwächen.

Sozialer Sprengstoff ist nicht zuletzt in der wachsenden Arbeitslosigkeit enthalten. Gewiß – die Arbeitslosenquote liegt gegenwärtig mit rund acht Prozent niedriger als in Deutschland (circa zehn Prozent). Diese offizielle Arbeitslosenzahl ist jedoch nur ein Zerrbild der Wirklichkeit – noch immer gibt es Tausende von staatlichen Großbetrieben mit teilweise über 100 000 Mitarbeitern, die unrentabel und vollkommen ineffektiv arbeiten. Eine Rationalisierung, die bei Durchsetzung marktwirtschaftlicher Prinzipien unumgänglich ist, wird zu weiterem drastischem Personalabbau, in nicht wenigen Fällen auch zur Schließung ganzer Unternehmen führen: Eine massive Arbeitslosigkeit ist spätestens dann unvermeidlich.

Die Situation im Sommer 1996 ist widersprüchlich. Gewiß gibt es einige Zeichen, die auf eine Besserung der Wirtschaftslage hoffen lassen: Der Konsum stieg 1996 gegenüber dem Vorjahr um vier Prozent, und das Außenhandelsvolumen erhöhte sich innerhalb von zwei Jahren um 35 Prozent. Nach dem Sieg Jelzins bei den Präsidentschaftswahlen am 3. Juli 1996 gab es zunächst, allerdings nur vorübergehend, die Hoffnung, daß nun das Fluchtkapital nach Rußland zurückfließen werde. Damit wären jene Investitionen möglich geworden, die die Wirtschaft Rußlands und damit die Lebensverhältnisse von Millionen Menschen verbessern könnten.

Aber schon zwei Wochen nach den Präsidentenwahlen waren diese Hoffnungen weitgehend verflogen. Die populistischen und unverantwortlichen sozialen Versprechungen während des Wahlkampfes – darunter vor allem die Zusage, die nicht ausgezahlten Löhne und Gehälter zu überweisen – konnten nicht, wie versprochen, sofort eingelöst werden. Dies führte zu Enttäuschungen, ja zu Empörung. Die schnelle Ausdehnung des Bergarbeiterstreiks Anfang August 1996, der bald auf andere Industriebereiche übergriff, zeugt davon, daß die bislang außerordentliche Geduld der Arbeiter und Angestellten dem Ende entgegengeht und soziale Unruhen nicht mehr auszuschließen sind.

Die grosse Gefahr: Kernkraftwerke und atomare Anlagen

Gefahren für Rußland, aber auch über die Grenzen der Russischen Föderation und der GUS hinweg, drohen von den Kernkraftwerken der ehemaligen UdSSR. Spätestens das Reaktorunglück von Tschernobyl/Ukraine am 26. April 1986 machte das Gefahrenpotential osteuropäischer Kernkraftwerke unverkennbar: Eine Häufung technischer und menschlicher Fehler führte zur größten und folgenschwersten Katastrophe in der Geschichte der zivilen Atomenergienutzung – zum Super-GAU, der Kernschmelze in Block 4 des Reaktors von Tschernobyl.

Die verheerenden Folgen sind bekannt: Zwar kamen nach ersten offiziellen Angaben »nur« 32 Menschen im direkten Zusammenhang mit dem Unglück ums Leben. Aber: Insgesamt rund 260 000 Bewohner der Region mußten umgesiedelt werden – 91 000 unmittelbar nach dem Unglück, weitere 168 000 in den Folgejahren. Noch 1995 mußten mehr als 11 000 Personen ihre Dörfer in den verstrahlten Gebieten verlassen. In den belasteten Regionen leben gegenwärtig noch rund 2,4 Millionen Menschen, die vor allem durch radioaktiv kontaminierte Lebensmittel bedroht sind. Die Spätfolgen sind dramatisch: Bislang sind 1800 Menschen an den Folgen der Verstrahlung gestorben; 45 000 Menschen in der Ukraine wurden zu Invaliden. Die Zahl der Neuerkrankungen an Krebs steigt jährlich um zwei bis drei Prozent; die Schilddrüsenkrebserkrankungen bei Kindern haben sich in den vergangenen Jahren verfünffacht. Eine deutliche Verschlechterung des Gesundheitszustands ist bei den 180 000 »Liquidatoren« – Umschreibung für die Helfer bei den Aufräumarbeiten am Kraftwerk – festzustellen: Drei Viertel von ihnen sind zwischenzeitlich erkrankt.

Über die Spätfolgen der radioaktiven Verseuchung von Menschen, Tieren und Pflanzen, etwa im genetischen Bereich, ist bisher noch wenig bekannt; das dürfte sich ändern, wenn die Untersuchungsergebnisse aus dem unmittelbaren Umkreis des Reaktors ausgewertet sein werden – die ukrainische Regierung hat die 30-Kilometer-Zone um das Kraftwerk zum »radioökologischen Naturpark« erklärt. Erste Untersuchungen an Tieren haben bereits dramatische

Veränderungen des Erbguts gezeigt. Die Begriffe »vor Tschernobyl« und »nach Tschernobyl« wurde für viele zur gängigen Datierung. Und noch immer ist Tschernobyl ein massives Sicherheitsrisiko: Im Katastrophenreaktor lagern große Mengen hoch radioaktiven Materials; der Betonsarkophag wird zunehmend spröde; der Plan, ihn zu erneuern und möglicherweise auch den benachbarten, noch arbeitenden Reaktor einzubeziehen, scheitert bisher an der Kostenfrage.

Tschernobyl – der Name einer Stadt wurde nicht nur zum Synonym für die Gefahren der zivilen Atomenergienutzung, sondern auch zum Fanal einer verantwortungslosen Informationspolitik. Zunächst hatte die damalige sowjetische Führung versucht, das Unglück vor der Weltöffentlichkeit geheimzuhalten: Erst 19 Tage später informierte der damalige Staats- und Parteichef Michail Gorbatschow sie über »eine Havarie«. Als Schweigen wegen der weithin meßbaren Folgen der Katastrophe nicht mehr möglich war, wurde verharmlost, vertuscht, verschleiert. Zunächst war von »einigen hundert Metern« verseuchter Erde die Rede, dann von 1000 Quadratmetern. Kurz darauf wurde die Kontaminierung einer 150fach größeren Fläche zugegeben. Das wahre Ausmaß der radioaktiven Verseuchung aber wurde erst Jahre später bekannt. Im Frühjahr 1987 verglich der weißrussische Dichter Adamowitsch Tschernobyl mit dem Überfall Hitler-Deutschlands auf die Sowjetunion: »Wenn man die Reaktorkatastrophe in der Ukraine in einem ähnlichen Licht sieht wie den deutschen Überfall auf die UdSSR im Sommer 1941, so dürfte damit nicht nur der Schock über ein völlig unerwartetes, schreckliches Geschehen gemeint sein, sondern sicher auch der Mangel an Information, verbunden mit einem durch nichts zu begründenden Optimismus.«

Die Frage nach der Möglichkeit eines »neuen Tschernobyl« ist nicht unberechtigt: Eine Studie von Wissenschaftlern und Militärs, die im Auftrag von Präsident Jelzin verfaßt und am 19. Mai 1995 vorgelegt wurde, kommt zu dem alarmierenden Schluß, daß von militärischen und zivilen Atomanlagen in Rußland weit größere Gefahren ausgehen, als bisher (auch im Westen) vermutet wurde. 46 zivile Reaktorblöcke – darunter 20 vom Tschernobyl-Typ RMBK – werden derzeit auf dem Gebiet der ehemaligen UdSSR betrieben, davon 16 in der Ukraine, zwei in Litauen und ein Reaktor in Armenien. In Rußland sind derzeit neun zivile Kernkraftwerke mit 29 Reaktorblöcken in Betrieb; vier weitere Anlagen beziehungsweise Reaktorblöcke sind geplant. Aus Kernkraftwerken stammen rund 12 Prozent der russischen Stromerzeugung – mit deutlichen regionalen Unterschieden: In Zentralrußland liegt der Atomstromanteil bei 25 Prozent, im Raum St. Petersburg bei 60 Prozent und über 75 Prozent sind es auf der Kola-Halbinsel.

Die Reaktorsicherheit ließ auch nach Tschernobyl zu wünschen übrig. 7698 »Zwischenfälle« gab es von 1992 bis 1995; in zwölf Kernkraftwerken sollen sich in diesem Zeitraum 24 schwere Störfälle ereignet haben. Allein im Januar 1995 kam es zu elf größeren Zwischenfällen, und im Februar bedrohte ein Brand das Atomkraftwerk in Kursk. Einen Monat später kam es zur Beinahekatastrophe, als eine außer Kontrolle geratene, lasergesteuerte Rakete nur viereinhalb Kilometer vom Kernkraftwerk Nowoworonesh entfernt einschlug; eine Kursabweichung von zwei Grad hätte zu einem zweiten Tschernobyl geführt. Trotz massiver Proteste verweigerte der Stellvertretende Befehlshaber der russischen Streitkräfte, Generaloberst Michail Soroka, die Schließung des Bombenübungsplatzes nahe des Kernkraftwerks, auf dem auch die Unglücksrakete hätte einschlagen sollen: Solange kein gleichwertiger Ersatz geschaffen werde, sei die Einstellung der Übungen von sechs Luftwaffenregimentern »schlicht undenkbar«.

Neben solchen äußeren Risiken ist der innere Zustand vieler Atomkraftwerke besorgniserregend; das gilt vor allem für die Anlagen in Twer (Kalinin) und Kursk im Westen Rußlands. Der Bericht für Präsident Jelzin nennt Defekte im Kühl- und Steuerungssystem, außerdem starken Verschleiß an Brennstäben und deren Hüllen.

Aber auch von anderen Reaktoren und nuklearen Strahlungsquellen gehen Gefahren aus: So brannte die Klimaanlage der Forschungsanlage Dimitrowgrad/Wolga am 15. März 1996; der Brand konnte gelöscht werden, ohne daß Strahlung freigesetzt wurde. Anders zwei Monate zuvor: Im Januar führte ein Fehler zum Austritt eines radioaktiven Gasgemischs – eine Fläche von etwa zehn Quadratkilometern wurde verseucht. Ein nicht zu unterschätzender Risi-

Nur zivile Kernkraftwerke bzw. Reaktoren
(Angaben ohne stillgelegte Anlagen bzw. Reaktoren)
Quelle: Internationale Atomenergiebehörde, Wien.
Stand: 31. Dezember 1995. (Zahl in Klammern: Anzahl der Reaktoren)
♦ Reaktoren vom »Tschernobyl-Typ« RMBK.

Atomare Anlagen, über die keine sicheren Angaben vorliegen

Grenzen
Grenzen der Republiken, autonomen Bezirke und Gebiete

kofaktor sind militärische Einrichtungen: Oft seien, so die Gutachter, Soldaten katastrophal hohen Strahlenbelastungen ausgesetzt, außerdem monierten sie die laxe Handhabung der Anlagen und den Mangel an qualifiziertem Personal. Im Sommer 1993 starben 21 Matrosen der Pazifikflotte bei einem schweren Unglück; und auch von zwei weiteren Atom-U-Booten wurde bekannt, daß Besatzungsmitglieder durch Unfälle schwer verletzt wurden. In den Atom-U-Boot- Werken Nishnij-Nowgorod und Sewerodinsk kam es zu schweren Störfällen; die Häufung von Todesfällen unter Offizieren und Mannschaften kann damit in Zusammenhang stehen.

Eine weitere Gefahrenquelle sind die Uranbergwerke. Die Einrichtungen sind vielerorts technisch auf dem Niveau der frühen sechziger Jahre stehengeblieben. Bergleute werden zumeist nicht ärztlich betreut, die Schutzkleidung ist veraltet. Nicht nur die Arbeiter, auch die Umgebung ist durch mangelnde Sicherheit gefährdet: In der Hütte Tomsk-7 kam es am 6. April 1993 um 12.58 Uhr zu einer Atomexplosion, Radioaktivität wurde freigesetzt, und noch in einem 40 Kilometer entfernten Dorf wurde eine Strahlung über dem achtzigfachen des russischen Grenzwertes gemessen. Einige Ortschaften mußten evakuiert werden. Die »Ökologische Initiative«, eine Umweltgruppe, konnte zwar bisher ihr Hauptziel, die Schließung aller Reaktoren in Tomsk-7, noch nicht erreichen, aber immerhin Teilerfolge erzielen: Installation eines automatischen Kontrollsystems; Stillegung von drei der fünf Reaktoren; Ende der jahrzehntelangen Praxis, radioaktives Abwasser in den Fluß einzuleiten.

Es bleiben jedoch Probleme: Die Auffangbecken der verstrahlten Abwässer drohen überzulaufen und das Grundwasser zu verseuchen, außerdem herrscht Ungewißheit über die Zukunft jener 23 000 Container mit Atommüll, die in Tomsk lagern und neben abgerüsteten Sprengköpfen, Plutonium und alten Brennstäben auch Atommüll aus Frankreich und der Bundesrepublik enthalten sollen.

Nicht weniger problematisch ist die Situation bei dem weltweit größten Plutonium-Hersteller, dem Uranbergwerk und Reaktor Krasnojarsk-26. Der Besuch Jelzins in der Anlage hatte zum Auftrag für das Gutachten über den Sicherheitszustand russischer Atomanlagen geführt. Der Reaktor von Krasnojarsk-26, der 1958 als erste sowjeti-

Die große Gefahr: Kernkraftwerke und atomare Anlagen 133

sche Kernkraftanlage ans Netz gegangen war, gilt als Zeitbombe. Das riesige Werk, aus Sicherheitsgründen in einen Berg hineingebaut, gibt seit annähernd vier Jahrzehnten über große Ventilationsschächte Radioaktivität in die Umwelt ab. Zwei Reaktoren wurden zwischenzeitlich stillgelegt, ein dritter, der Plutonium für Nuklearsprengköpfe herstellt und ein Wärmekraftwerk betreibt, ist weiter aktiv: Würde auch er außer Betrieb genommen, verlören die Menschen in Krasnojarsk ihren wichtigsten Arbeitgeber. Der Plan, in Krasnojarsk eine Wiederaufbereitungsanlage für Atommüll zu errichten, wurde wegen des miserablen Sicherheitszustandes der bestehenden Anlage von Präsident Jelzin gestoppt.

Der Auftrag zur Erstellung besagten Gutachtens und eine Reihe von Erlassen, die sich mit der mangelhaften Sicherheitslage in russischen Atomanlagen beschäftigen, weisen darauf hin, daß der Regierung Jelzin die Problematik bewußt ist. Geldmangel läßt allerdings bestenfalls Krisenmanagement zu; eine grundlegende Sanierung der Atomanlagen auf dem Gebiet der ehemaligen UdSSR ist ohne westliche Finanzhilfe unmöglich. Reaktoren vom Netz zu nehmen ist eine Zwischenlösung, die aber aus energiewirtschaftlichen Gründen nicht durchgehend angewandt werden kann. Bestes Beispiel ist Tschernobyl, dessen intakte Reaktoren weiter in Betrieb sind. Der ukrainische Präsident Leonid Kutschma erklärte Anfang Juli 1995 in einem »Spiegel«-Interview: »Wenn sich Europa durch Tschernobyl so bedroht fühlt, dann muß es ernsthaft mitarbeiten.« Ohne adäquate Finanzhilfe sei es vollkommen unmöglich, Block 3 bis zum Jahre 2000 vom Netz zu nehmen. Der ukrainische Außenminister Gennadij Udowenko erklärte am 19. März 1996, daß die Ukraine zur Sanierung des Unglücksreaktors und zur völligen Abschaltung von Tschernobyl mehr als die von den G7-Staaten vorgesehenen 2,3 Milliarden US-Dollar benötige, und der weißrussische Präsident Alexander Lukaschenka beziffert die Folgekosten des Tschernobyl-Unglücks mit 20 bis 25 Prozent des jährlichen Haushalts von Belarus.

Nicht unerwähnt bleiben darf schließlich die Gefahr, die vom illegalen Handel mit radioaktivem Material ausgeht. Nach offiziellen Angaben sind seit dem Zusammenbruch der UdSSR 24 Fälle von

Diebstahl radioaktiven Materials aufgedeckt und 19 Personen verurteilt worden. In weiteren Fällen wird ermittelt. Die russische Regierung kündigte an, ein »neues Arsenal hochentwickelter Spürgeräte« zur Abschreckung einzusetzen; an ausgesuchten Einrichtungen kommt ein russisch-amerikanisches Überwachungssystem zum Einsatz, das Mitarbeiter von Atomanlagen am Herausschmuggeln von radioaktiven Stoffen hindern soll.

Was kann der Westen mit Blick auf das »Risiko Atomanlagen« tun? Finanzhilfen der westlichen Industriestaaten zur Sicherung des Unglücksreaktors Tschernobyl wurden genannt. Darüber hinaus schlug Graham Hill, Direktor des Center for Science and International Affairs der amerikanischen Harvard-Universität vor, 30 000 abgerüstete, ehemals sowjetische Kernwaffen aufzukaufen, um die Verbreitung von radioaktivem Material auf dem illegalen Markt einzuschränken. Die vorgeschlagene Summe ist allerdings astronomisch: 30 Milliarden US-Dollar – das entspricht den Kosten der Aufrüstung der USA in den letzten 15 Jahren. Die deutsche Bundesregierung prüft eine Zusammenarbeit mit Rußland in der Entsorgungsfrage; eine Studie soll klären, ob waffenfähiges Plutonium für die Herstellung von Brennelementen verwendet werden kann. Flankierend ist die Bundesrepublik auch bei der Weiterbildung von Mitarbeitern ehemals sowjetischer Atomkraftwerke tätig; siehe hierzu auch Kapitel 7, Abschnitt: Der Ausbildungsbereich.

Fazit: Die Atomanlagen in Rußland und den übrigen Nachfolgestaaten der UdSSR sind nach wie vor ein unkalkulierbares Risiko, und zwar über die Grenzen der GUS hinaus. Der Westen wird – wenn sich dies ändern soll – nicht umhin kommen, die Verbesserung der Sicherheitsstandards finanziell zu unterstützen. Die offenere Informationspolitik der russischen Regierung bezüglich bestehender Probleme, die in einzelnen Fällen bereits erfolgreiche Aktivität russischer Umweltgruppen und die internationale Zusammenarbeit sind positive Ansätze, die weitergeführt werden sollten, um ein zweites Tschernobyl zu verhindern.

RISIKO: UMWELTZERSTÖRUNG

Die gegenwärtig katastrophale Umweltsituation ist eine Hinterlassenschaft der Sowjetperiode. Schutz von Natur und Umwelt hatte in sowjetischer Zeit praktisch keine Bedeutung. Mehr noch: Die »Umgestaltung« und die Beherrschung der Natur durch den Menschen waren ideologisch-programmatische Zielsetzungen. Es galt, »alle Naturkräfte dem Menschen dienstbar zu machen«; für dieses Streben des Menschen gab es »keine Grenzen«. Bei der Industrialisierung der Sowjetunion wurde folglich keine Rücksicht auf Natur und Umwelt genommen.

Gewiß, es gab bereits seit Ende der fünfziger, Anfang der sechziger Jahre – vorwiegend in den studentischen Kreisen der Großstädte – die ersten sogenannten »Naturschutz-Freundeskreise« (Drushiny Ochrany Prirody), die sich auf die Schaffung von Naturschutzzonen und die Umwelterziehung konzentrierten. Aber die Wirkung dieser Gruppen blieb meist auf jüngere Intellektuelle beschränkt. Der breiten Öffentlichkeit war die Vorstellung von der Umwelt als schützenswertes Gut weitgehend fremd. Erst während der Perestroika-Periode der achtziger Jahre entstanden Vereinigungen außerhalb der Universitäten, deren Ziel der Naturschutz war.

Die zahlreichen Umweltsünden der Sowjetunion haben in Rußland und allen übrigen GUS-Ländern ein gefährliches Erbe hinterlassen. In keinem Industriestaat sind die ökologischen Probleme und Gefahren so groß wie in den Ländern der GUS. Nur einige der drängendsten Probleme seien hier erwähnt:

• 650 der bislang 1800 Atomwaffentests fanden auf dem Gebiet der ehemaligen UdSSR statt. Sie führten zum Beispiel zur radioaktiven Verseuchung des Atomtestgebiets bei Semipalatinsk in Kasachstan und zur völligen Verstrahlung der Insel Nowaja Semlja in der Barentssee. Zusätzlich wurden im Umfeld der Insel 17 000 Fässer und Container mit radioaktivem Müll sowie 15 ausgediente Atom-U-Boote versenkt. Von 1959 bis 1991 wurden an fünf Stellen der Barentssee 19 000 Kubikmeter radioaktiver Abfall in flüssiger Form verklappt.

- In der Hafenstadt Seweromorsk auf der Kola-Halbinsel verrotten 52 Atom-U-Boote und der ebenfalls atomgetriebene Eisbrecher »Lenin«. Weitere 48 Atom-U-Boote wurden außer Dienst genommen und stehen ebenfalls zur Verschrottung an.

- Durch die verbliebenen 130 Atom-U-Boote, die in den Häfen der Kola-Halbinsel stationierten Eisbrecher mit Reaktorantrieb sowie den atomgetriebenen Frachter »Sewermorput« fallen jährlich 20 000 Kubikmeter flüssiger und 6000 Kubikmeter fester Atommüll an.

- Eine ökologische Katastrophe steht dem Baikal-See – einem Seensystem von der Größe Belgiens – bevor: Abwassereinleitung von Betrieben der Zellstoff- und Papierindustrie lassen die Gewässer umkippen.

- Bedenkenloser Einsatz von Unmengen Pestiziden, Dünge- und Entlaubungsmitteln mit dem Ziel, die Baumwollproduktion zu steigern, verseuchte die zu Usbekistan gehörende Karakalpakische Autonome Republik. Die Bewohner zahlten einen hohen Preis: Sie haben die höchste Säuglings- und Kindersterblichkeit in der gesamten ehemaligen UdSSR und werden 28mal häufiger von Bronchitis und gar 40mal häufiger von Lungenerkrankungen heimgesucht als die Bewohner anderer Regionen. Die Zahl der Tuberkuloseerkrankungen stieg hier zwischen 1980 und 1993 von 96 auf 193 je 100 000 Einwohner.

- Das mit 384 000 Quadratkilometern größte Binnengewässer der Erde, das Kaspische Meer, steht vor dem ökologischen Kollaps. Öl, Chemierückstände und Abwässer führten zu 17 großen Fischsterben seit 1987.

- Das viertgrößte Binnengewässer der Erde, der Aralsee, trocknet aus: Durch den intensiven Anbau bewässerungsintensiver Monokulturen wie Baumwolle und Reis sank der Wasserspiegel des Sees innerhalb von nur 20 Jahren um 16 Meter. Rund 20 000 Quadratkilometer sind inzwischen vollkommen ausgetrocknet, eine ebenso große Fläche nurmehr Sumpfland.

- Allein 1992 und 1993 kam es in der russischen Chemieindustrie zu jeweils 80 schweren Zwischenfällen. Produktionsanlagen wurden zerstört, große Mengen Schadstoffe in die Umwelt freigesetzt.

Risiko: Umweltzerstörung 137

Aus den letzten zwei Jahren seien nur folgende Umweltkatastrophen genannt:

• Am 30. Juni 1995 ereignete sich in der ukrainischen Industriestadt Charkow – 1,6 Millionen Einwohner – eine Abwasserkatastrophe. Nach tagelangen Regenfällen brach das völlig unzureichende Abwassersystem zusammen, Kanalrohre barsten, Abwässer versickerten. 200 000 Kubikmeter ungeklärtes Abwasser ergossen sich in den Fluß Donez. Trinkwasser mußte mit Tanklastzügen angefahren werden. Laut »Iswestija« waren die unhaltbaren Zustände seit langem bekannt, wurden aber verschwiegen. Ähnliches wurde auch aus Rostow berichtet, wo die Abwässer ungeklärt in einen Fluß geleitet werden. Charkow und Rostow sind keine Einzelfälle: Ökologisch gefährdet sind auch die Städte Simferopol und Lugansk, die dicht besiedelten Orte an den Flüssen Dnjestr und Dnjepr sowie die Städte am Schwarzen und Asowschen Meer.

• Verheerende ökologische Auswirkungen hatte das Leck einer Pipeline im Oktober 1994: In der Nähe der Stadt Usinsk versickerten riesige Mengen Öl im Boden. Offiziell wurde von russischer Seite zunächst von 14 000 Tonnen gesprochen; später wurde bekannt, daß mehr als 100 000 Tonnen Öl aus der geborstenen Leitung in die Taiga geflossen waren. Eine 15 Zentimeter dicke Ölschicht bedeckte den nordrussischen Fluß Ptschora. Das Leck der 19 Jahre alten Pipeline war bereits seit Februar 1994 bekannt gewesen, aber die Ölgesellschaft »Komi-Neft« hatte die Schwere des Schadens schlicht unterschätzt. Russische Stellen beziffern den entstandenen Schaden auf umgerechnet 30 Millionen DM, aber dies ist nach Meinung westlicher Experten viel zu niedrig angesetzt.

Auch für die Zukunft sind ähnlich dramatische Unglücksfälle nicht auszuschließen: Die Hälfte der 50 000 Kilometer Öl- und Gas-Pipelines ist über 20 Jahre alt. Das Material ist in den polaren Regionen extremen Temperaturschwankungen ausgesetzt, und ein Fünftel der Rohrleitungen hat bereits die maximale Haltbarkeitsgrenze von 30 Jahren erreicht oder sogar überschritten. Insgesamt kam es zwischen 1991 und 1993 zu 40 000 Störfällen mit Bränden; zehn Prozent der gesamten Ölförderung gingen wegen defekter Leitungen verloren. Pipelines bei Nowosibirsk, Rostow und Pensa wurden durch Explosionen zerfetzt.

Trotz schwerster Umweltzerstörungen ist das ökologische Bewußtsein allgemein schwach entwickelt – im Vordergrund des Interesses stehen die sozialen und wirtschaftlichen Probleme. Es entstanden zwar ökologische Bewegungen und Vereinigungen, ja sogar politische Gruppierungen, die den Grünen im Westen vergleichbar sind, doch sie finden angesichts der Schwere der Probleme relativ wenig Resonanz. Die 1990 gegründete Partei der Grünen spaltete sich mehrfach, und die 1992 ins Leben gerufene »Konstruktiv-Ökologische Bewegung Rußlands« (russische Abkürzung KEDR) erhielt bei der Duma-Wahl im Dezember 1995 nur 1,39 Prozent der Stimmen und ist damit nicht im Parlament vertreten. Es gibt durchaus regionale Protestgruppen, einzelne Bürgerinitiativen, die vor allem in Orten mit besonderer Umweltgefährdung aktiv sind, aber es ist ihnen noch nicht gelungen, eine einflußreiche politische Kraft zu werden.

FAZIT: RUSSLANDS WEG ZUR MARKTWIRTSCHAFT

Die Wirtschaft Rußlands befindet sich in einem Schwebezustand: Die zentralistische Planwirtschaft existiert nicht mehr, die Marktwirtschaft befindet sich noch in den Anfängen. Neben einigen positiven Aspekten – Abschwächung des Produktionsrückgangs, Erfolge bei Privatisierung und Inflationsbekämpfung – steht das Land vor einigen sehr ernsten Problemen:

• Fehler während der Perestroika trugen maßgeblich dazu bei, daß Rußlands Weg zur Marktwirtschaft erst mit langer Verzögerung begann. Michail Gorbatschow bremste den notwendigen Übergang zur Marktwirtschaft und ließ Chancen ungenutzt: So kam das von den hervorragenden Ökonomen Stanislaw Schatalin und Gregorij Jawlinskij im Sommer 1990 vorgelegte »500-Tage-Programm« nicht zur Anwendung.
• Der Zusammenbruch der Sowjetunion verschärfte die ohnehin erheblichen ökonomischen Probleme. Der früher einheitliche, auf die Zentrale in Moskau ausgerichtete Wirtschaftsraum zerbrach, Liefer- und Rohstoffwege wurden unterbrochen, unterschiedliche

Fazit: Rußlands Weg zur Marktwirtschaft

Währungen und Rechtssysteme der GUS-Länder, aber auch abweichende Rahmenbedingungen innerhalb der russischen Teilrepubliken und -gebiete erschweren die wirtschaftliche Zusammenarbeit und beeinträchtigen die Volkswirtschaften auf dem Gebiet der ehemaligen UdSSR.

• Der wirtschaftspolitische Zickzackkurs, der vor allem in der Geldpolitik und bei der Privatisierung von Staatsbetrieben unübersehbar ist, sowie fehlende Rechtssicherheit, das Unwesen der Mafia und die uneinheitlichen wirtschaftlichen Rahmenbedingungen schaden nicht nur dem Fortgang des Transformationsprozesses, sie schrecken auch ausländische Investoren ab und tragen maßgeblich zur Investitionskrise Rußlands bei.

• Der Erkenntnis, die Staatsfinanzen konsolidieren zu müssen, stehen finanzpolitisch unverantwortliche Maßnahmen gegenüber: Die Erhöhung des Staatsdefizits, nicht zuletzt durch unverantwortlich hohe Subventionen an marode Staatsbetriebe, und die Notwendigkeit erheblicher Auslandsverschuldung schwächen die Erfolge bei der Bekämpfung der Inflation ab und lasten als Hypothek auf der ökonomischen Zukunft Rußlands.

• Der Privatisierungsprozeß setzte erst mit deutlicher Verzögerung ein und wurde zudem immer wieder von den Repräsentanten der großen Staatsbetriebe, des militärisch-industriellen Komplexes und der Bürokratie der landwirtschaftlichen Kollektive und Staatsgüter behindert. Fehlende Erfahrung im Bereich privatwirtschaftlicher Tätigkeit und der weiterhin große Einfluß von Mitgliedern der Nomenklatura, die nicht selten Schlüsselpositionen der Wirtschaft innehaben, stellen weitere Hindernisse dar. Die illegalen Geschäftspraktiken könnten durch den Abbau der bürokratischen Hindernisse für legale unternehmerische Tätigkeit und ein gerechteres Steuersystem vermindert werden.

• Umweltschutz wird – trotz der Vielzahl der Umweltkatastrophen – noch immer als wirtschaftliches Hindernis, nicht als Chance für die Ökonomie verstanden. Von den mangelhaft gesicherten technischen Anlagen, vor allem im nuklearen Bereich, gehen zudem erhebliche Gefahren aus – auch über die Grenzen Rußlands hinweg.

- Die sozialen Widersprüche der Gesellschaft spitzen sich zu. Es ist nicht auszuschließen, daß die Geduld von Arbeitern und Angestellten in absehbarer Zeit endet und soziale Unruhen entstehen.

Rußland und die GUS

Bisher war stets von Rußland die Rede – von den Schwierigkeiten der Entwicklung des Landes auf dem Weg zu Demokratie, Rechtsstaat und Marktwirtschaft. Rußland aber ist nur ein, wenn auch der weitaus größte Mitgliedsstaat der Gemeinschaft Unabhängiger Staaten (GUS), die sich aus früheren Republiken der ehemaligen Sowjetunion zusammensetzt.

In weiten Kreisen Rußlands und der übrigen GUS-Mitgliedsländer hört man heute, der Zusammenbruch der Sowjetunion sei durch »Verrat« erfolgt: Führer der damaligen UdSSR – vor allem Michail Gorbatschow und Boris Jelzin – hätten den Zusammenbruch der Sowjetunion im Auftrag des Westens inszeniert. Diese Dolchstoßlegende hat jedoch mit dem wirklichen Ablauf der Ereignisse, die zum Ende der UdSSR führten, nicht das geringste zu tun.

WIE KAM ES ZUM ZUSAMMENBRUCH DER SOWJETUNION?

Bei der Ernennung Michail Gorbatschows zum Generalsekretär der KPdSU am 11. März 1985 war die Sowjetunion – der größte Flächenstaat der Erde – ein zentralistischer Staat par excellence: Sämtliche Entscheidungen für die 15 Unionsrepubliken wurden in Moskau getroffen. 51 Prozent Russen standen 49 Prozent Nichtrussen – Angehörigen von 60 bis 80 verschiedenen Nationen und Völkern – gegenüber. Die Russifizierung war jedoch unübersehbar: Auch in den nichtrussischen Unionsrepubliken nahmen Russen die Schlüsselstellungen ein – zum Teil aufgrund ihrer besseren Ausbildung, oft aber nur wegen der machtpolitischen Interessen Moskaus. Die russische Dominanz war allgegenwärtig: Der Eintrag der Nationalität im Personalausweis ermöglichte es den Behörden, jeden Bürger nach seiner Herkunft zu behandeln – Russen wurden bei Ausbildungsgängen bevorzugt, und in den Führungspositionen von Partei, Staat, Rüstungsindustrie, Armee und Staatssicherheitsdienst waren sie überproportional vertreten. Dies rief bei der Bevölkerung der nichtrussischen Unionsrepubliken berechtigte Kritik hervor. Im Verlauf der durch Michail Gorbatschow ab 1985 eingeleiteten Lockerung kam es zu wachsender Opposition der nichtrussischen Völker gegen Moskau. Zunächst ging es um mehr Einfluß in den Bereichen Kultur und Bildung, bei kommunalen Angelegenheiten und wirtschaftlichen Entscheidungen, die die Unionsrepubliken betrafen.

Diese Forderungen waren angemessen und entsprachen den Bedürfnissen und Erfordernissen. Die Gorbatschow-Führung jedoch unterschätzte, ja, verkannte die Bedeutung dieser Probleme. Noch im Herbst 1988 wäre der Übergang zu einer moderneren, flexibleren Föderation möglich gewesen. Die Chance blieb jedoch ungenutzt. Je länger die überfällige Umstellung versäumt wurde, desto mehr verschärften sich die Konflikte, vor allem die nationalen Auseinandersetzungen. Eine wichtige Ursache: Zunehmende Alltagsschwierigkeiten führten zu wachsender sozialer und psychologischer Unsicherheit mit der Folge, daß das Bewußtsein für Tradition, Nation und Religion – kurz: die Suche nach den eigenen Wurzeln – bei zahlreichen Bürgern der Sowjetunion spürbar zunahm.

Ehrgeizige, machthungrige Politiker mißbrauchten diese nationale Woge für eigene Interessen. Sie heizten den Nationalismus an und machten Minderheiten oder andere Nationen für die unübersehbaren Probleme verantwortlich. So kam es seit 1988/89 zu einer Reihe blutiger Auseinandersetzungen.

Die tragischste und am längsten dauernde unter ihnen war der *Konflikt um die Enklave Nagorny-Karabach (Berg-Karabach).* Die kulturellen Gegensätze der Kontrahenten Armenien und Aserbaidshan hätten nicht größer sein können: Mit Armenien, das sich seit dem Jahre 301 zum Christentum bekennt, stand das älteste christliche Land der Erde dem islamischen Aserbaidshan gegenüber – dem einzigen moslemischen Nachfolgestaat der Sowjetunion, der sich nicht zur sunnitischen, sondern zur schiitischen Richtung bekennt, die zu jener Zeit maßgeblich von dem iranischen Ayatollah Khomeini repräsentiert wurde.

Berg-Karabach, mehrheitlich von Armeniern bewohnt, war von Stalin 1923 willkürlich Aserbaidshan zugeschlagen worden. Auf einer Fläche von 4400 Quadratkilometern leben etwa 190 000 Einwohner – 145 000 Armenier und 45 000 Aserbaidshaner (Aseris). Im Frühjahr 1988 forderte der Gebietssowjet von Berg-Karabach mit den Stimmen der 111 armenischen Abgeordneten den Anschluß an Armenien; die 39 Aseris dieses Gremiums hatten den Konferenzsaal verlassen. Unmittelbar darauf kam es in der armenischen Hauptstadt Eriwan zu spontanen Solidaritätskundgebungen, in Aserbaidshan dagegen zu anti-armenischen Ausschreitungen. Die drittgrößte Stadt Aserbaidshans, Sumgait, erlebte ein grausames Pogrom, bei dem nach offiziellen Angaben 26 Armenier ihr Leben verloren haben sollen – tatsächlich dürfte die Zahl der Opfer bei mehreren hundert gelegen haben. Berg-Karabach sagte sich am 12. Juni 1988 per Parlamentsbeschluß von Aserbaidshan los und schloß sich Armenien an.

Straßen- und Schienenwege zwischen Armenien und Berg-Karabach wurden von der aserbaidshanischen Führung gesperrt. Der Haß zwischen den beiden Volksgruppen war nicht mehr zu kanalisieren: Im Januar 1990 drangen aserbaidshanische Jugendliche in ein armenisches Viertel in Baku ein und massakrierten 52 Armenier. Riesige Flüchtlingsströme setzten sich in Bewegung: 300 000 Armenier flohen aus Aserbaidshan, 200 000 Aseris aus Armenien, während sich die Kampfhandlungen verschärften. In den Jahren 1988 bis 1991 fanden mehrere tausend Armenier und Aseris den Tod.

Ein zweiter Konfliktherd wurde *Georgien*, wo zunächst der *georgisch-ossetische Konflikt* im Mittelpunkt stand. Noch zur Zeit der Sowjetunion war das überwiegend von iranischsprachigen Osseten bevölkerte Gebiet geteilt worden: Nordossetien wurde der Russischen Föderation, Südossetien wurde Georgien zugeschlagen. Der autonome Status Südossetiens – hier lebten auf einer Fläche von 3900 Quadratkilometern, was in etwa der Größe des Saarlands entspricht, 125 000 Menschen, davon gut zwei Drittel Osseten und 29 Prozent Georgier – wurde im Dezember 1990 vom georgischen Parlament annulliert. Die Folge waren auch hier bewaffnete Auseinandersetzungen. Am 1. Dezember 1991 beschloß das Parlament im südossetischen Zichinwali den Anschluß an Nordossetien und damit an die Russische Föderation.

Ernster noch war der *Konflikt Georgiens mit Abchasien*, einem im Mittelalter unabhängigen Königreich, das unter osmanischem Einfluß teilweise islamisiert wurde, während Georgien schon in der ersten Hälfte des vierten Jahrhunderts christianisiert war und damit zu den ältesten christlichen Ländern der Erde gehört. Abchasien, halb so groß wie Schleswig-Holstein, war in der Sowjetzeit autonome Republik innerhalb der Unionsrepublik Georgien; in dem blühenden Land mit der Hauptstadt Suchumi lagen die bekanntesten und schönsten Kurorte der Sowjetunion. In der Stalin-Periode wurde in den Schulen der Unterricht des Abchasischen abgeschafft und das georgische Alphabet eingeführt; die wirtschaftliche Entwicklung stagnierte. Nur rund 100 000 der 538 000 Einwohner des Gebietes, weniger als 19 Prozent also, waren Abchasen – Nachkommen jenes Volksstammes, der schon in der Antike am Schwarzen Meer ansässig war –, 44 Prozent waren Georgier, 16 Prozent Russen und 15 Prozent Armenier. Am 25. August 1990 erklärte Abchasien seine Unabhängigkeit, Georgien jedoch verweigerte dem Land nicht nur die Anerkennung der Souveränität, sondern setzte im April des folgenden Jahres die Verfassung von 1921 wieder in Kraft und erkannte der Region damit den autonomen Status ab. Dies zog rasch militärische Konflikte nach sich.

Schauplatz einer weiteren Auseinandersetzung wurde die *Republik Moldau* (Moldawien) – inzwischen Moldova – im Südwesten der damaligen UdSSR. Während immer mehr Moldawier für die Vereinigung ihres Landes mit Rumänien eintraten, entstand im Gegenzug eine schnell wachsende Opposition der nationalen Minderheit der Gagausen, eines christianisierten Turkvolkes. Am 19. August 1990 proklamierten sie die *Gagausen-Republik*. Gagausien – mit 150 000 Einwohnern auf 1800 Quadratkilometern – bildete ein eigenes Parlament und eine eigene Regierung; Präsident wurde am 26. Oktober 1990 Stepan Topal.

Zeitgleich mit der Sezession der Gagausen entwickelte sich ein

Konflikt zwischen *Moldawien und Transnistrien.* Das Gebiet war auf Umwegen zur Sowjetunion gekommen: Nach dem Hitler-Stalin-Pakt vom 23. August 1939 wurde das rumänische Bessarabien Anfang August 1940 an die UdSSR angeschlossen und zur Moldauischen Sozialistischen Sowjetrepublik erklärt. Ihr wurde das östlich des Dnjestr gelegene Gebiet Transnistrien, das nie zu Bessarabien gehört hatte, angegliedert. Russen und Ukrainer stellen mit über 60 Prozent die Mehrheit der 800 000 Einwohner Transnistriens, das über erhebliche Wirtschaftskraft verfügt: 40 Prozent des moldawischen Industriepotentials und mehr als die Hälfte seiner Produktionsstätten sind dort konzentriert. Um die befürchtete Rumänisierung Moldawiens zu verhindern, wurde am 3. September 1990 auf Initiative des Russen Igor Smirnow, eines Technokraten und Wirtschaftsführers, die Dnjestr-Republik gegründet und damit faktisch die Abspaltung Transnistriens von Moldawien vollzogen.

Über diese offenen Konflikte im Nationalitätenbereich hinaus waren die Jahre 1988 bis 1991 von einem generellen Drang der nichtrussischen Völker nach Unabhängigkeit ihrer Unionsrepubliken gekennzeichnet. So verstärkte die militärische Intervention der Sowjetunion in den baltischen Staaten im Januar 1991 die Forderung der dortigen Bevölkerungen nach sofortiger Unabhängigkeit erheblich. 90,5 Prozent der Litauer stimmten am 5. Februar 1991 für eine »unabhängige demokratische Republik«; am 3. März votierten 77,8 Prozent der Esten und 73,3 Prozent der Letten für staatliche Unabhängigkeit. Zu jenem Zeitpunkt waren annähernd 40 Prozent der Bewohner Lettlands Russen und Ukrainer, von denen sich viele – was heute in den baltischen Staaten oft vergessen wird – für die Unabhängigkeit aussprachen.

Moskau erlebte 1990/91 zähe Verhandlungen über einen Unionsvertrag, bis der Oberste Sowjet der UdSSR im Januar 1991 beschloß, ein Referendum über eine erneuerte Föderation durchzuführen. Aber der Beschluß und das Referendum kamen viel zu spät. Die Volksbefragung vom 17. März 1991, deren Ergebnis im Frühjahr 1996 unerwartete Aktualität erhalten sollte, beschränkte sich auf eine einzige Frage: »Halten Sie es für notwendig, die Union der Sozialistischen Sowjetrepubliken als erneuerte Föderation von gleichberechtigten souveränen Republiken, in der die Rechte und Freiheiten der Menschen jeder Nationalität in vollem Maße garantiert werden, zu erhalten?« Insgesamt 76 Prozent votierten mit ja, in den zentralasiatischen Republiken waren es sogar über 95 Prozent. Die geringste Zustimmung ergab sich in Leningrad (heute St. Petersburg – 50,5 Prozent), Moskau (50 Prozent) und Swerdlowsk (heute Jekaterinburg – 34,4 Prozent). Allerdings nahmen weder die baltischen Republiken noch Armenien, Georgien oder Moldawien an dem Referendum teil. Mehr noch: Am 31. März 1991 entschieden sich 98,8 Prozent der Georgier für staatliche Unabhängigkeit.

Der Wille zu nationaler Souveränität bestimmte das Jahr 1991. Im Spätsommer und Herbst erklärten immer mehr frühere Unionsrepubliken ihre Unabhängigkeit: Weißrußland, Moldawien, Aserbaidshan, Kirgisien, Usbekistan, Tadshikistan, Armenien und schließlich Turkmenistan und Kasachstan. Am 1. Dezember 1991 befürworteten dann noch 90 Prozent der Ukrainer die Unabhängigkeit ihres Landes. Damit waren auch die letzten Hoffnungen auf eine »erneuerte Union« zunichte gemacht. Es galt, völlig neue Wege zu beschreiten. Würden die Menschen diese neuen Wege mitgehen?

DIE GRÜNDUNG DER
GEMEINSCHAFT UNABHÄNGIGER STAATEN (GUS)

Moskau, 25. Dezember 1991. Wie an jedem Tag kehren einige alte Frauen mit Reisigbesen das Kopfsteinpflaster des Roten Platzes. Wie an jedem Tag stehen die Posten vor dem Lenin-Mausoleum, den Blick starr geradeaus gerichtet. Wie an jedem Tag seit 1917 weht die rote Fahne über dem Kreml. Doch heute wird sie eingeholt und durch die weiß-blau-rote Flagge Rußlands ersetzt. Die Menschen auf dem Roten Platz interessiert das wenig. »Nu i schto?« antwortet man auf die Frage des deutschen Korrespondenten Klaus Bednarz, was man dabei empfinde – »Na und?«.

Drei Wochen zuvor, am 3. Dezember 1991: In der Regierungsdatscha Wiskuli im weißrussischen Waldgebiet von Belowesch nahe Brest trifft sich Boris Jelzin mit dem Präsidenten der Ukraine, Kraw-

Die Gründung der Gemeinschaft Unabhängiger Staaten (GUS)

tschuk, und dem belorussischen Parlamentspräsidenten Schuschke-witsch. Hier wird der Beschluß gefaßt, eine »Gemeinschaft Unab-hängiger Staaten« (GUS) zu gründen. Die drei slawischen Republiken Rußland, Ukraine und Weißrußland haben zusammen 210 Millionen Einwohner – 73 Prozent der Gesamtbevölkerung der Sowjetunion –, sie beherrschen 58 Prozent der Industrieproduktion und annähernd den gesamten militärisch-industriellen Komplex der einstigen UdSSR.

Die Sowjetunion, so heißt es im Abkommen über die Gründung der GUS vom 8. Dezember 1991, habe »als Subjekt des Völkerrechts und der geopolitischen Realität zu existieren aufgehört«. Die Ver-tragspartner sichern zu, Verträge und Abkommen der früheren Sowjetunion zu erfüllen, und verpflichten sich zu einheitlicher Kon-trolle der Atomwaffen, die nicht weitergegeben werden dürfen. Die Unterzeichner sichern ferner die Wahrung der Menschen- und Bür-gerrechte einschließlich Freizügigkeit und Meinungsfreiheit zu, weiter den Schutz nationaler Minderheiten und die Achtung der territorialen Integrität. In zentralen Politikbereichen – darunter Außenpolitik, Ent-wicklung eines gemeinsamen Wirtschaftsraumes, Umweltpolitik und Kampf gegen die organisierte Kriminalität – wird die Kooperation der drei Mitgliedsstaaten vereinbart. Die Regierungen Rußlands, Weiß-rußlands und der Ukraine betonen, die GUS sei für den Beitritt weite-rer Republiken offen.

Exakt eine Woche nach dem Treffen von Wiskuli ratifizieren die Obersten Sowjets der Ukraine und Weißrußlands das Abkommen über die Gründung der GUS; am 12. Dezember folgt das russische Parlament. Michail Gorbatschow, zu diesem Zeitpunkt Präsident der Sowjetunion, kritisiert das »Zerschneiden des Unionsstaates« und bezeichnet die Gründung der GUS als »größten Fehler« in der gesam-ten Entwicklung der Perestroika.

Dessen ungeachtet kommen die Präsidenten der früheren Uni-onsrepubliken mit Ausnahme der baltischen Länder und Georgiens am 21. Dezember 1991 in Alma Ata zusammen, um eine erweiterte GUS ins Leben zu rufen: Zu den drei slawischen Gründungsstaaten kommen nun die fünf zentralasiatischen Republiken Turkmeni-stan, Usbekistan, Tadshikistan, Kasachstan und Kirgisien, die beiden Kaukasus-Republiken Armenien und Aserbaidshan sowie Moldawien hinzu. Aserbaidshan verläßt die GUS allerdings am 7. Oktober 1992 wieder, behält aber Beobachterstatus innerhalb der Gemeinschaft. Ungeklärt bleibt die Rolle Moldawiens, dessen Parlament den Vertrag der Gemeinschaft Unabhängiger Staaten nicht ratifiziert.

Die gemeinsame Deklaration der Regierungschefs der GUS-Mitgliedsländer hält fest, daß alle Regierungsorgane und Behörden der früheren Sowjetunion einschließlich des Innenministeriums und des Ministeriums für auswärtige Angelegenheiten aufgelöst seien – mit der Gründung der Gemeinschaft Unabhängiger Staaten habe die Sowjetunion aufgehört zu existieren. Auch die erweiterte GUS verpflichtet sich zur Einhaltung der Verträge und Vereinbarungen der UdSSR.

Nach 74 Jahren wird die rote Flagge über dem Kreml eingeholt, doch die Menschen auf dem Roten Platz nehmen kaum Notiz davon. Das gleichgültige »Na und?«, das der bekannte deutsche Fernsehkorrespondent Klaus Bednarz am 25. Dezember 1991 zu hören bekommt, als er nach der Bedeutung dieser symbolischen Handlung für die Bürger der zerbrochenen Sowjetunion fragt, spricht für sich (Klaus Bednarz, »Rußland«. Berlin 1992, S. 95). Gerd Ruge bestätigt diese Schilderung: »Das geschah fast beiläufig, ohne jedes Zeremoniell. Die Posten vor dem Lenin-Mausoleum blickten wie immer starr geradeaus und bemerkten gar nicht, daß hinter ihnen das Symbol der Sowjetmacht verschwand.« Aufmerksamkeit erregt allenfalls das Feuerwerk, das um Mitternacht die Farben der russischen Flagge an den Himmel über dem Kreml wirft: »So endete das Sowjetimperium, so begann die Geschichte des neuen Rußland« (Gerd Ruge, »Weites Land«, Berlin 1996, S. 17).

Offenbar wird die Bedeutung des Untergangs der Sowjetunion den Menschen in der GUS erst Ende 1993 – zwei Jahre später – so richtig bewußt. Rechtsnationalisten und Kommunisten bezeichnen die Auflösung der UdSSR gleichermaßen als »Verrat«. Selbst Demokraten, die diese Entwicklung für unausweichlich, ja, notwendig gehalten hatten, stehen der überhasteten GUS-Gründung jetzt kritisch gegenüber und weisen auf die Gefahren hin, die die Zerstörung des multinationalen gemeinsamen Staates haben könnte. Und sie sollen recht behalten.

DIE GUS: INSTITUTIONEN UND BESCHLÜSSE

Seit Gründung der GUS fanden regelmäßig Konsultationen zwischen den Staats- und Regierungschefs der Mitgliedsländer statt. Zahlreiche Organe im politischen, wirtschaftlichen und militärischen Bereich sollten die Beziehungen zwischen den GUS-Ländern sicherstellen und ihre Entwicklung koordinieren. Bereits bei der Gründung der erweiterten GUS am 21. Dezember 1991 wurden der »Rat der Staatschefs« und der »Rat der Regierungschefs« ins Leben gerufen; das »Konsultative Koordinationskomitee« und der »Rat der Außenminister« folgten am 14. Mai respektive 24. September 1993.

Annähernd 600 Vereinbarungen wurden von 1991 bis 1995 zwischen den Mitgliedsländern der GUS getroffen. Gleichzeitig wurden insgesamt 50 Organe, Kommissionen und Institutionen gebildet. Allen gemeinsam ist: Sie haben lediglich konsultativen Charakter. Der Inhalt der Vereinbarungen und die Arbeit der Kommissionen konzentrierte sich auf die Abwicklung und Verwaltung der Hinterlassenschaft der Sowjetunion, bei denen es eine Fülle strittiger Fragen gab. Den Treffen der Staats- und Regierungschefs kam dabei eine zentrale Rolle zu.

Aus der immensen Zahl der offiziellen Deklarationen und Beschlüsse seien nur einige der wichtigsten genannt:

• »Deklaration über die Einhaltung der Gemeinschaftsprinzipien«, unterzeichnet am 14. Februar 1992 in Minsk. Im Mittelpunkt stehen eine Vereinbarung über die »Achtung der territorialen Integrität und Unantastbarkeit der Grenzen« sowie die Bekräftigung des Grundsatzes der Nichteinmischung in die inneren Angelegenheiten anderer GUS-Mitgliedsländer.

• »GUS-Grundlagenvertrag«, geschlossen beim achten Gipfeltreffen der GUS am 22. Januar 1993 in Minsk. In der Vereinbarung wurde der Rechtscharakter der Gemeinschaft Unabhängiger Staaten als Staatenbund und die Gewährleistung kollektiver Sicherheit durch die GUS festgeschrieben. Zur wirksamen Koordinierung der Außen-, Sicherheits-, Verteidigungs- und Finanzpolitik sollte die Gemeinschaft übernationale Organe mit entsprechenden Kompetenzen erhalten. Bereits dieser erste Versuch der institutionellen Ausstattung der GUS stieß auf Widerstand: Die Ukraine, Moldawien und Turkmenistan lehnten das Abkommen ab, da sie eine Beeinträchtigung ihrer nationalen Souveränitätsrechte befürchteten.

• Kooperation im parlamentarischen Bereich, beschlossen 1992. Auch dieses Vorhaben blieb nicht unumstritten: An der ersten Plenarsitzung der »Interparlamentarischen Versammlung der Gemeinschaft Unabhängiger Staaten« am 15. und 16. September 1992 nahmen lediglich Delegierte aus Rußland, Weißrußland, Armenien, Kasachstan, Tadshikistan und Kirgisien teil. Aserbaidshan entsandte – seinem Status entsprechend – nur eine Beobachterdelegation, während die GUS-Mitglieder Ukraine, Moldawien, Turkmenistan und Usbekistan der Versammlung fernblieben.

• Wirtschaftskooperation. Zur Koordinierung im ökonomischen Bereich wurden unter anderem ein »Elektroenergierat« (14. Februar 1992), ein »Zollrat« (13. März 1992) und das »Wirtschaftsgericht der GUS« (6. Juli 1992) eingerichtet. Besondere Bedeutung erhielt das GUS-Gipfeltreffen vom 9. Oktober 1992 im kirgisischen Bischkek: Die Präsidenten von sechs GUS-Mitgliedsländern unterzeichneten ein Abkommen über die Einrichtung einer Zentralbank sowie über den Fortbestand des Rubel als gemeinsamer Währung. Bereits im Sommer 1993 jedoch vollzog Rußland die Trennung seiner Währung von den übrigen GUS-Ländern; der bedeutendste Staat der GUS versuchte, seine Sonderstellung insbesondere durch den Abschluß bilateraler Handelsabkommen mit den übrigen GUS-Mitgliedsländern zu stärken. Ein GUS-Gipfel in Moskau (Oktober 1994) beschloß die Bildung einer Währungsunion sowie eines zwischenstaatlichen Wirtschaftskomitees.

• Sicherheitspolitik. Auch im militärischen Bereich war keine geradlinige Entwicklung festzustellen. Vertreter von acht GUS-Mitgliedsländern beschlossen am 14. Februar 1992 die Einrichtung eines »Rats der Verteidigungsminister« und einigten sich auf einen einheitlichen

Oberbefehl über die GUS-Streitkräfte – befristet auf zwei Jahre. Doch schon am 15. Juni 1993 kamen die GUS-Verteidigungsminister in Moskau zusammen, um das Amt des Oberkommandierenden durch einen »Vereinigten Stab« zur Koordinierung der militärischen Zusammenarbeit zu ersetzen. Weitere sicherheitspolitisch relevante Maßnahmen umfaßten die Bildung einer ersten, 450 Mann starken GUS-Friedenstruppe (9. Oktober 1992) und eines »Rats der Befehlshaber der Grenztruppen« (24. September 1993).

Fazit: Die Zusammenarbeit der Mitgliedsländer entwickelte sich seit der Gründung der Gemeinschaft Unabhängiger Staaten im Dezember 1991 durchaus nicht reibungslos. Gleichwohl dürfen die Pluspunkte nicht übersehen werden: Es gelang der Staatengemeinschaft, die Folgen des Zerfallsprozesses nach dem Untergang der UdSSR zu verringern und das notwendige Mindestmaß an Koordination, Kooperation und Kommunikation zwischen den ehemaligen Unionsrepubliken aufrechtzuerhalten. Von nicht zu unterschätzender Bedeutung war dabei die Schaffung von GUS-Friedenstruppen, die eine »Jugoslawisierung« der UdSSR-Nachfolgestaaten verhinderten.

DIE GUS: SCHWACHSTELLEN UND WIDERSPRÜCHE

Die Tatsache, daß die Gemeinschaft Unabhängiger Staaten bislang lediglich ein loser Staatenbund blieb, hat ihren Grund nicht allein, aber doch vorrangig in strukturellen Schwächen der GUS. Zu den entscheidenden Problemfeldern gehören vor allem die folgenden:

• Bis heute fehlt es der GUS an Organen mit umfassenden Kompetenzen, die es ermöglichen würden, eine gemeinsame Politik zu konzipieren und durchzusetzen. Vor allem fehlt ein – etwa dem Maastrichter Vertrag der Europäischen Union vergleichbares – Integrationskonzept, das die Zielsetzung, die Stationen zum Erreichen dieser Zielsetzung und entsprechende Fristen fixiert.
• Trotz der zahlreichen Komitees und der Vielzahl der Vereinbarungen stagniert die politische, wirtschaftliche und militärische Inte-

gration. Bilaterale Verträge besaßen – und besitzen – meist nur deklaratorischen Charakter und wurden, wenn überhaupt, von den GUS-Mitgliedsländern in der Praxis höchst unterschiedlich ausgelegt.

• Die Fluktuation der Mitglieder innerhalb der GUS war insbesondere bis zum Frühjahr 1994 hoch; echte Kontinuität blieb aus. So trat Georgien der GUS erst am 9. Dezember 1993 bei, nachdem Rußland im Konflikt mit Abchasien Unterstützung gewährt hatte. Aserbaidshan, das zu den Gründungsmitgliedern der erweiterten GUS gehört hatte, verließ den Staatenbund am 7. Oktober 1992 und kehrte – nach zwei Jahren im Beobachterstatus – erst am 24. September 1994 wieder in die Gemeinschaft Unabhängiger Staaten zurück. Moldawien unterzeichnete zwar das Gründungsabkommen der Gemeinschaft, das Parlament verweigerte dem Vertrag jedoch seine Zustimmung. Erst mehr als drei Jahre später, anläßlich des GUS-Gipfeltreffens am 15. April 1994 in Moskau, vollzog Moldawien endgültig den Eintritt in die GUS; die Gründe dafür sind in der wirtschaftlichen Abhängigkeit von Rußland und der russischen Hilfe bei der Lösung des Transnistrien-Konflikts zu suchen.

• Die Zielsetzungen der GUS-Mitgliedsländer unterschieden sich von Anfang an erheblich, drifteten teilweise sogar auseinander: Verstanden Rußland, Belarus und – mit Einschränkung – auch Kasachstan die Gemeinschaft Unabhängiger Staaten als Klammer für eine vertiefte Zusammenarbeit, sahen andere ehemalige Unionsrepubliken wie die Ukraine, aber auch Moldawien und Aserbaidshan, die Gemeinschaft eher als Instrument zum Vollzug einer »zivilisierten Scheidung« von Moskau.

• Die Gemeinschaft Unabhängiger Staaten wurde durch bewaffnete Auseinandersetzungen auf ihrem Territorium stark belastet. Die Konflikte, von denen einige bereits genannt wurden, konnten erst im Laufe des Jahres 1994 teilweise entschärft werden.

• Die Haltung Rußlands zur GUS veränderte sich seit Ende 1993 merklich: Immer deutlicher meldete die Russische Föderation ihren Anspruch als dominierendes GUS-Land an und versuchte, ihre Vormachtstellung auszubauen. Statt die Zusammenarbeit aller oder möglichst vieler GUS-Länder anzustreben, konzentrierte sich Rußland auf bilaterale Abkommen mit einzelnen GUS-Mitgliedern. Dies stärkte und stärkt weiterhin die russische Machtposition, erschwert aber die Zusammenarbeit innerhalb der GUS erheblich.

• Seit Ende 1995/Anfang 1996 spaltet sich die GUS zunehmend in zwei Gruppen: eine, in deren Mittelpunkt Rußland steht und zu der Belarus, Kasachstan sowie Kirgisien gehören, und eine andere, bestehend aus den übrigen Mitgliedsstaaten der GUS, die durch Distanz zu Rußland ein gewisses Maß an Unabhängigkeit zu bewahren suchen.

So blieb die GUS bis zur Gegenwart trotz aller bilateralen und multilateralen Abkommen, trotz der Vielzahl der Kontrollmechanismen und Organe ein loser Bund von Staaten, für die nicht die Vertiefung der Gemeinschaft, sondern nationale Interessen im Vordergrund stehen.

DIE ÜBERWINDUNG DER GEWALTSAMEN KONFLIKTE IN DER GUS

Zwischen 1990 und 1993 ging ein Gespenst um in Rußland und im Westen – das Schreckgespenst eines gigantischen nationalistischen Flächenbrands in den GUS-Ländern, vergleichbar mit den tragischen Ereignissen in Jugoslawien, allerdings in noch weit größeren Dimensionen. Die Angst vor dem Gespenst sollte sich glücklicherweise jedoch als unbegründet erweisen. Mit Ausnahme des schrecklichen Krieges in Tschetschenien – das zumindest nach Moskauer Deutung auf dem Gebiet der Russischen Föderation angesiedelt ist – gelang es zwischen 1993 und 1995, die bewaffneten Konflikte innerhalb und zwischen GUS-Mitgliedsländern abzuschwächen, teilweise sogar zu überwinden.

Als besonders langwierig und schwierig erwies sich dies im *Konflikt zwischen Armenien und Aserbaidshan* um die Enklave Berg-Karabach. Vom Ende des Jahres 1991 an weiteten sich die Kämpfe auf aserbaidshanisches Staatsgebiet aus; armenischen Truppen gelang es bis Mitte Mai 1992, einen Korridor zwischen Armenien und dem umkämpften Berg-Karabach herzustellen: Die Truppen Aserbaidshans mußten sich zurückziehen. Erfolglos blieben letztlich sowohl internationale Vermittlungsversuche als auch ein Waffenstillstand, der auf Vermittlung des kasachischen Präsidenten Nasarbajew Ende August 1992 zustande gekommen war. Armenische Einheiten drangen bis Oktober so weit vor, daß Teile Aserbaidshans unter ihre Kontrolle gerieten.

Eine Entspannung zeichnete sich erst im Mai 1994 ab: Nicht der Wille zur Beilegung des Konflikts, sondern vielmehr die wirtschaftliche Erschöpfung der Kriegsgegner führte dazu, daß die Verteidigungsminister Aserbaidshans, Armeniens und Berg-Karabachs am 16. Mai 1994 einen Waffenstillstand vereinbarten. Eine fünf bis zehn Kilometer breite Pufferzone entlang dem bisherigen Frontverlauf wurde durch eine 1800 Mann starke Friedenstruppe der GUS gesichert; ein zunächst befristetes Waffenstillstandsabkommen wurde Ende Mai 1994 unterzeichnet und im August desselben Jahres auf unbefristete Zeit verlängert. Der Krieg hatte bis dahin mehr als 40 000 Menschenleben gefordert; über 1,1 Millionen Aseris und Armenier waren aus den umkämpften Gebieten geflohen.

Einen weiteren Konfliktherd bildete, wie erwähnt, Georgien, wo es um die Auseinandersetzung mit Südossetien und – in noch größerem Maße – mit Abchasien ging.

Die Unabhängigkeitserklärung *Südossetiens* gegenüber Georgien – am 19. Januar 1992 stimmten nach offiziellen Angaben 99 Prozent der Wähler für den Anschluß an das zur Russischen Föderation gehörende Nordossetien – wurde von der georgischen Regierung als »illegal« bezeichnet. Der Blockade des Gebiets durch Georgien folgten Kämpfe zwischen südossetischen und georgischen Verbänden. Aufgrund einer Vereinbarung zwischen den Präsidenten Rußlands und Georgiens, Jelzin und Schewardnadse, wurden am 4. Juli 1992 Friedenstruppen in dem Krisengebiet stationiert, der nord- und südossetische, russische und georgische Einheiten angehörten. Von wenigen Zwischenfällen abgesehen, hält der Waffenstillstand seither.

Die Unabhängigkeitserklärung *Abchasiens* (21. Juli 1992) führte ab 14. August 1992 zu Kampfhandlungen zwischen georgischen und abchasischen Truppen. Die Georgier rückten bis zur abchasischen

Hauptstadt Suchumi vor und forderten ultimativ den Rücktritt von Parlamentspräsident Wladislaw Ardsinba sowie die Auflösung des nach georgischer Auffassung illegalen Parlaments. Ein Waffenstillstandsabkommen vom 31. August 1992 erwies sich als wirkungslos. Abchasien ging im Herbst 1992 zur Gegenoffensive über und erzielte Geländegewinne; zumindest indirekt wurde es dabei von russischen Streitkräften unterstützt. Boris Jelzin hatte Anfang Oktober 1992 zwar erklärt, die russischen Truppen würden sich neutral verhalten, er hatte jedoch auch angekündigt, daß sie, wenn nötig, die Kontrolle über die Eisenbahnstrecken zwischen Rußland und Abchasien sowie am Schwarzen Meer übernehmen würden. Abchasische Truppen rückten zwischenzeitlich weiter vor; sie nahmen zuerst die zweitgrößte Stadt Abchasiens, Gagra, und schließlich auch die Hauptstadt Suchumi wieder ein. Russische Kampfflugzeuge und Artillerieeinheiten nahmen Anfang April 1993 georgische Verbände unter Feuer. Dies ermöglichte es den abchasischen Truppen, nahezu das gesamte Territorium Abchasiens zurückzuerobern.

Georgien, das sich neben dem Krieg in Abchasien mit den Anhängern des ehemaligen Präsidenten Gamsachurdija auseinandersetzen mußte, wurde zusehends schwächer. Unter diesen geänderten Vorzeichen kam es im Herbst 1993 zu einem Kurswechsel Moskaus: Rußland unterstützte jetzt Georgien militärisch und mit Waffenlieferungen. Als Gegenleistung verkündete Präsident Schewardnadse am 28. September 1993 den Beitritt Georgiens zur Gemeinschaft Unabhängiger Staaten. Die abchasische Unabhängigkeitsbewegung wurde schließlich mit Hilfe russischer Heeres- und Marineinfanterie-Einheiten niedergeschlagen.

Vertreter Georgiens und Abchasiens verständigten sich auf einen beiderseitigen Rückzug und auf die Stationierung von Friedenstruppen der Vereinten Nationen im bisherigen Kriegsgebiet. Der Waffenstillstand wurde am 4. April 1994 in Anwesenheit des UN-Generalsekretärs Boutros Boutros-Ghali und des russischen Außenministers Andrej Kosyrew unterzeichnet; am 14. Mai vereinbarten Georgien und Abchasien in Moskau die Stationierung einer GUS-Friedenstruppe in einer 24 Kilometer breiten Pufferzone. Die Kampfhandlungen waren beendet. Der Status Abchasiens ist seither offen.

Zu einer Lösung kam es schließlich auch in der schon seit 1990 schwärenden *Auseinandersetzung zwischen Moldawien und Transnistrien*, die nach dem Referendum vom 1. Dezember 1991, das die Bildung einer Dnjestr-Republik vorsah, eskaliert war. In der neugeschaffenen Republik war ein Parlament eingerichtet worden, nach sowjetischem Vorbild zunächst »Oberster Sowjet« genannt. Der Begründer der Dnjestr-Republik, Igor Smirnow, wurde als Präsident bestätigt. Eigene Streitkräfte waren vorhanden: Das Elitebataillon »Dnjestr«, einige tausend ehemalige Afghanistan-Kämpfer, eine 1500 Mann starke Garde, rund 3000 Milizionäre, Kosaken-Verbände und mehrere hundert Freiwillige.

Es dauerte nicht lange, bis es zu bewaffneten Auseinandersetzungen zwischen Moldowa und der neuen Dnjestr-Republik kam; ab Anfang März 1992 wurden von beiden Seiten schwere Waffen eingesetzt. Ein Waffenstillstand war nur von kurzer Dauer. Der Konflikt verschärfte sich erneut, als der moldawische Präsident Snegur sämtliche auf moldawischem Gebiet stationierte Einheiten der ehemaligen UdSSR – auch jene in der Dnjestr-Republik – per Dekret seinem Kommando unterstellte. Dagegen rebellierte die im Dnjestr-Gebiet stationierte 14. Russische Armee.

Ende März 1992 drangen moldawische Truppen in die 150 000 Einwohner zählende Stadt Bendery ein, die als Hauptstadt der Dnjestr-Republik fungierte. Es kam zu heftigen Gefechten, bei denen die moldawischen Einheiten schwere Waffen, Panzer und Flugzeuge einsetzten. Bei einer erneuten Offensive Moldawiens im Sommer 1992 konnte die Dnjestr-Republik ebenfalls auf Panzer zurückgreifen; sie waren ihr von der 14. russischen Armee überlassen worden. Bei blutigen Straßenschlachten verloren 600 Menschen ihr Leben, 4000 wurden verletzt.

Es war offensichtlich der Druck Moskaus, der nach längeren Verhandlungen zwischen Jelzin, Smirnow und Snegur am 21. Juli 1992 zu einer Waffenstillstandsvereinbarung führte. Eine Friedenstruppe, zu der russische, moldawische und transnistrische Einheiten gehörten, überwachte ihre Einhaltung. Die Bevölkerung Transnistriens erhielt das Recht, selbst über den künftigen Weg zu entscheiden.

Zur Entspannung der Lage trug ferner das Referendum Moldawiens über die Frage einer möglichen Vereinigung mit dem benachbarten Rumänien bei. Bei einer Wahlbeteiligung von 65 Prozent sprachen sich 90 Prozent der Wähler am 6. März 1993 für ein unabhängiges Moldawien aus – eine klare Absage an die von vielen befürchtete Vereinigung mit Rumänien. Dieses klare Nein ebnete auch den Weg, um im November 1994 den Gagausen weitreichende Eigenständigkeit einzuräumen. Im April 1995 wurde eine Volksabstimmung durchgeführt, auf deren Ergebnis die Grenzfestlegung einer Autonomen Region Gagausien beruhen sollte. Ein Jahr später, am 25. April 1996, wurde der Gagausien-Konflikt mit der Herstellung der Autonomie beendet, die weitgehende Selbstbestimmung in der Wirtschafts- und Finanzverwaltung, im Sozialwesen sowie in den Bereichen Bildung, Kultur, Wissenschaft und Umweltschutz garantierte.

Vier Jahre nach der Gründung der Gemeinschaft Unabhängiger Staaten war es so gelungen, die schwerwiegendsten Nationalitätenkonflikte innerhalb der GUS weitgehend beizulegen und die Situation zumindest an der Oberfläche zu normalisieren – ohne freilich die grundlegenden Probleme, die zum offenen Ausbruch der Konflikte geführt hatten, gelöst zu haben.

DER BÜRGERKRIEG IN TADSHIKISTAN

Bei den bisher geschilderten Konflikten handelte es sich ausnahmslos um Auseinandersetzungen zwischen verschiedenen Nationen und Republiken der GUS. Die kriegerischen Handlungen in Tadshikistan waren demgegenüber ein Bürgerkrieg *innerhalb* eines GUS-Mitgliedslandes.

Tadshikistan ist mit 5,2 Millionen Einwohnern einer der bevölkerungsschwächsten Staaten der GUS; die Tadshiken – im Unterschied zu den übrigen zentralasiatischen Völkern kein Turkvolk, sondern iranischer Herkunft – machen 62 Prozent der Bevölkerung aus. Bis 1992 wurde die ärmste und rückständigste frühere Unionsrepublik der Sowjetunion von Altkommunisten mit ihren Clans und Funktionärscliquen regiert.

Ab 1989/90 formierte sich jedoch mit der »Demokratischen Partei«, den gebildeteren Schichten der Städte, der nationalen Volksfront »Rastachiz« und der »Partei der islamischen Wiedergeburt« eine oppositionelle Bewegung. Der Konflikt zwischen der altkommunistischen Regierungsnomenklatura und der islamisch-demokratischen Opposition verschmolz mit dem Widerstand der politisch und ökonomisch Unterprivilegierten gegen die privilegierten regionalen Machtgruppen. Vor allem in der Nordprovinz Chudschand (früher Leninabad) konzentrierte sich die kommunistische Führungsschicht; sie wurde von der lokalen Elite der Region Kuljab unterstützt. Die Südprovinzen Garm-Karategin und Kurgan-Tjube waren demgegenüber Hochburgen der Opposition. Zunächst gelang es den Kuljabis, die Funktionäre aus Chudschand aus der Führung zu verdrängen: Zweimal verlor Präsident Rachmon Nabijew, früher Sekretär des Zentralkomitees der KP Tadshikistans, sein Amt; viermal wechselte der Regierungschef allein im Jahre 1992.

Die im Sommer 1992 gebildete »Regierung der nationalen Versöhnung«, der einige Oppositionsvertreter angehörten, wurde rasch gestürzt; eine neu etablierte Regierung erhielt im Kampf gegen die bewaffnete Opposition militärische Unterstützung unter anderem von Rußland und Usbekistan. Der GUS-Gipfel von Bischkek beschloß am 9. Oktober 1992, eine Friedenstruppe nach Tadshikistan zu entsenden; ihr sollten auch kirgisische Soldaten sowie die 201. Russische Division angehören. Insgesamt umfaßten diese GUS-Truppen 1994 circa 25000 Mann, vornehmlich Angehörige russischer Einheiten.

Tadshikistan bot Anfang 1993 ein Bild des Chaos und der Verwüstung: Annähernd die gesamte Ernte des Landes war vernichtet, 150000 Menschen hatten die Flucht nach Afghanistan angetreten. Grausame Massenrepressionen waren an der Tagesordnung. Es bedurfte zäher Verhandlungen, bis am 21. Oktober 1994 ein befristetes Waffenstillstandsabkommen unterzeichnet werden konnte. Unter dubiosen Umständen fanden im November 1994 Präsidentschaftswahlen statt – offiziell wurde mitgeteilt, Emomali Rachmonow aus Kuljab sei mit etwa 60 Prozent der Stimmen gewählt worden.

Der Bürgerkrieg hatte in Tadshikistan tiefe Spuren hinterlassen: Hungersnöte, dramatisches Anwachsen der Kriminalität, eine katastrophale Wirtschaftslage. Menschenrechtsorganisationen berichteten über geheime Gefangenenlager, massive Diskriminierung ethnischer Minderheiten und Massenhinrichtungen. Die Situation entspannte sich erst Ende 1995, und der GUS-Gipfel Mitte Januar 1996 beschloß, das Mandat der GUS-Friedenstruppen in Tadshikistan zu verlängern.

RUSSLAND, DIE UKRAINE UND DIE KRIM

Je stiller es um die bewaffneten Nationalitätenkonflikte wurde, desto mehr traten die Probleme im Verhältnis zwischen Rußland und der Ukraine in den Vordergrund. Die Russische Föderation ist mit 150 Millionen Einwohnern der größte, die Ukraine mit 52 Millionen Einwohnern – darunter 12 Millionen Russen vorwiegend in den östlichen Landesteilen – der zweitgrößte Staat der GUS.

Die besonderen Verhältnisse in der Ukraine spiegelten sich im Ergebnis der ukrainischen Wahlen Ende März/Anfang April 1992 deutlich wider: Wählte die russische Bevölkerung im Osten vorwiegend moskautreue Kommunisten, so stimmte die Mehrheit der Bevölkerung in den westlichen Landesteilen für die nationale Volksbewegung RUCH, die – im Gesamtergebnis gesehen – hinter den Kommunisten als zweitstärkste Partei aus der Wahl hervorging.

Die zentralen Probleme im russisch-ukrainischen Verhältnis sind nach dem Ende der UdSSR die Aufteilung der Schwarzmeerflotte und die Zukunft des wichtigen russischen Marinestützpunktes Sewastopol. Die Schwarzmeerflotte besteht aus 833 Schiffen, von denen 82 größere und 56 mittlere beziehungsweise kleine Kriegsschiffe sind; dazu kommen der Raketenkreuzer »Slawa« (Ruhm), 16 U-Boote, mehr als 100 Jagdflugzeuge sowie zahlreiche Helikopter. Bei sechs Treffen zwischen dem russischen Präsidenten Jelzin und dem ersten Präsidenten der Ukraine, Krawtschuk, im Juni und August 1992, im Januar, Juni und September 1993 sowie im April 1994 überlagerte das Problem der Schwarzmeerflotte, die einem Vertrag zufolge bis Ende 1995 beiden Präsidenten unterstellt sein sollte, praktisch alle anderen Fragen.

Im Jahre 1993 hatten sich Rußland und die Ukraine grundsätzlich darauf verständigt, die Flotte im Verhältnis 50:50 aufzuteilen; Rußland jedoch strebte an, die hohen ukrainischen Schulden, die vor allem aus russischen Energielieferungen herrührten, bei der Flottenaufteilung einzubeziehen. Im April des Folgejahres bot Moskau an, zusätzlich drei Fünftel des ukrainischen Anteils zu erwerben. Damit hätte Rußland 669, die Ukraine hingegen nur 164 der insgesamt 833 Schiffe erhalten. Vierzehn Monate später, im Juni 1995, ließ Jelzin nach einem Gespräch mit dem neuen Präsidenten der Ukraine, Kutschma, verlauten, die Frage sei nun »vollständig geregelt«. Doch der in Sotschi unterzeichnete Vertrag vom 9. Juni 1995 ließ zahlreiche Fragen offen.

Das Problem der Schwarzmeerflotte wurde in der zweiten Jahreshälfte 1995 erneut virulent: Der 1992 zwischen Jelzin und Krawtschuk ausgehandelte gemeinsame Oberbefehl endete am Jahresende. Zu einer Klärung kam es jedoch nicht. Am 28. März 1996 sagte Boris Jelzin in Moskau: »Wenn keine Abkommen über die Schwarzmeerflotte in den Freundschaftsvertrag eingefügt werden, sehe ich zur Zeit keinen Grund, in die Ukraine zu fahren.« Tatsächlich wurden bereits avisierte Reisen Jelzins in den Nachbarstaat verschoben. Ungelöst blieb bislang auch die Frage über den zukünftigen Status von Sewastopol – nach russischer Lesart eine »auf ewig russische Stadt«, während die Ukraine darauf besteht, Sewastopol gehöre zur Ukraine, da es auf ukrainischem Territorium liege.

Die Schwarzmeerflotte und der Status Sewastopols sind jedoch nicht die einzigen gravierenden Probleme in den ukrainisch-russischen Beziehungen. Von Bedeutung ist auch der Streit um die Frage der Zugehörigkeit der Krim. Die 25 000 Quadratkilometer große Halbinsel ist einerseits von erheblicher strategischer Bedeutung, andererseits mit diffizilen ethnischen Problemen behaftet.

Bewohner der Krim waren bis 1944 vorwiegend die Krim-Tataren. Innerhalb weniger Tage (18. bis 20. Mai 1944) ließ Stalin über 200 000 von ihnen mit Güterzügen nach Usbekistan deportieren. Zehntausende von ihnen überlebten die Zwangsumsiedlung nicht – sie starben an Hunger, Entkräftung und den Strapazen der Deportation. Als Grund für die Umsiedlung wurde eine angebliche Kollaboration mit den deutschen Besatzern vorgeschoben. Seit 1945 wurden dann Russen auf der Krim angesiedelt, die nun als russisches Gebiet (»Oblastj«) galt. Die einst tatarischen Ortschaften erhielten russische Namen.

Überraschend übergab 1954 der damalige Generalsekretär der KPdSU, Chruschtschow, die Krim an die Ukraine: eine Geste anläßlich des 300. Jahrestages des Abkommens von Perejaslawl, als sich – wie es offiziell formuliert wurde – die Ukraine mit Rußland »vereinigte«. 1954 war Chruschtschows »Geschenk« jedoch ohne jede praktische Relevanz – die Unionsrepubliken waren zu jener Zeit vollkommen der Moskauer Zentrale untergeordnet.

Die Tataren blieben unterdessen zunächst weiterhin in Usbekistan und anderen mittelasiatischen Unionsrepubliken. Erst 1988, in der Reformperiode Gorbatschows, erhielten sie die Erlaubnis, in ihre angestammte Heimat, auf die Krim, zurückzukehren. 200 000 der Zwangsumgesiedelten und ihrer Nachkommen machten von dieser Möglichkeit Gebrauch. Viele andere hingegen blieben in Usbekistan, weil sie befürchteten, auf der Krim benachteiligt zu werden: Ihre Häuser waren längst von Russen bewohnt; nicht wenige der neuen Einwohner waren den Tataren feindlich gesinnt; die Arbeitslosenquote der zurückgekehrten Krim-Tataren lag bei über 40 Prozent.

Aber erst der Zusammenbruch der Sowjetunion und die Unabhängigkeit der Ukraine Ende 1991 ließen die Krim-Frage zu einem ernsten Problem werden. Inzwischen lebten auf der Halbinsel 2,7 Millionen Menschen – davon 1,6 Millionen Russen, 600 000 Ukrainer und 200 000 Tataren. Die Krim erklärte im Frühjahr 1992 ihre Unabhängigkeit; das Parlament beschloß am 6. Mai des gleichen Jahres eine eigene Verfassung, die den Aufbau von Streitkräften, die Möglichkeit einer doppelten Staatsbürgerschaft und einen Sonderstatus für die Stadt Sewastopol vorsah. Nach dem Willen des Parlaments sollten die Beziehungen der Krim zur Ukraine durch Verträge geregelt werden, doch die Sezession der Krim wurde von der Ukraine nicht anerkannt; der Konflikt schwelte weiter.

Im Januar 1994 ging Jurij Meschkow, der für den Anschluß an Rußland plädierte, mit 73 Prozent der Stimmen als Sieger aus der Präsidentschaftswahl der Krim hervor. Nikolaj Bargow, der sich für

den Verbleib bei der Ukraine eingesetzt hatte, erlitt eine vernich-
tende Niederlage. Ähnlich deutlich fiel die Wahl zum Parlament der
Krim Ende März/Anfang April 1994 aus: Der von Meschkow geleitete Block »Rossija« (Rußland) erhielt 54 der 98 Mandate. Die ukrainische Führung erklärte beide Wahlen für ungültig. Wenig später,
Ende Mai, schwächte das Parlament der Krim seine Unabhängig-
keitsforderungen ab und erhielt im Gegenzug von seiten der Ukraine
weitgehende Autonomierechte und wirtschaftliche Selbständigkeit.

Einen Schlußpunkt unter den Krim-Konflikt setzt die neue Verfassung der Ukraine, die nach fast fünfjähriger Vorarbeit am 28.
Juni 1996 mit 315 gegen 36 Stimmen bei zwölf Enthaltungen angenommen wurde. Sie garantiert die »freie Entwicklung« der Sprachen
in der Ukraine und die weitgehende Autonomie der Krim. Eine
frühere Vorschrift, die die Stationierung ausländischer Truppen in
der Ukraine verbot und sich vor allem gegen den russischen Teil der
Schwarzmeerflotte richtete, wurde abgemildert: Die zeitlich
begrenzte Anwesenheit von ausländischen Militärverbänden ist
nunmehr vorläufig möglich.

DAS GEBIET KALININGRAD

Das ehemalige nördliche Ostpreußen, das heutige Gebiet Kaliningrad (früher: Königsberg) ist mit 15 000 Quadratkilometern etwa halb
so groß wie Belgien. Von den 913 000 Einwohnern sind 78,1 Prozent
Russen, 8,2 Prozent Weißrussen, 7,2 Prozent Ukrainer und 2 Prozent
Litauer.

Nach der Eroberung Königsbergs durch die Rote Armee im Jahre
1945, bei der weite Stadtgebiete zerstört wurden, war das Gebiet bis
zum April 1946 »militärischer Sonderbezirk«. Durch Erlaß des Obersten Sowjet der UdSSR wurde es am 7. April 1946 in die Russische
Föderation eingegliedert. Acht Wochen später, am 4. Juli 1946,
wurde das Gebiet zu Ehren des kurz zuvor verstorbenen Vorsitzenden des Präsidiums des Obersten Sowjet der UdSSR, Michail Kalinin,
in »Gebiet Kaliningrad« umbenannt.

Das bisherige Königsberg und sein Umland waren von Krieg und

Kriegsfolgen schwer gezeichnet; Tod, Flucht und Vertreibung hatten das Gebiet erheblich entvölkert. Bereits ab 1945 wurden zunehmend Russen und Ukrainer dorthin umgesiedelt. Was geschah mit der verbliebenen deutschen Bevölkerung? Am 11. Oktober 1947 unterzeichnete Stalin eine geheime Verfügung des Ministerrats der UdSSR, die Verfügung Nr. 3547/1169C »Über die Umsiedlung der Deutschen aus dem Gebiet Kaliningrad der RSFSR in die Sowjetische Besatzungszone Deutschlands«. Diese Anordnung und eine weitere Verfügung vom 15. Februar 1947 bildeten die Grundlage einer groß angelegten Aussiedlung von über 100 000 Deutschen aus der Region – vorwiegend in den Jahren 1947 und 1948. Deutsche Städtenamen wurden fast ausnahmslos getilgt und durch russische ersetzt. So wurde Pillau in Baltijsk umbenannt, Labiau in Polessek, Tilsit hieß nunmehr Sowjetsk, Gilge erhielt die Bezeichnung Matrossowo.

Mit den Veränderungen im Zuge der Perestroika Gorbatschows und mit Beginn der Amtszeit Jelzins zogen zunehmend Rußlanddeutsche in das Kaliningrader Gebiet: Die Zahl der Deutschstämmigen dort stieg zwischen 1989 und 1994 von 1300 auf 4600. Schätzungen für den derzeitigen Stand schwanken erheblich: Da es keine offiziellen Zahlen gibt, rechnet man im Westen grob mit 5000 bis 20 000 Deutschstämmigen in der zwischen Polen und Litauen gelegenen Enklave; die Zahl der neu Hinzuziehenden und derjenigen, die in die Bundesrepublik ausreisen, soll sich nach Auskunft westlicher Beobachter zwischenzeitlich in etwa die Waage halten.

Die Öffnung Kaliningrads für ausländische Besucher 1991 ließ einen regelrechten Nostalgie-Tourismus vor allem gebürtiger Ostpreußen und deren Nachkommen entstehen. Ein Nebeneffekt davon war, daß vor allem zahlreiche russische Jugendliche Kaliningrads begannen, sich für das kulturelle Erbe des Gebietes zu interessieren. Äußere Zeichen des neuen Geschichtsbewußtseins waren unter anderem die Eröffnung eines »Deutsch-Russischen Hauses«, die Errichtung eines Kant-Denkmals und die Begehung der 450-Jahr-Feier der Königsberger Universität.

Auf reges Interesse der Bevölkerung stieß die in der Presse und bei Konferenzen erörterte Bildung einer freien Wirtschaftszone und einer autonomen »Bernsteinrepublik«. Die Diskussion blieb nicht ohne Wirkung: Am 14. Juli 1990 wurde das Gebiet Kaliningrad offiziell zur »Zone des freien Unternehmertums«, und Präsident Jelzin unterzeichnete am 3. Juni 1991 die Verfügung »Über den wirtschaftlichen Status der freien Wirtschaftszone im Gebiet Kaliningrad«. Die ausländische Investitionen jedoch blieben deutlich hinter den Erwartungen zurück. Immerhin aber gab es Ende 1991 rund 900 Unternehmen mit ausländischer Beteiligung; nach Frankreich nimmt Deutschland bei den ausländischen Investitionen im Gebiet Kaliningrad den zweiten Platz ein.

Haupthindernis für die ökonomische Entwicklung waren – und sind – vor allem die sicherheitspolitischen Interessen Moskaus: Kaliningrad ist eine der am stärksten militarisierten Regionen Europas; Schätzungen gehen von 100 000 bis 250 000 Soldaten aus. Die Bedeutung des einstigen Königsberg als Garnisonsstadt und des nahen Baltijsk (früher: Pillau) als Hauptstützpunkt der baltischen Flotte dürfte sich auch in Zukunft nicht wesentlich vermindern, zumal das Offizierskorps die Geschicke des Gebietes seit 1993 zunehmend mitbestimmt.

Außerdem blieb der seit Ende 1993 zunehmende Druck der kommunistischen und rechtsnationalen Kreise nicht ohne Wirkung für die Region: Präsident Jelzin hob Anfang 1995 mit dem Dekret (Ukas) Nr. 244 alle Zollvergünstigungen Kaliningrads, die er 1991 selbst verfügt hatte, wieder auf. Das Militär ist für die Grenzen der Sperrzonen, die zivile Verwaltung für die übrigen Zollwege zuständig.

Die national-autoritäre Entwicklung veranlaßte die Moskauer Führung, Kaliningrad – das seit der Unabhängigkeit Litauens 1991 isoliert und ohne Landverbindung zu Rußland ist – als wichtigen militärischen Stützpunkt und untrennbaren Bestandteil der Russischen Föderation zu sichern. Seit 1994 drang Moskau auf den Ausbau einer Transitverbindung, die auch als Versorgungsweg für die russischen Einheiten in Kaliningrad dienen sollte. Welchen Stellenwert die Verkehrsverbindung für die Russische Föderation hat, machte der Vorschlag Boris Jelzins bei einem Treffen mit dem weißrussischen Präsidenten Alexander Lukaschenka im Februar 1996 deutlich: Zwischen Belarus und Kaliningrad solle auf polnischem Territorium eine Autobahn gebaut werden, um das Gebiet mit Weißrußland und damit auch mit der Russischen Föderation zu verbinden.

Polen reagierte mit unvorhergesehen heftigem Widerstand. Zahlreiche Polen fühlten sich fatal an Hitlers ultimative Forderung nach einem exterritorialen Korridor erinnert, der Ostpreußen mit dem Deutschen Reich verbinden sollte. So stellte der polnische Staatspräsident Alexander Kwasniewski am 6. März 1996 klar, der kürzeste Weg von Belarus nach Kaliningrad führe über Litauen. Damit wird sich Rußland zufriedengeben müssen, auch wenn über Litauen nur ziviler Transitverkehr, nicht aber militärische Versorgung möglich ist: Am 1. Januar 1995 hatte Litauen restriktive Verordnungen für den Transport von Militärgütern auf seinem Staatsgebiet in Kraft gesetzt.

DIE SITUATION DER RUSSLANDDEUTSCHEN

Bei der Volkszählung des Jahres 1989 gab es in der damaligen Sowjetunion zwei Millionen Menschen, die als Nationalität »deutsch« angaben. Ihre tatsächliche Zahl wird jedoch erheblich höher, etwa bei 3,2 Millionen, gelegen haben – viele Deutschstämmige befürchteten zum damaligen Zeitpunkt Nachteile, wenn sie sich zu ihrer Nationalität bekannt hätten. Die Bundesregierung geht davon aus, daß im Juni 1996 – trotz der Aussiedlung von annähernd 1,2 Millionen Rußlanddeutschen in die Bundesrepublik seit 1990 – noch etwa zwei Millionen Deutsche in der GUS leben, davon rund 900 000 in der Russischen Föderation, 650 000 in Kasachstan, jeweils 40 000 in der Ukraine und in Usbekistan, 30 000 in Kirgisien und 2000 in Georgien. In einigen der einst traditionellen deutschen Siedlungsgebiete – im Nordkaukasus, in Moldawien und in den baltischen Ländern – ist die Zahl der Deutschstämmigen gegenwärtig gering; die größten zusammenhängenden Siedlungsgebiete sind derzeit die kasachischen Gebiete Karaganda (65 600 Deutsche), Akmolinsk (18 000), Kustanaj und Pawlodar (zusammen 23 000) sowie die russischen Regionen Altaj, Krasnojarsk, Omsk und Orenburg mit insgesamt rund 30 000 Deutschstämmigen.

Die Geschichte der Deutschen in Rußland begann vor mehr als zwei Jahrhunderten – im Altaj-Gebiet, an der Mündung des Flusses Baraulka in den Ob, gründeten sie 1730 die Stadt Barnaul. In größerem Umfang setzte die Auswanderung aus deutschen Territorien nach Rußland in der Mitte des 18. Jahrhundert ein. Die russische Zarin Katharina die Große (1729 – 96) forderte 1762 und 1763 in zwei Manifesten Deutsche auf, nach Rußland einzuwandern, um Ackerland urbar zu machen. Vor allem Bauern aus Süddeutschland und Hessen – bis 1775 etwa 30 000 – nahmen das Angebot wahr, das die Zarin mit dem Versprechen von Land, einem Handgeld, der Einräumung von Krediten, unbefristeter Befreiung vom Militärdienst, drei Jahrzehnten Steuerfreiheit, der Garantie freier Religionsausübung und dem Recht der Selbstverwaltung verbunden hatte. Ihre neue Heimat fanden die Einwanderer an der Wolga, in den Steppengebieten der Südukraine, im Nordkaukasus und in Südsibirien. Zu Beginn des 19. Jahrhunderts folgte auf Initiative Zar Alexanders I. ein weiterer Zuzug deutscher Bauern nach Rußland. 1917 lebten so insgesamt bereits 1,5 Millionen Deutsche im russischen Reich – vor allem im Wolgagebiet, aber auch in St. Petersburg und Moskau, im Raum Odessa, Berdjansk und Melitopol (Südukraine) sowie im Nordkaukasus und in Georgien.

Nach der Oktoberrevolution von 1917 entstand unter maßgeblicher Beteiligung Ernst Reuters – damals Anhänger Lenins, nach 1948 sozialdemokratischer Oberbürgermeister von West-Berlin – die »Arbeitskommune der Wolgadeutschen«, aus der 1924 die »Autonome Sozialistische Sowjetrepublik der Wolgadeutschen« mit Marxstadt (zuvor: Jekaterinograd) als Verwaltungszentrum hervorging; Amtssprache war, neben dem Russischen, auch das Deutsche. Nach den Wirren der Revolution und des erbitterten Bürgerkrieges (1918 bis 1921) gelang es den Wolgadeutschen in der liberaleren Phase der »Neuen Ökonomischen Politik« (1922 bis 1927), ihre Höfe wieder aufzubauen; sie mußten jedoch während der Zwangskollektivierung von 1929 bis 1933 erneut Repressionen erdulden. Mitte der dreißiger Jahre gab es in der Sowjetunion eine Vielzahl deutscher Rayons (Kreise), darunter neun in der Ukraine, sechs in der Russischen Sowjetrepublik und zwei im Kaukasus. 580 deutschsprachige Schu-

len und eine Reihe deutschsprachiger Zeitungen ermöglichten die
Bewahrung der eigenen Kultur und Sprache.

Zu einer drastischen Verschlechterung der Lage kam es nach dem
Überfall Hitler-Deutschlands auf die Sowjetunion am 22. Juni 1941.
In den Monaten August und September wurden sämtliche Deutsche
in der Sowjetunion zu Polizeidienststellen (Milizstationen) beordert;
dort teilte man ihnen mit, daß sie ihre bisherige Heimat verlassen
müßten. Unter menschenunwürdigen Bedingungen wurden die
Deutschen vorwiegend nach Nordkasachstan, teils auch nach Sibi-
rien und Mittelasien zwangsumgesiedelt; allein aus der Wolga-
Region wurden 360 000 Menschen in den asiatischen Teil der
Sowjetunion deportiert.

Ich selbst – damals 20 Jahre alt und Student an der Staatlichen
Pädagogischen Hochschule für Fremdsprachen in Moskau – habe die
Zwangsumsiedlung miterlebt, an deren Anfang eine 21tägige Fahrt
in einem vor Menschen überquellenden Güterzug stand, der uns von
Moskau nach Ossokarowka, 120 Kilometer nördlich von Karaganda,
brachte. Zu den katastrophalen Umständen der Deportation kam die
Demütigung, als Zwangsumgesiedelter zugleich Bürger zweiter
Klasse zu sein: Die meisten Deutschen wurden während des Krieges
in der »Arbeitsarmee« (Trudarmija) eingesetzt – im Berg- und Eisen-
bahnbau oder in Industriebetrieben. In Kindergärten und Schulen
war die deutsche Sprache verboten; zwangsumgesiedelte Deutsche
durften ihr Wohngebiet nicht verlassen und mußten ihren Ausweis
ständig bei sich tragen. Selbst das Kriegsende brachte keine Verbesserung – im Gegenteil. Ein Ukas Stalins vom 28. November 1948
legte fest, die Verbannung der Deutschen sei »für ewig«; eigenmäch-
tige Rückkehr in die frühere Heimat wurde mit 20 Jahren Arbeitsla-
ger bestraft.

Erst mit der Entstalinisierung durch Nikita Chruschtschow
(Amtszeit: 1953 bis 1964) kam es zu gewissen Erleichterungen: Die
sowjetische Führung erließ am 13. Dezember 1955 das Dekret »Über
die Aufhebung der Beschränkungen« – die Rückkehr der Deutschen
in die angestammten Siedlungsgebiete wurde jedoch weiterhin nicht
gestattet. Erst annähernd ein Jahrzehnt später sollte dies möglich
werden: Nach einen Beschluß Moskaus vom 29. August 1964 durften

die Zwangsumgesiedelten nach und nach in die früher von ihnen bewohnten Regionen zurückkehren. Größere Bewegungen in Richtung der alten Heimat setzten erst zu Beginn der siebziger Jahre ein. Die einstige Republik der Wolgadeutschen jedoch hatte ihren autonomen Status verloren.

Mit den Reformen Gorbatschows ab 1985 kam ein neue Entwicklung in Gang: 1989 entstand die »Allunionsgesellschaft der Sowjetdeutschen – Wiedergeburt«, deren Ziel eine Wiederherstellung der Wolga-Republik in den Grenzen von 1924 war. Zum Vorsitzenden wurde Heinrich Groth, als sein Stellvertreter Hugo Wormsbecher gewählt. Schon bald folgte die Gründung von Untergliederungen in verschiedenen Gebieten Rußlands, Weißrußlands, Kasachstans, der Ukraine, Kirgisiens und anderen von Deutschen bewohnten Regionen. Die großen Hoffnungen schienen sich zu erfüllen: Am 28. November 1989, auf den Tag 41 Jahre nach Stalins Verfügung, die die Rückkehr der Deutschen für immer verhindern sollte, beschloß der Oberste Sowjet die Wiederherstellung der deutschen Wolga-Republik. Doch in den betroffenen Gebieten regte sich Widerstand, es kam zu einem Sturm der Entrüstung – die Wiederherstellung der Wolga-Republik mißlang.

Durch Beschluß des Obersten Sowjet der UdSSR vom 26. April 1991 wurden im Prinzip alle repressiven Beschlüsse gegen die Deutschen, die seit Stalins Zeiten bestanden, aufgehoben; zuvor unterdrückten Völkern wurden territoriale Rehabilitierung und das Recht auf Wiederherstellung ihrer früheren staatlichen Strukturen zugesichert. Letzteres galt allerdings nicht für die Wolga-Republik: Präsident Jelzin machte dies bei einem Besuch des Sowchos (Staatsguts) Ossinowski im Gebiet Saratow am 8. Januar 1992 unmißverständlich deutlich. Die Vereinigung »Wiedergeburt« spaltete sich daraufhin in zwei Richtungen: Die Mehrheit unterstützte auch weiterhin den Vorsitzenden Heinrich Groth in seiner Forderung, die deutsche Wolga-Republik wiederherzustellen, ansonsten werde es zu einer massiven Aussiedlung kommen. Demgegenüber befürwortete Groths bisheriger Stellvertreter Wormsbecher eine Politik der kleinen Schritte: Zunächst sei kulturelle Autonomie anzustreben, dann die Selbstbestimmung deutscher Gemeinden und Kreise

(Rayons), und erst in einem letzten Schritt sollten autonome Gebiete geschaffen werden.

Das Schicksal der Rußlanddeutschen geriet ab Mitte der achtziger Jahre auch in der Bundesrepublik zunehmend in den Blick der Öffentlichkeit. Staatssekretär Horst Waffenschmidt, seit 1988 Aussiedlerbeauftragter der Bundesregierung, verfolgte ein doppeltes Ziel: Einerseits sollte russischen Aussiedlern die Eingliederung in der Bundesrepublik erleichtert werden, andererseits sei Sorge dafür zu tragen, daß die Bildung deutscher Rayons mit eigener Verwaltung und kulturellen Einrichtungen den Verbleib der Rußlanddeutschen in der Russischen Föderation und den übrigen Staaten der ehemaligen Sowjetunion ermöglichte. Kompakte Siedlungsgebiete, so Waffenschmidt, seien »eine Hoffnung für die Zukunft«. Horst Sielaff, in der SPD-Bundestagsfraktion für Fragen der Rußlanddeutschen zuständig, warnte vor Euphorie: Einzelerfolge dürften »den Blick für die Realität nicht trüben«. Nach wie vor sei »der Ausreisewille der Deutschen in der ehemaligen UdSSR größtenteils ungebrochen«. Im Jahre 1991 gelang es zumindest, zwei autonome Rayons mit eigener Verwaltung, Kulturpolitik und deutschen Schulen einzurichten: in Halbstadt (Altai-Gebiet) und Asowo (Omsk-Gebiet).

Ein Anzeichen für die Verbesserung der politischen Lage und für das gestiegene Selbstbewußtsein der Rußlanddeutschen war die wachsende Zahl deutscher Zeitungen. In Uljanowsk an der mittleren Wolga gab man die »Nachrichten« heraus, und auch die traditionsreichste deutsche Zeitung in Rußland, die am 3. Januar 1726 erstmals erschienene »St. Petersburgische Zeitung«, wurde wieder gedruckt. Die »Freie Stimme« wandte sich an Leser im Gebiet Nowosibirsk, die »Orenburger Allgemeine« und die »Zeitung der Deutschen Kyrgyzstans« waren ab 1992 wieder im Handel. 150 000 Deutsche in der Stadt und im Gebiet Omsk konnten »Ihre Zeitung« lesen, die Rußlanddeutschen auf der Krim die »Hoffnung«. Von besonderer Bedeutung war die »Deutsche Allgemeine« aufgrund einer potentiellen Leserschaft von über 800 000 in Kasachstan lebenden Rußlanddeutschen. In einigen Ländern der GUS kamen deutschsprachige Rundfunk- und Fernsehsendungen hinzu, etwa die »Nowaja Wolna« (Neue Welle) des kasachischen Senders »Radio

Ausgewählte wichtige deutschrussische Zeitungen (von oben): Nachrichten (Verbreitungsschwerpunkt: Simbirsk/Uljanowsk, Wolgagebiet), Zeitung der Deutschen Kyrgyzstans (Kirgisien/Kirgistan), Ihre Zeitung (Omsk/Südwestsibirien), Orenburger Allgemeine (südliches Uralgebiet), Deutsche Allgemeine (Kasachstan), St. Petersburgische Zeitung, Hoffnung (Zeitung der Rußlanddeutschen auf der Halbinsel Krim), Neues Leben (Moskau, weitverbreitet)

Almaty«, deutsche Beiträge von »Radio Slawgorod« in Omsk, die Fernsehsendung »Das sind wir« in Semipalatinsk und der »Deutsche Kanal« in der kirgisischen Hauptstadt Bischkek.

Trotz mancher Erleichterung im kulturellen Bereich dauert die Benachteiligung von Deutschen in den GUS-Mitgliedsländern nicht selten bis heute an. Vor allem in den mittelasiatischen Republiken wird nach wie vor Druck auf Deutschstämmige ausgeübt. So blieb und bleibt für viele von ihnen nur eine Lösung: die Aussiedlung. Die Statistik der Jahre 1986 bis 1995 belegt augenfällig deren Zunahme, vor allem seit Beginn der Gorbatschow-Periode und nach dem Ende der Sowjetunion:

Rußlanddeutsche: Entwicklungen der Aussiedlerzahlen 1986 bis 1995
(Quelle: Statistik des Bundesverwaltungsamtes, Köln; Zusammenstellung des Bundesministeriums des Innern)

1986	753	1991	147 320
1987	14 488	1992	195 576
1988	47 572	1993	207 347
1989	98 143	1994	213 214
1990	147 950	1995	208 456

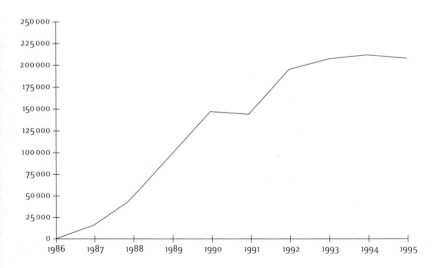

Zwischen 1950 und 1995 wanderten insgesamt 1 351 660 Rußland-deutsche in die Bundesrepublik Deutschland aus, davon allein 1 217 999, über 88 Prozent, in den sieben Jahren von 1989 bis 1995. Von den 208 456 Aussiedlern des Jahres 1995 stammten 117 148 aus Kasachstan und 71 685 aus dem Gebiet der Russischen Föderation. Nach Motiven der Umsiedlung in die Bundesrepublik befragt, nannten 44 Prozent der Befragten Familienzusammenführung als wichtigsten Grund, 37 Prozent gaben Verfolgung und Diskriminierung an, elf Prozent wirtschaftliche und vier Prozent politische Gründe. Der zunehmend national-autoritäre Kurs Rußlands und der übrigen GUS-Mitgliedsländer läßt die Hoffnung auf ein gleichberechtigtes Zusammenleben und auf Autonomie der Rußlanddeutschen immer mehr schwinden. Der Blick auf die Bundesrepublik Deutschland ist und bleibt daher für viele von ihnen der letzte Hoffnungsschimmer.

MOSKAUS ANSPRUCH AUF DIE »FÜHRENDE ROLLE« IN DER GUS

Seit der Gründung der Gemeinschaft Unabhängiger Staaten im Dezember 1991 veränderte sich die Haltung der russischen Führung zu den übrigen GUS-Mitgliedsländern augenfällig: Erklärten die elf Staatschefs am 11. Dezember 1991 in Alma Ata noch, die Zusammenarbeit zwischen den Mitgliedern der Gemeinschaft solle nach dem »Grundsatz der Gleichberechtigung« mit Institutionen »auf paritätischer Grundlage« erfolgen, so währte der gemeinsame Weg »gleichberechtigter« Republiken nicht lange. Dies machte sich seit Anfang 1992 auch sprachlich bemerkbar: Nach offizieller russischer Diktion werden die übrigen GUS-Länder als »nahes Ausland« bezeichnet; dies deutet – wenngleich zunächst unterschwellig – eine nur bedingte Anerkennung der staatlichen Souveränität der übrigen UdSSR-Nachfolgestaaten an. Welche Ursachen hat dieser immer deutlicher artikulierte Anspruch auf eine »führende Rolle« Rußlands?

• Die nationale Aufbruchstimmung der Jahre 1989 bis 1991 und die Hoffnung, durch nationale Unabhängigkeit und Souveränität die offenkundigen Probleme relativ schnell lösen zu können, wich spätestens seit 1993 der Ernüchterung angesichts der Realität: Zerfall des einheitlichen Wirtschaftsraums mit allen negativen ökonomischen Konsequenzen, vor allem dem Verlust bislang funktionierender Wirtschaftsbeziehungen; erhebliche Schwierigkeiten beim Übergang zur Marktwirtschaft; drastischer Rückgang des Lebensstandards; blutige Konflikte in einigen GUS-Ländern. Enttäuschung war die unvermeidliche Folge der übertriebenen Erwartungen. Die Betonung der Souveränität wurde allmählich wieder durch den Wunsch nach Zusammenarbeit verdrängt, in einigen GUS-Ländern erscholl auch der Ruf nach verstärkten Beziehungen zu Moskau, von dem man sich einst hatte abnabeln wollen. Die »führende Rolle« Rußlands in der GUS ist somit von manchen GUS-Ländern, wenn auch nicht unmittelbar gewollt, so doch zumindest mitbewirkt.

• Auch innerhalb Rußlands vollzog sich seit 1993 ein weitreichender und tiefgreifender Stimmungsumschwung. Das Streben nach demokratischen Freiheiten, Menschenrechten, Rechtsstaatlichkeit und gleichberechtigten Beziehungen innerhalb der Gemeinschaft Unabhängiger Staaten wurde durch ein Gefühl der Überlegenheit, durch den Stolz auf die eigene Größe und Macht überlagert. Die Russische Föderation ist mit über 17 Millionen Quadratkilometern mehr als dreimal so groß wie die übrigen GUS-Länder zusammengenommen (5,025 Millionen Quadratkilometer). Die schiere Größe sowie die gewaltige Anzahl von 2,1 Millionen Soldaten unter russischem Befehl und nicht zuletzt der Status als Atomstreitmacht ließ in breiten Bevölkerungsschichten die Auffassung wachsen, Rußland trage entscheidende Verantwortung für die Entwicklung auch der übrigen GUS-Mitgliedsländer und müsse sich die Kontrolle über die Gemeinschaft Unabhängiger Staaten sichern.

So verwundert es nicht, wenn Präsident Jelzin im Februar 1993 verlautbarte, Rußland sei ein Garant für Frieden und Stabilität auf dem Gebiet der ehemaligen Sowjetunion, und die Völkergemeinschaft müsse Rußland in diesem Bereich eine Sonderstellung mit Sondervollmachten einräumen. Seither setzt die russische Führung ihre Vorstellungen in der GUS mit wachsendem Selbstbewußtsein durch.

Im April 1993 wurden Pläne des russischen Verteidigungsministeriums bekannt, in den GUS-Ländern 30 Militärstützpunkte zu behalten beziehungsweise neu einzurichten, die die Sicherheit der Russischen Föderation und der übrigen Nachfolgestaaten der UdSSR gewährleisten sollen.

Vormals oft gebrauchte Begriffe wie »ehrliche Partnerschaft«, »friedliche Kooperation« oder »gleichberechtigte Republiken« verschwanden zusehends aus dem Wortschatz Moskaus. Auf der anderen Seite wurde die Bezeichnung »Sowjetunion« wieder hoffähig. So schreibt Boris Jelzin in seinem 1994 veröffentlichten Tagebuch: »Die Sowjetunion, die heute anders heißt, ist trotzdem ein einheitlicher Raum geblieben« (B. Jelzin, »Auf des Messers Schneide. Tagebuch des Präsidenten«. Berlin 1994, S. 17). Die Realität des mächtigen, ja, übermächtigen Rußland ließ den »Grundsatz der Gleichberechtigung«, auf dem der Vertrag über die Gründung der GUS im Dezember 1991 basiert, innerhalb weniger Jahre zur Illusion werden.

25 Millionen russische »Landsleute, die im Ausland leben«

Das steigende Selbstbewußtsein Rußlands blieb auch für die Millionen Russen in anderen GUS-Ländern nicht ohne Wirkung: Seit Ende 1993 machte die russische Führung ihre Landsleute außerhalb der Föderation verstärkt zum Thema der politischen Diskussion. Boris Jelzin am 31. Juli 1994: »Ich erkläre als Präsident der Russischen Föderation, daß die Russische Föderation unseren Landsleuten, die im Ausland leben, eine allseitige Unterstützung erweisen wird.« Es gehe vor allem um den »Schutz und die Verteidigung aller ethnischen Russen«, die sich »jenseits der Grenzen Rußlands« befänden. Der Präsidentenerlaß »Über die Grundzüge der staatlichen Politik gegenüber den im Ausland lebenden Landsleuten« vom 11. August 1994 war angesichts dessen eine logische Folge: Die Regierung der Föderation wurde beauftragt, bis zum 1. September desselben Jahres die Grundrichtlinien Rußlands zur Unterstützung der Landsleute im »nahen Ausland« – in den GUS-Ländern also, aber auch in den baltischen Ländern – zu beschließen. Neun Monate später, Mitte Juni

1995, fragte der damalige russische Außenminister Kosyrew in einer Rede vor der John-Hopkins-Universität in Washington: »Wer außer Rußland wäre in der Lage, Hunderttausende von Menschen zu schützen, deren Leben dort in Gefahr ist?« Deshalb solle »niemand die Augen verdrehen, wenn wir von unserer Bereitschaft sprechen, zum Schutz unserer Bürger und Landsleute alle erforderlichen Mittel, einschließlich der Anwendung von Gewalt, einzusetzen.« Diese drastischen Aussagen Kosyrews riefen Besorgnis hervor – vor allem in den baltischen Staaten, aber auch in anderen GUS-Ländern. Der Präsident Kasachstans, Nasarbajew, fühlte sich durch Kosyrews Worte gar an Hitlers Drohungen gegenüber der Tschechoslowakei und dessen Eintreten für die Sudetendeutschen erinnert.

Das Ende der Sowjetunion hatte in der Tat ein Problem neuer Art geschaffen: Im Dezember 1991 fanden sich unvermittelt 25 Millionen Russen im »nahen Ausland« wieder. Sie lebten in nichtrussischen Nachfolgestaaten der auseinandergebrochenen UdSSR – 11,3 Millionen in der Ukraine, 6,2 Millionen in Kasachstan, 1,6 Millionen in Usbekistan, 1,3 Millionen in Belarus und annähernd eine Million in Kirgisien. Dazu kamen russische Bevölkerungsgruppen in Turkmenistan, Tadshikistan, Aserbaidshan, Georgien und im kleinsten Staat der GUS, in Armenien. Während der Sowjetperiode waren es in aller Regel Russen gewesen, die in diesen Ländern die Schlüsselpositionen in Verwaltung, Wirtschaft und Bildungswesen innegehabt hatten – teils aufgrund ihrer besseren Ausbildung, teils weil sie allgemein bevorzugt wurden. Demzufolge waren ihre Lebensbedingungen, vor allem in den zentralasiatischen Republiken und der Ukraine, meist günstiger als die der einheimischen Bevölkerung: Sie besaßen größere Wohnungen und bessere Kraftfahrzeuge und waren im Berufsleben privilegierter als die Einheimischen.

Mit dem Zusammenbruch der Sowjetunion sollte sich dies einschneidend ändern: Russen in nichtrussischen GUS-Ländern wurden jetzt nicht selten in ihrem beruflichen Fortkommen behindert; manche wurden degradiert oder gar aus ihren bisherigen Positionen in Staatsverwaltung, Wirtschaftsführung, Massenmedien, Bildungs- und Sicherheitswesen entfernt. Nachdem Angehörige der einheimischen Nationalitäten in der Sowjetperiode benachteiligt worden waren, versuchten sie nun ihrerseits, die Führungsfunktionen zu übernehmen – auch dann, wenn Russen über höhere Qualifikationen verfügten. Erschwerend kam für die bisherige Führungsschicht hinzu, daß die nichtrussischen GUS-Länder ihre jeweilige National-sprache – die Russen, aber auch Ukrainer und Rußlanddeutsche im allgemeinen nicht beherrschten – in bewußter Abgrenzung zur jahr-zehntelangen Dominanz des Russischen als Amtssprache durchsetz-ten. Obwohl 62 Prozent der Nichtrussen die russische Sprache per-fekt beherrschten, wie die Volkszählung des Jahres 1989 ergab, wurde die einheimische Bevölkerung gedrängt, nur die eigene Spra-che zu benutzen.

Das Zurückdrängen der Russen, Ukrainer und Rußlanddeutschen und die forcierte Bevorzugung der Landessprachen führte zu gravie-renden wirtschaftlichen Problemen: Das Ausscheiden der russischen Facharbeiter und Spezialisten bewirkte deutliche Produktivitätsein-bußen in den Industriebetrieben. Allein aus Tadshikistan wanderten 150 000 bis 170 000 der rund 380 000 Russen nach Rußland ab. Nach Schätzungen der russischen Föderationsbehörde waren bis Mitte 1994 bereits 2 bis 2,5 Millionen Russen aus anderen GUS-Ländern nach Rußland umgesiedelt; 1994 belief sich ihre Zahl auf 727 000. Die mei-sten von ihnen hatten zuvor in Kasachstan gelebt, dem Land mit dem höchsten russischen Bevölkerungsanteil in der Gemeinschaft Unab-hängiger Staaten; die nächstgrößeren Gruppen kamen aus der Ukraine und Usbekistan. Ein Ende der Migrationsbewegung ist nicht absehbar: 1995 verließen 800 000 bis 900 000 Russen die nichtrussi-schen GUS-Länder, bis zum Jahr 2000 rechnet man mit einer Gesamt-zahl von 6 bis 7 Millionen.

Der gigantische Zuzug stellt die russische Regierung vor nicht zu unterschätzende Probleme: Wirtschaftsmisere, Haushaltsdefizit, Wohnungsmangel, steigende Arbeitslosigkeit und zunehmende soziale Spannungen führen bei den Zugezogenen zu Enttäuschung und Frustration. Die Mehrheit von ihnen findet keine Arbeit, ist auf Unterstützung von Verwandten und Bekannten angewiesen und kann zum eigenen Lebensunterhalt allenfalls durch Gelegenheitsar-beiten oder Ersparnisse beitragen. Die Flüchtlinge fühlen sich folg-lich oft wie Fremde im eigenen Land. Daran konnten auch die Pläne

der russischen Führung nichts ändern, die vorsahen, die Auslands-
russen vor allem in entlegenen Region Sibiriens und Zentralrußlands wieder anzusiedeln.

Den Zustrom bremsen und die Lebensverhältnisse der Russen in
den nichtrussischen GUS-Ländern verbessern – das ist das Ziel der
russischen Regierung in Anbetracht der wachsenden Probleme. Im
Januar 1994 kündigte Außenminister Kosyrew ein Programm zur
Sicherung des Lebensstandards der Russen in den Mitgliedsländern
der GUS mit einem Gesamtvolumen von umgerechnet 3,3 Milliarden
DM an. Diese Maßnahme sei, so das offizielle Organ »Rossijskaja
Gaseta«, »von höchster Priorität«. Aus Mitteln des Programms sollten
unter anderem russische Schulen, Universitäten und kulturelle Einrichtungen unterhalten werden. Ihre Entschlossenheit dokumentierte
die russische Regierung, indem sie für den Fall von Behinderungen
ihrer Maßnahmen drohte, die lebenswichtigen Gas- und Erdölliefe-
rungen an die betreffenden GUS-Länder einzustellen. Außerdem forderte Moskau die Möglichkeit einer doppelten Staatsbürgerschaft für
Russen in außerrussischen GUS-Mitgliedsländern: Dies hätte neben
dem Einfluß auf die Lebens- und Arbeitsumstände der dort lebenden
russischstämmigen Einwohner auch Einflußmöglichkeiten auf die
jeweiligen Regierungen ermöglicht. Einen Vertrag über die Einführung der doppelten Staatsangehörigkeit hat aber bislang erst
Turkmenistan mit der Russischen Föderation geschlossen – und dessen Regelungen sind alles andere als klar und eindeutig. Die GUS-
Republik mit dem höchsten russischen Bevölkerungsanteil, Kasachstan, widersetzt sich dem russischen Drängen auf Gewährung einer
doppelten Staatsbürgerschaft vehement und bisher erfolgreich.

Analysiert man die Diskussion über diese Frage, so fällt auf, daß
sie sich ausschließlich auf die 25 Millionen Russen bezieht, die
außerhalb der Russischen Föderation leben. Kein Wort wird dagegen
über jene 26 Millionen Bürger anderer GUS-Länder verloren, die
ständig auf dem Gebiet der Russischen Föderation leben und arbeiten. Der naheliegende Gedanke, wechselseitig und gleichberechtigt
die Möglichkeit doppelter Staatszugehörigkeit zu eröffnen, lag und
liegt weiterhin außerhalb jeder Erörterung – ein weiteres Indiz für
den Führungsanspruch Moskaus.

FORDERUNGEN NACH »WIEDERHERSTELLUNG DER SOWJETUNION«

Seit 1995 wird immer häufiger und immer deutlicher von einer »Wiederherstellung der UdSSR« oder des »Russischen Reiches« gesprochen. Dies gilt insbesondere für politisch extreme Strömungen – für die Rechtsextremisten um Shirinowskij nicht anders als für die Kommunisten Sjuganows. Aber diese Tendenz scheint keineswegs mehr auf rechte und linke Extremisten beschränkt zu sein: In der Öffentlichkeit gewinnt die Ansicht an Bedeutung, der Zusammenbruch der Sowjetunion sei ein Verhängnis gewesen, ein nationales Unglück. Manche sprechen gar von einem »Verrat der damaligen Führung«. Bei einer Meinungsumfrage im Februar 1995 wurde die Aussage zur Diskussion gestellt, »der Grund für die Krise in Rußland liege darin, daß die UdSSR als mächtige Weltmacht zusammengebrochen« sei. 70 Prozent der Befragten teilten diese Ansicht, nur acht Prozent verneinten sie.

Der Zusammenbruch der Sowjetunion im Dezember 1991, der seinerzeit von der Öffentlichkeit kaum wahrgenommen worden war, avancierte ab 1994 zum beherrschenden Thema. Am 20. Januar 1995 wurde in der russischen Staatsduma eine Anhörung »Über die Wiedervereinigung Rußlands« durchgeführt mit dem Ziel, das Belowesch-Abkommen vom Dezember 1991, das den Grundstein der GUS legte, für ungültig zu erklären. Den einstigen Sowjetrepubliken wurde nahegelegt, »freiwillig« der Russischen Föderation beizutreten. Erstmals wurde in einem offiziellen Dokument das Territorium der untergegangenen Sowjetunion als »Rußland« bezeichnet (Olga Alexandrova, Rußland und sein »nahes Ausland«, Berichte des Bundesinstituts für ostwissenschaftliche Studien, 20/1995, insbesondere S. 16).

Noch weiter ging ein Duma-Beschluß im darauffolgenden Jahr: Am 15. März 1996 annullierte das Parlament auf Initiative der kommunistischen Fraktion die am 12. Dezember 1991 vom Obersten Sowjet beschlossene Auflösung der Sowjetunion; der Antrag fand die Unterstützung der rechtsextremistischen Partei Shirinowskijs, aber auch von Mitgliedern weiterer Parlamentsfraktionen. Alle Beschlüsse, die aus der Auflösung der UdSSR resultierten, sollten »in dem Maße korrigiert werden, wie die Brudervölker auf dem Weg der Integration und der Einigung voranschreiten«. Der Präsident der Russischen Föderation wurde aufgefordert, sich für eine Vertiefung der Integration von Rußland, Belarus und weiteren GUS-Ländern einzusetzen. Die schrittweise »Stärkung der Einheit von Völkern der ehemaligen Sowjetunion« sollte darüber hinaus Gegenstand eines Referendums werden. Im Rahmen der Gemeinschaft Unabhängiger Staaten sei die Integration von Wirtschaft, Wissenschaft und Technologie sowie in den Bereichen Kultur, Soziales und Verteidigung zu verstärken. Die russischen Mitglieder der »Interparlamentarischen Versammlung« der GUS sollten aktiv zum Ausbau der »rechtlichen, staatlichen und internationalen Zusammenarbeit« beitragen.

Zugleich beschloß die Duma, die am 17. März 1991 – unter der Präsidentschaft Michail Gorbatschows – abgehaltene konsultative und daher unverbindliche Volksbefragung über das Fortbestehen der Union für verbindlich zu erklären. Damals hatten sich 76 Prozent der Abstimmenden für den Erhalt der Sowjetunion ausgesprochen. Allerdings hatten die drei baltischen Staaten sowie Moldawien, Georgien und Armenien nicht an der Befragung teilgenommen. Die Duma-Beschlüsse vom 15. März 1996 blieben gleichwohl ohne praktische Folgen: Das Ende der Sowjetunion konnte nicht rückgängig gemacht werden. Die Russische Föderation selbst hatte am 12. Dezember 1991 den Unionsvertrag rechtsverbindlich gekündigt und war aus der UdSSR ausgeschieden. Kaum mehr als eine Woche später, am 21. Dezember, war die Auflösung der Sowjetunion und die Bildung der Gemeinschaft Unabhängiger Staaten erfolgt, in deren Gründungsvertrag festgestellt wird, die UdSSR habe »ihre Existenz als Völkerrechtsobjekt beendet«. Aus den ehemaligen Unionsrepubliken waren unabhängige Staaten geworden – mit eigenständigen, institutionalisierten Beziehungen zu anderen Staaten und zu überstaatlichen Organisationen wie der Europäischen Union. Ohne das Einverständnis der souveränen Republiken ist keine Änderung des Status quo möglich, und die Beschlüsse der Duma der Russischen Föderation mußten daher rechtlich und tatsächlich ohne Konsequenzen bleiben.

Gleichwohl erzielten sie Wirkung – einige GUS-Mitgliedsländer protestierten heftig. Offene Ablehnung bekundete der Präsident

Aserbaidshans, Alijew, und der ukrainische Präsident Kutschma sagte in einer Fernsehsendung: »Man kann die Geschichte nicht rückgängig machen.« Noch deutlicher wurde der Staatschef Armeniens, Ter-Petrosjan, der die Resolution als »offenen Versuch einer kommunistischen Revanche«, als eine gegen andere Länder gerichtete Provokation bezeichnete. Präsident Jelzins Verdikt lautete: »Skandalös.« Darüber hinaus argumentierte er – juristisch einwandfrei –, wenn Rußland als Folge des Duma-Beschlusses vom 15. März 1996 nicht mehr existiere, so stelle sich die Frage, wie es um die Legitimität des russischen Parlaments bestellt sei.

Die äußerst scharfe Kritik veranlaßte die Staatsduma, am 10. April 1996 klarzustellen, die Entscheidungen vom März hätten keine rechtlichen Folgen, es sei lediglich eine »politische Position« zum Ausdruck gebracht worden. Ein korrigierender Duma-Beschluß »Über die Stabilität des Rechtssystems der Russischen Föderation« fand die Mehrheit von 283 Stimmen. Mit nein stimmten lediglich fünf Abgeordnete – Mitglieder der LDPR-Fraktion Shirinowskijs. Eine Gesetzesvorlage Jelzins hingegen, die eine noch stärkere Distanzierung von den Märzbeschlüssen beinhaltete, wurde mit 186 zu 65 Stimmen abgelehnt.

Die beträchtliche Abschwächung und teilweise Rücknahme der Duma-Beschlüsse vom März 1996 bedeutet jedoch keinesfalls, daß die dahinterstehenden Kräfte der russischen Führung das Ziel einer schrittweisen »Wiederherstellung der Sowjetunion« aufgegeben hätten. Die Wiedererlangung der internationalen Bedeutung Rußlands wurde im März 1996 selbst im Beraterkreis um Präsident Jelzin als »größtes und drängendstes Problem« bezeichnet, das sich nur durch eine Rückkehr der ehemaligen Sowjetrepubliken in eine neue russische Union lösen lasse. Dies müsse bis zum Jahre 2005 geschehen, weil danach keine Aussicht auf Verwirklichung dieses Ziels mehr bestehe. Die »Rückkehrchancen« seien, so das Beratergremium mit Blick auf die einzelnen GUS-Länder, höchst unterschiedlich: Eine »sehr hohe Wahrscheinlichkeit« sei bei Belarus, Armenien und Kasachstan gegeben; »nicht überwältigend«, aber doch »beachtlich« sei die Aussicht, die Ukraine, Georgien und Kirgisien einbeziehen zu können. Während ein Beitritt der mittelasiatischen Republiken Turk-

menistan, Usbekistan und Tadshikistan »noch weniger wahrscheinlich« sei, bleibe die zukünftige Entwicklung Moldawiens und Aserbaidshans unklar. Für verloren erachteten die Präsidentenberater die
baltischen Staaten Estland und Litauen; eine Rückkehr Lettlands sei
aufgrund des höheren russischen Bevölkerungsanteils jedoch »nicht
völlig ausgeschlossen«.

In der Zusammenschau gesehen haben die Bestrebungen, eine
neue russische Union nach altem sowjetischem Muster zu installie-
ren, letztlich das Gegenteil des Gewünschten bewirkt: Die Duma-
Beschlüsse und das offenkundige Vormachtstreben der Russischen
Föderation werden die Mehrzahl der GUS-Mitgliedsländer dazu ver-
anlassen, ihre Unabhängigkeit (wieder) stärker zu betonen.

RUSSLANDS UNION MIT BELARUS UND DIE NEUE GEMEINSCHAFT INTEGRIERTER STAATEN (GIS)

Fast gleichzeitig traten im Frühjahr 1996 zwei Ereignisse ein, die
erheblichen Einfluß auf die weitere Entwicklung der GUS haben können: Ende März 1996 wurde zwischen der Russischen Föderation
und dem benachbarten Weißrußland eine »Union zweier Staaten«
gebildet, und Anfang April schlossen Rußland, Weißrußland,
Kasachstan und Kirgisien einen Vertrag zur Gründung der »Gemeinschaft Integrierter Staaten« (GIS).

Belarus, bekannter unter der früheren Bezeichnung Weißrußland, umfaßt eine Fläche von 207 600 Quadratkilometern und ist
damit nicht erheblich kleiner als Großbritannien – mit zehn Millionen Einwohnern (Großbritannien: mehr als 56 Millionen Einwohner) ist es aber beträchtlich dünner besiedelt. 77,9 Prozent der Bürger sind Weißrussen, 13 Prozent Russen, 4,1 Prozent Polen. Das
Nationalbewußtsein ist weitaus schwächer ausgeprägt als in den
übrigen GUS-Ländern. Dies kam bei der Präsidentschaftswahl am 23.
Juni 1994, die ich mit einer kleinen internationalen Gruppe von
Wahlbeobachtern erlebte, deutlich zum Ausdruck. Neben dem
damals amtierenden Präsidenten Wjatscheslaw Kebitsch stellten sich
drei Kandidaten der Opposition zur Wahl: Der Demokrat und frühere

Parlamentspräsident Stanislaw Schuschkewitsch; der Leiter der »Volksfront«, Sergej Posnjak, der im Wahlkampf die Notwendigkeit demokratischer Reformen und die Unabhängigkeit Weißrußlands betonte, sowie schließlich Alexander Lukaschenka, der die Bekämpfung von Verbrechen, Mafia und Korruption in den Mittelpunkt stellte. Lukaschenka trat außerdem offen für einen Zusammenschluß mit Rußland ein.

Bei einem Besuch im Wahlkampfbüro Lukaschenkas im Juni 1994 erläuterten mir zwei seiner engsten Mitarbeiter – darunter der spätere Außenminister von Belarus – die Ziele der Gruppierung: Sie wolle keineswegs zur staatlichen Planwirtschaft zurückkehren, strebe aber eine »geordnete Privatisierung« an. Politische und wirtschaftliche Erwägungen würden außerdem nahelegen, sich eng an Rußland anzuschließen. Wenige Tage zuvor hatte Lukaschenka die Aufmerksamkeit mit einem Paukenschlag auf sich gelenkt: Er schlug vor, daß jene drei Staatsmänner, die zwischen dem 3. und dem 8. Dezember 1991 das Ende der Sowjetunion besiegelt hatten – der russische Präsident Jelzin, der Ukrainer Krawtschuk sowie der Weißrusse und Mitbewerber um das Präsidentenamt, Schuschkewitsch –, sich wie seinerzeit in demselben Wald unweit von Brest treffen sollten, um ihren damaligen Beschluß aufzuheben und die frühere Union, zumindest aber eine Union der drei slawischen Staaten Rußland, Ukraine und Belarus, wiederherzustellen.

Im ersten Durchgang der weißrussischen Präsidentenwahl am 23. Juni 1994 verwies Alexander Lukaschenka zur allgemeinen Überraschung seine Mitbewerber mit deutlichem Vorsprung auf die Plätze: Auf ihn entfielen 45,1 Prozent der Stimmen. Amtsinhaber Kebitsch erhielt lediglich 17,4 Prozent, der Vorsitzende der »Volksfront«, Posnjak, 12,9 Prozent, und Stanislaw Schuschkewitsch, Repräsentant der »Vereinigten Demokratischen Partei«, 9,9 Prozent. Der überwältigende Erfolg Lukaschenkas zeigte, daß ein großer Teil der belorussischen Bevölkerung sowohl den Kurs intensiver Verbrechensbekämpfung als auch den Zusammenschluß mit Rußland unterstützte. Noch eindrucksvoller wurde Lukaschenkas Erfolg bei der Stichwahl mit Präsident Kebitsch: 81 Prozent der Wähler gaben ihm die Stimme.

Die Präsidentenwahl in Weißrußland vom Sommer 1994 war

symptomatisch für eine Entwicklung, die – wenn auch mit unterschiedlichen Nuancen – in allen GUS-Mitgliedsländern zu beobachten war. Das Ziel demokratischer Reformen trat in den Hintergrund; lediglich die zumeist städtischen, gebildeteren Bevölkerungsschichten traten noch aktiv dafür ein. Für die breite Mehrheit der Bevölkerung stand die – oft populistisch propagierte und durchgeführte – Bekämpfung von Verbrechen und Korruption im Vordergrund. Parallel dazu verdrängte der Wunsch nach enger Zusammenarbeit mit Moskau das einst dominierende Unabhängigkeitsstreben der nichtrussischen Nachfolgestaaten der UdSSR. In Belarus waren beide Tendenzen besonders stark ausgeprägt und ermöglichten Lukaschenkas unerwartet deutlichen Wahlsieg.

Im nachhinein scheint der Ende März 1996 zwischen der Russischen Föderation und Belarus geschlossene Vertrag über die *Bildung einer »Union zweier Staaten«* als folgerichtiger Schritt einer Entwicklung, die sich bereits 1994 in Umrissen abgezeichnet hatte. Das Abkommen sieht in Artikel 1 die »Vereinigung der materiellen und intellektuellen Potentiale« der beiden Staaten vor. Im neu gebildeten »Obersten Rat« sind die Präsidenten, Regierungschefs und die Leitungen der Exekutiven von Rußland und Belarus vertreten. Eine Art übernationaler Regierung (»Exekutivkomitee«) führt die Entscheidungen des Obersten Rates aus, die für die Unionsstaaten verbindlich sind. Erhalten bleiben gemäß Unionsvertrag staatliche Souveränität und Unabhängigkeit, die Verfassungen und die territoriale Integrität; eine gemeinsame Mitgliedschaft in überstaatlichen Organisationen, etwa bei den Vereinten Nationen, soll es zunächst nicht geben. Zusammenarbeit ist jedoch in den Bereichen Sicherheitspolitik, Grenzschutz und Nutzung der militärischen Infrastruktur vorgesehen.

Moskau und Minsk planen gemeinsame Exekutivorgane, einen gemeinsamen Staatshaushalt, eine Währungsunion und die Angleichung der Rechtssysteme; eine Verschmelzung der Armeen wird offensichtlich ebenfalls ins Auge gefaßt. Die russisch-belorussische Union bietet den Partnern unmittelbare Vorteile: Weißrußland wird Rohstoffe zukünftig zu russischen Inlandspreisen erwerben können, während die bisher von Rußland zu zahlenden Gebühren für Energietransporte durch Belarus künftig entfallen; außerdem wird die Entfernung zwischen Rußland und der Enklave Kaliningrad, die nach der Unabhängigkeit Litauens geographisch von der Russischen Föderation abgeschnitten ist, vermindert.

Am 2. April 1996 fand die feierliche Unterzeichnung des Unionsvertrags im Georgij-Saal des Kreml statt; gleichzeitig kam es in Minsk zu einer nicht genehmigten Protestkundgebung, an der nach offizieller Angabe des belorussischen Präsidenten Lukaschenka 6000, nach Angabe von Medienvertretern 50000 Menschen teilnahmen. Im Laufe des April wuchs die Opposition an – es kam zu Massendemonstrationen und Straßenschlachten, bei denen nicht nur Bürger Weißrußlands, sondern auch russische und ukrainische Korrespondenten Opfer brutaler Polizeiübergriffe wurden: So zerrten Sicherheitsbeamte ein ukrainisches Fernsehteam aus seinem Wagen und hielten dessen Mitglieder drei Tage lang in Haft, und am 1. Mai 1996 beschlagnahmten Polizisten gewaltsam die Aufnahmen eines Mitarbeiters des russischen Privatsenders NTV. Für die weißrussischen Medien gehörten Einschüchterung und massiver Druck längst zum Alltag: Unbotmäßige Chefredakteure wurden von ihren Posten entfernt, Zensur und direkte Einflußnahme des Apparats von Präsident Lukaschenka führten zur Gleichschaltung der Staatsmedien. Die wenigen unabhängigen Zeitungen mußten erhebliche Repressionen erdulden.

Parallel zum Unionsvertrag zwischen Rußland und Belarus wurde ein Vertrag über die vertiefte Zusammenarbeit Rußlands, Weißrußlands, Kasachstans und Kirgisiens im Kreml geschlossen. Das *Abkommen zur Bildung der »Gemeinschaft Integrierter Staaten«* bedeute, so Boris Jelzin bei der Unterzeichnung, eine »vertiefte Integration unter Beibehaltung der Unabhängigkeit und Souveränität unserer vier Länder«. Niemand wolle wieder »einen totalitären Einheitsstaat«. Die Gemeinschaft habe nichts mit der Wiederherstellung einer verkleinerten Sowjetunion zu tun: »Wer den Zerfall der Sowjetunion nicht bedauert, hat kein Herz; wer sie wiederhaben will, hat kein Hirn.« Kern des Vier-Staaten-Vertrags sei die »Freizügigkeit für Bürger, Waren und Kapital«. Entsprechend sieht der Pakt einen einheitlichen Zollraum innerhalb der 9000 Kilometer langen

Grenze, die Konvertierbarkeit der Währungen, eine Vereinheitlichung der Bereiche Investitionsrecht und Immobilienerwerb sowie die Angleichung des Bankensystems vor. Neben enger Zusammenarbeit im wirtschaftlich-humanitären Bereich werde perspektivisch eine Währungsunion angestrebt.

Erklärtes Vorbild der Vier-Staaten-Zusammenarbeit ist die Europäische Union. »Wozu die EU zehn Jahre gebraucht hat, das haben wir in fünf geschafft«, sagte Jelzin bei der Vertragsunterzeichnung. Grundprinzip der Gemeinschaft Integrierter Staaten ist eine Annäherung nicht nur im wirtschaftlichen, sondern auch im wissenschaftlichen, bildungspolitischen, kulturellen und sozialen Bereich; der Vertrag fixiert außerdem die Unverletzlichkeit der Staatsgrenzen der Mitgliedsländer der GIS und den Grundsatz der Nichteinmischung in innere Angelegenheiten. Mehr als 50 Vereinbarungen zwischen den GIS-Ländern wurden bereits geschlossen, deren Ziel ein gemeinsamer Markt für Waren, Dienstleistungen, Kapital und Arbeitskräfte, die Schaffung einer einheitlichen Infrastruktur für Transport, Energie und Information sowie eine enge Abstimmung der Preis- und Strukturpolitik in Landwirtschaft und Industrie ist. Zur Realisierung dieser Pläne werden ein »Höchster Rat«, ein »Integrationskomitee« und ein »Parlamentarischer Kongreß« auf paritätischer Grundlage gebildet.

Skeptiker befürchten jedoch, daß einzelstaatliche Interessen auch diese neue Gemeinschaft beherrschen werden: Zu verschieden seien die politischen Systeme, zu verschieden der Stand der Reformen und die Situation der Märkte. Die Integration soll daher mit »unterschiedlichen Geschwindigkeiten« verlaufen; der geplanten Föderation Rußlands, Weißrußlands, Kasachstans und Kirgisiens sollen sich außerdem später andere GUS-Länder anschließen können. Georgien und Usbekistan haben bereits Interesse an einer künftigen Integration in die derzeitige Vierer-Union signalisiert, möchten jedoch zunächst die Entwicklung beobachten. Mit einem Beitritt Armeniens und Turkmenistans, die wegen reicher Bodenschätze auf Kooperation mit Rußland wirtschaftlich nicht unmittelbar angewiesen sind, ist nach allgemeiner Auffassung nicht zu rechnen. Die Mitgliedschaft der Ukraine ist ebenfalls unwahrscheinlich, auch wenn Boris

Jelzin den Wunsch nach ihrem Beitritt in der zweiten Integrations-
stufe bereits zum Ausdruck gebracht hat.

Die jüngste Entwicklung ist deutlicher Ausdruck des Strebens
nach engerer Zusammenarbeit; sie unterscheidet sich jedoch
grundsätzlich von den Wiedervereinigungsabsichten der Kommunisten und Rechtsnationalisten: Nicht die »Wiederherstellung der
Sowjetunion« ist das Ziel, sondern eine Integration nach dem Muster
der Europäischen Union.

FÜNF JAHRE GUS: EIN ÜBERBLICK

Die komplizierten, widerspruchsvollen und konfliktreichen Ereignisse, die zum Zusammenbruch der Sowjetunion führten, die Bildung der GUS bedingten und ihre Entwicklung in den vergangenen
fünf Jahren begleiteten – nicht selten auch überschatteten –, können
auf wenige Nenner gebracht werden:

• Das Ende der Sowjetunion war nicht Ergebnis einer Intrige, eines
Manövers oder schnöden »Verrats«, sondern Resultat zunehmenden
Unabhängigkeitsstrebens der nichtrussischen Unionsrepubliken.
Der Ruf nach mehr Selbstbestimmung blieb in Moskau ungehört; er
wurde von demagogisch-nationalistischen Politikern für eigene
Interessen instrumentalisiert und mißbraucht. Aus berechtigten
politischen Forderungen wurde übersteigerter Nationalismus, der in
einigen Teilen der ehemaligen Sowjetunion zu blutigen Auseinan-
dersetzungen führte.
• Der Zusammenbruch der Sowjetunion und die Gründung der
Gemeinschaft Unabhängiger Staaten wurde seinerzeit von der
Bevölkerung mit Gleichgültigkeit, teils sogar mit Zustimmung zur
Kenntnis genommen.
• Die GUS und ihre Institutionen erwiesen sich als fähig, die Übergangsphase nach dem Ende der UdSSR zu moderieren; es gelang
ihnen jedoch nicht, tragfähige neue Strukturen einer stabilen Kon-
föderation zu entwickeln.

Fünf Jahre GUS: ein Überblick 187

• Seit 1993/94 setzt sich die Erkenntnis durch, daß Zusammenarbeit unverzichtbar ist. Erst jetzt wurde es – teilweise mit militärischer Unterstützung der GUS – möglich, die bewaffneten nationalen Konflikte durch Waffenstillstandsabkommen zu beenden. Die Probleme, die zu jenen Konflikten geführt hatten, blieben jedoch ungelöst.

• Das heutige Problem der Gemeinschaft Unabhängiger Staaten sind nicht mehr nationale Konflikte zwischen den GUS-Mitgliedsländern, sondern die anwachsenden Tendenzen Rußlands, eine »führende Rolle« in der Gemeinschaft zu übernehmen. Augenfällig wird dies in den politischen Auseinandersetzungen, in den Maßnahmen zum Schutz der 25 Millionen russischstämmigen Bewohner außerrussischer GUS-Länder und in der Debatte über die russischen Militärstützpunkte in den Mitgliedsländern der GUS.

• Seit Ende 1995 verstärkt sich die Differenzierung der GUS-Mitgliedsländer in solche, die eine engere Zusammenarbeit mit Rußland anstreben, und jene, die eine Zusammenarbeit zwar nicht ablehnen, aber ihren unabhängigen Status nachdrücklich betonen.

• Ungeachtet lauter werdender Forderungen innerhalb Rußlands nach »Wiederherstellung der Sowjetunion« erwiesen sich entsprechende Initiativen letztlich als Bumerang: Dies lag zum einen an der völkerrechtlichen Bedeutungslosigkeit der Duma-Beschlüsse vom März 1996, zum anderen an dem massiven Protest, den die Beschlüsse innerhalb der GUS hervorriefen – das Mißtrauen gegenüber russischen Großmachtansprüchen wurde verstärkt.

Die heutige Außenpolitik Rußlands

Nach der Ernennung Michail Gorbatschows zum Generalsekretär der KPdSU im März 1985 geriet auch die sowjetische Außenpolitik unter geänderte Vorzeichen – das »neue Denken« wurde zum neuen Weg für die internationalen Beziehungen. Kennzeichnend dafür waren die völlige Abkehr von den früheren imperialen Ambitionen der sowjetischen Weltmacht und die Herstellung gleichberechtigter partnerschaftlicher Beziehungen zu den westlichen Demokratien. Das Ziel lag jetzt in der Einbeziehung Rußlands in die »zivilisierte Staatengemeinschaft«, wie es damals hieß. Die Hoffnung jener Jahre, die enge Zusammenarbeit mit dem Westen werde zu einer schnellen Lösung der außenpolitischen Probleme führen, sollte sich jedoch nicht erfüllen.

An die Stelle des Ost-West-Konflikts trat eine Vielzahl neuer regionaler Probleme. Hinzu kam – in ihrer Auswirkung oft unterbewertet, meiner Ansicht nach aber von entscheidender Bedeutung – die gewaltige Rückkehrwelle sowjetischer Militäreinheiten aus den mittel- und osteuropäischen Ländern, den baltischen Staaten, vor allem aber aus der ehemaligen DDR. In den Jahren 1992 und 1993, als die Bevölkerung unmittelbar mit dem meist deprimierenden Schicksal der zurückkehrenden Soldaten konfrontiert wurde, erkannte eine wachsende Zahl von Russen, was »Verlust der Weltmachtstellung« im Alltag bedeutet.

Ein Stimmungsumschwung setzte ein, der die Machtverhältnisse in Rußland, aber auch seine Außenpolitik verändern sollte: Die konstruktive Partnerschaft mit dem Westen, jetzt abfällig als »romantische Periode« bezeichnet, wich der immer unverhohlener artikulierten Forderung nach Anerkennung der Russischen Föderation als Großmacht – keine internationale Frage sollte ohne Rußland gelöst werden. Der Nahe Osten und Asien rückten in den außenpolitischen Mittelpunkt; »eurasische Konzeption« lautete das Stichwort. Die Veränderungen der Außenpolitik Rußlands sind symptomatisch für die Übergangsphase, in der das Land nach dem Ende der Weltmacht UdSSR einen neuen Platz in der Staatengemeinschaft sucht.

ABKEHR VON DER »ROMANTISCHEN PERIODE«

Die von Michail Gorbatschow eingeleiteten Reformen spiegelten sich schon bald in der Außenpolitik wider: An die Stelle des jahrzehntelangen Mißtrauens gegenüber »westlichem Imperialismus« trat eine aufgeschlossenere Haltung, gekennzeichnet von dem Wunsch nach Zusammenarbeit und Partnerschaft zwischen der Sowjetunion Gorbatschows und dem westlichen Ausland, das von Sowjetführern früherer Zeiten als »Drahtzieher einer imperialistischen Globalstrategie« und Urheber von »Verschwörungs- und Sabotageakten« verunglimpft worden war. Rußlands Öffnung konzentrierte sich vor allem auf die Beziehungen zu Westeuropa und den USA: Außenminister Eduard Schewardnadse vertrat die Ansicht, die UdSSR habe sich früher durch Abschottung vom Westen selbst zur Rückständigkeit verurteilt; diese Fehlentwicklung könne nur überwunden werden, wenn die Sowjetunion Bestandteil der internationalen Staatengemeinschaft mit allen Rechten und Pflichten werde. Michail Gorbatschow sagte Ende 1990 über die Wende der sowjetischen Außenpolitik: »Wir haben uns der Welt geöffnet, wir haben auf Einmischung in fremde Angelegenheiten ebenso verzichtet wie auf den Einsatz unserer Armee außerhalb unseres Landes. Im Gegenzug haben wir Vertrauen, Solidarität und Achtung erworben. Wir sind zu einem Hauptpfeiler bei der Umbildung der gegenwärtigen Gesellschaft nach friedlichen und demokratischen Grundsätzen geworden.«

Die neue Linie der Außenpolitik, die eng mit den Namen Michail Gorbatschow und Eduard Schewardnadse verbunden war, wurde von Präsident Boris Jelzin und Andrej Kosyrew, der das Amt des Außenministers Ende 1991 übernommen hatte, zunächst fortgesetzt.

Zunehmend jedoch gerieten Jelzin und Kosyrew wegen ihrer »west-orientierten Außenpolitik« unter Beschuß, sowohl von Kommunisten als auch von Rechtsnationalisten.

Erstes deutliches Indiz für eine bevorstehende erneute Wende der russischen Außenpolitik war die berühmt-berüchtigte Stockholmer Rede Kosyrews vom 14. Dezember 1992, die unter dem bezeichnenden Motto »Über Korrekturen der Außenpolitik« stand. Bei einer Sitzung der »Konferenz für Sicherheit und Zusammenarbeit in Europa« (KSZE) wies der russische Außenminister völlig unerwartet auf die asiatischen Traditionen der Russischen Föderation hin, die einer Annäherung an Westeuropa Grenzen setzten, und schockierte damit nicht wenige KSZE-Diplomaten. Im Gegensatz zu seinen früheren Äußerungen sprach Kosyrew von einer »unveränderten Expansionspolitik der NATO und der Westeuropäischen Union« und kündigte eine Konsolidierung der militärischen Präsenz Rußlands im Baltikum und anderen Regionen auf dem Territorium der ehemaligen Sowjetunion an. Zugleich verurteilte er die westliche Politik gegenüber Serbien und machte Rußlands Haltung in dieser Angelegenheit unmißverständlich deutlich: »In seinem Kampf kann die gegenwärtige Führung Serbiens auf die Unterstützung des großen Rußland rechnen.« Vor einem zunehmend entsetzten Auditorium schränkte er außerdem die Gültigkeit der KSZE-Normen für das Gebiet der ehemaligen UdSSR ein – bei den Nachfolgestaaten der Sowjetunion handele es sich um einen »postimperialen Raum«, in dem Rußland seine Interessen unter Anwendung aller Mittel verteidigen müsse: »Wir werden entschlossen dafür eintreten, daß die ehemaligen Republiken der UdSSR unverzüglich in eine neue Föderation eintreten, und darüber wird es einen strengen Vertrag geben«, sagte Kosyrew (vgl. »Frankfurter Allgemeine Zeitung« vom 15. Dezember 1992).

Die Irritation der Konferenzteilnehmer verstärkte sich noch, als der russische Außenminister nach einer kurzen Sitzungsunterbrechung eine Erklärung abgab: Er habe mit seinen Äußerungen weder seine eigene noch Präsident Jelzins Meinung wiedergegeben, sondern aus »sehr ernsten Gründen« die »durchaus nicht radikalsten Oppositionsforderungen in Rußland vorgetragen«. Die Diplomaten waren fassungslos – man sprach von »zynischem russischem Humor«

und einem »Theatercoup« Kosyrews. Ich selbst schätzte die Situation unmittelbar nach Kosyrews Auftritt in einem Interview mit der »Deutschen Welle« anders ein.

Frage: Kosyrew redete wie aus heiterem Himmel zunächst einer Großmachtpolitik Rußlands das Wort, kündigte Unterstützung für Serbien an, um dann eine halbe Stunde später diese ganze Rede zurückzuziehen. Da blieb Staunen zurück und manchem der Mund offen. Glauben Sie diese Erklärung Kosyrews? Was soll das Ganze?

Meine Antwort: Das war natürlich ungewöhnlich, und ich bin der letzte, der solche Vorgänge in die allgemeine Diplomatie einführen möchte. Aber ich habe Verständnis für Kosyrew. Kosyrew, selbst auf der Abschußliste stehend, ist außerordentlich besorgt über das Anwachsen der reformgegnerischen Kräfte und hat die ungewöhnliche Methode benutzt, eine Erklärung zu verlesen, die genau dem entspricht, was die reaktionären Reformgegner heute verlangen. Ich glaube, er wollte damit der KSZE und der gesamten westeuropäischen Öffentlichkeit deutlich machen: »Paßt auf! Wenn die Reformgegner siegen, bedeutet das eine völlige Veränderung der russischen Außenpolitik.«

Auch heute bin ich davon überzeugt, daß Außenminister Kosyrew die Weltöffentlichkeit auf eine bevorstehende Verhärtung der russischen Außenpolitik aufmerksam machen wollte. Vielleicht wollte er aber auch den Reformgegnern, den national-autoritären und kommunistischen Kräften, seine Bereitschaft dafür signalisieren, daß er einen Kurswechsel in Richtung einer kompromißloseren Außenpolitik vor internationalen Gremien vertreten würde.

Wie dem auch sei: Der 14. Dezember 1992 leitete die Abkehr von der bisherigen Politik der Kooperation mit dem Westen ein – das Ende der später abschätzig als »romantische Periode« charakterisierten Außenpolitik, das mit dem Beginn einer erneuten russischen Großmachtpolitik Hand in Hand ging: Die »nationale Interessenpolitik« Rußlands mit deutlichen Supermachtansprüchen, die ab 1993 unverkennbar war, betonte die »eurasische« Zielsetzung mit Verlagerung des Schwerpunkts der Außenpolitik auf den Nahen Osten und Asien. Nicht zuletzt sollte bei der Lösung internationaler Probleme kein Weg an der Großmacht Rußland vorbeiführen.

DER ABZUG DER RUSSISCHEN TRUPPEN AUS DEN OST- UND MITTELEUROPÄISCHEN LÄNDERN

Bei dem Stimmungsumschwung zugunsten einer nationalen, teilweise wieder imperialen Großmachtpolitik Rußlands spielte der Rückzug der russischen Einheiten aus den einstigen Unionsrepubliken und Satellitenstaaten der Sowjetunion eine entscheidende Rolle. Nicht abstrakte außenpolitische Theorien, sondern die unmittelbar spürbaren Folgen für die Bevölkerung ließen diesen Faktor so wichtig werden.

Im Jahre 1990, nach dem Ende des Warschauer Paktes, befanden sich noch mindestens 700 000, nach Meinung mancher westlicher Experten bis zu 1,1 Millionen sowjetische Soldaten und Offiziere sowie weitere 500 000 Zivilangestellte und Familienangehörige von Soldaten im Ausland. Diese 1,2 bis 1,6 Millionen Militärangehörigen im weiteren Sinne wurden zwischen 1990 und 1994 aus den Ländern Mittel- und Osteuropas, den baltischen Staaten, aus Kuba und der Äußeren Mongolei zurückgezogen.

In *Ungarn* befanden sich Anfang 1989 noch 62 000 Soldaten der sowjetischen »Südgruppe«. Im März 1990 vereinbarten die ungarische und die sowjetische Regierung vertraglich eine Truppenrückführung bis zum 30. Juni 1991. Knapp vor Ablauf der Frist, am 19. Juni 1991, verließ der letzte sowjetische Soldat das Land. Ein wichtiges Stück Vergangenheitsbewältigung erfolgte erst knapp einureinhalb Jahre später: Anläßlich eines Besuchs in Ungarn am 11. November 1992 verurteilte Präsident Jelzin die Invasion sowjetischer Truppen in Ungarn im Oktober/November 1956, durch die der ungarische Volksaufstand – Ausdruck der Unzufriedenheit der Bevölkerung mit der kommunistischen Staatsführung – niedergeschlagen worden war.

Auf dem Gebiet der ehemaligen ČSSR – die sich durch die Abspaltung der Slowakei am 1. Januar 1993 in zwei Republiken, Tschechien

Abzug sowjetischer bzw. russischer Trupp

Europäisches Nordmeer

No

Barents-see

Ostsee

• Berlin

Kaliningrad

aus Estland 35000 Soldaten

aus Lettland ca. 57000 Soldaten

aus Litauen ca. 35000 bis 40000 Soldaten

aus der ehem. DDR ca. 337000 Soldaten

(Weißl

aus Polen 52000 Soldaten

Mos

RUSSISCHE

aus der ehem. CSSR 73500 Soldaten

aus Ungarn 62000 Soldaten

Kasan

Perm

• Jekaterinburg

Wolga   Samara

Ufa

Basch-kortostan Tscheljabinsk

• Rostow

• Omsk

Schwarzes Meer

GEORGIEN

ARMENIEN

ASERBAI

DSH

aus Kuba ca. 2200 Soldaten

KASACHSTAN

Aral-See

Balchasch-See

Kaspisches Meer

USBEKISTAN

IRAN

TURKMENISTAN

• Almaty

KIRGISTAN

TADSHIKISTAN

0	500	1000

km

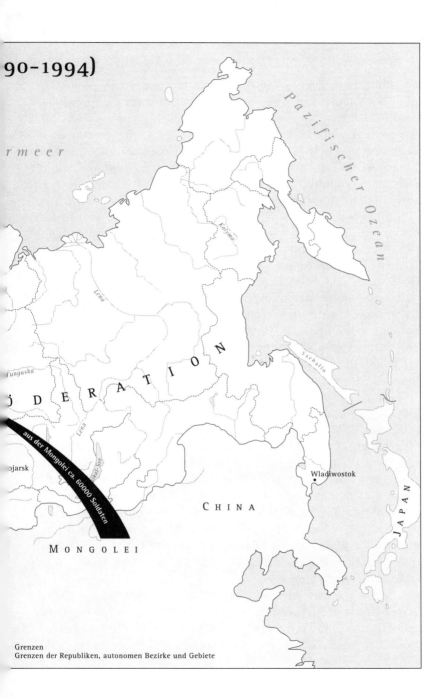

und die Slowakei, teilte – waren im Februar 1990 noch 73 500 sowjetische Soldaten mit 1220 Panzern und 173 Hubschraubern stationiert. Am 26. Februar 1990 wurde ein tschechoslowakisch-sowjetisches Abkommen unterzeichnet, das den Abzug der Sowjettruppen aus dem slowakischen Landesteil bis Mitte Dezember 1990, aus dem tschechischen bis zum 30. Juni 1991 vorsah. Eine Woche vor dem vereinbarten Zeitpunkt, am 25. Juni 1991, verließen die letzten 19 000 sowjetischen Soldaten das heutige Tschechien.

52 000 Soldaten aus der Sowjetunion waren Mitte 1991 in *Polen* stationiert. Am 26. Oktober 1991, kurz vor dem Zusammenbruch der UdSSR, erklärte sich die sowjetische Führung zum Rückzug der verbliebenen Kampftruppen mit ihren 590 Panzern, 200 größeren Geschützen und 201 Kampfflugzeugen bereit. Polnischen Angaben zufolge befanden sich im April 1993 noch rund 4000 russische Soldaten mit 5000 Familienangehörigen im Land. Anläßlich eines Besuchs von Boris Jelzin in Warschau einigten sich beide Seiten am 25. August 1993 über den Abzug der verbliebenen Einheiten bis zum 1. Oktober 1993. Zwei Wochen vor diesem Termin, am 16. September 1993, war der Rückzug abgeschlossen.

Fast gleichzeitig verließen die ehemals sowjetischen Einheiten *Litauen*. Anfang 1992 befanden sich zwischen 34 000 und 43 000 russische Soldaten mit 400 Panzern, 1800 Schützenpanzern, 170 Flugzeugen und 60 Hubschraubern in dem baltischen Land. Nach längerem diplomatischem Tauziehen – Moskau wollte den Truppenabzug erst 1994 einleiten – konnte am 8. September 1992 eine für Litauen vorteilhafte Vereinbarung unterzeichnet werden. Die russische Führung hielt sich an den vereinbarten Termin, den 31. August 1993 – trotz der zwischenzeitlich entstandenen erheblichen Spannungen, die Moskau zu der Drohung veranlaßt hatten, die Truppenrückführung vom Schutz der Rechte der russischen Minderheit in Litauen abhängig zu machen.

Ganz erhebliche Abweichungen sind bei den Angaben über die Stärke der sowjetischen Truppenpräsenz in *Lettland* festzustellen. Die lettische Seite, die von 300 000 Soldaten ausging, bezweifelte Moskauer Angaben aus dem Jahre 1991, in denen von 57 000 Soldaten die Rede war. Ähnlich wie im Falle Litauens verliefen auch die

Verhandlungen über die Truppenrückführung aus Lettland nicht reibungslos: Moskau verlangte, Militärstützpunkte beibehalten zu können, und stellte den Truppenabzug unter die Bedingung, daß die Rechte der russischen Minderheit in Lettland gewahrt würden. Obwohl die russische Regierung im Juni 1992 ein KSZE-Dokument über den raschen und bedingungslosen Abzug aller Streitkräfte unterzeichnet hatte, befanden sich 1993 noch immer 25 000 russische Mannschaften und Offiziere in Lettland. Erst am 30. April 1994 einigten sich die Präsidenten Rußlands und Lettlands, Jelzin und Guntis Ulmanis, auf einen Abzug der verbliebenen rund 10 000 Mann bis zum 31. August 1994.

Zeitgleich war der Rückzug der 35 000 russischen Soldaten aus *Estland* beendet, das von den drei baltischen Staaten am nachdrücklichsten auf Souveränität und Truppenrückzug bestanden hatte. Nicht anders als in Litauen und Lettland hatte sich auch hier der Rückzug durch Moskauer Forderungen nach Schutz der ethnischen Russen verzögert. 1993 befanden sich weiter 4000 bis 5000 russische Soldaten in Estland; eine Vereinbarung, die den endgültigen Abzug bis zum 31. August 1994 festschrieb, war erst am 24. Juli 1994 von den Präsidenten Jelzin und Meri unterzeichnet worden.

In der *Mongolei* befanden sich nach westlichen Expertenschätzungen 60 000 sowjetische Offiziere und Mannschaften; die Volksrepublik China ging demgegenüber von 100 000 Mann aus. Der Abzug der sowjetischen Truppen wurde am 30. Dezember 1992 abgeschlossen.

Ein knappes halbes Jahr später, am 20. Juni 1993, meldete Radio Moskau den Abzug der letzten russischen Soldaten von der Insel *Kuba*, auf der sich Ende der achtziger Jahre 2200 Angehörige der Roten Armee befunden hatten – auf dem Höhepunkt der Kuba-Krise von 1962 waren dort zwischen 20 000 und 40 000 sowjetische Soldaten stationiert gewesen. Der Rückzug war Ergebnis eines Vertrages, den die Regierungen Kubas und der Russischen Föderation im September 1992 geschlossen hatten.

Das größte sowjetische Militärkontingent außerhalb der UdSSR bestand an der einstigen Nahtstelle zwischen Ost und West, in der *ehemaligen DDR*: Hier waren 1990 rund 546 000 Soldaten, Offiziere und Zivilangehörige der sowjetischen Elitearmee, der sogenannten Westgruppe stationiert. Zu ihrer Ausrüstung zählten unter anderem 1238 Flugzeuge und Hubschrauber, 3578 Artilleriegeschütze und über 12 000 Panzer, darunter 3120 Kampfpanzer der modernen Typen T-72 und T-74. 15 Truppenübungsplätze, 120 Standortübungs- und 23 Flugplätze standen der Westgruppe neben 213 Kasernen und 600 weiteren militärischen Einrichtungen zur Verfügung: Sowjetische Militärliegenschaften machten 2,25 Prozent des Gebiets der ehemaligen DDR aus – eine Fläche, die in etwa der Größe des Saarlandes entspricht.

Am 16. Dezember 1992 unterzeichneten Bundeskanzler Helmut Kohl und Präsident Boris Jelzin in Moskau ein Abkommen zur Rückführung der Truppen bis zum 31. August 1994. Im Gegenzug stundete die Bundesregierung zinslos russische Schulden in Höhe von 17,6 Milliarden DM bis zum Jahre 2000; außerdem wurden Moskau über jene 7,8 Milliarden DM hinaus, die zum Wohnungsbau für die heimkehrenden Soldaten verwendet werden sollten, weitere 550 Millionen DM zugesagt.

Der Abzug sollte, so eine Verlautbarung des Bundesverteidigungsministeriums vom 14. Oktober 1993, »mit Würde, nicht brüskierend und das Gesicht wahrend« erfolgen. »Im Interesse einer gedeihlichen Zukunft« sollten Bundeswehr und Politiker »jeden peinlichen Zwischenfall in der Schlußphase des Abzugs vermeiden«. Ein in Wünsdorf stationierter Teil der Westgruppe wurde am 11. Juni 1994 mit einer Militärparade verabschiedet; das Abschiedszeremoniell für eine Brigade in Berlin-Köpenick fand wenige Tage später, am 25. Juni 1994, statt. Bis auf eine 3000 Mann starke Resttruppe verließen die russischen Einheiten die Bundesrepublik am 30. Juli 1994. Einen Monat später, am 31. August 1994, endete der Truppenabzug mit einer Feierstunde vor dem Berliner Schauspielhaus: Im Beisein von Bundeskanzler Kohl und Präsident Jelzin verabschiedete sich das Restkontingent der Westgruppe aus Deutschland.

AUSWIRKUNGEN DES TRUPPENABZUGS

Die Rückkehr der sowjetischen beziehungsweise russischen Soldaten war mit außerordentlich schwierigen Problemen der Logistik,
Unterbringung und Integration behaftet. Aus den ehemaligen
sowjetischen Unionsrepubliken Estland, Lettland und Litauen, den
einstigen Warschauer-Pakt-Staaten DDR, Polen, Ungarn und Tschechoslowakei sowie aus den verbündeten sozialistischen Ländern
Kuba und Mongolei strömten zwischen 700 000 und 1,1 Millionen
Soldaten und Offiziere insbesondere nach Rußland – mit Zivilange-
stellten und Familienangehörigen insgesamt 1,2 bis 1,6 Millionen
Menschen.

Die Russische Föderation war auf die daraus entstehenden Aufgaben weitgehend unvorbereitet und absolut überfordert: Zehntausende Armeeangehörige und ihre Familien mußten über Monate und
Jahre – zum Teil bis heute – in Notunterkünften, Containersiedlun-
gen und Zeltlagern kampieren. Bereits 1990 – noch vor der Rückkehr
des Hauptkontingents – räumte der damalige sowjetische Verteidigungsminister Dmitrij Jasow ein, daß etwa 200 000 Militärangehörige keine Wohnung hätten. Das Problem spitzte sich seither,
vor allem nach der Rückkehr der ehemaligen Westgruppe, dramatisch zu: Zahlreiche Offiziere und zahllose Soldaten mußten mit
ihren Familien bereits zwei Winter in Zelten verbringen – bei Tem-
peraturen bis minus 40 Grad.

Die einst ruhmreichen Rotarmisten kehrten in eine von Krisen
geschüttelte Heimat zurück – ohne Zukunftsaussichten und von
wirtschaftlicher Not bedroht. In der sich rasch wandelnden Gesellschaft Rußlands zählten die ehemals gefeierten Sowjetsoldaten nicht
mehr viel – es gab zu viele Entwurzelte, als daß die Regierung ihnen
eine zufriedenstellende Perspektive hätte bieten können. Sie, die
früher Symbol der Größe und Stärke eines mächtigen Vaterlandes
gewesen waren, kamen als Bedürftige in ein wirtschaftlich zerrütte-
tes und innerlich zerrissenes Land voll nationaler, territorialer und
religiöser Konflikte. Diese Erfahrungen prägten die Soldaten psychologisch und politisch: In der Diskussion über die jüngste Vergangenheit wurde und wird der Rückzug der Truppen der früheren

Supermacht Sowjetunion immer wieder als demütigend bezeichnet, und es wird die Frage gestellt, ob die Regierung nicht leichtfertig »russische Einflußsphären« verspielt habe.

Der Truppenrückzug und seine Folgen – das war und ist mehr als eine abstrakt-politische Frage. Vielmehr wurden die Folgen des Abzugs angesichts der Masse der zurückkehrenden Soldaten und Offiziere von der russischen Bevölkerung direkt und persönlich im Alltag erlebt. Als Folge wuchs die Zahl derjenigen, die der untergegangenen UdSSR nachtrauerten oder sogar die Wiederherstellung der großen, machtvollen Sowjetunion forderten, beständig. In einer Umfrage unter Generälen und Obristen, die im Sommer 1994 im Auftrag der Friedrich-Ebert-Stiftung von dem Meinungsforschungsinstitut Sinus/Moskau durchgeführt wurde, bejahten 62 Prozent die Frage, ob sich das gegenwärtige Chaos nur durch eine autoritäre Herrschaft überwinden lasse. Für acht von zehn Befragten war die Wiederherstellung Rußlands als respektierte Großmacht das wichtigste Anliegen.

AUSSENPOLITIK IM WANDEL:
SCHEWARDNADSE, KOSYREW, PRIMAKOW

Die wechselnden Strömungen der sowjetischen – ab Dezember 1991 russischen – Außenpolitik lassen sich an Personen, und zwar an den drei Außenministern seit 1985, festmachen. Für welche Politik standen Schewardnadse, Kosyrew und Primakow?

Eduard Schewardnadse – von Michail Gorbatschow am 2. Juli 1985 überraschend zum Nachfolger des langjährigen Außenministers Andrej Gromyko ernannt, der zum sowjetischen Staatschef avancierte – gehörte nicht nur zu den Architekten der Perestroika, sondern war, zusammen mit Gorbatschow, Initiator und Wegbereiter eines neuen Ost-West-Verhältnisses: In der Amtszeit Schewardnadses, der bis 1985 ausschließlich Funktionen in der Kommunistischen Partei und der Regierung Georgiens innegehabt hatte, vollzog sich die Abkehr vom atomaren Wettrüsten hin zu glaubhafter, tiefgreifender Entspannung zwischen den Blöcken und zum Bemühen um partnerschaftliche Beziehungen mit den Staaten des Westens – vor allem zu den westlichen Führungsmächten USA und Bundesrepublik Deutschland. Mit deren damaligen Außenministern James Baker und Hans-Dietrich Genscher verband Schewardnadse über den offiziellen Rahmen hinaus ein freundschaftliches Verhältnis.

Wichtige außenpolitische Entwicklungen der UdSSR zwischen 1985 und Ende 1990 sind mit seinem Namen verbunden: der sowjetische Rückzug aus Afghanistan (Mai 1988 bis Februar 1989); Erfolge der Abrüstungspolitik, darunter der INF-Vertrag zur Reduzierung von atomaren Mittelstreckenwaffen (Dezember 1987); Konzessionen als Voraussetzung für Reformen in Ost- und Mitteleuropa (1989-90); die Vereinigung Deutschlands (Herbst 1989 bis 3. Oktober 1990); die Zusammenarbeit mit dem Westen in der Golfkrise (1990/91). Schewardnadse geriet jedoch zunehmend in Konflikt mit der alten Nomenklatura, den konservativen Militärs und orthodoxen Kommunisten: Am 19. Dezember 1990 trat er mit einer eindrucksvollen Warnung vor einer Rückkehr zur Diktatur zurück. Im darauffolgenden Jahr nahm er durch die von ihm gegründete »Außenpolitische Vereinigung« Einfluß auf die Politik der UdSSR; er gehörte außerdem im Juli 1991 zu den Mitinitiatoren der »Demokratischen Bewegung«, die in direkte Konkurrenz zur KPdSU trat, und stellte sich bei dem Putschversuch im August 1991 aktiv auf die Seite der Reformer. Kurz vor dem Zusammenbruch der Sowjetunion, am 20. November 1991, wurde Schewardnadse nochmals in das Amt des Außenministers berufen, doch nur drei Wochen später, am 19. Dezember 1991, übernahm das russische Außenamt durch Erlaß Präsident Jelzins das bisherige Außenministerium der UdSSR – das Ende des Außenministers Schewardnadse in Moskau. In seinem krisengeschüttelten Heimatland Georgien, das der GUS nicht beigetreten war und in das Schewardnadse am 7. März 1992 zurückkehrte, fand er eine neue Aufgabe: Am 10. März 1992 übernahm er das neu gebildete Amt des Staatsrats, am 11. Oktober desselben Jahres wurde er mit 95 Prozent der abgegebenen Stimmen zum Staatspräsidenten gewählt.

Sein Nachfolger *Andrej Kosyrew* – der bereits im Oktober 1990 Chef des damals schon bestehenden, aber verhältnismäßig kleinen Außenministeriums der Russischen Sozialistischen Föderativen

Sowjetrepublik geworden war, die im Juni zuvor ihre Souveränität verkündet hatte –, wurde als Sohn eines Sowjetdiplomaten in Brüssel geboren, absolvierte das Moskauer »Staatliche Institut für Internationale Beziehungen« und promovierte 1977 mit einer Arbeit über die »Rolle der UN im Entspannungsprozeß«. Seit 1974 war er in der Abteilung »Internationale Organisationen« des sowjetischen Außenministeriums der Breshnjew-Ära tätig. Den Zusammenbruch der Sowjetunion erlebte er als russischer Außenminister aus nächster Nähe mit: Er war im Dezember 1991 an der Formulierung der Verträge von Belowesch beteiligt, die das Ende der UdSSR besiegelten.

Nach der Überleitung des ehemals sowjetischen in das russische Außenministerium am 19. Dezember 1991 führte Kosyrew als Außenamtschef des größten GUS-Mitgliedslandes die westorientierte Außenpolitik Schewardnadses fort – sein erwähnter Auftritt vor der KSZE im Dezember 1992 leitete jedoch eine Wende ein, und ab Mitte 1993 schwenkte Kosyrew gänzlich auf eine national orientierte Großmachtaußenpolitik um. Die Beziehungen zum Westen wurden unter seiner Ägide zunehmend frostiger. Präsident Jelzin brachte seine Unzufriedenheit mit Kosyrew vor einer Reise nach Paris am 19. Oktober 1995 öffentlich zum Ausdruck, ließ jedoch offen, wann der damit unvermeidliche Amtswechsel stattfinden würde: »Andrej Kosyrew arbeitet. Er soll arbeiten. Aber meine Entscheidung bleibt bestehen«, sagte Jelzin. So blieb Kosyrew trotz seines erheblich geschwächten Einflusses noch einige Wochen im Amt, bis er Anfang Januar 1996 aus dem Kabinett ausschied.

Zum neuen, bis heute amtierenden Außenminister der Russischen Föderation wurde am 9. Januar 1996 der damals sechsundsechzigjährige *Jewgenij Primakow* ernannt. Der in Kiew geborene und in der georgischen Hauptstadt Tiflis aufgewachsene Primakow war nach Abschluß des Studiums der Orientalistik Nahost-Korrespondent des staatlichen sowjetischen Fernsehens und Rundfunks. Nach einer leitenden Funktion in der Abteilung »Asien und Afrika« des KPdSU-Zentralorgans »Prawda« (1962 bis 1966) arbeitete er bis 1970 als deren Sonderkorrespondent für den Nahen und Mittleren Osten, bevor er zum Stellvertretenden Direktor des »Instituts für Weltwirtschaft und Internationale Beziehungen« und 1977 zum

Direktor des »Instituts für Orientalistik« berufen wurde. Primakow veröffentlichte eine Reihe von Büchern über arabische Länder, die Entwicklung der Staaten des Nahen Ostens nach dem Ende des Kolonialsystems und den Nahost-Konflikt.

Bei dem historischen Gipfeltreffen mit dem damaligen US-Präsidenten Ronald Reagan in Reykjavik am 11. und 12. Oktober 1986 war Primakow an Gorbatschows Seite; er stieg 1989 zum Mitglied des Zentralkomitees der KPdSU auf und gehörte 1991 dem sowjetischen Sicherheitsrat unter Vorsitz Gorbatschows an. Der Staats- und Parteichef übertrug Primakow im September 1991 die Leitung des Auslandsnachrichtendienstes, offiziell »Dienst für Auslandsaufklärung der Russischen Föderation« (SWR). Es verwundert nicht, daß – wie die »Welt« am 2. Oktober 1991 berichtete – der Meister der Spionageromane, John le Carré, zu Primakows Lieblingsautoren zählt.

Jewgenij Primakow ist völlig unverdächtig, ein »Mann des Westens« zu sein – bei jeder sich bietenden Gelegenheit wandte er sich gegen einen vermeintlichen »Ausverkauf russischer Interessen«: So warnte er am 22. September 1994 in der »Rossiskaja Gaseta« vor Kräften im Westen, »die sich einer Stärkung Rußlands als Weltmacht widersetzen«; dies werde unweigerlich zu einer Abkühlung der Beziehungen führen.

Die Ernennung Primakows zum Außenminister der Russischen Föderation wurde vom Führer der russischen Kommunisten, Gennadij Sjuganow, begrüßt: Er sei ein »erfahrener und fähiger Staatsmann«, der die nationalen Interessen Rußlands wahren werde. Auch der Rechtsextremist Shirinowskij zollte der Wahl Jelzins Lob – die Ernennung Primakows sei die »bestmögliche Lösung«. Primakow werde dafür sorgen, daß sich die russische Außenpolitik der arabischen Welt, Indien und China zuwende. Und selbst einer der Führer der demokratischen »JABLOKO«-Partei, der Vorsitzende des Duma-Komitees für internationale Angelegenheiten, Wladimir Lukin, sagte anerkennend, Primakow wisse, wo Rußlands wirkliche Prioritäten lägen. Fazit: Die dem Westen gegenüber kritische Haltung des neuen Außenministers stieß auf positives Echo – nicht nur bei den Extremisten der linken und rechten Seite.

Russland und die baltischen Staaten

Gegen Ende des Ersten Weltkrieges hatten die baltischen Staaten ihre Unabhängigkeit erklärt; Estland, Lettland und Litauen sicherten sich im Jahre 1920 in separaten Friedensverträgen mit dem damaligen Sowjetrußland staatliche Souveränität. Die Phase der Unabhängigkeit sollte jedoch nur zwei Jahrzehnte dauern: Der Hitler-Stalin-Pakt vom 23. August 1939 ordnete in einem geheimen Zusatzprotokoll Estland und Lettland der Interessenssphäre der Sowjetunion, Litauen dem Einflußbereich Hitler-Deutschlands zu. Nach dem Überfall des Dritten Reichs auf Polen am 1. September 1939 rückten sowjetische Truppen in Absprache mit dem Naziregime am 17. September in die östlichen Gebiete Polens ein. Am 28. September 1939 – der Polenfeldzug war bereits beendet – schlossen das Deutsche Reich und die UdSSR ein »Grenz- und Freundschaftsabkommen« mit geheimen Zusatzprotokollen: Danach erhielt Deutschland größere Teile Polens; Litauen wurde im Gegenzug nunmehr der sowjetischen Einflußsphäre zugerechnet. Ein von der UdSSR inszenierter Umsturz führte zur Bildung der Sowjetrepublik Litauen, die am 3. August 1940 in die Sowjetunion eingegliedert wurde. Lettland folgte zwei Tage später, Estland am 6. August 1940. 50 Jahre lang, von 1940 bis 1990, gehörten die baltischen Länder als Estnische, Lettische bzw. Litauische Sozialistische Sowjetrepublik der UdSSR an. Durch die sogenannte »singende Revolution« des Jahres 1990 erhielten die baltischen Staaten erneut die Unabhängigkeit – freilich um den Preis der Furcht vor neuer Gefahr aus dem Osten; außerdem blieben nicht unerhebliche russische Bevölkerungsteile in den baltischen Staaten zurück.

Bereits ab August 1990 bildete die damalige Sowjetführung in den baltischen Ländern aus russischen und einheimischen Kommunisten sogenannte »nationale Rettungsfronten«, die in Litauen am 11. und 12. Januar 1991 in quasi-militärische Aktion traten; gleichzeitig begannen sowjetische Fallschirmjägereinheiten, öffentliche Gebäude in der Hauptstadt Vilnius und in Kaunas zu besetzen. Am 13. Januar wurde das Rundfunk- und Fernsehgebäude in Vilnius unter Einsatz von Panzern eingenommen. Eine Woche später, am 20. Januar 1991, begann die Invasion in Lettland: Sowjetische Sondereinheiten, Schwarze Baretts genannt, stürmten das Innenministerium in Riga und hielten es für mehrere Stunden besetzt. Bei den Kämpfen kamen 15 Menschen ums Leben, über 150 wurden verletzt. Tausende von Demonstranten in Litauen und Lettland wachten Tag und Nacht vor Parlament, Fernseh- und Rundfunkanstalten; eine erneute Militäraktion in der lettischen Hauptstadt forderte fünf Tote und zehn Verletzte.

All dies ist in den baltischen Ländern nicht vergessen. Kaum erwähnt wird hingegen die Tatsache, daß eine Demonstration von 400 000 Menschen am 20. Januar 1991 in Moskau die militärische Gewalt gegen Litauen und Lettland als Anschlag auf Demokratie und Souveränität der baltischen Staaten verurteilte und sich so mit den um Unabhängigkeit ringenden Ländern Estland, Lettland und Litauen solidarisierte. Dieser innere Druck der *russischen* Bevölkerung war es, der die Moskauer Führung nötigte, die Truppen wieder zurückzuziehen.

Estland ist mit 1,56 Millionen Einwohnern und 45 227 Quadratkilometern Fläche, die in etwa der Ausdehnung Niedersachsens entspricht, der kleinste der drei baltischen Staaten. Die Bevölkerung besteht zu 63,2 Prozent aus Esten und zu 29,4 Prozent aus Russen. 7,4 Prozent der Einwohner gehören anderen Nationalitäten an – in erster Linie sind es Ukrainer.

Nachdem sich Estland am 13. April 1992 eine neue Verfassung gegeben hatte, fanden am 20. September 1992 erstmals Wahlen statt – rund ein Drittel der Bevölkerung, vor allem die in Estland lebenden Russen und Ukrainer, konnte nach dem Wahlgesetz nicht daran teilnehmen. Eine Ergänzung zum Staatsangehörigkeitsgesetz unterschied zwischen estnischen Bürgern, Bürgern anderer Staaten und Staatenlosen. Angehörige der letztgenannten Gruppe sollten nach einer Regelung vom 22. Juni 1993 eine ständige Aufenthaltsgenehmigung erhalten können; dies galt jedoch nicht für ehemalige Angehörige des sowjetischen Geheimdienstes KGB und pensionierte Offiziere der Sowjetarmee. Nach scharfen Protesten von russischer Seite – Boris Jelzin sprach von einer »estnischen Variante der Apartheid« – wurde das Gesetz am 8. Juli 1993 modifiziert: Pensionäre der ehemaligen Sowjetarmee konnten nun zwar eine Aufenthaltsgenehmigung beantragen, mußten das Land jedoch binnen zwei Jahren verlassen.

Südlich von Estland liegt *Lettland* mit 64 589 Quadratkilometern Fläche und 2,6 Millionen Einwohnern. Der russisch-slawische Anteil ist hier noch größer als in Estland: 53,5 Prozent Letten stehen 33,5 Prozent Russen und 4,2 Prozent Weißrussen gegenüber. An den ersten freien Wahlen am 5. und 6. Juni 1993 durften die slawischstämmigen Einwohner Lettlands nicht teilnehmen.

Die flächenmäßig größte und bevölkerungsreichste baltische Republik ist *Litauen* – mit 65 300 Quadratkilometern um weniges kleiner als Bayern. Von den 3,8 Millionen Einwohnern sind 80,2 Prozent Litauer, 8,9 Prozent Russen und 7 Prozent Polen. Litauen ist damit weit homogener als Lettland und Estland; die russische beziehungsweise polnische Minderheit stellt kein wesentliches Problem für die politische Entwicklung dar.

Seit Sommer 1994 modifizierten Estland und Lettland ihre anfangs sehr harten Bestimmungen in bezug auf die russischen und anderen slawischen Minderheiten. Lettland erließ am 22. Juli 1994 ein Staatsangehörigkeitsgesetz, das sich an den Empfehlungen des Europarates, der KSZE und der Europäischen Union orientierte und der russischsprachigen Bevölkerung eine realistische Integrationsperspektive eröffnete. Das lettische Ausländergesetz vom 19. Januar 1995 behielt diese Linie bei. Die nationalistische Rechtspartei »Vaterland und Freiheit« scheiterte bei dem Versuch, ein verschärftes Gesetz zu erzwingen, das die Einbürgerung der russischsprachigen Minderheit erschwert hätte: Sie verfehlte die erforderliche Zahl von Unterschriften. Die meisten lettischen Parteien lehnten es ab, 30 Prozent der Bevölkerung politisch und gesellschaftlich auszugrenzen.

Ein neues Staatsangehörigkeitsgesetz wurde auch in Estland in Kraft gesetzt: Seit dem 1. April 1995 verbessert es die Rechtsstellung der 400 000 Russen, die nach 1940 im Lande angesiedelt worden waren. Seit den Kommunalwahlen vom 17. Oktober 1993, bei denen auch Einwohner ohne estnische Staatsangehörigkeit aktives und passives Wahlrecht hatten, verfügt die russische Bevölkerungsgruppe über eine beachtliche Vertretung in den Kommunalparlamenten. Die baltischen Länder, vor allem jene mit hohem russischem Bevölkerungsanteil, beginnen – trotz der weiterhin bestehenden Sorge um die eigene Souveränität – zu erkennen, daß eine Integration der Slawen und damit eine flexiblere Politik gegenüber Minderheiten notwendig ist.

Dieser Weg wird allerdings durch russische Drohungen erschwert. So bezeichnete Außenminister Kosyrew die baltischen Staaten, insbesondere Estland und Lettland, am 12. Februar 1993 ausdrücklich als »nahes Ausland« und damit als russisches Interessengebiet. Am 28. April 1995 drohte er gar mit dem »Einsatz von Gewalt«, falls die Rechte der ethnischen Russen weiter mißachtet würden; in Moskau wurde laut über einen Exportstopp für die lebenswichtigen Energieträger nachgedacht. Auch der Präsident der Russischen Föderation hielt sich mit Einschüchterungsversuchen nicht zurück: Am 24. Juni 1993 sagte Jelzin einem Bericht der »Frankfurter Allgemeinen Zeitung« zufolge, die estnische Führung habe offenbar »einige geopolitische und demographische Realitäten vergessen«, und fügte hinzu, daß »die russische Seite die Mittel besitzt, Estland an diese Realitäten zu erinnern«. Es gebe Maßnahmen, »mit denen die Verteidigung der Ehre, der Würde und der gesetzlichen Rechte unserer Landsleute gesichert werden« könne. Ein Vierteljahr später äußerte Ministerpräsident Tschernomyrdin in einem »Spiegel«-Interview: »Verträge gibt es auch mit Estland und Lettland. Doch die halten sich nicht daran. Und die russisch-sprachige Bevölkerung in diesen Ländern wird diskriminiert. 60 000 Rentner werden behandelt, als wären sie keine Menschen: kein Wahlrecht, kaum andere Rechte. Und dann sollen sie auf ihre alten Tage noch Estnisch lernen.«

Dies alles wurde vom Führer der rechtsextremistischen LDPR, Wladimir Shirinowskij, übertroffen, der im April 1994 prognostizierte, *alle* UdSSR-Nachfolgestaaten würden wieder freiwillig zu Rußland zurückkehren. Shirinowskijs Bemerkung zu den baltischen Staaten: »Die können Sie vergessen. Die gehören uns.« Zwei Jahre später, im März 1996, nahm er das Thema nochmals auf: »Lettland wird ganz zum russischen Staat gehören, Litauen und Estland werden sich in Zwergengebilde, wie etwa Liechtenstein oder Andorra, verwandeln; wenn wir an die Macht kommen, wird alles, was mit den baltischen Staaten vereinbart wurde, im Mülleimer landen.«

Bei solchen Äußerungen sind die Existenzängste der baltischen Länder verständlich. Vor allem ihnen, die im Vergleich zu Rußland über verschwindend kleine Militärpotentiale verfügen, ist daher an einer Erweiterung des Atlantischen Bündnisses gelegen. Die viel diskutierte NATO-Osterweiterung, auf die ich später noch zu sprechen komme, wird von den meisten Bürgern der baltischen Staaten als militärischer Schutzschirm von hoher Bedeutung gesehen.

RUSSLAND, DER NAHE OSTEN UND ASIEN

Seit Ende 1992 stehen nicht mehr die Staaten des Westens, sondern zunehmend die Länder des Nahen Ostens und Asiens im Blickfeld der russischen Außenpolitik. Ein Grund: Der asiatische Teil der Russischen Föderation macht 74,8 Prozent des russischen Territoriums aus; allerdings leben dort nur 22 Prozent der insgesamt knapp 150 Millionen Einwohner Rußlands. Hinzu kommt die geographische Lage: Die Russische Föderation grenzt an Japan und Korea; die gemeinsame Grenze mit China hat eine Länge von 4300 Kilometern. Für die zunehmende Hinwendung Rußlands nach Osten ist nicht zuletzt die rasch wachsende ökonomische Bedeutung des asiatisch-pazifischen Raums von Bedeutung. Boris Jelzin brachte die neue Ostorientierung seines Landes erstmals bei einem Besuch im südkoreanischen Seoul im November 1992 zur Sprache. Die russische Diplomatie, so Jelzin nach einer Meldung der Nachrichtenagentur ITAR-TASS vom 18. November 1992, solle »dem Geist des alten russischen Wappens folgen, auf dem der zweiköpfige Adler sowohl in Richtung Westen« als auch in Richtung Osten blickt«. Auch eine Äußerung des ehemaligen Außenministers Kosyrew belegt, daß die Verlagerung des außenpolitischen Schwergewichts auf den Nahen Osten und den asiatisch-pazifischen Raum seit Ende 1992 kontinuierlich zugenommen hat. Am 12. Februar 1993 bekräftigte er vor dem Parlament, die Außenpolitik habe die Aufgabe, Rußlands Position als eine »eurasische Macht, deren Interessen in gleichem Maße nach Westen und nach Osten ausgerichtet sind«, zu festigen.

Die neue Außenpolitik wurde etwa im Verhältnis zwischen Rußland und dem *Iran* deutlich. Hatte der Iran zunächst die Bemühungen der zentralasiatischen Staaten um mehr Unabhängigkeit von Rußland unterstützt, rückte das Ziel, die regionale Stabilität zu wahren, mehr und mehr in den Vordergrund. Rußland seinerseits lag daran, in dieser Region erneut außenpolitisch, vor allem aber auch ökonomisch aktiv zu werden: So wurde am 8. Januar 1995 ein russisch-iranischer Vertrag über die Fertigstellung des ersten Kraftwerkblocks vom Typ WER-1000 in Buschehr/Iran unterzeichnet. Das Kraftwerk wird vier Blöcke erhalten, von denen der erste 1000 Megawatt, der dritte und vierte jeweils 400 Megawatt Leistung erbringen sollen. Die Kapazität des zweiten Blocks ist noch offen. Nach anfänglichen Zahlungsschwierigkeiten des Iran konnte Ende 1995 mit den Bauarbeiten begonnen werden. Zur selben Zeit wurde in Teheran ein iranisch-russischer Kooperationsvertrag mit zehnjähriger Laufzeit paraphiert, der auch militärische Zusammenarbeit einschließt. Wiederholt ist in dem Abkommen gar von einer »strategischen Allianz« der beiden Staaten die Rede; Moskau rechnet mit iranischen Rüstungskäufen im Wert von über einer Milliarde US-Dollar. Einigkeit wird selbst bei früheren Streitpunkten, etwa in der Tadshikistan-Frage, demonstriert: Unterstützte der Iran zuvor dezidiert die moslemische Opposition der einstigen Sowjetrepublik, deren Bevölkerung mit dem iranischen Volk ethnisch engstens verwandt ist, so schwenkte er in der Folge immer weiter auf die Linie Moskaus ein und erkannte das Regime in Duschanbe anläßlich eines Besuchs des tadshikischen Staatschefs Emomali Radhmonow im Juli 1995 uneingeschränkt an.

Mit Blick auf das *Kaspische Meer* erklärten Rußland und der Iran übereinstimmend, daß die Nutzung dieses größten Binnengewässers der Erde ausschließlich Angelegenheit seiner fünf Anrainerstaaten sei. Maßnahmen, die einer künftigen Regelung vorgreifen würden, wurden ausdrücklich abgelehnt. Hintergrund der Diskussion ist: Drei Anrainerstaaten des Kaspischen Meeres – Aserbaidshan, Kasachstan und Turkmenistan – sind ungeachtet der grundsätzlichen Bereitschaft zur Zusammenarbeit mit Moskau daran interessiert, durch die Erdölvorkommen der Region ein gewisses Maß an Unabhängigkeit von Rußland zu erreichen.

In den letzten Jahren reaktivierte Rußland auch die Beziehungen zu *Indien.* Am 30. und 31. März 1996 besuchte Jewgenij Primakow den Subkontinent. Er bekräftigte das Ziel, die »strategischen Beziehungen« wiederzubeleben, und brachte zum Ausdruck, daß Indien zu denjenigen Ländern gehöre, die für Moskau zukünftig Priorität hätten. Zu den Schwerpunkten der Gespräche gehörte unter anderem der gemeinsame Kampf gegen Terrorismus und religiösen Fundamentalismus – ein Thema, an dem Rußland vor allem im Hinblick auf die mittelasiatischen moslemischen GUS-Staaten besonderes Interesse hat.

Von nicht zu unterschätzender Bedeutung sind die Bemühungen Rußlands, die Beziehungen zu *China* zu verstärken; dies dokumentiert eine Reihe offizieller Besuche und diplomatischer Gesten. So reiste Präsident Jelzin im Dezember 1992 in die Volksrepublik China, und das Jahr 1994 wurde in Rußland gar zum »Jahr Chinas« erklärt: Höhepunkt war der Moskau-Besuch des chinesischen Präsidenten Jiang Zemin im September. Bald darauf, im Mai 1995, nahm Jiang auf Einladung Jelzins an den Feiern zum 50. Jahrestag des Kriegsendes teil; einen Monat später folgte ein Besuch des chinesischen Ministerpräsidenten Li Peng in der russischen Hauptstadt. Die Bedeutung, die Moskau den Beziehungen zu China auch im sicherheitspolitischen Bereich beimißt, zeigte vor allem ein Staatsbesuch von Präsident Jelzin in China, der am 24. April 1996 begann und bei dem *ein* Thema beherrschend war: die bevorstehende Unterzeichnung eines Abkommens über militärische Vertrauensbildung zwischen der Russischen Föderation, China, Kasachstan, Kirgisien und Tadshikistan.

Die russisch-chinesischen Wirtschaftsbeziehungen sind – ungeachtet der wachsenden Annäherung – freilich nach wie vor dürftig. Mehr noch: Das Handelsvolumen sank von 7 Milliarden US-Dollar im Jahre 1993 auf 5,46 Milliarden US-Dollar 1995. Demgegenüber finden russische Militärgüter zunehmend Absatz in der Volksrepublik: Rußland lieferte an die chinesischen Streitkräfte nicht nur U-

Boote, sondern auch 26 hochmoderne SU-27 Jagdflugzeuge, denen Ende 1996 weitere 24 folgen sollen. Mit großer Wahrscheinlichkeit wird es zu einer Lizenzfertigung dieses Flugzeugtyps in China kommen.

Neben China bleibt die Wirtschaftsweltmacht *Japan* von besonderem – vor allem ökonomischem – Interesse für Rußland. Allerdings war und ist eine grundsätzliche und tiefgreifende Verbesserung der russisch-japanischen Beziehungen ohne die Lösung territorialer Streitfragen nur schwer zu erreichen: 1945 besetzten sowjetische Truppen neben Sachalin (japanisch: Karafuto) unrechtmäßig vier Inseln beziehungsweise Inselgruppen in unmittelbarer Nähe Japans, die nicht zu den Kurilen gehören: Etorofu, Kunashiri, Shikotan und Habomai.

Die ungelöste Frage der Inseln, die die Japaner als »nördliche Territorien«, die Russen hingegen als »Teil der Südkurilen« bezeichnen, belastet seither das Verhältnis zwischen der Sowjetunion respektive Rußland und Japan. Zweimal, bei der Wiederaufnahme diplomatischer Beziehungen beider Länder unter Nikita Chruschtschow im Jahre 1956 und bei den – allerdings sehr diskreten – Vorverhandlungen des Jahres 1992, hatte sich die Sowjetunion beziehungsweise die Russische Föderation bereit erklärt, Japan die kleineren der umstrittenen Inseln, Shikotan und die Habomai-Gruppe, zu übergeben; die beiden größeren Inseln, Kunashiri und Etorofu, sollten in russischem Besitz verbleiben. Japan lehnte dies beide Male ab und bestand weiter auf Rückgabe sämtlicher Inseln. Präsident Jelzin seinerseits geriet unter Druck nationalistisch-kommunistischer Kräfte, die sich vehement gegen die Rückgabe selbst kleinster Teile der »russischen Erde« wandten. So sah sich der Präsident gezwungen, 1992 eine bereits terminierte Japan-Reise abzusagen. Sie konnte erst im Oktober 1993 nachgeholt werden.

Wenn sich die japanisch-russischen Wirtschaftsbeziehungen keineswegs erfolgversprechend entwickeln, so ist dies allerdings weniger auf politische als vielmehr auf ökonomische Ursachen zurückzuführen. Das Handelsvolumen mit Rußland machte 1994 weniger als ein Prozent des gesamten japanischen Warenaustauschs aus. Und auch die Summe der japanischen Direktinvestitionen erfüllt die russischen Erwartungen bei weitem nicht: Wie andere potentielle Investoren werden auch japanische Unternehmen durch die völlig unzulänglichen wirtschaftlichen Rahmenbedingungen von einem finanziellen Engagement in Rußland abgeschreckt.

Die russische Politik entdeckte in der jüngeren Vergangenheit ein weiteres asiatisches Land – das wirtschaftlich rasch aufstrebende *Südkorea*. Nachdem die Moskauer Außenpolitik zu Sowjetzeiten praktisch ausschließlich auf das kommunistische Nordkorea fixiert gewesen war, intensivierten sich seit Ende 1992 die russisch-südkoreanischen Beziehungen, und im Juni 1994 reiste der südkoreanische Präsident Kim Yong Sam nach Rußland. Der Verbesserung des politischen Verhältnisses folgte ein rapider Aufwärtstrend der Handelsbeziehungen: Seit 1991/1992 stieg das Handelsvolumen mit Südkorea um mehr als 80 Prozent.

Fazit: Jelzins Hinweis auf den »zweiköpfigen Adler Rußlands«, der »sowohl in Richtung Westen als auch in Richtung Osten blickt«, war mehr als eine Absichtserklärung – die Ausrichtung nach Asien wurde zum wichtigen Grundprinzip der russischen Außenpolitik, das auch in Zukunft zu beachten sein wird. Fünf Monate nach seiner Ablösung, Anfang Mai 1996, betonte der ehemalige Außenminister Andrej Kosyrew die Notwendigkeit dieser Entwicklung in einem Interview mit dem Nachrichtenmagazin »Focus«: »Rußlands Attraktivität, Macht und Unabhängigkeit, sein internationales Gewicht entspringen aus der Position als eurasische Macht, die mit einem Fuß im Osten und mit einem im Westen steht. Wenn Rußland zu einer Seite umkippt, wird es an beiden Fronten verlieren.«

AKTEURE DER RUSSISCHEN AUSSENPOLITIK

Von *der* russischen Außenpolitik zu sprechen, wie dies häufig geschieht, ist nur bedingt richtig: Vielmehr wirken verschiedene Instanzen an der Ausarbeitung und Verwirklichung der Außenpolitik mit, beeinflussen diese zumindest in unterschiedlichem Maß. In den einzelnen Gremien werden Einflüsse abweichender Konzeptionen der russischen Außenpolitik deutlich.

Zunächst spielt der *Präsident* eine maßgebliche Rolle. Bei einer Pressekonferenz anläßlich der Annahme der neuen russischen Verfassung am 22. Dezember 1993 wurde Präsident Jelzin gefragt, wer die Linien der russischen Außenpolitik festlege und welchen Einfluß die Abgeordneten der Staatsduma besäßen. Jelzins Antwort ließ an Deutlichkeit nichts zu wünschen übrig: Rußlands Außenpolitik werde vom Präsidenten bestimmt. Er verwies auf Artikel 86 der Verfassung, der die Gestaltung der Außenpolitik in die Hände des Präsidenten lege, und betonte, daß er dieses Recht vollständig auszuschöpfen gedenke.

Den nach westlichem Verständnis zentralen Akteur, das *Außenministerium*, charakterisierte Boris Jelzin am 27. Oktober 1992 als mit Autorität ausgestatteten und »verantwortlichen politischen Koordinator für alle Auslandsbeziehungen Rußlands«. In die gleiche Richtung weist auch der Präsidentenerlaß »Über die Gewährleistung einer einheitlichen politischen Linie der Russischen Föderation in den internationalen Beziehungen« vom November 1993, der dem Außenministerium die Koordinierung und Kontrolle der mit auswärtigen Angelegenheiten befaßten Ministerien, Komitees und Ämter mit dem Ziel übertrug, eine einheitliche Außenpolitik zu gewährleisten.

An dritter Stelle ist der Anfang Mai 1992 durch Erlaß des Präsidenten geschaffene *Sicherheitsrat* der Russischen Föderation zu nennen, der sich – obgleich zunächst als »Beratungs-, Koordinierungs- und Kontrollorgan« gedacht – in klarem Widerspruch zur russischen Verfassung zu einem Exekutivorgan entwickelte: Seit 1993 wurde keine wichtige außenpolitische Entscheidung ohne Mitwirkung des Sicherheitsrates getroffen. So war es die Sitzung des Sicherheitsrates vom 3. März 1993, bei der die Militärdoktrin und die konzeptionellen Grundzüge der Außenpolitik festgelegt wurden. Im April 1993 billigte der Sicherheitsrat die »Grundrichtlinien der Außenpolitikkonzeption der Russischen Föderation«, und auch Rußlands Beitritt zur NATO-Initiative »Partnerschaft für den Frieden« im Frühjahr 1995 war vom Sicherheitsrat vorbereitet und abgesegnet worden.

Innerhalb der *Regierung* traten – und treten – einige Minister nicht selten als eigenständige außenpolitische Akteure in Erscheinung, so der Atomminister Viktor Michailow, seit Juli 1993 Mitglied des Sicherheitsrates, der den Export von Nukleartechnologie forcierte, oder der ehemalige Verteidigungsminister Gratschow, der ohne Beteiligung des Außenministers in Bosnien aktiv wurde und mit den USA über eine russische Beteiligung an der UN-Friedenstruppe verhandelte.

Schließlich ist die gegenwärtig kommunistisch-nationalistisch dominierte *Staatsduma* zu nennen, die mit ihren Beschlüssen immer wieder für außenpolitische Verwirrung sorgte. Jüngstes Beispiel: der Parlamentsbeschluß, die Auflösung der UdSSR zu annullieren – die Duma mußte diese Entschließung allerdings später, wie erwähnt, zurücknehmen. Aber auch schon zuvor hatte die Staatsduma eigenmächtig gewirkt, wie Jan S. Adams in der Zeitschrift »International Affairs« vom Februar 1994 zutreffend feststellte – und zwar sowohl im Verhältnis zum »nahen Ausland«, den Mitgliedsländern der GUS, als auch zum »fernen Ausland«:

• So verabschiedete das russische Parlament im Juli 1993 – während des Staatsbesuches von Präsident Jelzin in Japan – eine Resolution, in der das ukrainische Sewastopol als »russische Stadt« deklariert wurde. Jelzin nannte die Aktion »unverantwortlich«, da dies zu einem »Krieg mit der Ukraine« führen könne.
• Eine ähnlich verhängnisvolle Rolle spielte die Duma bei der Diskussion um die »verlagerten Kunstschätze«, die sogenannte Beutekunst. Am 21. April 1995 beschloß die Duma ein Moratorium und kündigte für 1996 die Verabschiedung eines Rückführungsgesetzes an. In einem entsprechenden Beschluß vom 5. Juli 1996 wurde die Beutekunst völkerrechts- und vertragswidrig bis auf wenige Ausnahmen zu russischem Eigentum erklärt beziehungsweise die Rückführung von Kompensationszahlungen abhängig gemacht.
• Auch schon bei der Ratifizierung des START-II-Abkommens zur Reduzierung strategischer Nuklearwaffen, das am 3. Januar 1993 von Boris Jelzin und dem damaligen US-Präsidenten George Bush unterzeichnet worden war, gab es ernsthafte Verzögerungen durch das russische Parlament. In einem Interview im Deutschlandfunk am

31. Januar 1996 sagte ich, daß es sich um »Schwierigkeiten« handele, aber »nicht so sehr wegen der Bestimmungen des START-II-Vertrages, sondern gewissermaßen als Warnung«. Das russische Parlament habe mit seinem Beschluß eine »Protesterklärung gegen eine mögliche NATO-Osterweiterung« abgegeben – anders ausgedrückt: Es wollte ein Junktim zwischen der Ratifizierung des START-II-Abkommens und der nicht erwünschten Erweiterung der NATO nach Osten herstellen. Eine entsprechende Äußerung von Außenminister Primakow am folgenden Tag bestätigte diese Einschätzung: Er sprach von einer parlamentarischen Obstruktionspolitik, die »sinnlos« sei, und befürwortete eine rasche Annahme des Abrüstungsvertrags durch die Duma.

Für die internationalen Beziehungen Rußlands wichtig, aber von den Mehrheitsverhältnissen in der Volksvertretung abhängig ist der *»Auswärtige Ausschuß«* der Staatsduma. An seiner Spitze steht seit den ersten Parlamentswahlen im Dezember 1993 Wladimir Lukin, 1937 in Omsk geboren. Nach Abschluß eines Studiums an der Moskauer Pädagogischen Hochschule und einer Forschungstätigkeit beim »Institut für Weltwirtschaft und internationale Beziehungen« war er ab Mitte der sechziger Jahre in Prag Redakteur der internationalen kommunistischen Zeitschrift »Probleme des Friedens und des Sozialismus«. Wegen seiner kritischen Haltung gegenüber dem Einmarsch sowjetischer Streitkräfte in der Tschechoslowakei wurde er im August 1968 nach Moskau zurückbeordert. Erst 1987 kehrte Lukin in den Staatsdienst zurück – als Leiter der »Verwaltung für Analyse und Prognostizierung auswärtiger Politik« im sowjetischen Außenministerium. 1990 übernahm er den Vorsitz des »Komitees für internationale Angelegenheiten« und war nach dem Zusammenbruch der UdSSR von 1992 bis 1993 Botschafter Rußlands in den USA. Der Mitbegründer der demokratischen »JABLOKO«-Bewegung zog im Dezember 1993 in die Duma ein, wurde zum Vorsitzenden des Auswärtigen Ausschusses gewählt und im Dezember 1995 in dieser Funktion bestätigt. Lukins Einfluß auf die Außenpolitik Rußlands sind enge Grenzen gesetzt: zum einen durch die Mehrheitsverhältnisse in der Duma, von denen die Zusammensetzung des Ausschusses abhängt, zum anderen durch die Tatsache, daß die Macht des Parlaments selbst sehr begrenzt ist.

MOSKAU UND DIE KSZE-VERTRÄGE

Da die »Konferenz für Sicherheit und Zusammenarbeit in Europa« (KSZE, Anfang 1995 in »Organisation für Sicherheit und Zusammenarbeit in Europa«, OSZE, umbenannt) lange Zeit die einzige europäische Organisation war, in der die Russische Föderation gleichberechtigt mit den übrigen Mitgliedsstaaten vertreten war, drängte Moskau immer wieder darauf, diese Institution aufzuwerten. Stets räumte Rußland der KSZE daher Vorrang vor anderen europäisch-atlantischen Organisationen ein, wenn es um die Stärkung von Sicherheit, Stabilität und Zusammenarbeit in Europa ging.

Außenminister Kosyrew erklärte 1994 mehrmals – etwa in der »Njesawissimimaja Gaseta« vom 2. Februar und in einem Interview mit der Nachrichtenagentur ITAR-TASS am 8. Juli –, die Europa als ganzes umspannende KSZE sei geeigneter als alle anderen Organisationen wie NATO, Westeuropäische Union (WEU) oder Europäische Union (EU), eine »gesamteuropäische Partnerschaft sämtlicher demokratischer Staaten Europas zu begründen«. Rußland setzte sich dafür ein, die OSZE zu einer »vollwertigen Regionalorganisation« der Vereinten Nationen auszubauen – sie war und ist für Moskau gleichsam ein »Dach« für Gesamteuropa und zugleich eine Möglichkeit, russischen Einfluß zu verstärken und abzusichern. Eine Unterordnung des Nordatlantischen Bündnisses und/oder der Europäischen Union unter die OSZE würde Rußland eine Chance zur Mitsprache bei der Neugestaltung der Sicherheitspolitik sowie Einfluß auf wichtige Fragen geben, zum Beispiel die der Osterweiterung der NATO und/oder der Europäischen Union.

Einen gewissen Erfolg, wenn auch eher formaler Art, konnte Boris Jelzin als Vertreter Rußlands bei einem zweitägigen KSZE-Gipfeltreffen am 5. und 6. Dezember 1994 in Budapest verbuchen: Zwar konnte in entscheidenden Sicherheitsfragen – Jugoslawien-Konflikt, Nato-Osterweiterung – nur eine sehr begrenzte Übereinstimmung erzielt werden; die Staats- und Regierungschefs beschlossen jedoch die Umbenennung und institutionelle Aufwertung der KSZE. »Das neue Zeitalter der Sicherheit und Zusammenarbeit in Europa«, so hieß es in der Erklärung, habe »zu einem grundlegenden Wandel in der KSZE und zu einer dramatischen Stärkung ihrer Rolle« geführt. Daher werde die KSZE ab 1. Januar 1995 unter der Bezeichnung »Organisation für Sicherheit und Zusammenarbeit in Europa« fortgeführt. Allerdings sollte dadurch, wie in einer Mitteilung des Presse- und Informationsamts der Bundesregierung vom 23. Dezember 1994 unterstrichen wurde, weder der Charakter der KSZE-Verpflichtung noch der Status der KSZE und ihrer Institutionen verändert werden. Das eigentliche Ziel der Russischen Föderation, die KSZE/OSZE als europäische »Dachorganisation« zu etablieren, war damit gescheitert: Jelzin blieb mit seiner Haltung unter den Vertretern der übrigen 52 Teilnehmerstaaten weitgehend isoliert.

Neue Schwierigkeiten ergaben sich für Rußland durch den am 19. November 1990 in Paris unterzeichneten Vertrag über den Abbau konventioneller Streitkräfte in Europa, den sogenannten KSE-I-Vertrag, der eine drastische Reduzierung der konventionellen Waffen zwischen Ural und Atlantik festgelegt hatte, insbesondere Obergrenzen für die Anzahl der Panzer, gepanzerten Fahrzeuge, Flugzeuge, Hubschrauber und Artilleriewaffen. Nach der Auflösung des östlichen Militärbündnisses, des Warschauer Paktes, wurden die Obergrenzen der jeweiligen Waffengattungen auf die ehemaligen Mitgliedsstaaten beziehungsweise deren Nachfolgestaaten umgerechnet. Für den südlichen Bereich des ehemaligen Warschauer Paktes – heute: Rumänien, Bulgarien, der Militärbezirk Odessa/Ukraine, Georgien, Armenien und Aserbaidshan – und den nördlichen Teil – heute repräsentiert durch die baltischen Staaten, Belarus und Nordrußland – wurden insgesamt Höchstgrenzen von 4700 Panzern, 5900 gepanzerten Fahrzeugen und 6000 Artilleriegeschützen festgelegt.

Angesichts des Krieges in Tschetschenien bestand Moskau darauf, 2500 Panzer und eine neue Einheit mit 100 000 Mann, die am 1. Juni 1995 gebildete 58. Armee, im Kaukasus zu stationieren. Beides widersprach dem KSE-I-Vertrag, der am 9. November 1992 auch von der Russischen Föderation ratifiziert worden war. Die USA rieten

Rußland zwar von »einseitigen Maßnahmen« ab, gestanden jedoch zu, daß russische Bedürfnisse im Rahmen des Abrüstungsabkommens »befriedigt werden könnten«. Auch die OSZE erklärte Mitte 1995, daß der Vertrag »gewisse Flexibilitäten« beinhalte, die später überprüft werden könnten – dies wurde während des G7-Gipfels am 20. April 1996 in Moskau bekräftigt. Unterdessen ging Moskaus grausamer Krieg gegen Tschetschenien weiter. Bei einer Konferenz am 1. Juni 1996 in Wien stimmten die 30 Unterzeichnerstaaten des KSE-I-Vertrags einem Abkommen Rußlands und der Vereinigten Staaten über die russische Militärpräsenz im Kaukasus zu, das am Tag zuvor ausgehandelt worden war: Für Rußland galten danach die vertraglich vereinbarten Höchstgrenzen für Panzer, Panzerfahrzeuge und Artilleriegeschütze im Westen und Süden des Landes erst ab 1999. Die offizielle Begründung der russischen Seite lautete, die Mittel für die Vernichtung von Waffen seien derzeit nicht vorhanden. Militärexperten gingen jedoch davon aus, daß der Tschetschenien-Krieg der eigentliche Grund für die Verzögerung bei der vorgesehenen Abrüstung war.

DIE AUFNAHME RUSSLANDS IN DEN EUROPARAT

Im April 1994 sprachen sich die Außenminister der 38 Mitgliedsstaaten des Europarates für eine baldige Aufnahme Rußlands aus, nachdem die Duma-Wahlen vom 17. Dezember 1993 von internationalen Wahlbeobachtern weitgehend als fair und frei bewertet worden waren. Die am selben Tag durch ein Referendum angenommene neue Verfassung der Russischen Föderation bestärkte den Europarat in seiner positiven Haltung.

Aber: Ein Jahr nach Wahl und Referendum begann der russische Angriffskrieg gegen Tschetschenien. Dies führte – so der Bericht des Bürgerrechtlers und Duma-Abgeordneten Sergej Kowaljow, der die ganze Härte des Krieges in Tschetschenien miterlebte – im Frühjahr 1995 zu einem Meinungsumschwung im Europarat. Die Parlamentarische Versammlung des Rates beschloß mit deutlicher Mehrheit, Rußlands Beitrittsgesuch so lange zurückzustellen, bis der Kaukasus-

Konflikt friedlich beigelegt sei. Demgegenüber war Moskau gerade *wegen* des Tschetschenien-Krieges daran interessiert, in den Europarat aufgenommen zu werden, um volle demokratische Legitimation zu erhalten. Allerdings barg die Mitgliedschaft Probleme für Rußland: Nach den Richtlinien des Europarats muß jedes Mitglied die »Europäische Konvention zur Erhaltung der Menschenrechte und Grundfreiheiten« unterzeichnen und innerhalb Jahresfrist ratifizieren. Damit verbunden ist das Recht der Bürger von Mitgliedsstaaten des Europarats, sich mit Beschwerden an den »Europäischen Gerichtshof für Menschenrechte« zu wenden. Ein Beitritt zum Europarat verpflichtet außerdem dazu, den Vollzug von Todesstrafen auszusetzen und die Todesstrafe innerhalb von drei Jahren abzuschaffen; innerhalb eines Jahres müssen zudem das »Rahmenabkommen zum Schutz nationaler Minderheiten« sowie die »Charta für regionale und Minderheitensprachen« unterzeichnet werden. Die Mitgliedschaft im Europarat verlangt schließlich, internationale und interne Konflikte mit friedlichen Mitteln beizulegen, die Androhung von Gewalt gegen Nachbarstaaten zu unterlassen und Verhandlungen über die Rückgabe von Eigentum anderer Mitgliedsstaaten – darunter die Rückgabe verschleppter Kulturgüter – rasch zum Abschluß zu bringen.

Angesichts dieses Katalogs von Pflichten bestanden im Rat ernsthafte Bedenken gegen eine Mitgliedschaft Rußlands. Der Schweizer Berichterstatter des Politischen Ausschusses des Europarats, Ernst Mühlemann, berichtete über Mängel in der Gesetzgebung und Rechtsprechung, im Strafvollzug und in den Dienstvorschriften für die Armee, die eine von ihm geleitete Expertenkommission bei Besuchen in Rußland vorgefunden hatte. Trotz dieser schwerwiegenden Einwände sprach sich die Parlamentarische Versammlung des Europarates am 25. Januar 1996 mit der großen Mehrheit von 164 zu 35 Stimmen bei 15 Enthaltungen für die Aufnahme Rußlands aus – nicht jedoch, ohne ausdrücklich auf Rußlands Defizite im Rechtssystem und auf die Menschenrechtsverletzungen in Tschetschenien hinzuweisen.

Was sprach für die Aufnahme der Russischen Föderation in den Europarat? Die Organisation betonte vor allem die Chance, Einfluß auf die Entwicklung der Rechtsstaatlichkeit in Rußland nehmen zu können. »Wir wollten die Russen vor allem mit dabei haben, damit man den ganzen nötigen Reformprozeß auch mit freundlichem Druck begleiten kann«, erklärte die Präsidentin der Parlamentarischen Versammlung, die Deutsche Leni Fischer. »Natürlich muß man die Hoffnung damit verbinden, daß sich die Dinge bessern. Eine Nichtaufnahme hätte psychologisch verheerende Wirkungen gehabt. Die Aufnahme hingegen hat uns das verbriefte Recht gegeben, den Prozeß zu Demokratie und Rechtsstaatlichkeit mit sanftem Druck zu begleiten.« Die schwierige Situation in Rußland lasse nicht erwarten, so Leni Fischer, »daß sich dort mit Leichtigkeit demokratische Reformen durchsetzen können«. Der Generalsekretär des Europarats, der Schwede Daniel Tarschys, erklärte, die Mitgliedschaft Rußlands sei ein »symbolhaftes Zeichen für die endgültige Überwindung der Teilung Europas«.

Die Entscheidung des Europarates stieß erwartungsgemäß auch auf Kritik. »Der Europagedanke wird diskreditiert«, ließ Otto von Habsburg am 12. April 1996 in der »Deutschen Tagespost« verlauten. Demgegenüber hatte der Vorsitzende des Auswärtigen Ausschusses des Deutschen Bundestages, Professor Karl-Heinz Hornhues, betont, bei der großen Mehrheit der politischen Kräfte Rußlands herrsche ungeachtet aller Unterschiede die Einsicht vor, internationale Verpflichtungen seien einzuhalten – ihnen sei nicht daran gelegen, die internationale Position und das Ansehen des Landes weiter zu schwächen. Außerdem dürfe die Kontrollfunktion des Parlaments nicht unterschätzt werden. Auch Hornhues nannte die Möglichkeit, die Entwicklung in Rußland zu beeinflussen, als wichtigsten Faktor für die Aufnahme in den Europarat: »Ich bin sicher«, so der Ausschußvorsitzende in der »Neuen Osnabrücker Zeitung« vom 29. Februar 1996, »daß der Beitritt die demokratische Entwicklung in Rußland erheblich fördert und für alle Europäer von Nutzen sein wird.«

Jewgenij Primakow, erst sechs Wochen zuvor zum Außenminister der Russischen Föderation ernannt, sagte nach einer Mitteilung der Nachrichtenagentur INTERFAX bei der offiziellen Aufnahme seines Landes in den Europarat am 28. Februar 1996: »Der Beitritt zum Europarat eröffnet ein neues Kapitel in der Biographie Rußlands, in der Geschichte des Europarates und unseres Kontinents. Wir verstehen gut, daß die Mitgliedschaft im Europarat für Rußland auch ernstzunehmende Verpflichtungen enthält, die sich aus den heute in Straßburg unterzeichneten Dokumenten ergeben. Wenn wir von der Einmütigkeit ausgehen, mit der die russische Gesellschaft den Beitritt unseres Landes zum Europarat begrüßt, besteht jeder Anlaß zu der Überzeugung, daß die unterzeichneten Dokumente in möglichst kurzer Zeit ratifiziert werden.«

Mit der Erfüllung der genannten Verpflichtungen dürfte es jedoch nicht unerhebliche Probleme geben. Justizminister Walentin Kowaljow – nicht zu verwechseln mit seinem Namensvetter, dem Bürgerrechtler Sergej Kowaljow – kündigte bereits am 5. Februar 1996 an, die bevorstehende Aufnahme Rußlands in den Europarat bedeute »nicht automatisch die Abschaffung der Todesstrafe«. Zwar sei er »prinzipiell« der Ansicht, »daß die Todesstrafe abgeschafft werden muß«. In Rußland aber könne das nur dann geschehen, wenn es gelinge, die Kriminalitätsrate zu senken.

MOSKAUS HALTUNG IM JUGOSLAWIEN-KONFLIKT

Der Wandel der russischen Außenpolitik ab Ende 1992 wurde vor allem in dem tragischsten bewaffneten Konflikt auf europäischem Boden seit Ende des Zweiten Weltkriegs, im Jugoslawien-Konflikt deutlich. Zunächst, zwischen Juni 1991 und Ende 1992, hatte Rußland weitgehend die westliche Jugoslawien-Politik unterstützt; wie die übrigen Mitglieder des UN-Sicherheitsrates befürwortete die russische Führung auch das umfassende Wirtschaftsembargo gegen Jugoslawien. Zunehmend aber machte sich auch in dieser Frage der Einfluß der nationalistisch-kommunistischen Opposition bemerkbar. In einem Memorandum »Über jugoslawische Angelegenheiten« erklärte bereits im Juni 1992 der damals noch bestehende Oberste Sowjet der Russischen Föderation, die Jugoslawien-Politik sei einseitig gegen die Serben gerichtet. Dies mißachte Rußlands historische Identität und seine geostrategischen Interessen. Auch die russisch-orthodoxe Kirche betonte immer wieder die historische Freundschaft zwischen Russen und Serben. Der russischen Führung lag offenkundig daran, jede einseitige Schuldzuweisung an Serbien zu vermeiden: Am Blutvergießen in Bosnien seien, so der damalige Außenminister Kosyrew am 19. April 1993, »alle Seiten beteiligt«. Gleichwohl bekräftigte er eine Woche später, am 26. April: »Rußland wird die Sanktionen gegen Jugoslawien unterstützen.« In wachsendem Maße zeigte sich auch in der Jugoslawien-Frage das geänderte russische Selbstverständnis: Das Land müsse, so der Tenor, als wichtige Großmacht bei der Lösung des Jugoslawien-Konflikts eine entscheidende Rolle spielen.

In der Tat engagierte sich die Russische Föderation in Ex-Jugoslawien zunehmend selbstbewußt: So beugten sich die bosnischen Serben dem Ultimatum vom Februar 1994, ihre schweren Waffen in Sarajewo unter die Kontrolle der Vereinten Nationen zu stellen, erst auf russische Vermittlung hin; im Gegenzug wurden 400 Blauhelmsoldaten nach Kroatien und in die Herzegowina entsandt. Mitte März 1994 gelang es den russischen Unterhändlern, einen – allerdings nur kurzzeitig wirksamen – Waffenstillstand zwischen den Krajina-Serben und Kroatien zu vermitteln. Die Wirkung nach außen hin war nachhaltig: Nachdem Rußland unübersehbar begonnen hatte, seine Rolle als unentbehrlicher Partner bei der Konfliktregelung zu demonstrieren, wurde das Land in die internationale Bosnien-Kontaktgruppe aufgenommen.

Die auf einem UN-Mandat basierenden massiven NATO-Einsätze gegen die Krajina-Serben und gegen serbische Stellungen in Bosnien ab dem 30. August 1995 führten zu einem Sturm der Entrüstung auf russischer Seite – bei der Regierung ebenso wie bei der Opposition. Im Zentrum stand der Vorwurf, UNPROFOR (United Nations Protection Force) und NATO agierten einseitig für die moslemischen Bosnier und Kroaten. In einem Schreiben an den Generalsekretär der Vereinten Nationen vom 8. August 1995, das in der Zeitschrift »Internationale Politik« vom Dezember 1995 wiedergegeben ist, erklärte Außenminister Kosyrew, die kroatische Seite habe »nicht nur eine ganze Reihe von Resolutionen des Sicherheitsrates verletzt«, sondern auch »eine ganze Serie von vorsätzlichen Angriffen auf die Blauhelme begonnen«. Es gehe nicht an, so Kosyrew, »mit zweierlei Maß zu messen«. Am 12. September 1995 beanstandete die russische Regierung nach einem Bericht der »Frankfurter Allgemeinen Zeitung«, daß die NATO trotz zahlreicher Proteste von russischer Seite weiter serbische Stellungen in Bosnien angreife. Dabei würden auch unschuldige Zivilisten getötet, sogar Kinder – die Unschuldigsten von allen: »Das Überleben einer ganzen Generation bosnischer Serben, die zur Zeit einem Völkermord ausgesetzt ist, ist daher gefährdet.«

Russische Politiker unterschiedlichster Couleur kritisierten die Luftangriffe und forderten Konsequenzen. KP-Chef Gennadij Sjuganow erklärte, in der Balkan-Politik seien zahlreiche schwere Fehler gemacht worden; zum wiederholten Male forderte er den Rücktritt von Außenminister Kosyrew und sprach sich für eine Aufhebung des Waffenembargos gegen Serbien und außerdem für eine Annullierung der mit der NATO vereinbarten »Partnerschaft für den Frieden« aus, wie die französische Nachrichtenagentur AFP am 9. September 1995 meldete. Selbst ein Führungsmitglied der demokratischen »JABLOKO«-Partei, der Vorsitzende des Auswärtigen Ausschusses der Staatsduma, Wladimir Lukin, warf der NATO vor, durch die Luftangriffe »zu testen, wie nahe sie an die russischen Grenzen kommen« könne. Der Grund für die Proteste lag offenkundig nicht allein in der pro-serbischen Haltung, sondern mehr noch in dem russischen Bestreben, an der Lösung des Jugoslawien-Konflikts angemessen beteiligt zu werden. Unter dem Eindruck der massiven russischen Kritik einigten sich Amerikaner und Russen Ende Oktober 1995 darauf, daß eine russische Einheit von 1600 Mann unter dem Oberbefehl von General George Joulwan in die »Implementation Force« (IFOR) der Vereinten Nationen einbezogen wurde; diese hatte nach dem Ende des Mandats der UNPROFOR die Aufgabe übernommen, die Friedensvereinbarung von Dayton/Ohio, die am 21. November 1995 paraphiert und am 14. Dezember 1995 in Paris unterzeichnet worden war, zu »implementieren«, also zu überwachen und durchzusetzen. Außerdem wurde ein Beratungsgremium geschaffen, das aus Vertretern der 16 NATO-Staaten und einem Vertreter Rußlands – »16 + 1« – bestand. So erreichte die Russische Föderation ein wichtiges Ziel –

die unmittelbare Beteiligung an der Beilegung des Konflikts in Ex-Jugoslawien. Die internationale Bedeutung der Russischen Föderation wurde dadurch nachhaltig gestärkt.

RUSSLAND UND DIE NATO-OSTERWEITERUNG

Das Ende des Warschauer Paktes am 1. Juli 1991, die widersprüchliche Situation in der Sowjetunion beziehungsweise in ihren Nachfolgestaaten sowie die anwachsenden national-patriotischen Strömungen in Rußland blieben nicht ohne Folgen für die sicherheitspolitischen Interessen vieler ost- und mitteleuropäischer Länder sowie der baltischen Staaten: Die neugewonnene Souveränität sollte durch den Westen, durch das Nordatlantische Bündnis geschützt werden. Dieses Anliegen war vor allem bei jenen Staaten ausgeprägt, die in der Vergangenheit Opfer sowjetischen Hegemonialstrebens geworden waren: den drei baltischen Staaten (Besetzung im Sommer 1940), Ungarn (Einmarsch der Sowjettruppen im November 1956), Polen (Einmarsch der deutschen Truppen im Westen und der sowjetischen im Osten nach dem Hitler-Stalin-Pakt vom August 1939), Tschechien und der Slowakei (Besetzung der damaligen ČSSR während des »Prager Frühlings« am 21. August 1968 durch Truppen des Warschauer Paktes).

Der Gedanke, das westliche Militärbündnis um Staaten Mittel- und Osteuropas sowie um die baltischen Länder zu erweitern, fand im Westen ein rasches Echo, und schon 1993 wurde der Begriff »NATO-Osterweiterung« geläufig. US-Präsident Bill Clinton initiierte die breite öffentliche Diskussion im April 1993 mit einer Rede anläßlich der Eröffnung des Holocaust-Museums in Washington; in der zweiten Jahreshälfte begann die Auseinandersetzung über die NATO-Osterweiterung in Europa. Im Oktober 1993 stellte US-Verteidigungsminister Perry bei einem Treffen der NATO-Verteidigungsminister in Travemünde das Konzept der »Partnerschaft für den Frieden« als Vorstufe einer Integration respektive engen Zusammenarbeit der fraglichen Länder mit dem Atlantischen Bündnis vor. Bis Ende 1994 traten dieser »Partnerschaft« 23 Staaten Mittel-, Ost- und Südosteuropas bei. Das Heikle dieser Annäherung für die Russische Föderation wurde früh erkannt. So sagte Bundesaußenminister Kinkel in einem »Spiegel«-Interview vom 27. September 1993: »Eine Ausweitung nach Osten kann es nur geben, wenn keine neuen Brüche mit Rußland entstehen.« Sein Motto: »Vorsichtig voran. Keine übereilten Aktionen.«

Es fehlte und fehlt auch im Westen nicht an zurückhaltenden, teils auch kritischen und mit Blick auf Rußland warnenden Stellungnahmen. So wird zunehmend die Frage des Zusammenhangs zwischen der Erweiterung der NATO und der Erweiterung der Europäischen Union gestellt: Ein NATO-Beitritt samt den damit einhergehenden Aufwendungen für eine Angleichung der Standards im militärischen Bereich dürfe nicht dazu führen, die wirtschaftlichen Voraussetzungen für eine EU-Mitgliedschaft zu beeinträchtigen. Daher sei eine »strategische Parallelität« zwischen NATO- und EU-Erweiterung anzustreben.

In öffentlichen Diskussionen wurde kritisch darauf hingewiesen, daß keineswegs alle der zwölf einst kommunistisch regierten Länder und potentiellen NATO-Partner bereits über eine stabile Demokratie und Marktwirtschaft verfügten; das sei zwar in der kurzen Spanne von weniger als sechs Jahren auch kaum zu erwarten gewesen, doch auf jeden Fall seien in einigen dieser Staaten nationale Minderheiten noch keineswegs gleichberechtigt, und zwischen den einzelnen Staaten bestünden zum Teil erhebliche Konfliktpotentiale. Andere Kritiker wiesen auf das Problem der Ukraine hin: Dort wachse die Befürchtung, die Tatsache, daß das Land von der NATO-Osterweiterung ausgeschlossen sei, könne zumindest indirekt einen russischen Führungsanspruch legitimieren. Schließlich wurde, vor allem in letzter Zeit, auf die erheblichen Kosten einer NATO-Osterweiterung hingewiesen, die aus der Angleichung der militärischen Ausrüstung an das NATO-Niveau entstünden.

Der ehemalige Bundesverteidigungsminister Georg Leber erhob ebenfalls Bedenken gegen eine NATO-Osterweiterung und schlug eine Alternative vor: »Es gibt andere Lösungen als die Ausweitung der NATO. ... Wie wäre es, wenn alle NATO-Staaten und Rußland einen Vertrag schlössen und Verpflichtungen über die Unversehrtheit der in Betracht kommenden Länder übernähmen, die sich in der Qualität des von ihnen ausgehenden Schutzes jedenfalls nicht negativ von einer NATO-Mitgliedschaft unterscheiden würden.« Nach wie vor wurde jedoch im Westen eine – wenn auch vorsichtige – NATO-Osterweiterung angestrebt:

• Der Generalsekretär der NATO, Javier Solana, betonte am 6. Juni 1996 in Rom, die Erweiterung werde »unausweichlich kommen«; gleichzeitig müsse es aber eine »möglichst umfangreiche Zusammenarbeit mit Rußland geben.
• Für eine schnelle Erweiterung des Atlantischen Bündnisses setzt sich die Republikanische Partei in den USA ein: Am 4. Juni 1996 brachte Präsidentschaftskandidat Bob Dole einen Antrag in den US-Senat ein, Polen, Ungarn und Tschechien als erste Kandidaten für eine NATO-Mitgliedschaft fest zu bestimmen und die Aufnahme mit 60 Millionen US-Dollar zu unterstützen. Dem amtierenden Präsidenten warf Dole vor, die NATO-Erweiterung absichtlich zu verzögern.
• Die Bundesregierung ist nach wie vor auf Behutsamkeit bedacht: Bundeskanzler Kohl sagte im Juni 1996, über den Beitritt früherer Länder des Warschauer Paktes solle 1997 entschieden werden; an diese Frage müsse »mit Umsicht, Sorgfalt und Klugheit« herangegangen werden.

Eine Osterweiterung des Atlantischen Bündnisses wird im Westen heute ganz überwiegend befürwortet. Deutsche Stellungnahmen betonen die Notwendigkeit eines behutsamen Vorgehens, während – auch dies soll nicht unerwähnt bleiben – etwa die britische Seite darauf hinweist, daß mögliche neue Mitglieder der NATO nicht nur Rechte erhalten, sondern ebenso Pflichten übernehmen müßten und daher auch eine Bringschuld von seiten der beitrittswilligen Länder Mittel- und Osteuropas bestehe.

Die Idee einer Erweiterung der NATO nach Osten stieß in russischen Kreisen wider Erwarten zunächst auf ein gewisses Verständnis. In einem Interview mit dem US-Fernsehsender ABC sagte Präsident Jelzin am 26. Januar 1992, daß »die USA nicht länger Feind« Rußlands seien. Und noch im August 1993 erklärte er anläßlich seines Staatsbesuches in Polen, daß er nichts gegen den polnischen Wunsch auf Aufnahme in die NATO habe; dies wurde in einer gemeinsamen russisch-polnischen Erklärung vom 25. August 1993 ausdrücklich festgehalten.

Seit Herbst 1993 aber veränderte sich die Haltung Rußlands: Präsident Jelzin richtete Ende September 1993 einen Brief an einige NATO-Staaten, in dem er sich ausdrücklich gegen eine Erweiterung des westlichen Militärbündnisses nach Osten aussprach und vor einer »Isolierung Rußlands« warnte (vgl. »Frankfurter Allgemeine Zeitung«, 2. Oktober 1993). Etwa zeitgleich, am 26. September 1993, erklärte Außenminister Kosyrew in einem Beitrag für die Zeitung »Moskowskije Nowosti«, daß bei einer NATO-Osterweiterung »simplifiziertes, überstürztes Herangehen« vermieden werden müsse. Vor allem dürfe die NATO keine Militärstützpunkte nach Osten verlagern und müsse auf die Stationierung von Atomwaffen in mittel- und osteuropäischen Ländern verzichten.

Noch kategorischer äußerte sich der spätere Außenminister Jewgenij Primakow, damals Chef des »Dienstes für Auswärtige Aufklärung der Russischen Föderation«: Nach wie vor, so Primakow am 25. November 1994, sei die NATO in »Stereotypen des Blockdenkens« verhaftet. Eine Ostausdehnung der Allianz könne nur unter der Bedingung zugelassen werden, daß auch Rußland Mitglied des Bündnisses werde. Habe sich die NATO in der Vergangenheit nachweislich gegen Rußland gerichtet, komme es nun darauf an, ein Sicherheitssystem für *alle* europäischen Staaten zu errichten (vgl. »Iswestija«, 26. November 1994).

Die KSZE-Gipfelkonferenz im Dezember 1994 machte unmißverständlich deutlich, daß Rußland kein Mitspracherecht, geschweige denn ein Vetorecht bei der NATO-Osterweiterung haben würde. Die russische Ablehnung verschärfte sich daraufhin merklich: Anfang September 1995 bezeichnete Jelzin die Osterweiterung der NATO als großen Fehler, der in »ganz Europa die Flamme des Krieges« entfachen könne. Ähnlich äußerte sich der Stellvertretende Außenminister Sergej Krylow: Im Falle eines Beitritts der baltischen Staaten in die NATO würden nicht nur wirtschaftliche und politische, sondern auch militärische Maßnahmen ergriffen (vgl. »Frankfurter Allgemeine Zeitung«, 9. September 1995; »Neue Zürcher Zeitung«, 5. September 1995).

Die Kommunisten Rußlands lehnten, wie zu erwarten, die Osterweiterung brüsk und mit Verdächtigungen ab: Der Plan der Ausdehnung des Bündnisses sei eine großangelegte, unverkennbar offensive und unverhohlen aggressive Aktion gegen die Russische Föderation, so Richard Owtschinnikow, politischer Kommentator der »Prawda«.

Die wiederholten, teils offiziellen Zusagen des Westens, eine NATO-Osterweiterung sei nicht gegen Rußland gerichtet, wies Außenminister Jewgenij Primakow anläßlich der offiziellen Aufnahme Rußlands in den Europarat am 28. Februar 1996 zurück: Die Erklärung, eine erweiterte NATO sei nicht gegen Rußland gerichtet, könne Moskau nicht zufriedenstellen: »Russische Raketen sind jetzt auch nicht auf den Westen gerichtet, und dennoch begrüßen die westlichen Staaten die Vergrößerung des russischen Raketenpotentials wohl genausowenig wie Rußland sich mit der Perspektive einer Vergrößerung des NATO-Potentials einverstanden erklärt.« Rußland werde bei osteuropäischen Ländern, die der NATO beitreten wollten, zwar nicht mit der Faust auf den Tisch hauen, »aber man muß anerkennen, daß Rußland seine eigenen Sicherheitsinteressen hat, die geschützt werden müssen«, sagte Primakow laut einer Meldung der Nachrichtenagentur ITAR-TASS.

Eine Osterweiterung der NATO wird in Rußland durchgehend abgelehnt: Es gibt keine einzige politische Kraft in Rußland, die einer Erweiterung des Bündnisses nach Osten ohne Beteiligung des eigenen Landes zustimmen würde. Die Ablehnung wurde und wird in der russischen Öffentlichkeit mit unterschiedlichen Ansätzen, vor allem in sehr unterschiedlicher Tonart, ausgedrückt: Von den schrillen, drohenden Erklärungen nationalistischer und kommunistischer Kräfte, über die etwas gemäßigteren regierungsoffiziellen Stellungnahmen bis hin zu dem Versuch der Demokraten, den Westen von den potentiellen Gefahren einer Osterweiterung zu überzeugen. So antwortete der russische Demokrat und Mitinitiator der Perestroika, Alexander Jakowlew, in einem »Spiegel«-Interview auf die Frage nach den möglichen Konsequenzen einer NATO-Osterweiterung ohne russische Beteiligung: »Das würde eine große Gefahr heraufbeschwören. Es könnte unser Volk gegen den Westen aufbringen, die Chancen auf einen Sieg der Demokratie in Rußland wesentlich verzögern und den Militarismus stärken.« Ähnlich äußerten sich drei außenpolitische Experten in einem Artikel der demokratischen Zeitung »Njessawissimaja Gaseta« vom 26. März 1996: Eine NATO-Osterweiterung werde »von der Mehrzahl der russischen Politiker nicht nur als eine Bedrohung, sondern auch als ein Versagen der Partnerschaft mit dem Westen und der Politik der Demokraten, die das Vordringen der NATO bis an die russischen Grenzen erlauben, angesehen«.

In gleichem Sinne warnte Jegor Gaidar, ehemaliger Reform-Ministerpräsident und Vorsitzender der Partei »Rußlands demokratische Wahl«, Ende März 1995: »Uns ist völlig klar, daß die NATO kein aggressiver Pakt ist. Wir verstehen auch den Wunsch unserer Partner in Osteuropa, sich wenigstens symbolisch Westeuropa schneller zu nähern.« Dies bedrohe zwar die Sicherheit Rußlands nicht, aber es sei offenkundig, »daß die NATO-Osterweiterung von unseren Opponenten genutzt würde, um eine Hysterie zu entfachen. Sie würden versuchen, das Gefühl einer militärischen Bedrohung und einer antirussischen Verschwörung herbeizureden.«

Der im Westen nach wie vor populäre Initiator der Perestroika und ehemalige Präsident der UdSSR, Michail Gorbatschow, faßte seine Ablehnung der NATO-Ausdehnung im Juni 1996 in deutliche Worte: Eine Erweiterung der NATO werde eine neue Grenze des Mißtrauens durch Europa ziehen. Anstatt Europa zu einigen, werde die NATO erneut zu einem »Instrument des Kalten Krieges« gemacht. Danach ließ er einen bemerkenswerten Hinweis folgen: Bei Abschluß des 2+4-Vertrages im Jahre 1990, der den Weg zur deutschen Einheit geebnet hatte, habe Einigkeit darüber bestanden, auch nach dem Abzug der russischen Truppen aus der damaligen DDR auf eine NATO-Ausdehnung nach Osten zu verzichten.

Nicht zuletzt der Druck von russischer Seite führte zu einer Vertagung der Osterweiterungsfrage auf frühestens 1997. Selbst wenn diese Frist nicht eingehalten werden sollte, scheint sicher, daß die NATO-Osterweiterung kommen wird – Polen, Tschechien und Ungarn dürften die ersten Beitrittskandidaten sein (vgl. Meldung der Nachrichtenagentur Reuter vom 4. Juni 1996). Inzwischen sucht die russische Führung Verbündete im Kampf gegen die NATO-Osterweiterung. Bei einem Besuch Präsident Jelzins in China am 25. April 1996 erklärte der chinesische KP-Chef Jiang Zemin, daß er die russischen Einwände gegen die NATO-Osterweiterung »verstehe und unterstütze«.

Rußland und die NATO-Osterweiterung – dieses Problem wird weiter ein umstrittener Punkt auf der internationalen Tagesordnung bleiben.

SCHLUSSFOLGERUNGEN

Die wesentlichen Aspekte der Außenpolitik Rußlands lassen sich in folgenden Punkten zusammenfassen:

• Michail Gorbatschows zentrale Konzeption des »neuen Denkens« führte zum Ende der früheren Feindbilder. An die Stelle des »internationalen Klassenkampfs« trat das Streben nach gleichberechtigten partnerschaftlichen Beziehungen zu westlichen Demokratien, die Errichtung eines »europäischen Hauses« und das Ziel, die Sowjetunion in die »zivilisierte Staatengemeinschaft« einzubeziehen.
• Seit 1992/93 vollzieht sich in Rußland eine Wende zum nationalen Großmachtdenken. Dabei spielte die gewaltige Rückkehrwelle von Hunderttausenden sowjetischer Soldaten und Offizieren aus den Ländern des Warschauer Paktes, den baltischen Staaten sowie aus Deutschland eine entscheidende Rolle. Erst damit wurde der russischen Bevölkerung der Verlust der einstigen Weltmachtstellung deutlich. Dies stärkte jene Kräfte, die sich vehement für eine Großmachtpolitik mit deutlicher Betonung russischer Machtinteressen einsetzen.
• Die Wandlung der Außenpolitik wurde von drei aufeinanderfolgenden Außenministern verkörpert: Eduard Schewardnadse (Juli 1985 bis Dezember 1991), Andrej Kosyrew (Dezember 1991 bis Januar 1996) und, seit Januar 1996, Jewgenij Primakow. Letzterer versteht

Schlußfolgerungen   231

sich eindeutig als Vertreter der außenpolitischen Interessen einer
Großmacht Rußland.

• Die im November 1992 von Boris Jelzin erstmals artikulierte »eurasische Zielsetzung« führte zu einer Schwerpunktverlagerung der
russischen Außenpolitik auf die Länder des Nahen Ostens und Asiens.

• Neben vielen Gemeinsamkeiten der zuständigen Personen und
Organe – dem Präsidenten, dem Außenministerium, dem Sicherheitsrat, den Regierungsmitgliedern und der Staatsduma – gibt es unterschiedliche Akzente in ihrer Ausarbeitung und Verwirklichung der
russischen Außenpolitik.

• Die Beziehungen zwischen der Russischen Föderation und den
baltischen Staaten werden durch die starken slawischen Minderheiten in diesen Ländern erschwert, die auf politische und kulturelle
Gleichberechtigung drängen.

• Rußland ist bestrebt, die »Organisation für Sicherheit und Zusammenarbeit in Europa« zum entscheidenden und führenden Europa-
Organ auszubauen, setzt sich jedoch zugleich durch den Tschetschenien-Krieg und die Überschreitung der in Vereinbarungen
verbindlich festgelegten Truppenstärken in Widerspruch zur OSZE.

• Die Aufnahme Rußlands in den Europarat am 25. Januar 1996
bedeutete zwar einerseits einen Prestigegewinn für die russische
Führung, stellte sie jedoch vor die schwierige, kurzfristig kaum lös-
bare Aufgabe, die Voraussetzungen der Vollmitgliedschaft zu erfüllen – darunter Achtung der Menschenrechte, Durchsetzung der
Demokratie, Rechtsstaatlichkeit, Pressefreiheit, humaner Strafvollzug und friedliche Beilegung von Konflikten.

• Die Haltung Moskaus im Jugoslawien-Konflikt beleuchtet den
Widerspruch zwischen dem traditionellen russisch-serbischen Bünd-
nis auf der einen und den unverzichtbaren Beziehungen zu den
Demokratien des Westens auf der anderen Seite. Vorrangiges Ziel der
Russischen Föderation ist es, als Großmacht akzeptiert und an der
Überwindung des Jugoslawien-Konflikts aktiv beteiligt zu werden.

• Die geplante NATO-Osterweiterung wird von der gesamten russischen Öffentlichkeit abgelehnt. Rechtsnationalisten und Kommunisten tun dies mit maßlosen Anschuldigungen und Drohungen, die

regierende Mitte (»Zentristen«) in etwas gemäßigterer Tonart, während die Demokraten den Westen argumentativ auf möglich Gefahren – Schwächung der Demokratie und Stärkung des Militarismus in Rußland – aufmerksam zu machen suchen.

Die Präsidentenwahlen im Sommer 1996

Als die ausländischen Beobachter der russischen Präsidentenwahlen in der zweiten Juniwoche 1996 in Moskau eintrafen, stand zunächst weniger die Erwartung des Kommenden im Mittelpunkt: Vielmehr war – ähnlich wie bei den Parlamentswahlen vom 17. Dezember 1995 – zunächst allgemeine Erleichterung darüber festzustellen, daß die Präsidentschaftswahl am 16. Juni überhaupt stattfand. Lange Zeit war dies keineswegs sicher gewesen: Obwohl die Wahl laut Verfassung stattfinden mußte, hatte es Ende April ernsthafte Versuche gegeben, sie abzusagen, zumindest aber auf unbestimmte Zeit zu verschieben.

Die Wahlbeobachter, die im Auftrag verschiedener Institutionen und Organisationen – darunter der OSZE, des Europäischen Parlaments und nationaler Parlamente – nach Rußland gereist waren, konnten sich nun auf ihre Aufgabe konzentrieren. Das »Office for Democratic Institutions and Human Rights« (ODIHR) der OSZE hatte ein 142 Seiten umfassendes Instruktionsheft, das sogenannte »Briefing Book«, herausgegeben, in dem neben allgemeinen Informationen der OSZE detaillierte Informationen über die bevorstehende Aufgabe enthalten waren: Beobachtung der Wahlvorbereitung; Text des Wahlgesetzes; Erläuterungen zum Wahlgesetz, zum Abstimmungsverfahren und zur Bewertung der Wahlergebnisse; Verhalten gegenüber den Medien; Übersicht über die wichtigsten Zeitungen, Rundfunk- und Fernsehstationen der Russischen Föderation; Zusammensetzung der Wahlkommissionen von der lokalen Ebene bis zur Zentralen Wahlkommission; Karten der Regionen der Russischen Föderation mit Hinweisen auf Einwohnerzahlen und soziale Schichtungen; Ergebnisse der Parlamentswahl vom 17. Dezember 1995 – gegliedert nach Orten und Regionen – als Vergleichsgrundlage. Kurz: Die Zusammenstellung der OSZE war ausführlicher als alle Materialien, die wir bei früheren Wahlen erhalten hatten. Der Leitfaden war hervorragend ausgearbeitet, aber ich kam nicht umhin, eine Diskrepanz zwischen den wohlgeordneten, detaillierten Angaben und der russischen Realität zu bemerken.

Eine Wahl soll verhindert werden

15. April 1996, 18.00 Uhr. Die Frist für die Registrierung der Kandidaten für das Amt des Präsidenten der Russischen Föderation ist abgelaufen. Mehr als eine Million Unterschriften – wenigstens je 70 000 aus 15 der 89 russischen Regionen, Gebiete und autonomen Regionen – mußten dazu vorgelegt werden. Grund der restriktiven Vorschrift: Die Bewerber sollten schon im Vorfeld der Wahl die Unterstützung größerer Teile der Bevölkerung nachweisen können, reine »Lokalmatadore« an einer Kandidatur gehindert werden.

Trotz dieser Hürde gelang es elf Bewerbern, die Anforderungen zu erfüllen. Zugleich war offenkundig, daß die Wahl zwischen zwei Bewerbern – dem 65jährigen Amtsinhaber *Boris Jelzin* und dem 14 Jahre jüngeren Chef der Kommunistischen Partei, G*ennadij Sjuganow* – entschieden werden würde: Die Hauptrivalen für den Wahlkampf standen also fest. Bis zuletzt aber war nicht abzusehen, wer nach Jelzin und Sjuganow die höchste Stimmenzahl erhalten würde – der Rechtsextremist *Wladimir Shirinowskij*, der Reformer und Vorsitzende der demokratischen »JABLOKO«-Partei, *Grigorij Jawlinskij*, oder der nationalkonservative Ex-General *Alexander Lebed*. Keiner der übrigen Kandidaten hatte eine realistische Chance auf eine nennenswerte Zahl von Wählerstimmen, auch wenn mancher unter ihnen recht populär war: Das galt vor allem für den bekannten Augenarzt und Vorsitzenden der »Partei der Arbeiterselbstverwaltung«, *Swjatoslaw Fjodorow*. Zu den übrigen Kandidaten gehörten der ehemalige Präsident der UdSSR, *Michail Gorbatschow*; der millionenschwere Unternehmer *Wladimir Brynzalow*; der berühmte Sportler und Weltmeister im Gewichtheben, *Jurij Wlassow*; der aus dem sibirischen Industriegebiet Kemerowo stammende, den Kommunisten nahestehende *Aman Tulejew* und der Geschäftsmann *Martin Schakkum,* der sich den Wählern als Reformer empfahl.

Bereits im April wurde befürchtet, daß es bei dem absehbaren »Duell Jelzin/Sjuganow« zu einer dramatischen Zuspitzung der Gegensätze kommen werde. So rief eine Gruppe einflußreicher Großunternehmer und Bankiers wenige Tage nach Abschluß der Kandidaten-Registrierung zu einem »nationalen Kompromiß« auf und schlug die Verschiebung der Wahl vor. Diese Initiative wurde am 1. Mai 1996 vom damaligen Chef des Sicherheitsrates des Präsidenten, Alexander Korschakow, in einem Interview mit der britischen Zeitung »The Observer« unterstützt: In einer Zeit, in der Jelzin in Meinungsumfragen nur fünf bis acht Prozent Zustimmung erhielt und an fünfter Stelle hinter Sjuganow, Jawlinskij, Lebed und Shirinowskij eingestuft wurde, trat auch Korschakow – damals möglicherweise in Absprache mit Boris Jelzin – für einen späteren Wahltermin ein. Man könne, so Korschakow, »nicht ernsthaft glauben«, daß die Wahlen auf einem »zivilisierten Niveau« stattfinden würden. Die Meinungen seien äußerst kontrovers, und die Spaltung reiche bis hinein in die Familien. Nur mehr Zeit könne eine ausgereifte Entscheidung herbeiführen: »Die Mehrheit einflußreicher Leute hält die Verschiebung der Wahlen für wünschenswert«, fügte er hinzu, ansonsten drohten »unvermeidlich« Kämpfe: Bei einem Sieg Jelzins würde die Opposition von Betrug sprechen, bei einem Sieg Sjuganows werde das Regierungslager dasselbe tun.

Korschakows Vorschlag wurde umgehend zurückgewiesen. KP-Chef Sjuganow bewertete eine Verschiebung der Wahlen zu Recht als »groben Bruch der Verfassung«. Jelzin fürchte, so Sjuganow, das Votum der Wähler. »Keinerlei Gründe« gegen eine fristgerechte Wahl sah auch der Präsident der Staatsduma, Gennadij Selesnjow, ein gemäßigter Vertreter der KPRF-Führung: Gesetze und Fristen müßten eingehalten werden. Die zweite Kammer des russischen Parlaments, der Föderationsrat, habe den Wahltermin festgesetzt – die Möglichkeit einer Verschiebung sehe die Verfassung nicht vor.

Schließlich gab Boris Jelzin grünes Licht – wenn auch nicht ohne Bedenken: »Korschakow ist nicht der einzige, der meint, daß ein Sieg

Sjuganows einen Bürgerkrieg auslösen würde«, sagte er am 6. Mai 1996. »Aber ich glaube an die Weisheit der russischen Wähler, und deshalb werden die Wahlen innerhalb der verfassungsmäßigen Frist stattfinden.«

DIE KANDIDATEN

Im unmittelbar darauf einsetzenden Wahlkampf konnte sich *Boris Jelzin* auf den noch immer gewaltigen Staatsapparat stützen: Etwa die Hälfte der Verwaltungschefs der Regionen und der Präsidenten der autonomen Republiken der Russischen Föderation stellten sich offen auf seine Seite; ein Drittel zeigte sich zumindest loyal, und neben einigen Unentschlossenen war nur etwa jeder zwanzigste entschieden gegen den bisherigen Amtsinhaber. Die große Zustimmung hatte Gründe: Rund zwei Drittel der regionalen Gouverneure waren nicht gewählt, sondern ernannt worden – durch den Präsidenten. Sie waren schlicht von Jelzin abhängig. Weitgehende Unterstützung genoß Boris Jelzin auch seitens der kommunalen Verwaltungen, der maßgeblichen Wirtschaftsvertreter und Bankiers, der russisch-orthodoxen Kirche mit ihrem Oberhaupt, Patriarch Alexij II., sowie der Massenmedien, vor allem des in Rußland besonders einflußreichen Fernsehens.

Gegen Jelzin sprach, so sahen es naturgemäß vor allem die Nationalisten, daß er im Dezember 1991 maßgeblich am Untergang der Sowjetunion beteiligt gewesen war. Aber auch bei weiten Teilen der Demokraten war sein Image beschädigt – der Kurswechsel in Richtung einer national-autoritären Politik hatte Vertrauen zerstört. Das größte Handikap aber war, daß Boris Jelzin von weiten Teilen der Bevölkerung für gravierende Mißstände verantwortlich gemacht wurde. Das galt insbesondere für die sozialen Probleme beim Übergang zur Marktwirtschaft und – zu Recht – für den blutigen Krieg in Tschetschenien. Nicht zuletzt hatte der Präsident zunehmend an »Bodenhaftung« verloren. Der Kontakt zur Bevölkerung war mehr und mehr verlorengegangen – mehr noch als die einstigen Generalsekretäre der KPdSU hatte er den Kreml in eine Art Festung verwandelt, umgeben und bewacht von den Angehörigen eines riesigen Sicherheitsapparats. Schließlich sprach Jelzins labiler Gesundheitszustand gegen ihn: Viele befürchteten, er könne eine zweite Amtszeit, die im Jahre 2000 enden würde, nicht durchstehen.

Für russische Bürger, die an der sowjetischen Tradition festhalten wollten, war *Gennadij Sjuganow* der Idealkandidat: Er bekannte sich offen zur sowjetischen Vergangenheit. 1946 als Sohn eines Dorfschullehrers in Mymrino, 400 Kilometer südlich von Moskau, geboren, absolvierte er die physikalisch-mathematische Fakultät der Pädagogischen Hochschule der Provinzhauptstadt Orjol. Den erlernten Beruf als Lehrer übte er nicht aus: Nach dreijährigem Wehrdienst in der Westgruppe der Roten Armee, der ihn nach Gera, Weimar und Magdeburg führte, wurde er Sekretär des Kommunistischen Jugendverbandes (Komsomol) in Orjol und avancierte später zum Stellvertretenden Gebietsparteisekretär seiner Heimatregion. Nach einem Studium an der Akademie für Gesellschaftswissenschaften des Zentralkomitees der KPdSU wurde er 1983 in die Ideologische Abteilung des ZK berufen. Sjuganow gehörte 1990 zu den Gründern der »Kommunistischen Partei der Russischen Föderation« (KPRF); 1993 übernahm er deren Vorsitz, ein Jahr später auch den der KPRF-Fraktion in der Staatsduma.

Sjuganows Vorteil war der Rückhalt einer 500 000 Mitglieder starken, in ganz Rußland verbreiteten und gut organisierten Partei. Er wurde vor allem von Opfern der wirtschaftlichen Umgestaltung wie Veteranen und Pensionären, aber auch größeren Teilen der Industriearbeiter- und Bauernschaft unterstützt, die sich oft nostalgisch nach der früheren, vermeintlich gerechteren Ordnung der Sowjetzeit zurücksehnten. Gennadij Sjuganow beeindruckte sie als Kämpfer für soziale Gerechtigkeit, aber auch als Kämpfer für national-imperiale Größe, als Patriot, der mit scharfen Worten gegen »Verwestlichung« auftrat.

Gennadij Sjuganow – ein Kandidat mit vielen Gesichtern. Je nach Ort und Publikum verstand er es, mit unterschiedlicher Zunge zu sprechen: Der KP-Chef, der in westlichen Hauptstädten fast im Stile eines sozialdemokratischen Reformers aufzutreten vermochte, zeigte sich in russischen Provinzstädten als harter Kämpfer und unbeugsamer Kommunist. Doch selbst hier vermied er eindeutige Aussagen: Zu unterschiedlich waren die Anliegen und Vorstellungen der Anhänger, KP-Mitglieder und Parteiaktivisten. Die Bandbreite reichte von Befürwortern des Sowjetsystems, die selbst vor einer Verherrlichung Stalins nicht zurückschreckten, bis hin zu Vertretern einer modernen sozialistischen Opposition – mit allen denkbaren Schattierungen, Varianten und Strömungen zwischen diesen beiden Extremen. Doch nicht nur die ohnehin heterogenen Kommunisten vertrat Sjuganow bei der Präsidentschaftswahl, sondern auch den »Volkspatriotischen Block«, zu dem Personen und Gruppen unterschiedlichster Richtungen gehörten: der militant-kommunistische Viktor Anpilow und die von ihm geführte Partei »Werktätiges Rußland«; der ehemalige Vizepräsident Alexander Ruzkoj mit seiner »Großmachtpartei«; Sergej Barburin, Führer des extrem nationalistischen »Volksbundes«; und schließlich die »Agrarpartei«, die die Interessen ehemaliger Funktionäre von Kolchosen und sowjetischen Staatsgütern vertrat. Im Gegensatz zu Boris Jelzin konnte Gennadij Sjuganow nicht mit der Unterstützung der Medien rechnen – lediglich die »Prawda«, die »Sowjetskaja Russija« und die Zeitung »Sawtra« (Morgen) zeichneten ein positives Bild des kommunistischen Kandidaten.

Der größte Vorteil des dritten Bewerbers, des 46jährigen Ex-Generals *Alexander Lebed*, lag in seinem Image: Er galt für viele Russen als »einer von uns« – ehrlich, anständig, unbestechlich. Für den Wahlkampf hatte er eine der am häufigsten geäußerten Forderungen – Recht und Ordnung – auf seine Fahnen geschrieben, und er vertrat sie klar und verbindlich. Außerordentliche Popularität hatte sich Lebed als Kommandeur der in Transnistrien eingesetzten 14. Armee erworben, außerdem hatte er sich – wenn auch nicht mit politischen oder moralischen, sondern vorwiegend militärischen Argumenten – von Anfang an gegen den Tschetschenien-Krieg ausgesprochen. Direkte Unterstützung der Massenmedien genoß Lebed zwar nicht, er wurde jedoch während des Wahlkampfs vom Kreis um Boris Jelzin weitgehend geschont, unmittelbar vor der Wahl sogar fast umworben.

Grigorij Jawlinskij, 44, stellte sich den Wählern als demokratische Alternative zum amtierenden Präsidenten vor, erwarb sich damit allerdings weitgehend nur unter den gebildeteren Schichten vor allem der Großstädte Sympathie. Der Wirtschaftswissenschaftler, von 1976 bis 1984 am Wirtschaftsinstitut der Akademie der Wissenschaften in Moskau tätig, wurde in der Gorbatschow-Ära durch seine Arbeit im »Staatskomitee für Wirtschaftsreformen« bekannt. Im Sommer 1990 war er Mitverfasser des vielbeachteten »500-Tage-Programms« für die Reform der sowjetischen Wirtschaft, das von Gorbatschow zunächst unterstützt, dann jedoch nicht umgesetzt wurde. Nach dem Ende der Sowjetunion leitete Jawlinskij das »Zentrum für ökonomische Studien« (EPI-Center) und gründete 1993 zusammen mit Jurij Boldyrew und Wladimir Lukin die demokratische »JABLOKO«-Partei.

Hervorragende wirtschaftswissenschaftliche Bildung und programmatische Klarheit waren deutliche Pluspunkte Jawlinskijs. Zu den einfachen Menschen, vor allem zur Landbevölkerung, fand er jedoch nur selten Zugang: Auf viele Wähler wirkte Jawlinskij zu akademisch; von Rechtsnationalisten wurde zudem auf seine jüdische Abstammung hingewiesen. Gewissen Widerstand gegen ihn gab es auch von seiten der Demokraten, die ihn sonst weitgehend unterstützten: Sie verübelten ihm taktische Winkelzüge und mangelnde Bereitschaft, eine »dritte Kraft« in Rußland zu schaffen. Die Massenmedien, weitgehend auf den amtierenden Präsidenten eingeschworen, sahen in Jawlinskij einen echten Konkurrenten für Jelzin – auf positive Berichterstattung konnte er daher nicht hoffen.

»Umgehend und eindeutig Ordnung schaffen« – dieses Motto sollte einmal mehr die Tatkraft und Entschlossenheit von *Wladimir Shirinowskij* unter Beweis stellen. Das schlechte Abschneiden seiner »Liberaldemokratischen Partei« bei den Duma-Wahlen im Dezember 1995 – sie hatte mit elf Prozent der Stimmen nur noch halb so viele Wähler wie 1993 gefunden – schwächte seine Ausgangslage bei der Präsidentschaftswahl erheblich. Sein Image als extremer Radikaler hatte Shirinowskij erkennbar abzuschwächen versucht – er gab sich nunmehr als gemäßigter Vertreter der nationalen Rechten. Bei seinen bisherigen Anhängern war seine Akzeptanz jedoch deutlich gesunken, und die Zeiten, als Shirinowskij im

Mittelpunkt des Medieninteresses stand, waren unwiederbringlich vorbei.

Ein weiterer Bewerber, der 68jährige Augenarzt *Swjatoslaw Fjodorow*, war über seine ärztliche Praxis hinaus landesweit bekannt: Er hatte ein wissenschaftlich-technisches Zentrum, »Mikrochirurgie des Auges«, geschaffen und leitete – neben seiner Klinik – Hotels, Banken, Restaurants, eine Molkerei und ein großes Sportzentrum. Im Oktober 1991 hatte Boris Jelzin inoffiziell erwogen, Fjodorow zum Ministerpräsidenten zu ernennen; dieser hatte das mögliche Angebot jedoch abgelehnt. Fjodorow, Kandidat der demokratischen Richtung, stellte das Konzept des »privat-kollektiven Eigentums« in den Mittelpunkt seines Wahlkampfs. Seine Devise: »Man muß den Produzenten volle Freiheit geben und junge Unternehmer durch Steuerbefreiungen motivieren.« Der Vorzeigeunternehmer mit sozialem Engagement, dessen Mitarbeiter an seinen Unternehmen und ihren Gewinnen beteiligt sind, wollte sein Erfolgsrezept auf den Staat übertragen: »Wenn ich 4000 Leute nach dem Prinzip der 'Beteiligung am Ertrag' beschäftigen kann, dann läßt sich dieses Modell auch vervielfältigen.«

Jurij Wlassow, der als mehrfacher Olympiasieger im Gewichtheben besonders bei Sportbegeisterten beliebt war, gehörte bereits 1989 dem »Kongreß der Volksdeputierten« an. Zunächst war er als aktiver Reformer aufgetreten und hatte eine Reihe von Büchern veröffentlicht; von der Reformrichtung wandte er sich dann jedoch ab und vertrat im Präsidentschaftswahlkampf nationalistische Standpunkte.

Der ehemalige Präsident der Sowjetunion, *Michail Gorbatschow*, versuchte im Wahlkampf 1996, die progressiven Demokraten als »dritte Kraft« unter seiner Führung zu vereinen. Dies gelang ihm jedoch nicht. Als schweres Manko lastete außerdem der zwar unzutreffende, aber in weiten Teilen der Bevölkerung verbreitete Vorwurf auf ihm, für den Untergang der UdSSR verantwortlich zu sein.

Allenfalls Randbedeutung kam dem Multimillionär und Pharma-Tycoon *Wladimir Brynzalow* zu, der sich als Sozialist bezeichnete, ebenso wie *Martin Schakkum*, der von Anfang an ein Außenseiter unter den Präsidentschaftsbewerbern war. Der elfte Kandidat, *Aman Tulejew*, der in Kemerowo und im Industriegebiet des Kusbass äußerst beliebt war, hatte bei der Präsidentenwahl im Juni 1991 immerhin 6,8 Prozent der Stimmen erhalten; seine Position war jedoch merklich schwächer geworden, und er zog seine Kandidatur kurz vor der Wahl zugunsten von KP-Chef Sjuganow zurück.

MEDIENWIRKSAME AUFTRITTE: JELZINS WAHLKAMPFREISE

Über die Straßen gespannte Transparente mit dem Aufruf, an den bevorstehenden Wahlen teilzunehmen, sind in Rußland nicht untypisch. Als ich mit anderen ausländischen Wahlbeobachtern durch Moskau wanderte, stach mir jedoch die Zahl der Transparente ins Auge, die weit höher lag als bei den Parlamentswahlen ein halbes Jahr zuvor. Neben allgemeinen Formulierungen – »Moskauer! Die aktive Teilnahme an den Wahlen ist unsere Bürgerpflicht« oder »16. Juni: Die Wahl des Präsidenten der Russischen Föderation und des Moskauer Bürgermeisters« – trugen einige Spruchbänder politische Aussagen, die Jelzins Diktion nicht verleugnen konnten: »Für zivilen Frieden und gesellschaftliche Übereinkunft« oder »Für Stabilität und einen evolutionären Weg der Reformen«.

Die Plakatierung war andererseits deutlich geringer als bei früheren Wahlen. Am häufigsten war in der russischen Hauptstadt ein großformatiges Plakat zu sehen, das Boris Jelzin mit dem äußert populären Bürgermeister Moskaus, Jurij Luschkow, zeigte. Darunter stand die Zeile: »Die Moskauer haben ihre Wahl getroffen.« Fast theatralisch dagegen mutete die Werbung Shirinowskijs an – man sah ihn vor einer Kirche mit einem alten Mütterchen, das sich hilfesuchend an ihn klammerte. »Du bist unsere letzte Hoffnung und Stütze«, lautete der Text unter dem Namen des Kandidaten. Der Augenarzt Fjodorow, ebenfalls mit einigen wenigen Plakaten vertreten, warb mit dem schlichten Aufruf: »Stimmen Sie für Swjatoslaw Fjodorow – einen Menschen der Tat.« KP-Chef Sjuganow konnte auf Gedrucktes verzichten: Rote Graffiti – »Für Sjuganow« – an Häuserwänden, Mauern und Brücken machten den kommunistischen Kandidaten auch ohne Plakate präsent.

Mehr denn je wurde das Fernsehen *das* Medium des Wahlkampfs.

Von einer fairen Berichterstattung konnte allerdings keine Rede sein, auch wenn formell seit Mitte April allen Kandidaten kostenlose Sendezeit zur Verfügung stand und es mitunter recht interessante TV-Diskussionen gab – freilich nicht mit den Kandidaten selbst, sondern mit ihren Vertretern und Propagandisten, die im russischen Fernsehen als »vertrauenswürdige Personen« der Kandidaten bezeichnet wurden. Daß die Mehrheit der Journalisten geschlossen hinter dem amtierenden Präsidenten stand, war keineswegs (nur) auf Druck der Jelzin-Führung zurückzuführen – vielmehr fürchteten nicht wenige Medienvertreter, daß die Pressefreiheit im Falle eines Wahlsiegs Sjuganows eingeschränkt oder gar unterbunden werden könnte. So verwundert es nicht, daß die Berichterstattung über Sjuganow, aber auch über andere Kandidaten in der Regel negativ, oft sogar beschämend einseitig war.

Im Zentrum der Wahlberichterstattung stand die große Wahlkampfreise Boris Jelzins. Der Präsident, der bis zum Wahlkampf häufig krank und dessen Gesundheitszustand immer wieder Gegenstand von Spekulationen gewesen war, zeigte sich völlig verwandelt: gesund, aktiv, topfit, voller Tatendrang. Unermüdlich reiste er kreuz und quer durch die riesige Russische Föderation und trat jeden Tag in einem anderen Ort auf. Vielfach wurde gerätselt, wie es den Ärzten gelungen sein könnte, Jelzin wieder so in Schwung zu bringen – Hinweise darauf gab es jedoch nicht.

Wichtiges Element der Auftritte Jelzins waren weitreichende, nur schwer einlösbare Versprechungen: Bereits zu Beginn des Wahlkampfs sagte der Präsident zu, die oft monatelangen Verzögerungen bei der Auszahlung von Löhnen und Gehältern zu beenden – Staatsbetriebe und Verwaltungen schuldeten ihren Mitarbeitern nach offiziellen Angaben umgerechnet fast 1,25 Milliarden DM. Jelzins Wahlprogramm, das er Ende Mai 1996 in Perm vorstellte, enthielt außerdem die Zusage, die jährliche Inflation bis zum Jahr 2000 auf 5 Prozent zu begrenzen, jeder russischen Familie ein »würdiges Leben und Wohlstand« zu sichern, den russischen Markt vor ausländischen Billigimporten zu schützen und die Arbeitslosigkeit baldigst – schon in den Jahren 1996 und 1997 – zu senken.

In Jelzins Aktionsprogramm, der Broschüre »Rußland – Der

Mensch, die Familie, die Gesellschaft, der Staat«, konnte man lesen: »In vier Jahren wird das Niveau der Löhne und Sozialleistungen in unserem Land höher sein als in den Ländern Osteuropas. Alle Familien mit mittleren Einkommen, in erster Linie junge Familien, werden sich dank verbilligter Kredite eine Wohnung oder ein Haus anschaffen können. Es wird im Land keine Massenentlassungen geben, und denen, die ihre Arbeit verloren haben, wird der Staat helfen, eine neue Arbeit zu finden.« Im Verlauf seiner Wahlkampftournee versprach Jelzin außerdem, daß alle Sparer über 80 Jahre, die bei der Inflation von 1990 ihre Rücklagen eingebüßt hatten, entschädigt würden. Die Auszahlung der auf umgerechnet maximal 300 DM begrenzten Erstattung sollte eine knappe Woche vor dem Wahltag beginnen.

Mitte Mai kündigte Boris Jelzin ein Dekret an, durch das die Wehrpflicht ab Frühjahr 2000 abgeschafft und die Streitkräfte in eine Berufsarmee umgewandelt werden sollten. Bereits zum 1. Dezember 1996 soll die Regierung entsprechende Maßnahmen ausarbeiten. Nach Angaben der russischen Wochenzeitung »Argumente und Fakten« dienen gegenwärtig 1,7 Millionen Soldaten und Offiziere sowie 1700 Generäle und Admiräle in den russischen Streitkräften; dazu kommen die Grenztruppen mit 200 000 und die Truppen des Innenministeriums mit 264 000 Mann. Militärexperten stehen den Plänen äußerst zurückhaltend gegenüber – die geplante Umstellung sei schwierig und kostspielig: Bisher dienten nur 25 bis 27 Prozent der Soldaten auf Vertragsbasis; sie kosteten den Staat fünfmal mehr als andere Militärangehörige. In einem weiteren Dekret verfügte Jelzin, daß Rekruten künftig nur noch auf Vertragsbasis in Konfliktgebiete entsandt werden dürften – damit war offensichtlich vor allem Tschetschenien gemeint. So kritisch viele Militärs dem gegenüberstanden, so positiv wurde die Ankündigung insbesondere von jüngeren Wählern aufgenommen. Die fast gleichzeitig vom Präsidenten angekündigte baldige Abschaffung der Todesstrafe hingegen fand in der Bevölkerung kaum Widerhall und wurde auch in den Medien nur am Rande erwähnt.

Wahlkampfgeschenke gab es aber auch noch während Jelzins Reise. Der einen Stadt versprach er den Bau einer Untergrundbahn, der anderen eine große Kirche. In kleinen ländlichen Gemeinden sagte Jelzin großzügig Mähdrescher zu, und in Wladiwostok versprach er, Urlaubsflüge für kinderreiche Familien würden billiger. Kleingärtner sollten Billigtarife für Vorortbahnen erhalten, außerdem umgerechnet 30 Millionen DM für Saatgut und Ferkel. Zwanzig neue Einsatzfahrzeuge sicherte der Präsident der Miliz von Budjonnowsk im Nordkaukasus noch »in diesem Jahr« zu, Bauern könnten den Mähdrescher vom Typ »Don 1500« billiger erwerben. Selbst einzelne Bürger wurden bedacht: Manchen versprach Boris Jelzin ein Haus, anderen ein Grundstück oder ein Auto. Kurz: Der Präsident verteilte Geschenke wie der Weihnachtsmann. Die Wahlkampfversprechen wurden allerdings von den meisten russischen Bürgern richtig eingeschätzt: Entweder würden sie nicht eingelöst werden, oder ihre Einlösung würde zu einer neuen gewaltigen Inflation führen.

Für die öffentliche Meinung waren die Ereignisse der zweiten Maihälfte wichtiger. Bei einem Gipfeltreffen der Präsidenten der GUS-Mitgliedsländer Mitte Mai 1996 in Moskau bekundeten sämtliche anwesenden Staatschefs mit Ausnahme des belorussischen Präsidenten Lukaschenka ihre Unterstützung für Jelzin. Der Präsident Armeniens, Ter-Petrosjan, erklärte, die GUS schare sich um ein demokratisches Rußland, niemals aber um ein kommunistisches; ein Wahlsieg Sjuganows werde zum Zerfall der Gemeinschaft Unabhängiger Staaten führen: »Mit einem kommunistischen Rußland haben wir nichts gemein.« Der ukrainische Staatschef Kutschma lobte die Russische Föderation als das GUS-Land, das den Prozeß demokratischer Veränderungen begonnen habe; er drückte seine Hoffnung aus, daß dieser Prozeß fortgesetzt werde – unter Führung Jelzins. Auch seine Amtskollegen Nursultan Nasarbajew (Kasachstan) und Islam Karimow, der überaus autoritäre Präsident Usbekistans, plädierten für Jelzin und nannten Sjuganow »völlig unannehmbar«.

Wenige Tage später gelang es Jelzin, die schwerste Hypothek, die auf seinem Wahlkampf lastete, wenn auch nicht zu überwinden, so doch beträchtlich abzuschwächen. Jedem war bewußt, daß der Präsident für den blutigen, von der Bevölkerung mehrheitlich abgelehnten Krieg gegen Tschetschenien verantwortlich war. Während des Wahlkampfs gab Jelzin seine Fehler offen zu und versprach, den

Krieg noch vor der Wahl zu beenden. Im Gegensatz zu früheren Ankündigungen lud er den Tschetschenen-Führer Selin Jandarbijew zu Verhandlungen nach Moskau ein; zeitgleich reiste Jelzin zu einem Kurzbesuch in die tschetschenische Hauptstadt Grosny, so daß Jandarbijew faktisch als Geisel für die Sicherheit des Präsidenten während seines Tschetschenien-Aufenthalts diente. Durch die Verhandlungen und seine Tschetschenien-Reise lenkte Jelzin geschickt von seiner Verantwortung für den Krieg ab und erweckte den Eindruck, er sei derjenige, der den Krieg unter Risiko für die eigene Person beende. Jelzins Kehrtwende in der Tschetschenien-Frage wurde erwartungsgemäß von großen Teilen der Bevölkerung begrüßt – wahlentscheidend dürfte sie allein aber kaum gewesen sein.

DIE HAUPTFRAGE DES WAHLKAMPFS: RÜCKKEHR ZUM KOMMUNISMUS?

Von entscheidender Bedeutung für den Wahlkampf und letztlich für den Wahlsieg des bisherigen Präsidenten war die Tatsache, daß Jelzin sich von Anfang an auf ein einziges Thema konzentrierte: die Kampagne gegen die Kommunisten. Systematisch wurde die Angst vor einem Wahlsieg der Altlinken geschürt, verbunden mit dem Hinweis, daß nur Jelzin das Land vor einer Rückkehr zum Kommunismus bewahren könne. »Ich werde die Kräfte der Vergangenheit nicht an die Macht kommen lassen«, erklärte er wiederholt und malte das Bild einer »zweiten Oktoberrevolution« an die Wand, das Bild der Kommunisten als »Partei der Revanche, deren Ideologie sich auf den Marxismus-Leninismus gründet«. In einer Auflage von 10 Millionen Exemplaren verbreitete eine Jelzin-freundliche Initiative ein Wochenblatt unter dem Titel »Gott verhüte«. Mit überzeugenden, für die Wähler nachvollziehbaren – mitunter allerdings auch übertriebenen – Argumenten zeigte das Blatt die Folgen eines Wahlsieges der Kommunisten auf.

Weitreichender Stimmungswandel in großen Teilen der Bevölkerung – das war das zentrale Ereignis jener Wochen und Monate vor der Präsidentschaftswahl. Aus den Parlamentswahlen am 17. Dezember 1995, nur ein halbes Jahr vor der Abstimmung über den zukünftigen Präsidenten der Russischen Föderation, war die Kommunistische Partei als klarer Sieger hervorgegangen. Dieser Erfolg war das Resultat eines breiten Protestes gegen die negative Entwicklung unter der Führung Jelzins gewesen – gegen den Tschetschenien-Krieg und die sozialen Ungerechtigkeiten in Rußland, gegen die Inflation und das protzige Gehabe der Neureichen in einem Land mit weitgehend verarmter Bevölkerung, gegen das Zurückhalten von Löhnen und die Inkompetenz der Behörden, gegen steigende Kriminalität, Korruption und Bestechlichkeit. Vor diesem Hintergrund sahen nicht wenige Russen die sowjetische Vergangenheit in verklärtem Licht.

Das änderte sich ab dem Frühjahr 1996. Der Vorstoß der kommunistischen Fraktion der Duma, die Auflösung der Sowjetunion vom Dezember 1991 zu annullieren und die Wiederherstellung der UdSSR zu fordern, erwies sich als Bumerang: Mit einem Male wurde breiten Teilen der Bevölkerung bewußt, was eine Wiederbelebung der Sowjetunion bedeuten würde. Die Angst vor dieser Vision nahm von Woche zu Woche zu, und Sjuganows ausweichende Antworten verstärkten die Besorgnis noch. Große Demonstrationen der Kommunisten mit sowjetischen Fahnen und Symbolen zerstörten die nostalgische Sehnsucht nach den guten alten Zeiten: Um Gottes willen, jetzt kommt all das zurück! So dachte die Mehrheit der Bevölkerung.

Gewiß – die Angst war nicht selten übertrieben: Auch die Kommunisten wären weder fähig noch willens gewesen, das Rad der Geschichte völlig zurückzudrehen. Aber die Angst war vorhanden – nicht abstrakt, sondern konkret, mit Händen zu greifen: Menschen, die inzwischen mit einer kleinen Verkaufsbude ihren Lebensunterhalt verdienten, befürchteten, sie könne ihnen weggenommen werden; mancher, der sich inzwischen eine billige Auslandsreise erlauben konnte, fürchtete, daß er nie wieder werde wegfahren können; die Mehrheit der Journalisten argwöhnte, ein Sieg der Kommunisten bedeute das Ende der halbwegs erreichten Pressefreiheit. In den entfernteren Landesteilen griff die Sorge um sich, bei einem Erfolg Sjuganows werde erneut ein zentralistisches System errichtet, das die

Autonomierechte der Regionen wieder aufhebe. Angst vor einem Sieg der Kommunisten – das war der zentrale Aspekt bei den Präsidentenwahlen im Sommer 1996.

Fernsehberichte von Veranstaltungen der KPRF brachten weniger Sjuganows vorsichtig ausweichende Erklärungen, sondern weit öfter Aussagen von Teilnehmern: Fast genüßlich wurden alte Mütterchen mit ihren übergroßen Stalin-Bildern gezeigt und Kommunisten interviewt, die erklärten, man solle die weiß-blau-rote Trikolore Rußlands – in der Bevölkerung längst anerkannt und populär – verbrennen und statt dessen wieder die rote Fahne mit Hammer und Sichel als Staatsflagge einführen; außerdem sollten diejenigen, die für die Entwicklung der letzten Jahre verantwortlich seien, vor ein Volksgericht gestellt werden.

Die Sender blendeten Erinnerungen von Passanten an die Sowjetzeit ein: »Ich weiß noch, wie meine Mutter um zwei Uhr nachts aufstehen mußte, um sich in die Schlange für Kartoffeln einzureihen.« Andere Aussagen ließen den Terror der Stalin-Zeit – die Verhaftungswellen, das diktatorische Gehabe der Parteisekretäre – wieder lebendig werden. Die Jelzin-Propagandisten konnten angesichts des erinnerten Horrors auf langatmige Erklärungen verzichten – ihre Warnungen waren kurz, bündig, einprägsam und mitunter etwas ungewöhnlich. So brach die Musik während eines Konzerts der bekannten russischen Popgruppe »Zeitmaschine« plötzlich für einige Sekunden ab, und ein Mitglied der Gruppe rief mit schriller Stimme: »Ich weiß, was Kommunismus bedeutet. Stimmt für Boris!«

Was die Massenmedien nicht bewirkten, erreichten die Kommunisten selbst. Kaum zu glauben, aber wahr: Fünf Tage vor den Wahlen gab Gennadij Sjuganow der Budapester Zeitung »Magyar Hirlap« ein Interview, in dem er die Schrecken der Stalin-Ära leugnete. Stalin sei persönlich nicht verantwortlich für die Verschleppung und den Tod von Millionen Menschen in Arbeitslagern gewesen. »Das ist eine typisch bourgeoise Sicht«, sagte der KP-Chef. »Es gibt heute möglicherweise mehr Menschen in Lagern, die unter schlechteren Bedingungen leben als in Josef Wissarionowitschs Zeit.« Stalin habe eine »große staatsmännische Karriere« gehabt, deren Erfolge aber, so Sjuganow, von »schwachen Nachfolgern«

zunichte gemacht worden seien. »Hätte er noch fünf oder sechs Jahre gelebt, dann wäre die Sowjetunion auf Jahrhunderte unbezwingbar gewesen.«

Die Haltung Sjuganows in jenem Interview, von russischen Medien in zahllosen Wiederholungen aufgegriffen, wirkte grotesk in einem Land, in dem fast alle Familien Opfer des Stalin-Terrors zu beklagen hatten und selbst unter KP-Sympathisanten nur eine verschwindend kleine Minderheit eine derartige Glorifizierung Stalins unterstützte.

BEOBACHTUNG DER PRÄSIDENTSCHAFTSWAHL:
WAR DIE WAHL FAIR?

Mutmaßungen über zu erwartende Wahlfälschungen waren mir als Wahlbeobachter vertraut: Bereits vor den ersten Parlamentswahlen der Russischen Föderation am 17. Dezember 1993 in Kaliningrad, den Präsidentschaftswahlen in Belarus im Juni 1994 und den Wahlen zur russischen Staatsduma im Dezember 1995 hatte ich wiederholt entsprechende Andeutungen zu hören bekommen. Diesmal waren die Spekulationen über mögliche Wahlfälschungen jedoch weitaus massiver – selbst im Rundfunk und im Fernsehen. Viktor Iljuchin, für Sicherheitsfragen zuständiges Mitglied der KP-Führung, warnte – »Der Kreml wird die Wahlergebnisse fälschen« – und äußerte die Befürchtung, die Zentrale Wahlkommission werde den Wahlausgang nach Gutdünken festlegen. Er kündigte daher an: »Wir werden 200 000 Parteimitglieder als Beobachter in alle 93 500 Wahllokale entsenden.«

Aber auch Jelzin-Anhänger trieb die Sorge über eventuelle Wahlfälschungen um: Wo die örtlichen Wahlkommissionen ganz oder überwiegend mit Kommunisten besetzt seien, müsse mit Fälschungen gerechnet werden. Einer der Wahlkampfmanager des Präsidenten erklärte: »Jelzins Sieg ist nicht gesichert, weil die Kommunisten an der Basis stark genug sind, die Ergebnisse zu manipulieren.« Andererseits wurden in der liberalen Presse Zweifel laut, ob die Jelzin-Führung eine mögliche Wahlniederlage des Amtsinhabers anerkennen werde. In der »Njesawissimaja Gaseta« veröffentlichte die bekannte Politologin Schewzowa einen Artikel mit der Überschrift »Jelzin bleibt – selbst wenn er verliert«, und in Moskau ging das Wort um: »Entweder wir wählen Boris Jelzin, oder wir behalten den alten Präsidenten.«

In der letzten Woche vor der Wahl herrschte vorübergehend eine gespannte, fast beängstigende Atmosphäre. Am Abend des 11. Juni 1996, einem Dienstag, waren in der Metro, der Moskauer U-Bahn, vier Menschen bei einem Terroranschlag ums Leben gekommen. Die anfängliche Vermutung, das Attentat sei von Tschetschenen verübt worden, erwies sich als falsch. Die Polizei nahm zwei Verdächtige fest, das Verbrechen aber wurde – wie so häufig – nicht aufgeklärt. Drei Tage vor der Wahl, am 13. Juni 1996, wurde Viktor Mossalow, Bürgermeister der Stadt Shukowski in der Nähe Moskaus, im Treppenaufgang seines Hauses ermordet. Boris Jelzin verurteilte die Tat als »terroristischen Anschlag«; es seien alle Schritte unternommen worden, die zur Aufrechterhaltung der Ordnung erforderlich seien. Die anfängliche Aufregung über die Verbrechen flaute jedoch schon bald wieder ab.

Am Tag der Ermordung Mossalows veröffentlichte der Moskauer Fernsehsender NTV das Ergebnis einer Umfrage des Meinungsforschungsinstituts VZIOM. Danach würde Jelzin 36, Sjuganow 24 Prozent der Stimmen erhalten. Das demoskopische Instituts ROMIR prognostizierte ein ähnliches Ergebnis: 34 Prozent für Jelzin, 23 für Sjuganow. Dies waren die letzten Anhaltspunkte über den möglichen Wahlausgang – ab Donnerstag, dem 13. Juni, 13.00 Uhr, durften Umfrageergebnisse in den Medien nicht mehr bekanntgegeben werden.

Moskau, 16. Juni 1996. Der Tag der Präsidentschaftswahl. Bereits um 7.30 Uhr ging ich in das Wahllokal Nr. 243, untergebracht im »Haus der Gelehrten« im Chamowniki-Bezirk der russischen Hauptstadt; ich hatte es schon bei der Beobachtung der Duma-Wahlen im Dezember 1995 kennengelernt. Wie in allen anderen Wahllokalen Moskaus befanden sich im Vorraum des eigentlichen Wahllokals zwei Illustrationstafeln – eine mit Fotos und Kurzbiographien der Präsidentschaftsbewerber und eine zweite, die die Kandidaten für die Bürgermeisterwahl der Hauptstadt vorstellte. Die Texte waren absolut objektiv. Die Anordnung nach dem russischen Alphabet führte dazu, daß der weitgehend unbekannte Kandidat Brynzalow an erster Stelle erschien, gefolgt von Wladimir Shirinowskij, der – offenbar auf eigenen Wunsch – nicht mit einem Farb-, sondern einem Schwarzweißfoto abgebildet war. Auch der Wahlvorgang selbst wurde erklärt – die Hinweise waren klar verständlich.

Der Wahlleiter eröffnete den Wahlvorgang – in Anwesenheit der größten Zahl von Wahlbeobachtern, die ich bislang erlebt hatte – mit dem Verlesen der Wahlvorschriften, darunter dem Hinweis, daß bis zu zehn russische Wahlbeobachter bei der Abstimmung anwesend sein dürften. Daß diese Zahl im Wahllokal Nr. 243 deutlich überschritten wurde – es waren 15 bis 20 russische Beobachter im Raum – führte jedoch nicht zu Konsequenzen.

Besuche in weiteren Wahllokalen zeigten, daß neben Kommunisten – die in der Regel die Mehrheit der russischen Beobachter stellten – auch Vertreter der Bewegung »Demokratisches Rußland« und der »JABLOKO«-Partei sowie Anhänger Alexander Lebeds und Mitglieder der Partei Jegor Gaidars, »Rußlands Demokratische Wahl«, präsent waren. Nicht immer gaben sie zu erkennen, welche Gruppierung sie entsandt hatte – manche zögerten, ihre Partei zu nennen. Im Wahllokal Nr. 242 fiel mir eine ältere, elegant gekleidete Dame auf, offensichtlich aus akademischen Kreisen. Auf meine Frage antwortete sie ohne Umschweife, sie sei Wahlbeobachterin der Kommunistischen Partei der Russischen Föderation. Zwei männliche Beobachter hingegen bezeichneten sich lediglich vage als Vertreter der »patriotischen Opposition«. Erst nach einigem Hin und Her stellte sich heraus, daß sie Anhänger Shirinowskijs waren.

Eine gewisse Überraschung erlebte ich bei der nächsten Station der Wahlbeobachtung, dem Wahllokal Nr. 244. Schon von weitem erkannte ich Valentin Kupzow, den bekannten Stellvertretenden Vorsitzenden der KPRF. Der 58jährige war zu Sowjetzeiten Gebietsparteisekretär von Wologda und von Juli 1990 bis August 1991 Mitglied des Politbüros der KPdSU gewesen. Nachdem wir uns kurz vorgestellt hatten, schlug Kupzow vor, die Unterhaltung außerhalb des Wahllokals fortzusetzen – politische Unterhaltungen im Wahllokal waren nicht gestattet.

Kupzow begann gleich mit dem Lieblingsthema der Kommuni-

Beobachtung der Präsidentschaftswahl: War die Wahl fair?

sten, der Befürchtung von Wahlfälschungen: Die über 90 000 Wahllokale seien so gut kontrolliert, daß dort höchstens in Ausnahmefällen Wahlfälschungen durch Jelzin-Anhänger vorkommen könnten, meinte er. Anders sehe das aber in den 2700 territorialen Wahlbehörden aus, bei denen die Ergebnisse von jeweils rund 30 bis 40 Wahllokalen einlaufen würden. Manche Ergebnisliste sei vorsätzlich mit Bleistift geschrieben und würde in der Wahlbehörde manipuliert, bevor die Daten zur elektronischen Verarbeitung gelangten. Auf meine Frage, ob in den Wahlbehörden keine Wahlbeobachter anwesend seien, erklärte mir Kupzow, daß dies zwar der Fall sei – die Vorgänge dort stünden aber unter strenger Kontrolle der Verwaltung, und nur sie habe Zugang zu den Computerräumen. Hier müsse mit Wahlfälschungen gerechnet werden.

Valentin Kupzow sagte mir, daß Gennadij Sjuganow die meisten Stimmen erhalten und etwa sieben Prozentpunkte vor Jelzin liegen werde. Die offiziellen Stellen würden dies jedoch verheimlichen und bekanntgeben, Jelzin sei mit zehn Prozentpunkten Vorsprung aus der Wahl hervorgegangen. Einige Stunden zuvor, am Morgen des Wahltages, habe Kupzow einen Bericht aus Wolgograd erhalten: Dort sei mit dem Wahlzettel eine schriftliche Aufforderung ausgegeben worden, für Jelzin zu stimmen. Jelzin-Wähler erhielten eine Lebensmittelkarte für je ein Kilogramm Wurst und Makkaroni. Ähnliches habe er auch aus Rostow gehört.

Manipulationen konnten nach Auffassung Kupzows ferner in den sogenannten »geschlossenen Wahllokalen« für Armeeangehörige und Truppen des Innenministeriums stattfinden. Eine Reihe früher offener Wahllokale sei gleichsam über Nacht vom damaligen Verteidigungsminister Gratschow zu »geschlossenen Wahllokalen« erklärt worden, um – wie Kupzow annahm – den Wahlvorgang bei der Armee zugunsten Jelzins zu manipulieren. Keine Beobachter, und zwar weder russische noch internationale, gebe es außerdem im »nahen Ausland« (den anderen GUS-Mitgliedsländern), wo ebenfalls viele wahlberechtigte Bürger der Russischen Föderation ihre Stimme abgeben würden. Es handele sich immerhin um Millionen Wähler, deren Abstimmungsverhalten durchaus wahlentscheidend sein könne.

In allen Wahllokalen, die ich an jenem 16. Juni 1996 besuchte, wurde über mögliche Wahlfälschungen gesprochen. Lediglich ein russischer Wahlbeobachter, mit dem ich sprach, war unbesorgt und begründete dies mit einem höchst bemerkenswerten Argument: »Gewiß wird es Wahlfälschungen geben«, sagte er, »und zwar von beiden Seiten – von den Kommunisten und von den Jelzin-Leuten. Aber das ist nicht so schlimm, denn sie werden sich in etwa die Waage halten. Das Wahlergebnis wird deswegen mehr oder weniger den Tatsachen entsprechen.«

DAS WAHLERGEBNIS VOM 16. JUNI 1996

Bei der Auszählung der Stimmen waren mehr russische Wahlbeobachter anwesend als je zuvor, auch zeigte sich die Professionalität, die die Wahlkommissionen in den wenigen Jahren seit der ersten freien Wahl in Rußland erworben hatten. Die Wahllokale schlossen um 22 Uhr; gegen Mitternacht trafen die ersten, freilich noch nicht repräsentativen Ergebnisse der fernöstlichen Gebiete ein – der Zeitunterschied zu Moskau beträgt 10 Stunden. Am frühen Morgen des 17. Juni 1996, gegen vier Uhr, wurde der Trend erkennbar, und nach einigen Stunden des Wartens wurde das Ergebnis bekanntgegeben:

Boris Jelzin:	35,02 Prozent
Gennadij Sjuganow:	31,95 Prozent
Alexander Lebed:	14,73 Prozent
Grigorij Jawlinskij:	7,42 Prozent
Wladimir Shirinowskij:	5,78 Prozent
Swjatoslaw Fjodorow:	1,30 Prozent
Michail Gorbatschow:	0,50 Prozent

Aman Tulejew hatte seine Kandidatur drei Tage vor der Wahl zurückgezogen; die übrigen Bewerber erhielten jeweils nur einen Stimmenanteil in Höhe von Prozentbruchteilen.

Manches spricht dafür, daß Boris Jelzin ein besseres Abschneiden erwartet hatte. In der Fernsehansprache nach Bekanntgabe des Wahlergebnisses ließ er sich das jedoch nicht anmerken. Er beschränkte sich auf den Hinweis, daß – trotz aller Befürchtungen im Vorfeld – in Rußland »freie, direkte und ehrliche Wahlen stattgefunden« hätten. Und er wiederholte, schon mit Blick auf die kommende Stichwahl, den Grundgedanken des Wahlkampfs: »Entweder zurück zu Revolution und Erschütterungen oder vorwärts zu Stabilität und Wohlstand.«

Gennadij Sjuganow war es gelungen, über diejenigen Wähler hinaus, die bereits im Dezember 1995 für die KPRF gestimmt hatten, weitere Anhänger zu mobilisieren. Der eigentliche Wahlsieger aber hieß Alexander Lebed: Der ehemalige General stand mit annähernd 15 Prozent nicht nur auf Platz drei, sondern wurde auch zur ausschlaggebenden Figur in Hinblick auf die Stichwahl zwischen Jelzin und Sjuganow. Aufrichtigkeit, Ehrlichkeit und die Kampfansage gegen Verbrechen und Korruption waren die Pfeiler der hohen Zustimmung für Lebed. Demgegenüber hatte der Rechtsextremist Wladimir Shirinowskij nicht wenige Protestwähler teils an Sjuganow, teils an Lebed verloren. Das enttäuschende Ergebnis des liberalen Reformers Grigorij Jawlinskij mag seinen wichtigsten Grund in der Tatsache haben, daß viele demokratisch gesinnte Wähler aus Furcht vor einem Sieg der Kommunisten für Jelzin stimmten – wenn auch manchmal zähneknirschend.

Sympathie für Jelzin oder Sjuganow spielte bei der Entscheidung der Wähler für einen der beiden Kandidaten nur eine untergeordnete Rolle. Wichtiger war vielmehr die Einschätzung der Entwicklung seit dem Ende der Sowjetunion: Für Jelzin hatten diejenigen gestimmt, die eine Rückkehr zum früheren Zustand mit allen Mitteln verhindern und den Weg der – wenn auch höchst widersprüchlichen – Reformen fortgesetzt sehen wollten; alle, die die neuen Freiheiten nicht mehr missen wollten und hofften, die Marktwirtschaft werde nach einer schwierigen Übergangsphase allmählich zu einer Verbesserung der Lage führen. Sjuganow hingegen war von denjenigen gewählt worden, deren Situation sich im vergangenen Jahrzehnt drastisch verschlechtert hatte: den Leidtragenden des Übergangs, die

Präsidentschaftswahl Juni 1996
Stimmverteilung zwischen Jelzin und Sjuganow

Europäisches

Nordmeer

Nor

Barents-
see

Murmansk

Nowaja Semlja

• Berlin   Ostsee

Karelien

Kaliningrad

St. Petersburg

Workuta

Novgorod

R U S   Komi

Syktywkar

BELARUS

(Weißrußland)

Jaroslawl

Kostroma

S I S C H

Moskau   Nishnij
Nowgorod

Wolga

UKRAINE

Tula

Mari El Udmurtien

Dnjestr

Mordw. Tschuw. Kasan Perm

Ural

Woronesch

Saratow   Tatarstan

Jekaterinburg

Dnjepr

Wolga   Samara   Basch-
kortostan   Tscheljabinsk

Ufa

Rostow   Wolgograd   Ural

Omsk

Schwarzes Meer

Kalmückien

K A S A C H S T A N

Astrachan

Irtysch

G

1
2
GEORGIEN 3 Grosnij
4 5

6

ARMENIEN

ASERBAI-
DSHAN

Aral-
See

Balchasch-
See

USBEKISTAN

Kaspisches Meer

1 Karatschajewo-Tscherkessien
2 Karbardino-Balkarien
3 Nordossetien
4 Inguschien
5 Tschetschenien
6 Dagestan

TURKMENISTAN

KIRGISTAN

I R A N

TADSHIKISTAN

0   500   1000
━━━━━━━━━━━━━━━━
km

die Entwicklung seit Michail Gorbatschow als Verrat bewerteten und in den Kommunisten die politische Kraft sahen, die sowohl für soziale Gerechtigkeit als auch für nationale Größe des Landes stand.

Die unter Dreißigjährigen hatten bei der Wahl vom 16. Juni 1996 mehrheitlich für Boris Jelzin oder für demokratische Kandidaten gestimmt, über Fünfzigjährige tendierten stärker zu kommunistischen oder nationalistischen Bewerbern, während sich die Entscheidung für eine dieser Richtungen bei der mittleren Altersgruppe der Dreißig- bis Fünfzigjährigen die Waage hielt. Auch geographische Unterschiede waren unverkennbar: Jelzin konnte sich vor allem auf die Großstädte und auf den nördlichen Teil der Russischen Föderation stützen – Moskau und St. Petersburg, die Gebiete am Ural und im Fernen Osten, die nordwestlichen Regionen und Zentralrußland sowie die Städte Jekaterinburg und Perm im Südural. Sjuganow und die Kommunisten hatten ihre Hochburgen demgegenüber im südlichen Teil Rußlands – in den Agrargebieten von Smolensk, Orjol, Brjansk, Tambow, Belgorod, Kursk, Woronesh, Tatarstan und Baschkirien bis hin zu dem berühmten südsibirischen Bergbaurevier um Kemerowo (51,49 %) und Nowosibirsk (48,9 %) sowie in den Kaukasus-Republiken Dagestan (60 %) und Nordossetien (63 %). Es handelte sich dabei vorwiegend um Regionen, die vom Übergang zur Marktwirtschaft besonders hart betroffen waren, in denen keine Hoffnung auf Besserung bestand und in denen die Menschen nur den Kommunisten zutrauten, Ordnung und soziale Gerechtigkeit herzustellen.

Das Ergebnis der Wahl zeigte darüber hinaus eine Dreiteilung der russischen Gesellschaft: Ein gutes Drittel der Wähler hatte – wenn auch häufig mit starken Bedenken – für Jelzin gestimmt, ein schwaches Drittel für KP-Chef Sjuganow. Die restlichen Stimmen, ein weiteres Drittel, entfiel auf Bewerber, die zwar sehr unterschiedliche Richtungen vertraten, aber eines gemeinsam hatten – sie standen sowohl Boris Jelzin als auch Gennadij Sjuganow ablehnend gegenüber, wobei die kritische Haltung gegenüber den Kommunisten überwog. Hier lag die Gemeinsamkeit der Wähler so unterschiedlicher Persönlichkeiten wie des konservativen Ex-Generals Alexander Lebed, der Demokraten Jawlinskij, Fjodorow und Gorbatschow

Das Wahlergebnis vom 16. Juni 1996 257

sowie des Rechtsextremisten Wladimir Shirinowskij. Nach dem 16. Juni war nun entscheidend, wie sich diese Wählergruppe bei der Stichwahl zwischen Boris Jelzin und Gennadij Sjuganow verhalten würde. Das Jelzin-Establishment und die KP-Führung unter Gennadij Sjuganow versuchten gleichermaßen, dieses Wählerdrittel für sich zu gewinnen.

Die befürchteten Wahlfälschungen waren jedenfalls ausgeblieben – dies ist als bemerkenswerte Tatsache festzuhalten. Das russische Volk hatte seine demokratische Reifeprüfung bestanden und zugleich einen wichtigen Schritt auf dem Weg zur Stabilisierung zurückgelegt.

Im Juni 1996 stand die Präsidentenwahl der Russischen Föderation eindeutig im Mittelpunkt, doch zeitgleich wurden noch zwei weitere Wahlen abgehalten. In Tschetschenien hatte die von Moskau installierte Marionettenregierung von Doku Sawgajew für denselben 16. Juni die Wahl eines tschetschenischen Regionalparlaments angesetzt. Beobachter der OSZE kamen übereinstimmend zu dem Schluß, daß diese Wahl weder frei noch fair verlaufen sei. Der offizi-

Auf den Wahlplakaten war Jelzin häufig mit dem (äußerst populären) Bürgermeister Moskaus, Luschkow, zu sehen.

Auf diesem Bild der Text: »Die Moskauer haben ihre Wahl getroffen.« Unten die große Aufschrift: »Stets zusammen.«

ellen Angabe, die Wahlbeteiligung habe 60 % betragen, stand die Schätzung der OSZE-Beobachter gegenüber, die von nur 16 % ausging; in einigen Regionen Tschetscheniens war überhaupt nicht gewählt worden. Da nach den verbindlichen russischen Regelungen Wahlen nur dann gültig sind, wenn die Beteiligung bei mindestens 50 Prozent liegt, wäre die Tschetschenien-Wahl in diesem Fall ungültig gewesen. Außerdem, so die weitere Argumentation der OSZE-Vertreter, hatte die Wahl ein Abkommen zwischen Moskau und Tschetschenien verletzt, in dem festgelegt worden war, daß Wahlen erst nach Abzug der russischen Truppen und Entwaffnung der tschetschenischen Verbände stattfinden sollten.

Ebenfalls am 16. Juni 1996 fand in Moskau die Wahl des Bürgermeisters statt. Bei einer Wahlbeteiligung von 67,8 % erhielt der seit Juni 1992 amtierende Jurij Luschkow 89,65 % der Stimmen; die kommunistische Kandidatin Olga Sergejewa kam auf nur 5 % zwei weitere Bewerber auf weniger als 4 %.

JELZIN, LEBED UND DIE VORBEREITUNGEN FÜR DIE STICHWAHL

Kaum stand das Endergebnis der Wahl vom 16. Juni fest, als das Jelzin-Lager fieberhafte Aktivitäten zu entwickeln begann. Zwei Punkte waren besonders wichtig: der Termin für die Stichwahl und die Suche nach neuen Verbündeten.

Es bestand kein Zweifel, daß die Wähler Sjuganows unter allen Umständen an die Wahlurnen gehen würden: Sie waren aktiv und überzeugt. Von den Wählern Jelzins konnte das nicht behauptet werden; vielmehr war zu befürchten, daß sie bei schönem Wetter in ihre Datschen fahren würden, statt an der Stichwahl teilzunehmen. Als Faustregel galt: Je geringer die Wahlbeteiligung, desto besser das Ergebnis für Sjuganow und umgekehrt. Es kam also auf die Mobilisierung der Wähler an. Vor diesem Hintergrund setzte die Jelzin-Führung alles daran, die ursprünglich für Sonntag, den 7. Juli 1996, vorgesehene Stichwahl auf Mittwoch, den 3. Juli, vorzuverlegen: Ein Wahltermin mitten in der Woche würde zu einer höheren Wahlbeteiligung und damit zu einem Plus für Jelzin führen.

Direkt nach der Bekanntgabe des Wahlergebnisses nahm Boris Jelzin Verhandlungen mit dem Drittplazierten, Alexander Lebed, auf – gerüchteweise hieß es, Jelzin und Lebed hätten sich schon früher ins Benehmen gesetzt. Da der Ex-General annähernd 15 % – 11 Millionen Wählerstimmen – erhalten hatte, war Jelzin zu außerordentlich weitgehenden Konzessionen bereit, damit Lebed seine Wähler auf Jelzin einschwor. So ernannte Jelzin den Mitbewerber zum Nationalen Sicherheitsberater und Sekretär des Sicherheitsrates – eine Schlüsselrolle für die Bereiche Verteidigung, Geheimdienste und Kreml-Garde.

Die größte Aufgabe für Jelzins Wahlteam war es, seine Wähler zu mobilisieren, deshalb bekam jeder Wähler diesen Kleidungsaufkleber als Appell an die Nichtwähler. Der Text: »Ich habe gewählt.«
Darüber die russische Flagge und der doppelköpfige Adler.

Aufruf an die Moskauer Bevölkerung, sich an den Stichwahlen der Präsidentenwahlen vom 3. Juli 1996 zu beteiligen.
Der Aufruf lautet: »Moskauer! 3. Juli 1996 – Ihre Stimme kann sich als entscheidend erweisen!«

Die Einbindung Lebeds in die Jelzin-Führung führte zu umfangreichen Änderungen in der personellen Besetzung des engsten Jelzin-Umfelds: Zunächst wurde der ausgesprochen unbeliebte Minister für Verteidigung, *Pawel Gratschow*, abgesetzt. Der Grund lag in massiven Konflikten zwischen dem neuen Sicherheitsberater und dem Verteidigungsminister. Gratschow war längere Zeit Lebeds Vorgesetzter gewesen, unter anderem im Afghanistan-Krieg. Zum Zerwürfnis war es gekommen, nachdem Lebed den Verteidigungsminister öffentlich für den Krieg gegen Tschetschenien verantwortlich gemacht hatte.

Unmittelbar nach Gratschows Entlassung wurden Geheimdienstchef *Michail Barsukow*, der inzwischen zum General beförderte Chefleibwächter und Freund von Jelzin, *Alexander Korschakow*, und der Stellvertretende Ministerpräsident *Oleg Soskowez* ihrer Ämter enthoben. Die drei Entmachteten, die auch mit Korruptionsvorwürfen behaftet waren, hatten bis dahin nicht nur die Entscheidungen des Präsidenten beeinflußt, sondern ihm auch planmäßig Informationen über die tatsächliche Situation in Rußland vorenthalten. »Mir werden die ganze Zeit wegen Barsukow, Korschakow und Soskowez Vorwürfe gemacht«, sagte Jelzin in einem Fernsehinterview am 20. Juni, »soll ich etwa für die arbeiten?« Niemals habe er sich – so erklärte der Präsident, was kaum der Wahrheit entsprechen dürfte – von Korschakow beeinflussen lassen. Die Entlassung wurde in der Öffentlichkeit mit Erleichterung, teilweise sogar mit unverhohlener Freude aufgenommen. In der Umgebung Jelzins zeigte man sich zuversichtlich, daß die Entmachtung der Hardliner die Wahlaussichten Jelzins verbessern werde. Noch aber war (und ist) nicht abzusehen, ob die politischen Karrieren von Korschakow, Barsukow, Gratschow und Soskowez damit tatsächlich beendet sein würden.

Boris Jelzin machte bei der Amtseinführung Alexander Lebeds unmißverständlich klar, daß es sich nicht nur um ein kurzfristiges Übereinkommen, sondern um ein ernsthaftes, weitreichendes Bündnis handele. Vor laufenden Kameras gab Jelzin, direkt neben Alexander Lebed stehend, etwas stockend bekannt, dies sei »nicht bloß eine Ernennung«, sondern »die Vereinigung zweier Politiker, zweier

Programme«. Lebeds klare programmatische Vorstellungen von der Verteidigungs- und Sicherheitspolitik sowie vom Kampf gegen Korruption und Verbrechen würden integriert, eigene Versäumnisse damit »korrigiert«; Lebed könne außerdem auf die Realisierung seiner Wahlzusagen »selbst Einfluß nehmen«.

Gleichsam über Nacht rückte *Alexander Lebed* in den Mittelpunkt des öffentlichen Interesses, wurde sogar als »Königsmacher« tituliert. Durch und durch Soldat, hatte sich Lebed in seiner bisherigen Laufbahn unzweifelhaft Verdienste erworben: Beim Putschversuch der Reformgegner im August 1991 hatte sich Lebeds Einheit als erste auf die Seite der demokratischen Demonstranten vor dem Weißen Haus in Moskau geschlagen. Als Oberbefehlshaber der 14. Armee in Transnistrien blieb er, im Gegensatz zu vielen anderen hohen Militärs, unkorrumpierbar. Die wohl wichtigste Leistung Lebeds aber lag in seiner positiven, friedenstiftenden Rolle bei der Überwindung des Konflikts um die damalige »Dnjestr-Republik«. Öffentliche Aufmerksamkeit erregte der General, als er sich vehement gegen den Tschetschenien-Krieg wandte – wenn auch nicht aus ethischen oder politischen Gründen: Er warf den Verantwortlichen mangelnde militärische Vorbereitung und Stümperei vor.

Im Mai 1995 trat Lebed als Befehlshaber der 14. Armee zurück und kandidierte – gemeinsam mit dem damaligen Chef des Sicherheitsrates, Jurij Skokow – bei den Wahlen zur Staatsduma für den Wahlblock »Kongreß Russischer Gemeinden«. Aus seiner Skepsis gegenüber der parlamentarischen Demokratie machte er dabei keinen Hehl: Rußland, so Lebed damals, brauche kein gewähltes Parlament, er plädiere für eine »kleine, hochprofessionelle Duma, die vom Präsidenten ernannt wird«. Zum Ausgleich solle sich der Präsident jährlich einem Volksentscheid stellen. Zwar brauche Rußland in Zukunft eine Demokratie, meinte Lebed, aber »zu meinen Lebzeiten wird das nicht geschehen«.

Noch zu Beginn des Präsidentschaftswahlkampfs hatte Lebed merkliche Distanz zu Jelzin gehalten. Der Präsident habe das Land in den politischen und wirtschaftlichen Abgrund geführt, urteilte er: »Jede Minute, die der Präsident an der Macht bleibt, verschlechtert die Situation.« Erst kurz vor der Wahl milderte Lebed seine scharfe

Opposition ab: Man könne über Jelzin geteilter Meinung sein, solle sich jedoch stets daran erinnern, daß er der Präsident sei.

Zwei Tage nach dem ersten Wahlgang, am 18. Juni 1996, folgte Lebeds Entscheidung, als Chef des mächtigen Sicherheitsrats und als Sicherheitspolitischer Berater des Präsidenten maßgeblich in der Jelzin-Führung mitzuwirken. »Ich habe jetzt die Möglichkeit«, so Lebed über die Kehrtwende, »meine Wahlversprechen zu erfüllen: Ordnung im Land, Sicherheit für die Bürger«. Er hoffe, seine Entscheidung für Jelzin werde von 80 Prozent seiner Wähler geteilt. Nicht für Personen, sondern für eine Richtung setze er sich ein: Eine Entscheidung zugunsten des Kommunismus könne er nicht treffen. Gleichwohl trete er »selbstverständlich« für die Aufnahme von KP-Mitgliedern in eine Koalitionsregierung ein, und nicht ohne Ironie fügte er hinzu: »Wenn die Kommunisten sich wirklich mehr als alle anderen Sorgen um den Wohlstand der Werktätigen machen, dann sollen sie auch die Minister für Arbeit und Soziales stellen.«

In der kurzen Wahlkampfphase vor der Stichwahl äußerte sich Lebed in gewohnter Weise – klar, kurz und bündig. So erklärte er seine Bereitschaft, Tschetschenien volle Souveränität zuzugestehen: »Sie sollen ihren Willen in einem Referendum äußern. Wenn das Volk Unabhängigkeit will, soll es sie haben. 150 Jahre russisch-tschetschenische Beziehungen – das war bestenfalls latente Feindseligkeit und ansonsten offener Krieg.« Die Zustimmung zu dieser Haltung war, vor allem bei den Demokraten, groß, doch seine Selbsteinschätzung als »Halb-Demokrat« ließ die Frage aufkommen, wie die andere Hälfte beschaffen sei. Auf schwere Bedenken stieß Lebeds Wunsch, entscheidenden Einfluß auch in der Wirtschaftspolitik zu erhalten, von der er beileibe nichts versteht. So forderte er eine intensive Kontrolle der Rohstoffindustrie, die sich zu einem »Staat im Staat« entwickelt habe. Die einst von Ministerpräsident Tschernomyrdin gegründete und lange Jahre geleitete GASPROM, aber auch die Ölgesellschaften, Metall- und Holzunternehmen seien »unabhängig geworden« und hätten »überwältigenden Einfluß«. Sein Rezept: Staatliche Kontrolle und massive Besteuerung – Forderungen, die von Ministerpräsident Tschernomyrdin entschieden zurückgewiesen wurden.

Über seine Kompetenzen im Sicherheits- und Wirtschaftsbereich hinaus schlug Lebed vor, das Amt eines Vizepräsidenten einzuführen, das in der russischen Verfassung nicht vorgesehen ist. Dabei ließ er keinen Zweifel, daß er selbst bereit sei, dieses Amt zu übernehmen – im Falle einer Krankheit oder des Todes von Jelzin würde dann die gesamte Macht des Präsidenten auf ihn übergehen. Der Vorstoß führte zu einem Konflikt mit Ministerpräsident Tschernomyrdin – laut Verfassung zweiter Mann im Staate, der den Präsidenten bei Verhinderung vertritt und bei dessen Ableben seine Amtsgeschäfte übernimmt, allerdings mit der Verpflichtung, innerhalb von drei Monaten Neuwahlen durchführen zu lassen.

Schon kurze Zeit nach Lebeds Einbindung in die russische Führung zeigte sich, daß Jelzin zwar neue Wähler gewinnen würde, sich zugleich aber neue, ernste Probleme aufgebürdet hatte.

Boris Jelzin gelang es in jenen wenigen Tagen zwischen dem ersten und zweiten Wahlgang, auch andere Präsidentschaftsbewerber für sich zu gewinnen: Jegor Gaidar, Vorsitzender der Bewegung »Rußlands Demokratische Wahl«, rief dazu auf, Jelzin zu wählen; der Reformer Grigorij Jawlinskij appellierte – trotz seiner Kritik an Jelzin – dafür, dem amtierenden Präsidenten die Stimme zu geben. Der Rechtsextremist Shirinowskij polemisierte zunächst mit aller Schärfe gegen die Kommunisten, erklärte jedoch kurz vor dem Wahltag, er werde – was bei dieser Stichwahl möglich war – gegen beide Kandidaten stimmen und rief seine Anhänger auf, dasselbe zu tun.

DIE ENTSCHEIDUNG: STICHWAHL AM 3. JULI 1996

Eine Woche vor dem zweiten Wahlgang, am 26. Juni 1996, erkrankte Jelzin erneut und sagte alle öffentlichen Auftritte ab: Am G7-Gipfeltreffen Ende Juni nahm in seiner Vertretung Ministerpräsident Tschernomyrdin teil. Auch bei der wichtigen Begegnung mit den Präsidenten der Ukraine, Leonid Kutschma, und Moldawiens, Micea Snegur, bei der ein Vertrag über die Beilegung des Konflikts um die Dnjestr-Region unterzeichnet werden sollte, fehlte Jelzin. Eine Begegnung mit Vertretern der Bauernverbände wurde abgesagt; an dem großen Sommerfest der Moskauer Zeitung »Moskowskij Komsomolez«, die den Präsidenten publizistisch unterstützte, konnte Jelzin ebenfalls nicht teilnehmen. KP-Chef Sjuganow verlangte ein ärztliches Bulletin über den Gesundheitszustand des Präsidenten; diese Forderung wurde von offizieller Seite jedoch übergangen, und auch das Fernsehen beschränkte sich – ganz in Jelzins Sinn – auf eine kurze Meldung über eine angebliche Erkältung des Präsidenten und ein vorübergehendes Versagen seiner Stimme.

Am Tag der Stichwahl warteten Hunderte von Korrespondenten im Wahllokal Nr. 2729 in Krylatskoje, in dem Boris Jelzin üblicherweise wählt – vergeblich: Der Präsident stimmte diesmal in Barwicha ab, etwa 20 Kilometer außerhalb Moskaus, wo er sich zur Genesung aufhielt.

Informatives Wahlplakat zu den Stichwahlen zwischen Boris Jelzin und Gennadij Sjuganow vom 3. Juli 1996. Der Text lautet: »Die Kandidaten für das Amt des Präsidenten der Russischen Föderation«; links das Bild von »Jelzin, Boris Nikolajewitsch«, rechts das Bild von »Sjuganow, Gennadij Andrejewitsch«, sowie kurze biographische Angaben über die Kandidaten. Unten der Hinweis: »Wiederholte Abstimmung zu den Wahlen des Präsidenten der Russischen Föderation.«

Die Entscheidung: Stichwahl am 3. Juli 1996   265

   An jenem 3. Juli besuchte ich, wie bei vorangegangenen Abstimmungen, zunächst einige Wahllokale und konnte erneut feststellen, wie sachlich und professionell der Vorgang ablief – unter den wachsamen Augen einer Vielzahl in- und ausländischer Wahlbeobachter. Eingedenk der Worte des Stellvertretenden KP-Vorsitzenden Kupzow über Manipulationsgefahren in den »territorialen Wahlkörperschaften«, suchte ich so eine übergeordnete Wahlbehörde im Taganskij-Bezirk auf: Hier liefen in der Wahlnacht zwischen ein und drei Uhr morgens die von 47 örtlichen Wahlkommissionen ausgezählten Ergebnisse zusammen, bevor sie an die Wahlämter der 89 Regionen und Autonomen Republiken und schließlich von dort an die Zentrale Wahlkommission der Russischen Föderation weitergegeben wurden. Auch hier achteten russische und ausländische Wahlbeobachter auf Korrektheit; auffallend waren die Ernsthaftigkeit und Professionalität, mit der auch dort das Abstimmungsverfahren durchgeführt wurde.
   Das alles beherrschendes Thema war – noch stärker als zuvor – die intensive, einseitige Propaganda gegen eine Rückkehr zum Kommunismus. Daß an jenem 3. Juli eine Stichwahl zwischen Jelzin und Sjuganow stattfand, geriet darüber fast in Vergessenheit. Vorwärts zu einem »neuen Rußland« oder zurück zum Kommunismus – nur diese Frage stand im Mittelpunkt. Das Fernsehen strahlte Dokumen-

Neben den insgesamt 93 500 Wahllokalen gab es 2700 territoriale Wahlkörperschaften, hier trafen die Abstimmungsergebnisse aus den einzelnen Wahllokalen ein. Die Aufschrift: »Territoriale Wahlkommission des Bezirks Taganskoje«, die ich während der Wahlen am 3. Juli 1996 besuchte.

tarfilme über Hungersnot und Bürgerkrieg in den zwanziger Jahren aus und zeigte Warteschlangen vor Lebensmittelgeschäften mit leeren Regalen. Dazu der kurze Kommentar: »Die Kommunisten haben nicht einmal ihren Namen geändert, sie werden auch ihre Methoden nicht ändern.« Es folgten Bilder des Schreckens: Erschießungen, hungernde Kinder, zerstörte Kirchen. Die Zwischentexte beschränkten sich auf knappe Sätze: »Laßt die roten Wirren nicht zu« und »Es ist nicht zu spät, Bürgerkrieg und Hunger zu verhindern.«

Die Propaganda der Jelzin-Führung erwies sich als äußerst effektiv, zumal die Kommunistische Partei und ihr Vorsitzender Sjuganow sich, anders als etwa die KP-Nachfolgeorganisationen in Polen oder Ungarn, nie klar und eindeutig von den Verbrechen der Stalin-Ära distanziert hatten. Bei Wahlkundgebungen traten die Kommunisten mit roten Fahnen, Lenin-Büsten und Stalin-Portraits auf – ein Konglomerat bolschewistischer Symbolik, das auf die meisten Menschen abstoßend wirkte. Wäre die KPRF von Anfang an als Partei der sozialen Gerechtigkeit mit klaren politischen Alternativen für

Viele große Plakate mit dem Aufruf an die Bevölkerung, sich an der Stichwahl der Präsidentenwahl zu beteiligen, erklärten diese Wahl zur Entscheidung zwischen Kommunismus und Fortschritt. Der Text auf der großen Tafel: »Am 3. Juli wählen wir nicht nur einen Präsidenten Rußlands, wir wählen das Schicksal unseres Landes!«

Gegenwart und Zukunft unter der Trikolore Rußlands angetreten, dann »hätten wir sie nur schwer, wahrscheinlich gar nicht schlagen können«, so Jelzin-Berater Wjatscheslaw Nikonow in einem »Spiegel«-Interview nach der Stichwahl.

Unter den gegebenen Umständen aber war es ein leichtes, die Stichwahl auf die Frage »Zurück zum Kommunismus oder vorwärts zu einem neuen Rußland?« zu reduzieren. Immer wieder hörte ich am Wahltag von russischen Gesprächspartnern, sie bedauerten, daß es nicht gelungen sei, eine dritte Kraft zwischen Jelzin und den Kommunisten zu etablieren. Sie seien von Jelzin enttäuscht und müßten daher zwischen zwei Übeln wählen, von denen der amtierende Präsident allerdings das kleinere sei: Man werde, so war zu hören, trotz seines autoritären Habitus und seines labilen Gesundheitszustands für Jelzin stimmen. Einige äußerten die Hoffnung, Jelzins Sieg werde so knapp ausfallen, daß er auf die Unterstützung der Demokraten angewiesen sei, die dann – und nur dann – größeren Einfluß auf die Führung und die politische Entwicklung Rußlands ausüben könnten.

Jelzins Sieg bei der Präsidentschaftswahl

Um Mitternacht trafen, wie wegen der Zeitverschiebung üblich, als erstes die Wahlergebnisse aus den fernöstlichen Gebieten Rußlands ein. Schon zu diesem frühen Zeitpunkt zeichnete sich ein deutlicher Vorsprung Jelzins ab. Einige Stunden später, am 4. Juli 1996 um vier Uhr früh, gab das russische Fernsehen das vorläufige Endergebnis bekannt, das Gewißheit über Jelzins Erfolg gab. Anders als in den USA oder in Frankreich gab es keine Freudenfeiern, keine Sympathiekundgebungen für den siegreichen Kandidaten – erstaunlich schnell ging man zur Tagesordnung über. Es wirkte, als hätten die Wähler eine Medizin schlucken müssen, die zur Heilung der Krankheit zwar notwendig, gleichwohl aber alles andere als wohlschmeckend war. Allenfalls war bei der Mehrheit der Bürger eine gewisse Erleichterung festzustellen: Es würde keine Rückkehr zum

Kommunismus, zum früheren Sowjetsystem geben. Aber jedem war klar, daß Rußland vor erheblichen Schwierigkeiten stand.

Boris Jelzin erhielt nach den Angaben der Zentralen Wahlkommission 53,7 %, sein kommunistischer Herausforderer Gennadij Sjuganow 40,4 % der Stimmen; etwas mehr als 5 % der Wähler entschieden sich gegen beide Kandidaten. An der Abstimmung hatten sich knapp 70 % der annähernd 106 Millionen Wahlberechtigten beteiligt. Besonders deutlich war Jelzins Vorsprung in Großstädten wie Moskau (77,3 %), St. Petersburg (73,9 %), seiner Heimatstadt Jekaterinburg (77 Prozent) und in Perm/Südural (71,7 %). Aber auch in anderen Städten und Regionen hatte Jelzin gegenüber dem ersten Wahlgang vom 16. Juni 1996 zulegen können: Er gewann vor allem in den rohstofffreien Gebieten im Norden Rußlands und Sibiriens, die auf Exporte angewiesen sind, sowie in großen Städten, in denen ein wirtschaftlicher Aufschwung spürbar war. Große Zustimmung erhielt der Präsident bei Wählern unter 45, noch deutlichere bei den unter 30jährigen. Gennadij Sjuganow lag erneut im sogenannten »roten Gürtel« vorn – in den von der Wirtschaftsreform besonders hart betroffenen Gebieten Smolensk, Orjol, Brjansk, Tambow, Belgorod, Kursk und Woronesh, außerdem in acht der insgesamt 21 autonomen Republiken. Erfolgreich war der KP-Chef ferner im südsibirischen Bergbaurevier Kemerowo (51,49 %), wo die Kumpel seit Monaten auf ihre Löhne warteten, sowie in Nowosibirsk und Omsk.

Unmittelbar nach meiner Rückkehr aus Moskau am Abend des 4. Juli 1996 gab ich dem Fernsehsender »arte« ein Interview.

Frage: Hatten Sie den Eindruck, daß Sie an einem historischen Ereignis teilgenommen haben?
Antwort: Das hatte ich. Die Wahlen haben ein außerordentliches Interesse hervorgerufen, die Wahlbeteiligung war groß. Trotz aller Befürchtungen über Wahlfälschungen waren die Wahlen fair – ohne Fälschungen. Trotz aller Befürchtungen über Turbulenzen, Bürgerkriege oder Putsche hat sich gezeigt, daß diese Wahlen der erste Schritt zur Stabilität sind.

Die zunächst vielleicht übereilt wirkende Einschätzung, die Wahlen seien fair verlaufen, wurde wenige Stunden später von der OSZE-Wahlbeobachtergruppe bestätigt. Ihr Leiter, Michael Meadowcraft, erklärte, bei der Wahl sei es nur zu kleineren Unregelmäßigkeiten gekommen; im großen und ganzen sei sie fair gewesen. Er übte jedoch scharfe Kritik an der »unfairen Presseberichterstattung«, die Jelzins Sieg mitbewirkt habe. Auch die aus Leipzig stammende Abgeordnete des Europäischen Parlaments, Constanze Krehl, bemerkte, es habe zwar kleinere Verstöße gegen die Wahlvorschriften gegeben, jedoch keine Wahlmanipulation. Sie sei gleichwohl über einige Einzelergebnisse irritiert – vor allem über das Resultat in Dagestan, einer autonomen Republik im Nordkaukasus: Beim ersten Wahlgang am 16. Juni hatten dort 60 Prozent der Wähler für Sjuganow gestimmt, zwei Wochen später hingegen 58 Prozent für Jelzin.

Der Präsident, der sich inzwischen von seiner Erkrankung wieder etwas erholt hatte, wandte sich am Tag nach der Stichwahl in einer Fernsehansprache an die Bevölkerung. Er sei stolz, »daß wir diese Prüfung bestanden haben. Ich bin stolz auf Rußland, ich bin stolz auf Sie, die Russen. Gestern haben Sie Ihr Recht auf Wahlen verteidigt. Nun wird es Ihnen niemand mehr nehmen.« Der Wahlkampf sei zwar »sehr angespannt« gewesen, und man habe »viel gestritten«, er sei aber überzeugt, »daß es in der neuen Mannschaft Platz für alle die geben wird, denen Sie vertrauen. Lassen Sie uns das Land nicht in Sieger und Besiegte teilen.« Der alte und neue Präsident rief zur Zusammenarbeit auf, nachdem die Russen der ganzen Welt erneut bewiesen hätten, »daß Rußland ein großes Land ist und wir ein großes Volk sind«.

Wichtiger als das, was Jelzin in der offenkundig sorgfältig vorbereiteten Ansprache sagte, erscheint vor allem das, was er *nicht* sagte: Weder von Demokratie noch von Reformen war die Rede. Der Präsident, der im Wahlkampf allen alles versprochen hatte, sagte mit keinem Wort die Fortsetzung der demokratischen Reformen in der Russischen Föderation zu. Diese wichtige Auslassung kam jedoch in den Glückwünschen der ausländischen Staatsmänner nicht zum Ausdruck, im Gegenteil: Die erfolgreichen Wahlen hätten gezeigt, so der britische Premierminister John Major, »daß die Demokratie in

Rußland feste Wurzeln geschlagen hat«. Das Ergebnis sei nicht nur ein persönlicher Triumph für Präsident Jelzin, sondern auch »ein Votum für die Fortsetzung von Reformen in Politik und Wirtschaft«. US-Präsident Bill Clinton sprach von einem »Triumph der Demokratie«, Frankreichs Präsident Jacques Chirac von einer Bestätigung der Demokratie und Marktwirtschaft. Bundeskanzler Helmut Kohl erklärte, die russische Bevölkerung bringe mit der Entscheidung für Jelzin »eindrucksvoll ihre Unterstützung für den demokratischen und marktwirtschaftlichen Reformprozeß in Rußland zum Ausdruck«. Jacques Santer, Präsident der Kommission der Europäischen Union, wertete den Wahlausgang als »weiteren Schritt in Richtung Demokratie«, und auch Japans Regierungschef Ryutaro Hashimoto sprach von einem »Fortschritt bei der Demokratisierung Rußlands«.

Die deutliche Diskrepanz zwischen Jelzins Einschätzung der Wahl – getragen vom Stolz auf das »riesige Rußland« und das »große Volk« der Russen – und den Erklärungen führender westlicher Staatsmänner, die den Sieg der Demokratie hervorhoben, könnte für die Zukunft bedeutungsvoll sein.

NACH DER PRÄSIDENTSCHAFTSWAHL: SITUATION UND PROBLEME

Unzweifelhaft war das Ergebnis der Präsidentenwahl vom Juni/Juli 1996 eine eindeutige Absage an eine Rückkehr zur sowjetischen Vergangenheit. Dies bedeutet aber keineswegs, daß der Wahlsieg Jelzins die Fortsetzung des demokratischen Reformprozesses garantiert. Keineswegs sicher ist außerdem, ob die Wähler Jelzins, die oft nur mit halbem Herzen für ihn stimmten, seine weitere Politik gutheißen und den Präsidenten auch zukünftig unterstützen werden. Vor allem aber steht die Jelzin-Führung vor einer Reihe ernstzunehmender Schwierigkeiten:

• Die weitreichenden Versprechungen Jelzins im Wahlkampf – darunter unverzügliche Nachzahlung ausstehender Löhne, Gehaltserhöhungen für Mitarbeiter des öffentlichen Dienstes, Inflationsausgleich für Sparguthaben sowie unzählige Förderprogramme und

Vergünstigungen – werden, sofern Jelzin sie einlöst, zu einem ernsten Rückschlag der wirtschaftlichen Entwicklung führen: Die dazu nötige Vermehrung der Geldmenge wird erneut eine massive Inflation mit allen negativen Folgen nach sich ziehen.

• Der unselige, von der Mehrheit der Bevölkerung abgelehnte Tschetschenien-Krieg bleibt eine schwere Hypothek. Jelzins Ankündigung, den Krieg bald zu beenden, erwies sich als wahltaktisches Manöver: Schon wenige Tage nach den Wahlen flammten die Kämpfe wieder auf. Boris Jelzin steht zwischen den Fronten – seine Maßnahmen gehen Befürwortern eines Friedens nicht weit genug, während die Anhänger der von Moskau installierten Regierung in Grosny schon Gespräche über einen Waffenstillstand für Verrat halten. Ende August 1996 wurden nach Vermittlung von Alexander Lebed russische Truppen aus Tschetschenien abgezogen. Es bleibt jedoch abzuwarten, ob es dem Ex-General gelingt, sein konstruktives Friedensvorhaben in Tschetschenien gegen die »Kriegspartei« durchzusetzen.

• Mit einem Konflikt zwischen Alexander Lebed und Ministerpräsident Tschernomyrdin ist zu rechnen. Vor allem Lebeds Ansinnen, Einfluß auch auf die Wirtschaftspolitik Rußlands zu erhalten und das (nicht existierende) Amt eines Vizepräsidenten zu übernehmen, wird auf entschiedenen Widerstand des Regierungschefs stoßen. Eine Auseinandersetzung der beiden mächtigsten Männer des engsten Jelzin-Umfelds könnte zu politischer Destabilisierung führen.

• Der labile Gesundheitszustand Jelzins kann jederzeit zu längeren Abwesenheitsperioden des Präsidenten führen. Dies ist vor allem angesichts der instabilen Situation innerhalb der Kreml-Führung kritisch. Erst Mitte August 1996 wurde der äußerst ernste Gesundheitszustand des Präsidenten offiziell zugegeben. Der Rückzug Jelzins aus der Öffentlichkeit ab 26. Juni 1996 – kurz vor der Stichwahl – habe seinen Grund nicht, wie damals berichtet, in einer »Erkältung« Jelzins, sondern einem Herzanfall des Präsidenten gehabt.

• Wenig später, Ende August, wurde bekannt gegeben, Boris Jelzin müsse sich einer Bypass-Operation unterziehen, die von dem bekannten Chirurgen Renat Aktschurin, unterstützt vom Direktor des russischen Kardiologischen Zentrums, Jewgenij Tschasow, dessen Vize Jurij Belenkow und Jelzins Leibarzt Prof. Sergej Mironow vorgenommen werde. Auch zwei deutsche Herzspezialisten und der 88jährige amerikanische Kardiologe Michael de Bakey, der diese Methode entwickelt hatte, trafen Ende September in Moskau ein. Der Eingriff, der ursprünglich für Ende September 1996 vorgesehen worden war, mußte wegen des geschwächten Gesundheitzustands Jelzins jedoch verschoben werden: Nieren- und Leberschäden, Kreislaufprobleme und ein Lungenödem wurden als Grund der Verzögerung angegeben.

• Falls sich der Präsident – etwa wegen Krankheit – von seiner Funktion zurückziehen muß, gehen seine Kompetenzen nach der Verfassung an den Ministerpräsidenten, in deisem Falle Viktor Tschernomyrdin, über, der verpflichtet ist, innerhalb von drei Monaten eine Neuwahl für das Präsidentenamt anzusetzen.

Nach dem heutigen Stand (September 1996) würden dabei vor allem folgende mögliche Präsidentschaftsbewerber eine wichtige Rolle spielen: Ministerpräsident Viktor Tschernomyrdin, der Sicherheitsberater und Sekretär des Sicherheitsrates Alexander Lebed, KP-Chef Gennadij Sjuganow und der populäre Moskauer Oberbürgermeister Jurij Luschkow. Auch ist damit zu rechnen, daß der Demokrat und JABLOKO-Vorsitzende Grigorij Jawlinskij und der Rechtsextremist Wladimir Shirinowskij als Bewerber auftreten.

Auch wenn KP-Vorsitzender Sjuganow zweifellos eine wichtige Rolle spielen würde: Gegenüber den Wahlen vom Sommer 1996 scheinen er und die Kommunistische Partei geschwächt zu sein. Viktor Tschernomyrdin kann sich auf entscheidende Teile des Verwaltungsapparates – auch in den Regionen und Städten –, auf die von ihm geleitete Partei »Unser Haus Rußland«, sowie die Banken und das Fernsehen stützen. Demgegenüber ist Ex-General Alexander Lebed zwar auf sich allein gestellt, jedoch in weiten Bevölkerungskreisen außerordentlich populär.

Deutschland und die Entwicklung in Rußland und den GUS-Ländern
Was wurde bisher getan? Was könnte noch getan werden?

Bei vielen Deutschen gibt es gegenüber Rußland und den Ländern der GUS nicht nur allgemeines Interesse, sondern auch die Bereitschaft zu aktivem Engagement. Was können wir tun, wie können wir die Entwicklung Rußlands und der übrigen GUS-Länder beeinflussen? Mit welchen Mitteln, Methoden und Schwerpunktsetzungen können wir die Reformentwicklung unterstützen?

Zunächst: Die politischen Entscheidungen werden nicht im Westen, sondern vor Ort – in Rußland und den Mitgliedsländern der GUS – gefällt: Dort finden die Weichenstellungen statt. Westliche, darunter auch deutsche Unterstützung kann lediglich als Initialzündung dienen oder zur Beschleunigung des Wandlungsprozesses beitragen. Wir können nur versuchen, gefährliche Tendenzen abzuschwächen und positive Tendenzen zu stärken. Dabei sollte stets von der hier skizzierten, realen Entwicklung ausgegangen werden: Euphorie und Illusionen auf der einen Seite sind ebenso unangebracht wie Bedrohungsängste und Katastrophenszenarien auf der anderen.

Die Einflußmöglichkeiten sind begrenzt. Aber gerade weil sie begrenzt sind, ist Konzentration auf das Richtige und Notwendige geboten. Im Mittelpunkt steht zumeist der wirtschaftliche Bereich – daher folgen auch hier zunächst Bemerkungen über Kredite, Investitionen, Joint-ventures, Wirtschaftsberatung und Ausbildung. Einige spezielle Aspekte der deutsch-russischen Beziehungen schließen sich an: das große, von der Bundesrepublik finanzierte Wohnungsbauprojekt für die aus Deutschland zurückgekehrten russischen Soldaten; die Übersiedlung von Rußlanddeutschen in die Bundesrepublik und die Kontroverse über die »verlagerten Kunstschätze«, im Volksmund »Beutekunst« genannt. Darüber hinaus geht es um humanitäre Hilfe, Unterstützung beim Aufbau des Rechtssystems, Zusammenarbeit mit demokratischen Kräften und Organisationen, Entfaltung der kulturellen Beziehungen sowie vor allem um Partnerschaften zwischen deutschen und russischen Gemeinden, Städten und Regionen.

MILLIARDENKREDITE FÜR RUSSLAND: EIN WEG AUS DER KRISE?

Durch die Gewährung von Milliardenkrediten wollte der Westen seinerzeit Gorbatschows Perestroika unterstützen; man hoffte, die Probleme der damaligen Sowjetunion durch finanzielle Hilfe von außen lösen oder zumindest erleichtern zu können. Seither wird viel über den Stellenwert von Krediten für die Förderung von Demokratie, Rechtsstaatlichkeit und Marktwirtschaft diskutiert; es mehren sich allerdings die Stimmen, die davor warnen, die Gewährung von Krediten mit der Erwartung einer Stärkung oder Beschleunigung des Reformprozesses zu verbinden. Welche Erfahrungen gibt es bisher?

Bei Gründung der GUS im Dezember 1991 verpflichteten sich die Nachfolgestaaten der Sowjetunion, die Verbindlichkeiten der einstigen UdSSR – darunter eine Auslandsverschuldung von insgesamt 77,3 Milliarden US-Dollar – zu übernehmen. Bis Anfang 1996 erhöhte sich die russische Verschuldung im Ausland auf über 120 Milliarden US-Dollar. Zins und Tilgung der Neuverschuldung *nach* dem Zusammenbruch der Sowjetunion begleicht die Russische Föderation pünktlich; eine Rückzahlung der sowjetischen Altschulden fand und findet demgegenüber nur in äußerst geringem Umfang statt.

Zu den wichtigsten Geldgebern Rußlands gehört der Internationale Währungsfonds (IWF). Nach längeren Verhandlungen wurde am 10. März 1995 ein Kreditabkommen zwischen Rußland und dem IWF unterzeichnet, das der russischen Regierung zwischen dem 11. April 1995 und dem 15. Februar 1996 einen Kredit von 6,5 Milliarden US-Dollar einräumte – ausgezahlt in monatlichen Teilbeträgen und an feste Bedingungen geknüpft, darunter die Erhöhung der Staatseinnahmen und die Senkung der Inflationsrate auf ein Prozent pro

Monat im zweiten Halbjahr 1995. Im Frühjahr 1996 gewährte der IWF weitere 10,01 Milliarden US-Dollar für die folgenden drei Jahre; Rußland mußte sich im Gegenzug zu umfassenden wirtschafts- und strukturpolitischen Maßnahmen verpflichten, die zunächst monatlich, von 1997 an vierteljährlich überprüft werden.

Neben dem IWF spielt die Weltbank für die Russische Föderation eine wichtige Rolle. Seit Juni 1992, als Rußland der internationalen Finanzorganisation beitrat, gewährte die Weltbank zweckgebundene Kredite in Höhe von umgerechnet insgesamt 3,6 Milliarden DM, darunter für die Modernisierung der Erdölförderung, für die Schaffung neuen Wohnraums in Moskau, St. Petersburg und weiteren russischen Städten, für die Reparatur einer Ölpipeline in der Arktis, für ein Pilotprojekt zur Modernisierung der Steuerverwaltungen in Nishnij-Nowgorod und Wolgograd sowie zur Ausbildung von Wirtschafts- und Finanzexperten.

Die Kredite der Weltbank führten in Rußland zu unterschiedlicher Kritik. Wirtschaftsminister Jewgenij Jasin forderte eine nicht zweckgebundene Kreditgewährung: Die russische Regierung kenne die Investitionsbedingungen und Voraussetzungen zur Förderung des Reformprozesses selbst am besten. Westliche Finanzhilfen wurden und werden andererseits von den Rechtsextremisten um Wladimir Shirinowskij und den Kommunisten von Gennadij Sjuganow als unzulässige westliche Wahlkampfhilfe für Boris Jelzin getadelt.

Neben der Gewährung von Mitteln für neue Projekte geht es um die Rückzahlung der Altschulden der ehemaligen Sowjetunion. Diesbezüglich kam es nach langen, teilweise sehr zähen Verhandlungen zu Umschuldungen, bei denen der »Pariser Club« und der »Londoner Club« entscheidende Rollen spielten.

Der Pariser Club ist ein Zusammenschluß der 18 Gläubigerstaaten Rußlands mit Gesamtforderungen von 40 Milliarden US-Dollar. Hauptgläubiger ist mit 17,2 Milliarden US-Dollar die Bundesrepublik Deutschland. Im Frühjahr 1996 gelang eine Einigung: Die Schulden aus der Zeit vor Gründung der GUS sollen innerhalb von 25 Jahren zurückgezahlt werden; für sechs Jahre wurde eine Stundung der Rückzahlung eingeräumt.

Im Londoner Club sind die Gläubigerbanken und -finanzinstitute

Rußlands zusammengeschlossen. Die Forderungen gegenüber der Russischen Föderation betragen insgesamt 32,5 Milliarden US-Dollar, davon 7 Milliarden US-Dollar aus Zinsrückständen. Auf deutsche Banken entfallen von der Gesamtsumme rund 10 Millionen US-Dollar. Nach schwierigen Verhandlungen wurde am 5. Oktober 1994 eine erste Übereinkunft erzielt: Die Russische Föderation erkannte ihre Zahlungsverpflichtung grundsätzlich an. Weitere Verhandlungen ab Juli 1995 führten zu einer Vereinbarung, die Rußland erhebliche Erleichterungen bei der Rückzahlung der Schulden einräumt.

Mit insgesamt 108,9 Milliarden DM an Ausgaben und Forderungen zwischen Ende 1989 und Ende 1995 – davon 62,8 Milliarden DM Kredite, Kreditgarantien und Bürgschaften des Bundes – sind Banken und öffentliche Haushalte der Bundesrepublik Deutschland finanziell nach wie vor am stärksten in Rußland engagiert. Im März 1996 gewährten deutsche Geldinstitute einen weiteren Kredit in Höhe von vier Milliarden DM, für die der Bund die Bürgschaft übernahm. Die »Frankfurter Allgemeine Zeitung« vermerkte am 26. März 1996 kritisch, daß drei Viertel dieses Betrages nicht zweckgebunden seien und von der russischen Regierung dazu benutzt würden, Haushaltslöcher zu stopfen. Lediglich eine Milliarde DM komme der deutschen Exportwirtschaft zugute.

Insgesamt flossen zwischen 1990 und 1994 insgesamt 122,4 Milliarden ECU, umgerechnet etwa 233 Milliarden DM, an internationaler Finanzhilfe nach Rußland, davon über 88 Milliarden ECU, umgerechnet 168 Milliarden DM, in Form von Krediten und Kreditgarantien. Zum Vergleich: Die Hilfen durch den Marshall-Plan in der Nachkriegszeit betrugen 3,1 Milliarden DM – nach heutiger Kaufkraft 14,6 Milliarden DM. Die Finanzströme nach Rußland in den letzten fünf bis sechs Jahren übertreffen somit die Hilfe der USA für Europa nach dem Zweiten Weltkrieg um ein Vielfaches.

Über den Effekt der Milliardenkredite wird kontrovers diskutiert. Zweifellos wäre der bisherige Reformprozeß ohne die erhebliche finanzielle Unterstützung aus dem Ausland kaum zu bewerkstelligen gewesen. Andererseits aber wurden viele der angestrebten Ziele nicht oder nur partiell erreicht, außerdem wurden die Mittel zum Teil für wirtschaftlich ineffektive Staatsausgaben verwendet oder verschwanden in finsteren Kanälen. Es erscheint daher verständlich, daß der Westen auf exakt definierten Zielsetzungen und strengen Kontrollen besteht und zum Beispiel Kredite nur für zuvor genau auf ihre Rentabilität untersuchte Projekte gewährt. Eine Zweckbindung von Krediten ist allerdings in russischen Regierungskreisen weitgehend unpopulär.

Dem Willen des Westens, die demokratische Entwicklung in Rußland und den übrigen Mitgliedsländern der GUS mit großem finanziellem Engagement zu unterstützen, steht der verständliche Wunsch gegenüber, eine korrekte Rückzahlung der Verbindlichkeiten zu erreichen. Daß Rußland bereit ist, eingegangene Verpflichtungen zu erfüllen, zeigt die – zumindest in bezug auf die Neuverschuldung nach dem Ende der Sowjetunion – gute Zahlungsmoral.

INVESTITIONEN – AUSMASS UND RISIKEN

Rußland braucht Auslandsinvestitionen »wie die Luft zum Atmen«, erklärte der frühere russische Privatisierungsminister Sergej Beljajew im Mai 1995. Westliche Wirtschaftsinstitute teilen diese Auffassung. Mangelnde Investitionsbereitschaft, so das Kölner Bundesamt für Außenhandelsinformation, sei das »Schlüsselproblem bei der Überwindung der Wirtschaftskrise« in Rußland.

Das Volumen ausländischer Investitionen in Rußland läßt einen Aufwärtstrend erkennen – allerdings auf sehr niedrigem Niveau. Von 1991 bis 1995 wurden insgesamt 7,9 Milliarden US-Dollar in Rußland investiert; für 1996 wird mit 2,2 Milliarden, für 1997 mit 2,8 Milliarden US-Dollar gerechnet. Im Vergleich zum Investitionsbedarf – der ehemalige russische Wirtschaftsminister Alexander Schochin bezifferte ihn Mitte 1994 auf 10 bis 12 Milliarden US-Dollar *jährlich* – ist dies allerdings nur ein Tropfen auf den heißen Stein. Zum Vergleich: In Polen, der Slowakei, Tschechien und Ungarn wurden von 1990 bis 1994 insgesamt 10,6 Milliarden US-Dollar direkt investiert, in China – mit Rußland von der geographischen Ausdehnung her durchaus vergleichbar – bis Ende 1993 sogar etwa 100 Milliarden US-Dollar.

Die Gründe für die Zurückhaltung ausländischer Investoren in Rußland sind vielfältig und unterscheiden sich von Region zu Region, von Branche zu Branche. Umfragen bei westlichen Investmentgesellschaften und in Moskau tätigen ausländischen Unternehmern ergaben vor allem folgende Bedenken:

• Politische und wirtschaftliche Instabilität
• Plötzliche und unverständliche Änderung und Rücknahme von Beschlüssen, etwa der Privatisierungsstop für 2800 Staatsunternehmen, die für westliche Geldgeber von besonderem Interesse gewesen wären
• Mangel an verläßlichen rechtlichen Rahmenbedingungen, etwa im Bereich des Eigentumsschutzes
• Benachteiligung von ausländischen Betrieben und Gemeinschaftsunternehmen mit ausländischer Beteiligung (Joint-ventures) gegenüber russischen Staatsbetrieben
• Mangelnde Information über Investitionsbedingungen
• Enttäuschung potentieller westlicher Partner über den langsamen Fortschritt der Wirtschaftsreform
• Probleme bei der Rückführung von Gewinnen
• Hohe Inflationsrate
• Unverständliche restriktive Maßnahmen, etwa der Beschluß vom 22. Juni 1994, das Privateigentum von Ausländern bei der Ein- beziehungsweise Ausreise mit 60 Prozent zu verzollen

Angesichts dieser Probleme beschloß die russische Regierung eine Reihe gesetzlicher Maßnahmen zur Verbesserung des Investitionsklimas. Dazu gehörte der Erlaß vom 26. April 1994 »Über den Schutz der Investoren«, beinhaltend ein Börsen- und Wertpapiergesetz sowie den Abbau von Zöllen. Auf der Grundlage des Dekrets »Über die aktive Heranziehung ausländischer Investoren in die Russische Föderation« vom 29. September 1994 wurde ein Konsultativrat unter Leitung von Ministerpräsident Tschernomyrdin gebildet, dem auf deutscher Seite die Vorstandsvorsitzenden der Konzerne BASF und Siemens sowie der Geschäftsführer eines Fleischwarenunternehmens angehören. Das am 1. Januar 1995 in Kraft getretene Zivilgesetzbuch lichtete das Dickicht von Gesetzen, Dekreten, Verordnungen und Instruktionen im privatrechtlichen Bereich. Darauf folgte ein Memorandum über den Abbau der Bürokratie, mit dem unter anderem die Schaffung von Rechtsgleichheit und Steuergerechtigkeit für ausländische Unternehmen erleichtert werden sollte.

Die bisherigen Ansätze waren und sind jedoch – das wird auch in Rußland nicht verheimlicht – offenkundig unzureichend. Nach wie vor ist Rußland kein attraktiver Standort für private Investitionen, wie das bekannte »Institut für Weltwirtschaft« in Kiel Ende 1995 feststellte. Wladimir Kondratjew vom Moskauer »Institut für Weltwirtschaft und Internationale Beziehungen« nannte im »Handelsblatt« vom 12. April 1995 die unverzichtbaren Punkte: Klärung des Eigentumsrechts, beschleunigte Privatisierung aller Staatsunternehmen, Konzentration staatlicher Investitionen auf Zukunftsbranchen wie Elektro-, Luft- und Weltraumtechnik, Aufbau einer effektiven Infrastruktur sowie Bereinigung und Klärung der Rechtslage im Bereich der Investitions- und Steuergesetzgebung.

Wie steht es mit den Joint-ventures?

Bei Gemeinschaftsunternehmen, auch in Rußland als Joint-ventures bekannt, handelt es sich um Betriebe mit zumeist 50prozentiger Auslandsbeteiligung. Die Zahl der Joint-ventures in Rußland stieg seit 1990 beträchtlich: von 620 auf über 11 000 im Jahre 1994. Ende 1995 waren 14 000 Gemeinschaftsunternehmen registriert, davon 950 deutsch-russische. Die Außenhandelsintensität dieser Betriebe ist beträchtlich: Von 1990 bis 1993 verzehnfachten sich die Exporte der Gemeinschaftsunternehmen auf einen Wert von drei Milliarden US-Dollar; Einfuhren durch Joint-ventures machten 1993 bereits acht Prozent der gesamten russischen Importe aus.

Im Vergleich zu anderen Ländern spielen Joint-ventures in Rußland allerdings eine eher geringe Rolle. Allein in der kleinen baltischen Republik Estland gab es 1994 insgesamt 14 000 ausländische Betriebe und Gemeinschaftsunternehmen. Bei den russischen Joint-ventures handelt es sich außerdem meist um Klein- und Kleinstbetriebe – große Unternehmen sind die Ausnahme. Vor allem fehlt es an mittelständischen Betrieben, die eine Schrittmacherfunktion für die wirtschaftliche Entwicklung übernehmen.

Unter den teilweise schwierigen Bedingungen erscheint die Beachtung von Vorsichtsmaßnahmen bei einem Engagement in Rußland dringend notwendig. Im Rahmen der »Länderanalyse Rußland« des Informationsdienstes der »Frankfurter Allgemeinen Zeitung« erschienen im August 1995 ausführliche Ratschläge, von denen einige besonders wichtige hier – verkürzt – wiedergegeben werden:

• Die Kooperationspartner des geplanten Joint-ventures sollten jeweils genau 50 Prozent der Kapitalanteile halten. Das Verlangen nach einer Mehrheitsbeteiligung von 51 Prozent seitens des westlichen Partners könnte vom russischen Unternehmen als Zeichen von Mißtrauen gewertet werden – ein schlechter Start für ein gemeinsames Projekt, das auf Vertrauen beruht.

• Bei langfristigen Planungen sollte möglichst ein Vertreter der Muttergesellschaft dauerhaft an den Sitz des Gemeinschaftsunternehmens entsandt werden. Sporadische Besuche reichen bei wichtigen Projekten nicht aus.

• Wichtig ist die richtige Wahl des Betriebssitzes, der durchaus in der Provinz liegen kann. Dort ist das Mafia-Problem weniger stark ausgeprägt; Behördenwege sind kürzer, Lohn- und Mietkosten niedriger.

• Bargeldzahlungen sind zu vermeiden, weil sie Schutzgelderpressungen erleichtern könnten. Zu bevorzugen sind bargeldlose Zahlungen; es können statt Geld- auch Sacheinlagen in das neue Unternehmen eingebracht werden.

• Schutz durch seriöse Sicherheitsfirmen ist zum einen empfehlenswert, weil so geschützte Betriebe eher von mafiösen Machenschaften verschont bleiben, zum anderen, weil die (relativ teuren) Sicherheitsfirmen Rechnungen ausstellen, die steuerlich absetzbar sind. Es ist sorgfältig zu kontrollieren, ob es sich bei den Mitarbeitern der Sicherheitsfirma um zuverlässige Kräfte handelt.

- Das neue russische Zivilrecht ist genauestens zu beachten. Inzwischen kommen ausländische Unternehmen zunehmend auf dem Gerichtsweg zu ihrem Recht. Die Zeiten, als man über das russische Recht hinwegsehen konnte, nähern sich dem Ende.
- Die Gesellschaftsverträge sollten von Experten übersetzt werden, um die – relativ häufigen – Übersetzungsfehler zu vermeiden. Das ist vor allem von Bedeutung, weil bei juristischen Auseinandersetzungen stets auf die russische Fassung der Verträge zurückgegriffen wird.
- Die Position des Hauptbuchhalters sollte mit einer überprüften, absolut vertrauenswürdigen – eventuell deutschen – Kraft besetzt werden. Hauptbuchhalter spielen im russischen Wirtschaftsleben eine wichtige Rolle; ihre Zustimmung ist für zahlreiche Vorgänge im Unternehmen unverzichtbar.
- Es ist ratsam, einen ortsansässigen russischen Rechtsanwalt zu beteiligen, der bereits bei den Verhandlungen über den Vertrag und im Umgang mit den Behörden behilflich sein kann.

INFORMATION UND BERATUNG: SCHLÜSSEL ZUM RUSSISCHEN MARKT

Die mitunter komplizierte und widersprüchliche Situation in Rußland und anderen Mitgliedsländern der GUS macht gründliche Information und praxisorientierte Beratung unerläßlich. Inzwischen gibt es vielfältige Initiativen in diesem Bereich – sowohl von staatlicher wie von privater Seite; die hier genannten Programme und Maßnahmen stellen daher nur eine Auswahl dar.

Zunächst ist das »Transform-Programm« zu erwähnen, in dem seit 1994 die Beratungshilfen der Bundesregierung zusammengefaßt sind und das 70 Millionen DM für 1995 und 72,4 Millionen DM für 1996 zur Verfügung stellte. Finanziert werden unter anderem Programme in den Gebieten St. Petersburg (22 Prozent der Mittel), Wladimir (16 Prozent) und Moskau (Gebiet: 6 Prozent; Stadt: 5 Prozent) sowie überregionale Projekte und Regierungsberatung (39 Prozent). Die »Kreditanstalt für Wiederaufbau« (KfW) ist für die Beratung der russischen Ministerien für Wirtschaft und Finanzen zuständig; sie unterstützt Rußland

- bei der Einführung einer marktwirtschaftlich orientierten Statistik,
- bei der Einführung eines marktwirtschaftlichen Banken-, Börsen- und Versicherungswesens,
- bei Projekten in der Region St. Petersburg und in Gebieten Zentralrußlands.

Eine wichtige Rolle spielt der »Deutsche Industrie- und Handelstag« (DIHT; Adenauerallee 148, 53113 Bonn) mit seinen »Büros der Deutschen Wirtschaft« in Rußland, die sich auf die Herstellung und Pflege von Wirtschaftskontakten sowie auf die Vermittlung von Informationen für investitionswillige Unternehmen konzentrieren. Der »Ostausschuß der Deutschen Wirtschaft« (Gustav-Heinemann-Ufer 84-88, 50968 Köln) widmet sich vor allem den Beziehungen zu Staaten des ehemaligen »Rats für Gegenseitige Wirtschaftshilfe« (RGW) und der Beratung der Bundesregierung bei Gesprächen mit diesen Ländern, der Information und Beratung der gewerblichen Wirtschaft und der Herstellung von Wirtschaftskontakten. Auch das »Kooperationsbüro der Deutschen Wirtschaft« (Uhlandstraße 28, 10719 Berlin) ist eine bundesweite Anlaufstelle für Investoren, die in Rußland und anderen GUS-Ländern aktiv werden wollen. Die Einrichtung stellt Informationsmaterial über einzelne Regionen zusammen, vermittelt Geschäftskontakte, organisiert Informationsveranstaltungen zu bestimmten Arbeitsschwerpunkten und ist darüber hinaus auch individuell beratend tätig. Die »Gesellschaft zur Förderung der Außenwirtschaft und der Unternehmensberatung«, die eng mit den Industrie- und Handelskammern sowie deutschen Außenhandelskammern und Wirtschaftsberatern im Ausland zusammenarbeitet, berät potentielle Investoren über die Erschließung von Märkten und vermittelt Kooperationspartner. Von besonderer Bedeutung ist der am 15. März 1995 gegründete »Verband der deutschen Wirtschaft in der Russischen Föderation«, der die Interessen deutscher Unternehmer in Rußland vertritt und ein Forum für Meinungs- und Informationsaustausch geschaffen hat.

Aber auch russische Einrichtungen streben inzwischen eine Verbesserung der Informationsvermittlung über den einheimischen Markt an. Ansprechpartner sind vor allem die »Russische Informationsagentur« (Von-Groote-Straße 54, 50968 Köln) und die 1993 gegründete »Russische Industrie- und Handelskammer«, die eine Datenbank »Wirtschaft der Russischen Föderation« mit Informationen über die russischen Regionen sowie über 23 000 russische Unternehmen, 1400 Geschäftsbanken und 2040 Joint-ventures eingerichtet hat. Eine Repräsentanz dieser Kammer hat ihren Sitz in Berlin (Leipziger Straße 60, 10118 Berlin).

Im Unterschied zu den ersten Jahren der Perestroika können deutsche Unternehmen, die in Rußland investieren wollen, heute auf eine Vielzahl von Erfahrungen verschiedenster Einrichtungen zurückgreifen, die Probleme überschaubarer und Risiken kalkulierbarer machen.

DER AUSBILDUNGSBEREICH: HILFE ZUR SELBSTHILFE

Bei der Ausbildung von Arbeits- und Führungskräften, die für den Fortgang der Wirtschaftsreform wichtige Bedeutung hat, kommt es insbesondere darauf an, wirtschaftliche Erkenntnisse moderner westlicher Industriestaaten auf die gegenwärtige Situation in Rußland zu übertragen. Die Ausbildung sollte daher vorrangig vor Ort stattfinden; Informationsbesuche und Praktika im Ausland sollten nur der Abrundung und Ergänzung der neu erworbenen Kenntnisse dienen. In den vergangenen Jahren entstanden zahlreiche Kooperationen und Ausbildungseinrichtungen zur Unterstützung des Umgestaltungsprozesses in Rußland; einige seien herausgegriffen:

• Der »Verband der Deutschen Wirtschaft« trägt mit deutsch-russischen Komitees in verschiedenen Bereichen zur Fort- und Weiterbildung bei: So arbeitet das »Steuerkomitee« eng mit der russischen Finanzverwaltung zusammen; steuerrechtliche Probleme bei Investitionsvorhaben werden kurzfristig an die zuständigen russischen Stellen weitergeleitet, um zu einer raschen gemeinsamen Lösung der Probleme zu gelangen. Andere Komitees sind in den Bereichen »Devisenregulierung« und »Verträge von Gemeinschaftsunternehmen« aktiv.

• Deutsche Juristen beteiligen sich an Rechtsberatungsprogrammen über das Gewerberecht; die Maßnahme wird von der russischen Regierung gefördert. Der frühere Präsident des Bundeskartellamts, Wolfgang Kartte, ist seit Jahren als juristischer Berater der russischen Regierung und schwerpunktmäßig in der Region Wladimir tätig. Im Beratungsbereich konzentriert er sich hauptsächlich auf sein Spezialgebiet, das Konkurs- und Wettbewerbsrecht.

• Rechtsexperten der »Kreditanstalt für Wiederaufbau« beraten die Duma-Ausschüsse für Banken und Wertpapiere beim Entwurf eines Investmentfonds-Gesetzes und einer Verordnung für den Wertpapiermarkt. Die Einrichtung fördert außerdem ein Ausbildungszentrum für Mitarbeiter von mittelständischen Betrieben und betreibt ein »Beratungszentrum für Mittel- und Osteuropa« (Taubenstraße 10, 10104 Berlin-Mitte).

• Die seit 1959 bestehende »Körber-Stiftung« bildet qualifizierte Nachwuchskräfte aus, die Führungspositionen in der Wirtschaft von GUS-Ländern übernehmen; die »Eberhard-Schock-Stiftung«, gegründet 1992, fördert vorrangig Nachwuchskräfte für gewerbliche mittelständische Unternehmen und Handwerksbetriebe. Vom DIHT wurde 1991 die »Stiftung für wirtschaftliche Entwicklung und berufliche Qualifizierung« ins Leben gerufen; sie konzentriert sich auf die Qualifizierung von Fachleuten und Führungskräften.

• Mit Sommerschulen und Projektkooperationen unterstützt die seit 1961 bestehende »Volkswagen-Stiftung« die berufliche Fort- und Weiterbildung von Ingenieuren und Naturwissenschaftlern. Die »Robert-Bosch-Stiftung« ermöglicht deutschen Hochschulabsolventen einen Lehraufenthalt in GUS-Ländern, darunter in Belarus und Kasachstan; insbesondere angehende Deutschlehrer werden von den Stipendiaten ausgebildet.

• Die »Konrad-Adenauer-Stiftung« führt in Zusammenarbeit mit der regionalen Verwaltung und Handelskammer von Krasnojarsk ein

Der Ausbildungsbereich: Hilfe zur Selbsthilfe

Seminarprogramm zur Wirtschaftsförderung durch, bei dem sowohl vor Ort als auch in Deutschland Kenntnisse über das marktwirtschaftliche System vermittelt werden.

• Ausbildungsförderung wird auch von einzelnen Bundesländern unterstützt: So hat das Land Niedersachsen Partnerschaftsvereinbarungen mit den Gebietsverwaltungen von Tjumen (Mai 1992) und Perm (Januar 1993) abgeschlossen. In Perm werden landwirtschaftliche Berater fortgebildet, in Tjumen wird der Aufbau einer Landwirtschaftsschule unterstützt. Nordrhein-Westfalen fördert ein Aus- und Weiterbildungszentrum für metallverarbeitende Berufe im Gebiet Kostroma.

• Besonders wichtig ist die Fort- und Weiterbildung von Mitarbeitern osteuropäischer Atomkraftwerke. Das Ausbildungszentrum des Kernkraftwerk-Simulators Greifswald organisierte 55 Seminare, an denen 331 Mitarbeiter von Nuklearanlagen in Rußland und der Ukraine teilnahmen. Die wichtige Tätigkeit wird leider dadurch beeinträchtigt, daß die Mittel für die Maßnahmen von 10 Millionen DM im Jahre 1995 für die Folgejahre auf 3 Millionen DM reduziert wurden.

• Im Rahmen des Programms TACIS unterstützt die Europäische Union in Zusammenarbeit mit der »Akademie für Nationalökonomie« in Moskau und dem »Institut für Handel und Wirtschaft« in St. Petersburg Ausbildungsmaßnahmen im modernen Buchführungswesen; die EU stellte dazu 900 000 ECU, umgerechnet über 1,7 Millionen DM, zur Verfügung. Dies ist vor allem wichtig, weil weder Berufsschulen noch Universitäten in Rußland die nötigen Kenntnisse im kaufmännischen Rechnungswesen vermitteln, ja, nicht einmal entsprechende Lehrbücher vorhanden sind. Das EU-Programm ist ein erster Schritt, 1,5 Millionen Fachleute für das Rechnungswesen auszubilden, die zur effektiven betriebswirtschaftlichen Erfolgskontrolle in russischen Unternehmen benötigt werden.

Schon diese wenigen Beispiele zeigen die Intensität der Aktivitäten im Bereich der Aus-, Fort- und Weiterbildung in Rußland und den übrigen GUS-Ländern. Ohne Vermittlung des Know-how wäre eine

Umgestaltung der Wirtschaft Rußlands und der übrigen Nachfolgestaaten der UdSSR, die ohnehin mit zahlreichen Problemen und
Schwierigkeiten zu kämpfen haben, kaum vorstellbar.

DAS DEUTSCHE WOHNUNGSBAUPROGRAMM
FÜR ZURÜCKKEHRENDE SOLDATEN UND OFFIZIERE

Am 12. Oktober 1990, wenige Tage nach der deutschen Vereinigung,
schlossen Bonn und Moskau einen »Vertrag über die Bedingungen
des befristeten Aufenthalts und die Modalitäten des planmäßigen
Abzugs vom Territorium der Bundesrepublik Deutschland«. Darin
verpflichtete sich die damalige UdSSR, die Kosten für die restliche
Aufenthaltsdauer der sowjetischen »Westgruppe« in der Bundesrepublik zu übernehmen. Deutschland erklärte sich im Gegenzug
bereit, den Rückzug der russischen Truppen mit einem 12-Milliar-
den-DM-Programm zu unterstützen. Der größte Teil dieser Summe,
7,8 Milliarden DM, war zum Bau von 36000 Wohnungen für die
nach Rußland zurückkehrenden Soldaten sowie von Fabriken zur
Herstellung von entsprechendem Baubedarf bestimmt.

Ein Treffen zwischen Bundeskanzler Kohl und Präsident Jelzin im
Dezember 1992 erbrachte Rußland weitere 550 Millionen DM; mit der
Gesamtsumme sollten nun sogar 45000 schlüsselfertige Wohnungen
mit insgesamt 2,8 Millionen Quadratmetern Wohnfläche errichtet
werden, außerdem Wasser- und Wärmeversorgung, Abwasserentsor-
gung, Verkehrswege, Schulen, Krankenhäuser, Kindergärten und Ein-
kaufszentren.

Im Rahmen des gigantischen Programms wurden in 43 Orten –
verteilt über Rußland, die Ukraine und Belarus – 45299 Wohnungen
gebaut, davon 34188 in Rußland, 5939 in Belarus und 5172 in der
Ukraine. Die größten zusammenhängenden Siedlungen entstanden
in Krasnodar (2004 Einheiten), Twer (2003), Tschernoretschje (1910)
und Bogutschar (1751). Große Wohnungsbaukombinate wurden in
Sertolowo/Rußland und Tschist/Belarus, Produktionsstätten für
Bauzubehör in Moskau, Rostow am Don und 14 weiteren Städten der
drei genannten GUS-Länder eingerichtet.

Das deutsche Wohnungsbauprogramm

Bei der Realisierung dieses Großvorhabens galt es erhebliche Probleme zu überwinden:

• An den Arbeiten, die teilweise unter extremen Witterungsbedingungen durchgeführt werden mußten, waren Angehörige unterschiedlichster Nationalitäten beteiligt, darunter Deutsche, Russen, Ukrainer und Weißrussen sowie Mitarbeiter von Subunternehmen aus der Türkei, Bulgarien und anderen Ländern.

• Der Fortgang des Bauprogramms wurde durch unvorhergesehene Probleme behindert: Im sumpfigen Gelände von Wladiskawkas – in Nordossetien gelegen und daher auch von den kriegerischen Auseinandersetzungen in der Region betroffen – mußten zur Sicherung der Fundamente Pfähle 25 Meter tief in den Boden gerammt werden.

• Von deutschen Unternehmen beauftragte Subunternehmer erfüllten vielfach nicht die Anforderungen: Das bulgarische Unternehmen »Interpartner« etwa beschäftigte ungelernte Arbeitslose statt der zugesagten Facharbeiter.

• Es kam vor, daß von höherer russischer Seite Gelder abgezweigt und zweckentfremdet wurden. So deuteten russische Presseorgane an, der damalige Verteidigungsminister Gratschow habe gepanzerte Mercedes-Luxuslimousinen für sein Ministerium aus Mitteln des Wohnungsbauprogramms finanziert.

• Die völlig undurchsichtige und häufig wechselnde Steuergesetzgebung führte zu grotesken Situationen: So präsentierte die Moskauer Steuerfahndung im Jahre 1994 der zentralen Leitung des Wohnungsbauprogramms einen Steuerbescheid über 103 Millionen DM.

• Steuerbeamte beschlagnahmten Material und ließen Firmenkonten einfrieren, so daß ein türkisches Bauunternehmen die Arbeit vorübergehend einstellen mußte. Erst danach gewährte die russische Regierung dem Wohnungsbauprogramm schließlich Steuerfreiheit, da ansonsten – zum Schaden der zurückkehrenden Soldaten und ihrer Familien – 10 000 Wohnungen weniger gebaut worden wären.

• Eine weitere Schwierigkeit stellten öffentliche Gebühren dar, die plötzlich und drastisch erhöht wurden. Im Sommer 1994 glich die russische Regierung die Preise für Gas und Strom an die Inflationsrate an – dies bedeutete eine Verteuerung bis zu 25 Prozent, und zwar pro Monat! Zwischen März und August 1994 verdoppelten sich zugleich auch die Kosten für Eisenbahntransporte.

• Die zunehmende Inflation und das wachsende Mißverhältnis zwischen Dollarkurs und Wert des Rubel erhöhte die Preise für Baumaterial: Der Zementpreis verdoppelte sich.

• Die Kostenexplosion stand im Widerspruch zu den im Vertrag fixierten Festpreisen, so daß zeitraubende Nachverhandlungen unumgänglich wurden. Die russische Seite nutzte dies für Nachbesserungswünsche, vernachlässigte aber zugleich eigene Aufgaben: So konnten fertiggestellte Wohnungen nicht bezogen werden, weil die Wasserversorgung fehlte.

• Umfangreiche Mängellisten des Verteidigungsministeriums verzögerten die Übergabe. Russische Stellen drohten mit Konventionalstrafen in Höhe von sechs Prozent des Auftragsvolumens. Auch hier waren Nachverhandlungen notwendig.

• Wiederholt kam es vor, daß eben eingezogene Soldatenfamilien die Bauunternehmen für das Fehlen von Einbaumöbeln verantwortlich machten – obwohl sie diese selbst demontiert und verkauft hatten.

• Nicht selten verschwand Material von den Baustellen. Besonderer Beliebtheit erfreuten sich Badewannenstopfen und die kleinen Leuchtdioden, die für die Beleuchtung von Schaltern sorgen und – trotz ihrer Unbrauchbarkeit für die meisten Russen – in großen Mengen entwendet wurden. Selbst über solche Bagatellen beschwerte sich das Verteidigungsministerium: Die Übergabe der Wohnungen verzögerte sich; ein verzweifelter Wettlauf zwischen Diodenklau und Neuinstallation war die Folge.

Trotz dieser und manch anderer Schwierigkeiten gelang es den Beteiligten an dem Großvorhaben, die dafür alle Hochachtung verdienen, bis zum Frühjahr 1996 rund 41 000 Wohnungen bezugsfertig zu übergeben. Im September 1996 sollen die restlichen Wohnungen übergabefertig sein. Rund die Hälfte der Projekte – Baumaßnahmen an 22 Standorten – wurde von deutschen Generalunternehmern beziehungsweise Arbeitsgemeinschaften unter deutscher Leitung realisiert. In Spitzenzeiten waren 290 hochqualifizierte deutsche Fachkräfte vor Ort tätig.

Nach der Übergabe muß auf russischer Seite mit weiteren Problemen gerechnet werden – vor allem wird darüber gestritten werden, wer die begehrten Wohnungen mit 37 bis 71 Quadratmetern Wohnfläche und westeuropäischem Standard beziehen darf. Schon heute wird in russischen Zeitungen darüber diskutiert, ob wirklich alle Wohnungen den aus Deutschland zurückgekehrten Soldaten und Offizieren zur Verfügung gestellt werden.

RUSSLANDDEUTSCHE: AUSREISE NACH DEUTSCHLAND ODER NEUE MÖGLICHKEITEN IN RUSSLAND?

Nach Schätzungen des Bundesinnenministeriums leben heute rund zwei Millionen Deutschstämmige in den GUS-Ländern, obwohl in den Jahren 1990 bis 1996 etwa 1,2 Millionen Rußlanddeutsche die GUS verlassen haben und in die Bundesrepublik ausgesiedelt sind.

Rechtsgrundlage der Einbürgerung von Rußlanddeutschen ist Artikel 116 Absatz 1 des Grundgesetzes: »Deutscher im Sinne dieses Grundgesetzes ist vorbehaltlich anderer gesetzlicher Regelung, wer die deutsche Staatsangehörigkeit besitzt oder als Flüchtling oder Vertriebener deutscher Volkszugehörigkeit oder dessen Ehegatte oder Abkömmling in dem Gebiete des Deutschen Reiches nach dem Stande vom 31. Dezember 1937 Aufnahme gefunden hat.« Volkszugehöriger ist nach dem Bundesvertriebenengesetz, »wer sich in seiner Heimat zum deutschen Volkstum bekannt hat, sofern dieses Bekenntnis durch bestimmte Merkmale wie Abstammung, Sprache, Erziehung, Kultur bestätigt wird«.

Das Schicksal der Rußlanddeutschen, ihre Vertreibung aus dem Wolgagebiet im Jahre 1941, die Bedrängnisse auch in den Nachkriegsjahren und die allmählichen Verbesserungen im letzten Jahrzehnt wurden bereits in dem Kapitel »Rußland und die GUS« geschildert. Der große Wunsch, die Rückkehr in das einstige Stammland an der Wolga, konnte – auch dies wurde erwähnt – nicht erfüllt werden. So war es sicher richtig, den Versuch zu unternehmen, kompakte

Siedlungsgebiete, sogenannte »Inseln der Hoffnung« zu schaffen, um den Rußlanddeutschen dort einen neuen Anfang zu ermöglichen. Diese Maßnahmen werden von der Bundesrepublik mit erheblichen Mitteln – 1995 insgesamt 93,1 Millionen DM, 1996 erneut rund 90 Millionen DM – gefördert. Dabei gibt es folgende Schwerpunkte:

• In Westsibirien leben etwa 600 000 Rußlanddeutsche. Hier investierte die Bundesregierung 1996 für den von Landrat Professor Bruno Reiter geleiteten deutschen Nationalkreis Asowo bei Omsk, der 27 Ortschaften mit 20 000 Einwohnern umfaßt, 30 Millionen DM. Gefördert werden vor allem Wohnungsbau, Verbesserung der Infrastruktur, Wirtschaftsprojekte, Aus- und Weiterbildung sowie Begegnungsstätten.

• Im deutschen nationalen Rayon Halbstadt in der Altaj-Region werden Gewerbesiedlungen, Landwirtschaftsprojekte und Gesundheitseinrichtungen für die 21 000 Bewohner gefördert. Der Rayon wird von einem deutschstämmigen Landrat, Josef Bernhard, geführt.

• Obwohl die Wiederherstellung der autonomen Republik der Wolgadeutschen nicht möglich ist, findet eine begrenzte Wiederansiedlung Deutschstämmiger in der Wolga-Region statt. Gegenwärtig leben in 15 Städten und Gemeinden bereits wieder rund 200 000 Rußlanddeutsche. Mit 14 Millionen DM deutscher Unterstützung wurde ein Sofortprogramm zur Förderung bäuerlicher Familienbetriebe an der Wolga aufgelegt: 30 Landwirtschaftsbetriebe und drei Agrar-Service-Stationen haben ihre Arbeit bereits aufgenommen.

• In der Region St. Petersburg, in der einst 100 000 Deutsche lebten, sind heute wieder rund 10 000 Rußlanddeutsche beheimatet. Hier werden für die – meist aus den Ländern Mittelasiens kommenden – Deutschen mittelständische Betriebe eingerichtet.

Staatssekretär Horst Waffenschmidt, Aussiedlerbeauftragter der Bundesregierung, erklärte im November 1995 bei einer Sitzung der Deutsch-Russischen Regierungskommission, die gemeinsamen Hilfsmaßnahmen hätten »die Lage der Rußlanddeutschen in Rußland weiter stabilisiert«; die neugeschaffenen Siedlungsschwerpunkte würden

»als eine wirkliche Alternative zur Aussiedlung nach Deutschland betrachtet«.

Tatsächlich sind die Aussiedlerzahlen bereits etwas rückläufig. Vom 1. Januar bis 31. Mai 1996 kam 66050 Deutschstämmige in die Bundesrepublik; im entsprechenden Vorjahreszeitraum lag die Zahl bei 73 300. Der Rückgang ist zum einem damit zu erklären, daß nicht wenige Rußlanddeutsche durch die neuen Siedlungsgebiete wieder Hoffnung auf eine bessere Zukunft schöpfen; zum anderen wurden inzwischen eine verschärfte Überprüfung von Deutschkenntnissen und eine verstärkte Kontrolle von Ausweispapieren eingeführt. Dies erwies sich als notwendig, um zunehmenden Mißbrauch zu unterbinden.

Während zunächst, bis etwa 1993, zumeist tatsächlich Deutschstämmige in die Bundesrepublik kamen, die sich größte Mühe gaben, ihre Deutschkenntnisse so schnell wie möglich zu vertiefen, und die sich als gute, fleißige Arbeiter bewährten, hat sich dies seither leider negativ gewandelt. Zu Recht erklärte der niedersächsische Innenminister Gerhard Glogowski, die Mehrheit der nun eintreffenden jungen Aussiedler – rund 45 Prozent sind unter 25 Jahre alt – hätten »keine deutsche Überlieferung mehr«. Die Beziehung zur deutschen Sprache fehle, die Integrationsbereitschaft sei gering.

Auch Experten des baden-württembergischen Innenministeriums sprechen von »Fremden im eigenen Land«. Eigenschaften wie Arbeitsdisziplin und Erwerbssinn, die für Aussiedler in früheren Jahren typisch gewesen seien, stellten mittlerweile die Ausnahme dar. Bei den jetzt eintreffenden Rußlanddeutschen herrsche oft »Anspruchsmentalität, Aggressivität und Schlendrian« vor. Die Kriminalität unter Aussiedlern steige. »Kommen die falschen Aussiedler ins Land?« fragte die »Süddeutsche Zeitung« vom 29. Februar 1996. Jürgen Böckel, Sozialdezernent von Waldbröl im Wahlkreis des Aussiedlerbeauftragten Waffenschmidt, stellte fest: »Vor allem die Leute, die seit zwei Jahren kommen, bringen schon gar nicht mehr die Bereitschaft mit, sich den Einheimischen zu öffnen.« Selbst Rußlanddeutsche, die schon länger in der Bundesrepublik lebten, begännen sich von den Neuankömmlingen zu distanzieren.

Unter diesen Aspekten sind sowohl verschärfte Kontrollen der

Ausweispapiere als auch der Deutschkenntnisse notwendig; ebenso wichtig ist es aber auch, die begonnenen Projekte in Rußland fortzusetzen, um den Rußlanddeutschen in den GUS-Ländern verbesserte Lebensmöglichkeiten zu eröffnen.

DIE RÜCKFÜHRUNG »VERLAGERTER KUNSTSCHÄTZE«

Im deutsch-russischen Verhältnis steht seit Jahren die Rückführung »verlagerter Kunstschätze« beziehungsweise »kriegsbedingt verbrachter Kulturgüter« zur Diskussion, im alltäglichen Sprachgebrauch meist als »Beutekunst« bezeichnet. Über diese Frage wird – neben Rußland – auch mit verschiedenen anderen Staaten verhandelt. Im Mittelpunkt stehen jedoch die Verhandlungen mit der Russischen Föderation. Es geht um 200 000 Museumsstücke sowie um zwei Millionen Bücher und anderes Archivgut mit einer Länge von insgesamt drei Kilometern. Der geschätzte Wert beträgt rund 100 Milliarden DM.

Der deutsch-sowjetische »Vertrag über gute Nachbarschaft, Partnerschaft und Zusammenarbeit« vom 9. November 1990 enthält eine ausdrückliche Rückführungsklausel: »Die Vertragsparteien stimmen darin überein, daß verschollene oder unrechtmäßig verbrachte Kunstschätze, die sich auf ihrem Territorium befinden, an den Eigentümer oder seinen Rechtsnachfolger zurückgegeben werden« (Artikel 16 Absatz 2). Da der Vertragstext von »Rechtsnachfolgern« spricht, gilt dieser Artikel für alle UdSSR-Nachfolgestaaten; im Falle Rußlands wurde der Rückführungsgrundsatz in mehreren Kulturabkommen bekräftigt. Gleichwohl sind gerade die Verhandlungen mit der Russischen Föderation zunehmend schwierig. Dabei werden folgende Positionen vertreten:

Die deutsche Seite beruft sich neben dem Vertrag vom 9. November 1990 und dem deutsch-russischen Kulturabkommen vom 16. Dezember 1992 auf das Völkerrecht, vor allem auf die Haager Landkriegsordnung von 1907, nach der »jede Beschlagnahme ... von geschichtlichen Denkmälern oder von Werten der Kunst und Wissenschaft untersagt ist und geahndet werden soll« (Artikel 56). Rußland hingegen bezweifelt, daß der Vertrag des Jahres 1990 von einer gleichrangigen Pflicht zur Rückführung von »verschollenen« und »unrechtmäßig verbrachten« Kulturgütern ausgeht. Außerdem sei die Haager Landkriegsordnung nicht anzuwenden: Die Sowjetunion habe nach »Siegerrecht« gehandelt, das jede Art von Beschlagnahme erlaube. Rechts- und linksextreme russische Politiker konstruieren daraus einen »Eigentumsübergang«. Einen entsprechenden völkerrechtlichen Grundsatz gab und gibt es jedoch nicht.

Selbst die frühere UdSSR war hier vorsichtiger: Sie suchte den Eindruck zu erwecken, die Kulturgüter seien »vorübergehend aufbewahrt« worden und formulierte dies auch ausdrücklich bei der Übergabe von Kunstschätzen an die damalige DDR. Zwei weitere Argumente der russischen Seite sollen nicht unerwähnt bleiben: Zum einen wird der Kompensationsgedanke – kurzgefaßt: »deutsche Beutekunst gegen sowjetische« – in die Diskussion eingebracht. Zum anderen wird auf einen Brief der Außenminister der Bundesrepublik und der DDR vom 15. Juni 1990 verwiesen, in dem anerkannt wurde, daß »die Enteignungen auf besatzungsrechtlicher bzw. besatzungshoheitlicher Grundlage nicht mehr rückgängig gemacht werden« könnten. Allerdings bezog sich dieser Brief auf einen ganz anderen Sachverhalt: auf die Bodenreform auf dem Gebiet der ehemaligen DDR.

Die Entwicklung der Verhandlungen und Standpunkte zur Beutekunst stellen sich im Überblick so dar:

• Die Rückführung stand bisher bei drei Gesprächsrunden auf der Tagesordnung, an denen von deutscher Seite das Auswärtige Amt, das Bundesinnenministerium sowie die Länder beteiligt waren: im Februar 1993 (Dresden), März 1994 (Moskau) und Juni 1994 (Bonn). Es kam zu ersten praktischen Ergebnissen, vor allem zu einer Zugangsgarantie für die Depots mit Kunst- und Kulturgütern, damit diese identifiziert werden können.

• Am 10. Februar 1993 wurde das »Dresdner Protokoll« unterzeichnet. Auf seiner Grundlage wurden eine gemeinsame deutsch-russische Rückführungskommission sowie Fachgruppen gebildet, in denen Fragen nach der Art und dem möglichen Verbleib von Gegen-

ständen aus dem Museums-, Bibliotheks-, Sammlungs- und Archiv-
bereich behandelt werden. Diese Gruppen tagten inzwischen mehrfach.

• Unter dem Eindruck des wachsenden Einflusses der Rechtsnationalisten und Kommunisten in Rußland trat ab 1995 eine Stagnation
ein: Sowohl die Kommunisten Sjuganows als auch Shirinowskijs
Nationalisten lehnen eine Rückführung strikt ab.

• Die negative Entwicklung setzte sich im parlamentarischen Prozeß
fort: Am 21. April 1995 beschloß die Duma eine Verhandlungsunter-
brechung und forderte ein russisches Rückführungsgesetz. Laut
Gesetzesinitiativen des Föderationsrates vom 23. März und 11. Juli
1995 soll die Beutekunst – mit Ausnahme lediglich von Gegenstän-
den aus Plünderungen durch Zivilisten – zu russischem Eigentum
erklärt werden.

• Ein Duma-Beschluß vom 7. Juni 1995 macht die Rückführung von
Kunstgegenständen von Ausgleichszahlungen abhängig, die die
Bundesregierung jedoch – nicht nur gegenüber Rußland – entschie-
den ablehnt.

Die Initiativen von russischer Seite widersprechen sowohl gelten-
dem Völkerrecht als auch dem Inhalt deutsch-russischer Verträge,
die von den Parlamenten beider Länder ratifiziert worden sind.

   Es war unter den seit 1995 geänderten Bedingungen nicht ver-
wunderlich, daß am 16. April 1996 im Moskauer Puschkin-Museum
der einst in Berlin verwahrte »Schatz des Priamos« ausgestellt
wurde, von dessen Verbleib die Sowjetunion bis Anfang der neunziger Jahre nichts gewußt haben will. Erst 1993 verdichteten sich die
Anzeichen, daß sich der weltberühmte Fund Heinrich Schliemanns –
zusammen mit weiteren 1278 Stücken aus dem Berliner Museum für
Vor- und Frühgeschichte – im Puschkin-Museum befindet. Nicht die
Tatsache der Ausstellung befremdete – das Auswärtige Amt hatte
bereits andere Ausstellungen sogenannter Beutekunst, etwa in der
St. Petersburger Eremitage, im Grundsatz begrüßt, sofern eine angemessene deutsche Beteiligung erfolge. Dies allerdings unterblieb bei
der Ausstellung »Schatz aus Troja«: Ein erläuterndes Begleitwort des
Direktors des Berliner Museums für Vor- und Frühgeschichte, Wil-

fried Menghin, wurde dem Katalog nicht beigefügt; das russische Kulturministerium gestattete lediglich, daß der Deutsche Botschafter anläßlich der Ausstellungseröffnung eine kurze Ansprache halten konnte. Die Reaktion der Presse auf den russischen Alleingang fiel erwartungsgemäß überwiegend zugunsten der deutschen Seite aus. Lew Kopelew bezeichnete das Vorgehen Rußlands als »schändlich«: »Da schäme ich mich für meine Landsleute«, meinte er am 16. April 1996 gegenüber der Zeitung »Neues Deutschland«. Und Museumsdirektor Menghin äußerte sein Befremden im »Spiegel«: »Die tun da alle so, als sei der Krieg gerade erst vorgestern zu Ende gegangen.«

Es mag zutreffen, was Arno Wiedmann, ungeachtet seiner grundsätzlichen Kritik an dem russischen Alleingang, in der »Zeit« vom 19. April 1996 schrieb: »Die Aufregung um den Troja-Schatz entbehrt nicht der Komik. Was ist Beutekunst? Heinrich Schliemann schmuggelte seinen Fund aus der Türkei und brachte ihn heimlich nach Griechenland. Dort wurde dem Hobbyarchäologen der Prozeß gemacht.« Und bedenkenswert erscheint auch ein Kommentar einer westdeutschen Regionalzeitung, des »Trierischen Volksfreunds«: »Es geht gar nicht um den Besitz an der Kunst. ... Wenn es gelingen sollte, die nationalen Vorbehalte so weit abzubauen, daß die Museumsexperten zusammenarbeiten können, dann hätten alle gewonnen – auch wenn der Troja-Schatz in Moskau bleibt.«

Die starre Haltung Moskaus, die im Widerspruch zu klaren völkerrechtlichen und vertraglichen Regelungen steht, ist weiterhin bestimmend. Am 5. Juli 1996 – zwei Tage nach dem Sieg Boris Jelzins über seinen kommunistischen Herausforderer Gennadij Sjuganow – erklärte die Duma die Beutekunst mit den Stimmen der 303 anwesenden Abgeordneten bei zwei Enthaltungen und ohne Gegenstimmen zu russischem Eigentum. Dies führte zu heftigen Reaktionen, unter anderem von Bundesaußenminister Klaus Kinkel. Der Direktor des Osteuropa-Instituts der Universität Bremen, Wolfgang Eichwede, erklärte, es sei völlig unverständlich, »daß alles im Land privatisiert und die Beutekunst nationalisiert wird«. Die Bewertung des Duma-Beschlusses durch Juristen und Historiker reichte von »unvereinbar mit dem Völkerrecht« bis »abenteuerlich und ungeheuerlich«. Daß Präsident Jelzin nach dem Parlament noch das letzte Wort hat, beruhigte kaum: Niemand wisse, so der Bremer Rechtsexperte Rudolf Blaum, wie er sich unter dem »wahnwitzigen Druck« nationaler Kräfte verhalten werde.

Es scheint, daß russischer Nationalismus, nicht Vertragstreue in dieser Frage die Oberhand behält, obwohl positive Beispiele zum beiderseitigen Vorteil aus dem Bereich der UdSSR-Nachfolgestaaten vorhanden sind: So führten die Verhandlungen mit der Ukraine, wenn auch gegen Widerstände des konservativen Apparats, zum Austausch von deutschen Kulturgütern – Goethe-Briefe und archäologische Funde aus einer germanischen Siedlung – gegen Artefakte aus der Bronzezeit, über 800 Bücher und eine Urkunde Peters des Großen aus dem Jahre 1700.

Die Frage der Beutekunst sollte nicht zur Grundsatzfrage der deutsch-russischen Beziehungen stilisiert werden – sie ist aber Indikator für die abnehmende Bereitschaft zu konstruktiver, an Völkerrecht und Verträgen orientierter Problemlösung. Ursache sind die wachsenden nationalistischen Tendenzen in der russischen Politik – und zwar, wie die Abstimmung am 5. Juli 1996 zeigte, sogar über Parteigrenzen hinweg.

DEUTSCHE INITIATIVEN IM BEREICH DES RECHTSWESENS UND DER VERWALTUNG RUSSLANDS

Neben den erwähnten Maßnahmen im wirtschaftlichen Bereich ist die deutsche Unterstützung bei der Herstellung rechtsstaatlicher Verhältnisse, der Rechtssicherheit und einer funktionierenden Verwaltung von außerordentlicher Bedeutung. So entsendet der »Verband der Deutschen Wirtschaft« Sachkenner, die an der Ausgestaltung des Rechtswesens in Rußland mitwirken. Deutsche Juristen sind an Beratungsprogrammen hinsichtlich des Gewerberechts beteiligt, die von der russischen Regierung gefördert werden.

Die »Deutsche Stiftung für Internationale Rechtliche Zusammenarbeit« und ihr Repräsentant in Moskau, Professor Bergmann, wirken am wirtschaftsrechtlichen Teil des russischen Zivilgesetzbuches aktiv mit. Juristen aus der Bundesrepublik waren bereits an der Ausgestaltung des 1995 in Kraft getretenen russischen Genossenschaftsgesetzes beteiligt; mittlerweile beraten sie Exekutive und Legislative bei der Ausarbeitung von Gesetzen über den öffentlichen Dienst.

Für die Ausprägung rechtsstaatlichen Bewußtseins reichen Gesetze allerdings nicht aus. Es kommt vor allem auf wirksame Verwaltungsstrukturen an, nicht zuletzt auf kommunaler Ebene. Die deutschen Aktivitäten konzentrieren sich auf Aus- und Fortbildung für die Mitarbeiter der öffentlichen Verwaltung in der Russischen Föderation: Bei der großen Zahl von 5,5 Millionen russischen Verwaltungsbeamten steht die Weiterbildung von Multiplikatoren im Vordergrund, die erworbenes Wissen gezielt weitergeben können. Unter Federführung der »Zentralstelle für öffentliche Verwaltung« der »Deutschen Stiftung für Internationale Rechtliche Zusammenarbeit« wurden 1992 bis 1994 bereits 28 Seminare durchgeführt, darunter Fortbildungsmaßnahmen für leitende Ministerial- und Kommunalbeamte, für Mitarbeiter des öffentlichen Dienstes und Dozenten an russischen Verwaltungshochschulen. Thematisch bezogen sich die Veranstaltungen unter anderem auf die Bereiche »Verwaltungsaufbau und -organisation in der Transformationsphase« sowie »Haushaltsplanung und -kontrolle in der öffentlichen Verwaltung«. 16 Seminare im Jahre 1995 ergänzten die Inhalte um die Bereiche Verkehrspolitik und Verkehrsplanung, Verwaltungsmodernisierung, kommunale Finanzwirtschaft und kommunales Wahlrecht. Die russischen Kursteilnehmer, so die deutschen Dozenten, seien hochmotiviert und engagiert.

Neben den vom Bundesministerium für Wirtschaftliche Zusammenarbeit finanzierten und unterstützten Maßnahmen sind auch einzelne Bundesländer – etwa Hessen, Rheinland-Pfalz, Nordrhein-Westfalen und Niedersachsen – an der Aus- und Weiterbildung von Mitarbeitern des öffentlichen Dienstes in Rußland und anderen GUS-Ländern beteiligt. In drei regionalen Ausbildungsstätten (Moskau, St. Petersburg und Jekaterinburg) werden Seminare über Organisation der öffentlichen Verwaltung, Personalwesen, Haushaltsplanung und Finanzkontrolle abgehalten.

Diesen Maßnahmen wird zu Recht ein hoher Stellenwert zugemessen, weil – wie ein Mitarbeiter des Bundesministeriums für Wirtschaftliche Zusammenarbeit erklärte – »Aus- und Fortbildung Voraussetzung für eine funktionierende Verwaltung sind«. Dies wiederum sei entscheidend für den Aufbau des Rechtssystems und »eine erfolgreiche Transformation der russischen Gesellschaft«.

HUMANITÄRE HILFE: NEUE AKZENTE, NEUE PRIORITÄTEN

In den Jahren 1990 und 1991 spielte die dringend notwendige humanitäre Hilfe für die russische Bevölkerung eine gewaltige Rolle – die Welle der Hilfsbereitschaft war beeindruckend. Ende 1990 herrschte im harten russischen Winter eine extreme Lebensmittelknappheit, die für Hunderttausende in der damaligen Sowjetunion zur Existenzbedrohung wurde. Medienberichte in der Bundesrepublik führten zu zahlreichen Hilfsmaßnahmen. Im Rahmen der hamburgischen »Hilfsaktion Leningrad« wurden mehr als 150 000 Pakete mit Lebensmitteln sowie Medikamente im Wert von 600 000 DM gespendet; zwischen 45 Schulen und 25 Kindergärten entstanden Partnerschaften. Ähnliche Aktionen fanden in Kassel für Jaroslawl, in Emden für Archangelsk und in Saarbrücken für die georgische Hauptstadt Tbilissi (Tiflis) statt.

Durch die Kampagnen »Ein Herz für Rußland« und »Winterhilfe für die Sowjetunion« erhielten Menschen in 400 Städten und Gemeinden der damaligen UdSSR Nahrungsmittel, Kleidung und Medikamente. Bei »Care Deutschland« gingen 12,2 Millionen DM an Spenden ein, beim katholischen »Caritas-Verband« fünf Millionen, beim »Deutschen Roten Kreuz« drei Millionen DM und 30 000 Hilfspakete. Der damalige Präsident Michail Gorbatschow dankte in einem offenen Brief all jenen, »die in uns einen Partner und guten Nachbarn sahen und die für Perestroika nicht bloß Sympathie übrig hatten, sondern tatkräftige Hilfe und beachtliche Mittel zur Verfügung stellten«.

Von Ende 1990 bis Ende 1993 transportierten Hilfsorganisationen annähernd 83 000 Tonnen Hilfsgüter im Wert von über 800 Millionen DM in die UdSSR beziehungsweise in die GUS. Gewiß kam es in

einigen Fällen zu Mißbräuchen – im großen und ganzen aber gelang
es durch sorgfältige Kontrolle von Transporten und Verteilung, die
Hilfsgüter in die Hände der wirklich Bedürftigen gelangen zu lassen.
Lebensmittellieferungen stehen seit 1993 nicht mehr im Mittel-
punkt. So wichtig sie damals waren – heute gibt es keine allgemeine
Hungersnot mehr. Es kommt nunmehr auf begrenzte und gezielte
humanitäre Hilfe an: in erster Linie für große Familien, Kinder und
Rentner, die unverschuldet in Not geraten sind, vor allem in den frü-
heren Zentren der Rüstungsindustrie wie St. Petersburg, Moskau,
Jekaterinburg, Magnitogorsk, Tscheljabinsk und Nowosibirsk. Dabei
sind medizinische Hilfsgüter dringend erforderlich, vor allem für jene
Kinder, die in Weißrußland durch die Reaktorkatastrophe von Tscher-
nobyl erkrankt sind. Auch hier hat sich die deutsche Bevölkerung
stark engagiert: Seit 1987 kamen 70 000 Kinder zur Erholung in die
Bundesrepublik, davon 20 000 allein im Jahre 1993. Dreißig karitative
Stiftungen und Organisationen beteiligten sich an diesen Aktionen.

Um die wichtige humanitäre Tätigkeit so effektiv wie möglich zu
gestalten, sollten die Hinweise beachtet werden, die das Auswärtige
Amt und die in Rußland-Hilfsaktionen erfahrenen Organisationen
geben: Die Einfuhr der dringend benötigten Medikamente ist durch
eine Regierungskommission der Russischen Föderation zu genehmi-
gen; Hilfsgüter sind grundsätzlich zollfrei, aber anmeldepflichtig –
das Auswärtige Amt überprüft auf Wunsch die ausgefüllten Formu-
lare und leitet sie an die zuständigen Stellen in Rußland weiter.
Geschenksendungen nach Rußland und in andere GUS-Länder sollten neben einer deutlich lesbaren Absender- und Empfängeradresse
die Aufschrift »Humanitäre Hilfe« tragen. Ein Merkblatt des »Deutschen Roten Kreuzes« informiert über den zulässigen Inhalt und das
Höchstgewicht derartiger Sendungen.

Hilfsaktionen führten nicht selten zu engen Beziehungen, zu
echten und dauerhaften Freundschaften zwischen Helfern und Hilfs-
bedürftigen; sie waren und sind daher ein wichtiger Beitrag zur Völkerverständigung.

Kontakte zu russischen politischen Parteien

Der »Vertrag über gute Nachbarschaft, Partnerschaft und Zusammenarbeit« zwischen der Bundesrepublik Deutschland und der damaligen Sowjetunion wurde am 9. November 1990 von Bundeskanzler Kohl und Präsident Gorbatschow in Bonn unterzeichnet und am 25. April 1991 von den Abgeordneten des Deutschen Bundestages einstimmig ratifiziert. Der Vertrag regelt keineswegs nur die allgemeinen Beziehungen zwischen den beiden Ländern, vielmehr enthält der wichtige Artikel 14 die Vereinbarung, die beiden Vertragspartner unterstützten »die umfassende Begegnung von Menschen« und den »Ausbau der Zusammenarbeit« von Stiftungen, Schulen, Hochschulen, Sportorganisationen, Kirchen, Parteien, Gewerkschaften, sozialen Einrichtungen, Jugendverbänden, Frauenverbänden und Umweltschutzorganisationen. Gleichzeitig wurde »partnerschaftliche Zusammenarbeit« zwischen Gemeinden, Regionen und Bundesländern mit den entsprechenden Gebietskörperschaften der damaligen Sowjetunion vereinbart. Seit dem Zusammenbruch der UdSSR gilt dieses Vertragswerk für die Beziehungen zwischen der Bundesrepublik und den GUS-Mitgliedsländern.

Die Parteien der Bundesrepublik Deutschland verfolgen den Umgestaltungsprozeß in Rußland nicht nur mit großem Interesse, sondern pflegen darüber hinaus Kontakte zu allen demokratischen Kräften des Landes. Dabei sind besonders die parteinahen Stiftungen – Konrad-Adenauer-Stiftung, Friedrich-Ebert-Stiftung, Friedrich-Naumann-Stiftung, Hanns-Seidel-Stiftung, Heinrich-Böll-Stiftung – aktiv tätig. Die Stiftungen verzichten mit guten Gründen darauf, ihr Engagement auf jeweils nur eine Gruppierung zu beschränken – sie tun dies aus grundsätzlichen, aber auch rein praktischen Erwägungen heraus: Die politischen Parteien Rußlands sind – wie bereits erwähnt – in Struktur, Zielsetzung und Bedeutung mit deutschen oder westeuropäischen Parteien nicht vergleichbar. So erhielt die »Sozialdemokratische Partei Rußlands« bei den letzten Parlamentswahlen im Dezember 1995 0,13 Prozent der Stimmen, die »Christlich-Demokratische Partei« 0,37 Prozent und die den Grünen vergleichbare »KEDR« 1,3 Prozent. Keine dieser den deutschen Parteien vergleichbaren Gruppierungen ist auch nur mit einem einzigen Abgeordneten in der Duma vertreten. Daher führen alle parteinahen Stiftungen – trotz unterschiedlicher Akzente ihrer Tätigkeit – den Dialog mit *allen* politischen Kräften Rußlands mit Ausnahme der Rechtsextremisten Shirinowskijs; intensive Kontakte bestehen vor allem zu den demokratischen Strömungen, Vereinigungen und Parteien.

So ist die CDU-nahe Konrad-Adenauer-Stiftung (KAS) bestrebt, mit gleichgesinnten Partnern die Entwicklung der Demokratie und des sozialen Wandels zu fördern. Zu den bevorzugten Gesprächspartnern gehörten Jegor Gaidar und, in jüngster Zeit, auch die Partei »Unser Haus Rußland« von Ministerpräsident Tschernomyrdin. Bei Veranstaltungen der Stiftung werden sicherheits- und wirtschaftspolitische Fragen erörtert, außerdem demokratische Reformen, rechtliche und wirtschaftliche Rahmenbedingungen sowie verfassungsrechtliche und juristische Aspekte der Transformation. Seminare über Verfassungsgerichtsbarkeit, Gewaltenteilung und Privatisierung gehören ebenfalls zum Programm der KAS.

Die Rolle der Gewerkschaften in der Marktwirtschaft und die Verbesserung des Informations- und Erfahrungsaustauschs zwischen europäischen Arbeitnehmervertretungen sind Schwerpunkte der SPD-nahen Friedrich-Ebert-Stiftung (FES). Darüber hinaus wurde bei 339 Konferenzen zwischen 1990 und 1995 eine Vielzahl anderer Fragen erörtert; so fand in Wolgograd auf Initiative der FES eine deutsch-russische Historikerkonferenz anläßlich des 50. Jahrestages des Kriegsendes statt.

Die liberale Friedrich-Naumann-Stiftung setzt sich nach eigener Erklärung für die Stabilisierung des Pluralismus, die Stärkung der Presse- und Meinungsfreiheit, Förderung und Ausbau marktwirtschaftlicher Strukturen sowie einen wirksamen Minderheitenschutz in der ehemaligen Sowjetunion ein. In 58 Veranstaltungen, die allein 1995 durchgeführt wurden, behandelte die Stiftung Fragen der deutsch-russischen Beziehungen, des Liberalismus und seiner Geschichte, die Themen Kultur, Medien und Umweltschutz, aber auch den Tschetschenien-Konflikt. Ulrich Irmer, Außenpolitischer Sprecher der FDP-Bundestagsfraktion, und der frühere Bundeswirtschaftsminister Otto Graf Lambsdorff referierten im März 1995 über den deutschen Parlamentarismus beziehungsweise über die deutsch-russischen Beziehungen. Die Friedrich-Naumann-Stiftung ist mit allen demokratischen Gruppierungen im Gespräch, vor allem mit der »JABLOKO«-Fraktion der Duma und ihrem Vorsitzenden Grigorij Jawlinskij sowie der »Demokratischen Wahl Rußlands« unter Vorsitz von Jegor Gaidar. Über die politischen Parteien hinaus bestehen Kontakte zur »Allrussischen Bibliothek für ausländische Literatur«, dem »Institut für Ostkunde« der Akademie der Wissenschaften sowie der Moskauer Lomonossow-Universität.

Wegen knapper Mittel ist die Hanns-Seidel-Stiftung, die der CSU nahesteht, im Vergleich zur Konrad-Adenauer-Stiftung nur begrenzt in Rußland tätig. Sie unterhält, ähnlich wie die KAS, gute Kontakte zu Jegor Gaidar und Viktor Tschernomyrdin.

Die der Partei Bündnis 90/Die Grünen nahestehende Heinrich-Böll-Stiftung ist in Rußland nicht mit eigenen Büros, wohl aber durch freie Mitarbeiter präsent. Sie arbeiten mit dem 1989 von Andrej Sacharow gegründeten Arbeitskreis »Memorial« zusammen und setzen sich vor allem für die Durchsetzung von Menschen- und Bürgerrechten ein. Hinzu kommen Programme und Seminare in den Bereichen Kulturaustausch, deutsch-russischer Meinungsaustausch über zeitgeschichtliche Fragen, Völkerrechtsverständnis und ökologische Landwirtschaft.

So wichtig und bedeutsam die Tätigkeit parteinaher Stiftungen in Rußland auch ist, so sollten doch auch die regelmäßigen Konsultationen und Diskussionen mit russischen Politikern, Soziologen und Historikern, die nach Deutschland eingeladen werden, nicht unterschätzt werden. Sowohl die genannten Stiftungen als auch die »Deutsche Gesellschaft für Auswärtige Politik« (DGAP), das »Deutsch-Russische Forum« und das »Bundesinstitut für Ostwissenschaftliche Studien« laden regelmäßig Vertreter des öffentlichen Lebens der Russischen Föderation und anderer GUS-Länder zu Vorträgen, Aussprachen und Diskussionen ein, die für beide Seiten – Vortragende wie Auditorium – von außerordentlichem Wert sind. Zu den häufig eingeladenen Persönlichkeiten gehörten unter anderem die Reformer Jegor Gaidar und Grigorij Jawlinskij, die JABLOKO-Vertreter Wladimir Lukin und Viktor Scheinis, der Menschenrechtler Sergej Kowaljow, KP-Führer Sjuganow, Vertreterinnen der Bewegung »Soldatenmütter«, der führende Wirtschaftspolitiker Arkadij Wolskij, der langjährige Bürgermeister von St. Petersburg, Anatolij Sobtschak, der ehemalige Präsident Michail Gorbatschow sowie der Reformer und Gouverneur von Nishnij-Nowgorod, Boris Njemzow.

DEUTSCHLAND, RUSSLAND UND DIE GUS: ZUSAMMENARBEIT IM KULTURELLEN BEREICH

Bereits seit Jahrhunderten besteht – wenn auch manchmal etwas in Vergessenheit geraten – eine Wechselwirkung zwischen deutscher und russischer Kultur. Dieser Umstand und das in der ehemaligen Sowjetunion stark wachsende Interesse an deutscher Kultur, Literatur und Kunst führten zu intensiver Zusammenarbeit im kulturellen Bereich.

Zunächst die offizielle Seite: Das deutsch-russische Kulturabkommen vom 16. Dezember 1992, das am 18. Mai 1993 in Kraft trat, legt als Zielsetzung fest, »die gegenseitige Kenntnis der Kultur ... zu erweitern und zur Stärkung des Bewußtseins einer europäischen kulturellen Gemeinsamkeit beizutragen«. Die Vertragspartner vereinbarten, »staatliche, gesellschaftliche und andere Initiativen« zu ermutigen und zu unterstützen, »um eine umfassende kulturelle Zusammenarbeit und Partnerschaft auf allen Ebenen weiterzuentwickeln«. Zwei Sitzungen der deutsch-russischen Kulturkommission – im November 1992 in Moskau und im März 1995 in Bonn – dienten der praktischen Umsetzung.

Trotz mancher Schwierigkeiten im gegenwärtigen russischen Hochschulsystem – darunter vor allem chronischer Geldmangel, Abwanderung von Wissenschaftlern in die Wirtschaft und stagnierende Hochschulreform – gestaltet sich der deutsch-russische Wissenschaftsaustausch erfreulich positiv. Der »Deutsche Akademische Austauschdienst« (DAAD) eröffnete 1993 eine Außenstelle in Moskau und vergab bereits 1994 207 Jahres- und 138 Sommerkurs-Stipendien; 223 Studienaufenthalte russischer Wissenschaftler in Deutschland und 19

Dozenturen deutscher Hochschullehrer und Lektoren der deutschen Sprache wurden gefördert.

Die »Deutsche Forschungsgemeinschaft« ermöglichte 1994 den Austausch von 449 russischen und 105 deutschen Wissenschaftlern; 532 russische Forschungsstipendiaten aus den GUS-Ländern werden von der »Alexander-von-Humboldt-Stiftung« betreut. Auch direkte Kontakte zwischen den Hochschulen nehmen zu: 1994 gab es bereits 60 Partnerschaften mit westdeutschen und 100 mit ostdeutschen Universitäten.

Klassische Kulturfelder – Ausstellungen, Musik- und Theateraufführungen – entwickeln sich im deutsch-russischen Verhältnis auf hohem Niveau und stoßen bei der deutschen wie der russischen Bevölkerung auf außerordentliches Interesse. Deutsche Künstler berichten vom herzlichen Empfang in Rußland und anderen Staaten der GUS sowie von freundschaftlichen Begegnungen mit Künstlern dieser Länder – dasselbe freundliche Interesse erlebten Künstler aus der GUS bei Besuchen in Deutschland. Gastspielreisen, Theaterprojekte, Dichterlesungen und Ausstellungen finden ein unerwartet großes Echo. Als ein Beispiel unter vielen sei auf die Ausstellung »Berlin und Moskau – Metropolen des 20. Jahrhunderts« verwiesen, die 1995/96 im Berliner Martin-Gropius-Bau und anschließend im Moskauer Puschkin-Museum zu sehen war und auf begeisterte Zustimmung der Öffentlichkeit stieß.

Wesentlich ungünstiger ist die Bilanz im Filmwesen. So wurden auf Initiative der Deutschen Botschaft in Moskau 1994 zwar zwölf deutsche Spielfilme im zweiten Kanal des russischen Fernsehens ausgestrahlt, die auf gute Resonanz stießen, aber dennoch überwiegen die Probleme: Die Bereitschaft deutscher Filmproduzenten, in Rußland zu drehen, ist gering, weil der Schutz geistigen Eigentums in Rußland weiterhin unzulänglich, die Vertragstreue nur schwach ausgeprägt ist. Dasselbe gilt für die Zusammenarbeit im Buch- und Verlagswesen. Die Verletzung von Urheberrechten ist für ausländische Verlage ein ständiges Ärgernis. Aufgrund der katastrophalen ökonomischen Situation im russischen Verlagswesen erscheinen zunehmend Übersetzungen westlicher Billigproduktionen. Der bekannte russische Dichter Jewgenij Jewtuschenko kritisierte im

Dezember 1995 in der »Welt am Sonntag«, man verkaufe in russischen Buchläden heute »minderwertiges Zeug« aus Deutschland. In Rußland nennen sich, so Jewtuschenko, »Leute Verleger, die von Literatur keine Ahnung haben«.

Um so hoffnungsvoller entwickelt sich die Tätigkeit der »Goethe-Institute zur Pflege der deutschen Sprache im Ausland und zur Förderung der internationalen kulturellen Zusammenarbeit«. 1990, noch zur Zeit Gorbatschows, wurde in Moskau das erste Goethe-Institut eröffnet. Drei Jahre später entstanden Einrichtungen in St. Petersburg, der ukrainischen Hauptstadt Kiew und in Minsk/Belarus. Goethe-Institute in Tbilissi/Georgien (früher: Tiflis) und Almaty/Kasachstan folgten 1994. Die Einrichtungen verfügen bereits heute über beachtliche Bibliotheksbestände – in Moskau allein sind 12 265 Titel registriert. Die Bibliotheken in Minsk, Kiew und Almaty befinden sich im Aufbau. Das Bildungsprogramm der Goethe-Institute umfaßt neben Sprachkursen und Fortbildungsmaßnahmen für Deutschlehrer zahlreiche kulturelle und gesellschaftspolitische Angebote – darunter Theateraufführungen und Symposien, die sich an ein breites Publikum wenden. Außerdem stehen die Institute »in Kooperation mit Künstlern und Wissenschaftlern« sowie »in direktem Dialog mit Repräsentanten unterschiedlicher Bereiche des kulturellen Lebens«.

Der Sprachförderung kommt ein hoher Stellenwert zu. Als Schul- und Studienfach ist die deutsche Sprache in Rußland von wachsender Bedeutung. Nach dem Englischen mit sieben Millionen Schülern (58 Prozent) nimmt Deutsch die zweite Stelle im Fremdsprachenunterricht ein (vier Millionen Schüler, 33 Prozent) und liegt damit deutlich vor dem Französischen (eine Million Schüler, acht Prozent). Über 60 000 Deutschlehrer gibt es allein in Rußland; ein Viertel aller Auslandsdeutschlehrer der Welt lebt heute in den Ländern der GUS. Die Deutschkurse der Goethe-Institute in Moskau sind für die nächsten drei Jahre ausgebucht. Im Hochschulbereich sind 80 Germanistiklehrstühle eingerichtet; 300 Hochschuldozenten lehren Deutsch im Rahmen des allgemeinen Fremdsprachenangebots. An der Förderung der deutschen Sprache in der GUS wirken neben den Goethe-Instituten 16 Lektoren und vier Fachberater des DAAD sowie der Pädagogische Austauschdienst (PAD) mit. Zum Programm gehören

Stipendien für Sprachkurse, Fortbildungsmaßnahmen für Deutschlehrer beziehungsweise angehende Deutschlehrer.

Eine wichtige Rolle spielen die vom PAD unterstützten 141 deutsch-russischen Schulpartnerschaften: 2318 deutsche und russische Schüler nahmen 1995 an den Austauschprogrammen teil. Seit Beginn des Schuljahres 1995/96 unterrichten 48 deutsche Lehrer an russischen Schulen. Auch die Deutsche Schule in Moskau leistet einen Beitrag: Mit Hilfe von Stipendien können 37 russische Kinder – mehr als neun Prozent der Gesamtschülerzahl der Deutschen Schule – diese 13 Jahrgänge umfassende Schule besuchen. 1993 wurde außerdem in St. Petersburg ein Projektbüro des »Deutschen Volkshochschulverbands« eröffnet, und man darf hoffen, daß damit auch die deutsch-russische Zusammenarbeit in der Erwachsenenbildung neue Impulse erhält.

BESONDERS WICHTIG: STÄDTEPARTNERSCHAFTEN

Die effektivste Form der Zusammenarbeit, die zugleich höchsten Stellenwert für die Völkerverständigung hat, sind Städtepartnerschaften. Mitte 1996 bestanden zwischen deutschen und russischen Städten 41 förmliche Städtepartnerschaften auf der Grundlage entsprechender Vereinbarungen mit Austausch von Partnerschaftsurkunden, fünf zeitlich begrenzte beziehungsweise auf spezielle Projekte ausgerichtete Kooperationen, zwölf formlose Kontakte zwischen deutschen und russischen Städten sowie sieben Partnerschaften zwischen deutschen und russischen Kreisen.

Bei den insgesamt 65 Städtepartnerschaften, Freundschaften, Kontakten und Partnerschaften mit Gebieten und Kreisen liegt das bevölkerungsstärkste Bundesland, Nordrhein-Westfalen, mit 15 Partnerschaften an erster Stelle, gefolgt von Niedersachsen (13), Baden-Württemberg (10), Schleswig-Holstein, Hessen, Bayern und Berlin (je 4), Brandenburg, Sachsen und Mecklenburg-Vorpommern (je 2) sowie Rheinland-Pfalz, Sachsen-Anhalt, Thüringen, Bremen und Hamburg (je 1).

Hinzu kommen 41 Partnerschaften, Freundschaften und Kontakte mit Städten in anderen Ländern der GUS, darunter 17 mit der Ukraine, 12 mit Belarus und vier mit georgischen Städten, wobei vor allem die besonders fruchtbare Zusammenarbeit zwischen Saarbrücken und der Hauptstadt Georgiens, Tbilisi (früher: Tiflis) hervorzuheben ist.

PARTNERSCHAFTEN, FREUNDSCHAFTEN UND KONTAKTE DEUTSCHER STÄDTE MIT GEMEINDEN, STÄDTEN UND GEBIETS-KÖRPERSCHAFTEN IN DER GUS

(Fettdruck: Förmliche Partnerschaften bzw. projektbezogene, befristete Freundschaften; kursiv: Kontakte ohne förmlichen Charakter)

PARTNERSCHAFTEN MIT DER RUSSISCHEN FÖRDERATION

Archangelsk	**Emden/Niedersachsen**
Barauya (Region Dimitrow)	**Waiblingen/Baden-Württemberg**
Bjelgorod	**Herne/Nordrhein-Westfalen**
Bjelgorod	**Langenhagen/Niedersachsen**
Borisoglebsk	*Delmenhorst/Niedersachsen*
Gelendijk	**Hildesheim/Niedersachsen**
Iwanowo	**Hannover/Niedersachsen**
Jaroslawl	**Kassel/Hessen**
Jaroslawl	*Hanau/Hessen*
Jaroslawl (Oblast)	**Schwalm-Eder-Kreis/Hessen**
Kalinin (Twer)	**Osnabrück/Niedersachsen**
Kaliningrad	**Bremerhaven/Bremen**
Kaliningrad	**Kiel/Schleswig-Holstein**
Kaliningrad	*Rostock/Mecklenburg-Vorpommern*
Kaluga	*Suhl/Thüringen*
Kasan	**Braunschweig/Niedersachsen**
Kimry	**Kornwestheim/Baden-Württemberg**
Krasnodar	**Karlsruhe/Baden-Württemberg**
Kursk	**Speyer/Rheinland-Pfalz**
Kursk	**Witten/Nordrhein-Westfalen**
Lipezk	*Cottbus/Brandenburg*

Machatschkala	Oldenburg/Schleswig-Holstein
Magnitogorsk	Brandenburg a. d. Havel/Brandenburg
Mitschursinsk	Münster/Nordrhein-Westfalen
Moskau	Berlin
Moskau	Düsseldorf/Nordrhein-Westfalen
Moskau (Okres Chrudim)	Reutlingen/Baden-Württemberg
Moskau-Babushinskij	*Berlin-Pankow*
Moskau-Kiew	Berlin-Schöneberg
Moskau-Krasnaja Presnja	Denkendorf/Baden-Württemberg
Moskau-Krasnaja Presnja	Ingolstadt/Bayern
Murmansk	*Cuxhaven/Niedersachsen*
Nishnij-Nowgorod	Essen/Nordrhein-Westfalen
Nowgorod	Bielefeld/Nordrhein-Westfalen
Nowosibirsk (Kreis)	Landshut/Bayern
Nowotscherkask	Iserlohn/Nordrhein-Westfalen
Pereslawl (Kreis)	Waldeck-Frankenberg/Hessen
Petrosawodsk	Neubrandenburg/Mecklenburg-Vorpommern
Petrosawodsk	*Tübingen/Baden-Württemberg*
Pjatigorsk	*Schwerte/Nordrhein-Westfalen*
Pskow	Neuss/Nordrhein-Westfalen
Puschkin	Berlin-Neukölln
Puschkin	*Rendsburg/Schleswig-Holstein*
Rjasan	Münster/Nordrhein-Westfalen
Rostow am Don	Dortmund/Nordrhein-Westfalen
Samara	Stuttgart/Baden-Württemberg
Schachty	Gelsenkirchen/Nordrhein-Westfalen
Slusk	Neukirchen-Vluyn/Nordrhein-Westfalen
Smolensk	Hagen/Nordrhein-Westfalen
Sowjetsk	Kiel/Schleswig-Hostein
St. Petersburg	Dresden/Sachsen
St. Petersburg	*Hamburg*
Stary Oskol	Salzgitter/Niedersachsen
Susdal	Rothenburg/Sachsen-Anhalt
Susdal	Rothenburg o. d. Tauber/Bayern
Taganrog	Lüdenscheid/Nordrhein-Westfalen
Tikhrine	Garbsen/Niedersachsen

Besonders wichtig: Städtepartnerschaften   309

Togliatti	Wolfsburg/Niedersachsen
Tula	Villingen-Schwennigen/Baden-Württemberg
Simbirsk (Uljanowsk)	Krefeld/Nordrhein-Westfalen
Wladimir	Erlangen/Bayern
Wolgograd	Köln/Nordrhein-Westfalen
Wolgograd	Chemnitz/Sachsen
Wolgograd (Bezirk)	Hannover/Niedersachsen
Woronesh	Wesermarsch/Niedersachsen

PARTNERSCHAFTEN MIT ARMENIEN

Eriwan	Wiesbaden/Hessen

PARTNERSCHAFTEN MIT ASERBAIDSHAN

Baku	Mainz/Rheinland-Pfalz
Sumgait	Ludwigshafen/Rheinland-Pfalz

PARTNERSCHAFTEN MIT GEORGIEN

Orel	Offenbach (Main)/Hessen
Telawi	Biberach/Baden-Württemberg
Telawi	Biberach/Bayern
Tbilisi (Tiflis)	Saarbrücken/Saarland

PARTNERSCHAFTEN MIT MOLDAWIEN

Kalarash (Rayon)	Bühl/Baden-Württemberg
Kishinjow	Mannheim/Baden-Württemberg

PARTNERSCHAFTEN MIT KASACHSTAN

Aktjubinsk	Sehnde/Niedersachsen

Partnerschaften mit Tadshikistan

Duschanbe	Reutlingen/Baden-Württemberg

Partnerschaften mit der Ukraine

Charkow	Berlin-Zehlendorf
Charkow	Nürnberg/Bayern
Donezk	Bochum/Nordrhein-Westfalen
Donezk	*Essen/Nordrhein-Westfalen*
Donezk	Magdeburg/Sachsen-Anhalt
Jevpatorija	Ludwigsburg/Baden-Württemberg
Kiew	München/Bayern
Kiew-Petschersk	Berlin-Wilmersdorf
Lwow	Freiburg i. B./Baden-Württemberg
Odessa	Ingolstadt/Bayern
Odessa	Regensburg/Bayern
Poltawa	Filderstadt/Baden-Württemberg
Saporoshje	Oberhausen/Nordrhein-Westfalen
Simferopol	Heidelberg/Baden-Württemberg
Sumy	*Celle/Niedersachsen*
Ushgorod	Darmstadt/Hessen
Ushgorod	*Würzburg/Bayern*

Partnerschaften mit Usbekistan

Taschkent	Hannover/Niedersachsen

Partnerschaften mit Weissrussland

Brest	Ravensburg/Baden-Württemberg
Brest	Weingarten/Baden-Württemberg
Grodno	Minden/Nordrhein-Westfalen
Minsk	*Berlin-Marzahn*
Minsk	Berlin-Schöneberg
Molodetschno	Esslingen a. N./Baden-Württemberg

Nowopolozk	Schwedt a. d. Oder/Brandenburg
Pinsk	Altena/Nordrhein-Westfalen
Polozk	Friedrichshafen/Baden-Württemberg
Swetlogorsk	Helmstest/Niedersachsen
Witebsk	Frankfurt (Oder)/Brandenburg
Witebsk	Nienburg (Weser)/Niedersachsen

Häufig bilden Städtepartnerschaften den Rahmen für Beziehungen von Schule zu Schule, von Unternehmen zu Unternehmen, von Krankenhaus zu Krankenhaus, von Volkshochschule zu Volkshochschule, von Landwirtschaftsbetrieb zu Landwirtschaftsbetrieb. Städtepartnerschaften kosten keine Milliarden – zumeist reichen zwei Autobusse und der Wunsch nach direkter Kommunikation aus. Als Grundregel gilt: Je größer Spontaneität und Eigeninitiative und je weniger Reglement von oben, desto besser. So gibt es Städtepartnerschaften, die von Ärzten ins Leben gerufen wurden – heute sind diese zeitweise mit ihren russischen Kollegen in russischen Krankenhäusern tätig. Bei anderen legten Schulpartnerschaften den Grundstein für weitergehenden Austausch und intensive Zusammenarbeit; weitere Partnerschaften verdanken ihre Entstehung der Zusammenarbeit von Unternehmen oder der Initiative einer Industrie- und Handelskammer. In jedem dieser Fälle ging die ursprüngliche Partnerschaft rasch über den anfänglichen Personenkreis hinaus und umfaßte eine wachsende Zahl von Personen und Bereichen. Informationen und Erfahrungsaustausch über Städtepartnerschaften koordiniert der »Deutsche Städtetag« (Lindenallee 13-17, 50968 Köln).

Städtepartnerschaften sind die vielleicht geeignetste Form, sich kennenzulernen und Vorurteile abzubauen – anders gesagt: Sie sind der wohl beste Weg zur Entwicklung jener Partnerschaft, die zwischen der Bundesrepublik auf der einen sowie Rußland und den übrigen GUS-Ländern auf der anderen Seite vertraglich vorgesehen ist. Hier kommt – neben der Eigeninitiative – am deutlichsten die Möglichkeit zum Ausdruck, mit geringstem Einsatz finanzieller Mittel ein Maximum an Erfolg zu erzielen. Vorurteile auf beiden Seiten zu überwinden und persönliches Vertrauen zu schaffen – in Rußland und den übrigen slawischen Staaten ein wichtiger Faktor – und langfristige Kontakte, auch im wirtschaftlichen Bereich, herzustellen – das ist es, was durch Städtepartnerschaften ganz ohne Milliardenprogramme zu erreichen ist.

Eine Umfrage des »Deutsch-Russischen Forums« im Frühjahr 1996 ergab, daß 44 Prozent der Befragten ihre Städtepartnerschaft als »sehr aktiv«, 40 Prozent als »durchschnittlich aktiv« einschätzten. Lediglich 13 Prozent gaben an, die Kontakte seien in jüngster Zeit weniger intensiv, und nur drei Prozent erklärten, die Partnerschaft existiere nur noch formal. Das stärkste Engagement ist in den Bereichen humanitäre Hilfe und Kultur zu verzeichnen, gefolgt von Schüleraustauschprogrammen, Maßnahmen der Wirtschaftsförderung sowie der Fort- und Weiterbildung. Über die Zukunft der Städtepartnerschaften befragt, gaben 58 Prozent der Umfrageteilnehmer an, sie wollten das Niveau der gegenwärtigen Beziehungen zumindest aufrechterhalten; 39 Prozent beabsichtigten, die Kontakte auszubauen. Nur drei Prozent wollten die Aktivitäten zukünftig einschränken.

Es ist zu betonen, daß die 44 deutsch-russischen und weiteren 37 deutschen Partnerschaften zu Städten in anderen GUS-Ländern nur den gleichsam »harten Kern« der direkten Beziehungen ausmachen. Darüber hinaus gibt es eine Vielzahl weiterer direkter Kontakte, etwa zwischen Gebietskörperschaften höherer Ebenen, sowie Hunderte von Beziehungen, die sich spontan und ohne Förmlichkeiten zwischen Schulen, Krankenhäusern, Universitäten, Industrie- und Handelskammern, Volksbildungseinrichtungen oder bäuerlichen Betrieben entwickelt haben. Auch hier wird die Aktivität von den Beteiligten als hoch, der Erfolg als überaus positiv eingeschätzt.

Der aus Moskau stammende, in Köln lebende Germanist und Humanist Lew Kopelew betonte die Dringlichkeit eines engmaschigen Netzwerks jenseits der staatlichen Ebene, einer »Volksdiplomatie«, wie er es nennt: den Austausch und Kontakt zwischen Menschen, Organisationen, Stiftungen und Vereinigungen in großem Umfang. Dies, so Kopelew, habe vertrauensbildende Wirkung, hier bestehe die Chance, jene »gute Nachbarschaft und Partnerschaft« in der Praxis zu verwirklichen, die in offiziellen Verträgen beschworen wird.

Besonders wichtig: Städtepartnerschaften

Ich stimme Lew Kopelew ohne Einschränkung zu. Der Schwerpunkt der Beziehungen zwischen Deutschland und Rußland sowie den übrigen Staaten der GUS sollte nach meiner Auffassung auf der Zusammenarbeit der Menschen dieser Länder vor Ort liegen. Als Ziel schwebt mir ein Netz von Beziehungen vor, das jenes riesige Gebiet von Brest bis Wladiwostok, vom arktischen Workuta bis zum subtropischen Duschanbe umspannt und auf seinem schwierigen Weg zu Demokratie, Rechtsstaatlichkeit und sozialer Marktwirtschaft unterstützt.

Nachwort

ENTSCHEIDENDE THESEN UND ZUKUNFTSPERSPEKTIVEN

Erstens: Welches sind die entscheidenden Aussagen und Thesen dieses Buches? Welche Schlußfolgerungen sollten aus der gegenwärtigen Situation Rußlands gezogen werden?

Zweitens: Wie wird sich die Entwicklung Rußlands und der GUS-Staaten in Zukunft vollziehen? Mit welchen Erfolgen und Rückschlägen ist zu rechnen?

DIE ENTSCHEIDENDEN THESEN

Ziel dieses Buches ist es, einen Gesamtüberblick über den gegenwärtigen Zustand Rußlands und der GUS-Staaten zu vermitteln. Im Zentrum stehen die Fragen, wie weit Rußland auf dem Wege zur Demokratie und zur Marktwirtschaft gelangt ist, wie es um die Beziehungen zwischen den unterschiedlichen Nationen in der GUS steht, wie die gegenwärtige russische Außenpolitik zu charakterisieren ist und mit welchen Mitteln Deutschland eine positive Reformentwicklung fördern kann.

1. Der direkte *Durchbruch* vom Sowjetsystem zu Demokratie, Rechtsstaat und Marktwirtschaft ist *nicht gelungen*. Die diesbezüglichen großen Hoffnungen vieler Menschen wurden enttäuscht. Armut und Elend weiter Bevölkerungsschichten, soziale Ungerechtigkeit, die Macht der Mafia, die erschreckende Zunahme von Kriminalität und Korruption und der blutige Krieg in Tschetschenien haben die anfänglichen Erwartungen zunichte gemacht. Seit 1992/93 sind die national-autoritären und kommunistischen Gegenkräfte so sehr

erstarkt, daß der ursprüngliche umfassende Reformprozeß ins Stocken geriet.

2. Bei dieser Entwicklung spielte der meist unterschätzte *Rückzug der russischen Truppen* aus den früheren Sowjetrepubliken (Estland, Lettland, Litauen), aus den Ländern des Warschauer Pakts (Ungarn, Tschechoslowakei, Polen und vor allem aus der ehemaligen DDR) sowie aus der Mongolei und Kuba eine entscheidende Rolle.

Für die meisten der zurückkehrenden Soldaten und Offiziere war dieser Rückzug demütigend; gleichzeitig erlebte die russische Bevölkerung das tragische Schicksal der heimkehrenden Soldaten hautnah. Erst dadurch wurde ihr der Verlust der ehemaligen Weltmachtstellung unmittelbar vor Augen geführt. Eine wachsende Zahl von Menschen trauerte der untergegangenen UdSSR nach und wurde so für national-imperiale Parolen empfänglich.

3. Die seit 1993 deutlich erkennbare national-autoritäre Entwicklung Rußlands ist gekennzeichnet durch die in der Bevölkerung weit verbreitete Auffassung, nur eine starke, autoritäre Persönlichkeit könne die Übel Kriminalität, Mafia und Chaos überwinden. Dieser vorherrschenden Strömung entspricht auch die Zusammensetzung der Staatsduma und das heutige russische System: ein *autoritäres Präsidialregime mit gewissen parlamentarischen und rechtsstaatlichen Komponenten und (zuweilen eingeschränkten) demokratischen Rechten und Freiheiten.* Dieses Regime stützt sich auf eine Verfassung, die zwar demokratische Rechte und Freiheiten festschreibt, dem Präsidenten aber Machtkompetenzen einräumt wie keine andere Demokratie; ein Parlament, das zwar im großen und ganzen fair gewählt ist, auf die Gestaltung der politischen und wirtschaftlichen Entwicklung jedoch nur geringen Einfluß hat; eine Pressefreiheit, die durch die Staatsführung vor allem im Bereich des Fernsehens drastisch eingeschränkt ist; die Freiheit von Kirchen und Religionsgemeinschaften, die dem Anspruch der Russisch-Orthodoxen Kirche untergeordnet ist, die Tätigkeit aller, vor allem aus dem Ausland kommende Religionsgemeinschaften von der »heiligen russischen Erde« fernzuhalten; Ansätze einer rechtsstaatlichen Entwicklung, die jedoch durch mehrere, meist außerhalb der Kontrolle des Parlaments stehende Staatssicherheitsdienste begrenzt ist.

Nachwort

4. Fast gleichzeitig mit der national-autoritären Entwicklung Rußlands vollzog sich eine *Wandlung der russischen Außenpolitik*. Die Außenpolitik war während der Amtsperiode Michail Gorbatschows (1985-1991) und anfangs auch noch unter Präsident Boris Jelzin gekennzeichnet durch die Überwindung des jahrzehntelangen Mißtrauens gegenüber dem »Imperialismus«, den Wunsch nach enger Zusammenarbeit und Partnerschaft mit den westlichen Demokratien, die Einbeziehung Rußlands in die »zivilisierte Staatengemeinschaft« und die Bildung eines »europäischen Hauses«. Mit der Wandlung der inneren Machtverhältnisse veränderte sich auch die Außenpolitik. Die bis dahin verfochtenen Thesen wurden nun abfällig als »romantische Periode« bezeichnet. An ihre Stelle traten die Glorifizierung der russischen Tradition, die Betonung eines eigenen »russischen Weges«, die ständige Hervorhebung der Großmacht Rußland und russischer Sicherheitsinteressen, die »eurasische« Zielsetzung mit Verlagerung des außenpolitischen Schwerpunktes auf den Nahen Osten und Asien sowie die Forderung, als Großmacht bei der Lösung aller internationalen Probleme beteiligt zu sein.

5. Die politische Wandlung spiegelt sich in der persönlichen *Wandlung Boris Jelzins* wider. Der einstige Hoffnungsträger des Reformprozesses der Jahre 1986 bis 1991 – überall in Rußland als Anwalt der kleinen Leute umjubelt, als Volkstribun gefeiert, als Garant des Reformprozesses betrachtet – näherte sich seit 1992 immer stärker den national-autoritären Kräften an. Statt der von ihm einst verkündeten Ziele demokratischer Freiheiten, Reformen, Rechtsstaatlichkeit und Wahrung der Menschenrechte sprach er nun von der glorreichen russischen Tradition, der russischen Großmacht und russischen Sicherheitsinteressen. Zunehmend trat Jelzin seit 1993 als Exponent der national-autoritären Kräfte auf: Frühere demokratische Mitkämpfer wurden verstoßen oder zogen sich aus Protest selbst zurück; an ihre Stelle traten bullige Repräsentanten der Polizei und des Sicherheitsdienstes. Jelzin kapselte sich ab, verwandelte den Kreml gleichsam in eine Festung und gab schließlich im Dezember 1994 den Befehl zum blutigen Krieg gegen Tschetschenien.

6. Der Sieg Jelzins über die Kommunisten bei den *Präsident-schaftswahlen* Anfang Juli 1996 bedeutet nicht die Fortsetzung des demokratischen Reformprozesses, sondern beinhaltet etwas anderes: Fast zwei Drittel der Bevölkerung lehnen eine Rückkehr zum kommunistischen Sowjetsystem eindeutig ab. Die Präsidentschaftswahl war de facto keine Wahl des Präsidenten, sondern ein Referendum über – und letztlich gegen – die Rückkehr zum früheren Sowjetsystem. Jelzin und sein Apparat stellten diese Frage in den Mittelpunkt des Wahlkampfes; damit gelang es, einen Sieg zu erringen, obwohl die Mehrheit – selbst der Jelzin-Wähler – nicht *für ihn*, sondern vielmehr *gegen eine Rückkehr zum Sowjetsystem* stimmte.

DIE ZUKUNFTSPERSPEKTIVEN

Nicht wenige Leser werden mit Recht zumindest zwei Fragen stellen, die vom Autor zu beantworten sind: Wie wird sich die Entwicklung Rußlands und der GUS-Staaten in Zukunft vollziehen? Mit welchen Erfolgen und Rückschlägen ist zu rechnen?

Aussagen über die zukünftige Entwicklung Rußlands sind schwierig. Die Nachfolgestaaten der ehemaligen Sowjetunion befinden sich in einem Transformationsprozeß gewaltigen Ausmaßes, der nicht geradlinig, sondern in fast allen Bereichen widersprüchlich verläuft: Im Zickzackkurs wechseln Erfolge und Rückschläge. Der Wandlungsprozeß ist zudem durch politische Schnellebigkeit gekennzeichnet; dies gilt auch für das Wirken führender Politiker, die nicht selten in kürzester Zeit kometenhaft aufsteigen, um fast ebenso schnell wieder in der Identitätslosigkeit zu verschwinden.

Der in der Gorbatschow-Ära von vielen – in Rußland wie im Westen – erwartete direkte Durchbruch zu Demokratie, Rechtsstaatlichkeit und freier Marktwirtschaft mißlang. Vor allem in den vergangenen drei Jahren wurden viele Hoffnungen, die während der Perestroika-Periode Gorbatschows aufgekeimt waren, zunichte gemacht. Der verlustreiche, blutige Krieg in Tschetschenien, Armut und Elend weiter Bevölkerungskreise, die Macht der Mafia und die erschreckende Zunahme von Kriminalität und Korruption werden vielfach nicht mehr als tragische, aber unvermeidliche Übergangserscheinungen verstanden, sondern als Vorboten einer beängstigenden Zukunft.

Die düsteren Prognosen reichen vom Militärputsch bis zum blutigen nationalen Bürgerkrieg, von einer Rückkehr zum früheren diktatorischen Sowjetsystem bis zur Errichtung einer rechtsextremistischen totalitären Diktatur. In zunehmendem Maße wird diskutiert, ob sich die seit Ende 1993 immer deutlicher abzeichnende national-autoritäre Entwicklung in Rußland fortsetzen wird und ob davon Gefahren für den Westen ausgehen können.

Militärputsch und Militärdiktatur?

Es besteht kein Zweifel: Im Offizierskorps und in der Generalität der russischen Streitkräfte gibt es starke reformfeindliche Kräfte. Die Offiziere lehnen mehrheitlich den Übergang zum Mehrparteiensystem und zur Marktwirtschaft ab. Sie bekämpfen die vermeintliche Westorientierung der russischen Außenpolitik, opponieren gegen die Privatisierung der Wirtschaft und nehmen – in der Bundesrepublik und den anderen westlichen Demokratien kaum vorstellbar – an rechtsnationalistischen und kommunistischen Kundgebungen teil, ja, nicht selten treten sie dabei uniformiert als Redner auf.

Doch dies ist nur die eine Seite. Die andere zeigt eine Armee in desolatem Zustand. Offiziere und Generäle sind angesichts der dramatischen Probleme mit dem eigenen Überleben und dem ihrer Einheiten voll und ganz beschäftigt – die Vorbereitung eines Putsches oder gar einer Machtübernahme durch das Militär liegt gegenwärtig schon deswegen außerhalb ihrer Ambitionen. Auch sollte nicht übersehen werden, daß die Armeeführung, trotz ihrer weitreichenden Ablehnung von Reformen und Demokratisierung, sich vielfach bereitwilligst der Regierung – in russischer Diktion: »der Führung« – unterstellt. Die Einmischung in innenpolitische Konflikte wird von den Militärs überwiegend abgelehnt. Selbst jenen führenden Armeeangehörigen, die sich politisch exponieren, fehlt eine gemeinsame politische Zielsetzung: Eine große Zahl von Offizieren und Generälen sympathisiert mit den Kommunisten, andere mit den Rechtsextremisten Shirinowskijs, manche mit national-konservativen Strömungen.

Stellt die Armee ein staatsbedrohendes Risiko dar? Sicher nicht. Trotz des großen, ja, bedenklichen Einflusses des Militärs auf die politischen Entscheidungen Rußlands fehlt es für einen Militärputsch an Einheit, Tatkraft, Risikobereitschaft und Erfolgsaussichten.

Bürgerkrieg zwischen den GUS-Ländern?

Die Befürchtung, die Mitgliedsländer der GUS stünden in wachsendem Maß vor nationalen bewaffneten Konflikten, ist weit verbreitet. Mitunter wird das Schreckensbild eines »nationalen Flächenbrandes« – die tragischen Ereignisse in Ex-Jugoslawien noch weit übertreffend - an die Wand gemalt. Gewiß, die militärischen Konflikte zwischen Nationen und Nationalitäten in der GUS, vor allem in den Jahren 1991 bis 1994, sollen keineswegs verharmlost werden. Aber auch hier ist die andere Seite zu sehen: Seit 1994 konnten die Konflikte zwischen Armenien und Aserbaidschan (um Berg-Karabach), zwischen Georgien und Nord-Ossetien, später Abchasien, zwischen Moldawien und der Dnjestr-Republik sowie der Bürgerkrieg in Tadshikistan entschärft werden. Der »nationale Rausch« der Jahre des Unabhängigkeitsstrebens ist vorüber; er wurde zunehmend durch das Bewußtsein der Notwendigkeit einer Zusammenarbeit innerhalb der GUS ersetzt. Auch der Ende 1994 begonnene grausame Krieg Moskaus gegen Tschetschenien wird von der überwältigenden Mehrheit der russischen Bevölkerung abgelehnt. Mehr noch: Er dient als schreckliche Mahnung, die den Wunsch und das Streben nach Frieden und Zusammenarbeit zwischen den Völkern verstärkt hat.

Nationale Konflikte – ein möglicher Brandherd? Auch wenn die Ursachen der bewaffneten Auseinandersetzungen der Jahre 1988 bis 1993 noch keineswegs überwunden sind und zweifellos noch manche neuen Differenzen zwischen den GUS-Staaten entstehen können, ist die Gefahr eines riesigen »nationalen Flächenbrandes« höchst unwahrscheinlich.

Nachwort

Rechtsextremistische Diktatur?

In den Jahren 1993 bis 1994 befürchteten nicht wenige das Entstehen einer Diktatur unter der Führung des Rechtsextremisten Wladimir Shirinowskij, dessen »Liberaldemokraten« bei den ersten Parlamentswahlen im Dezember 1993 mit 22,8 Prozent der Stimmen stärkste Partei wurden. Danach wurde von manchen die Gefahr eines »russischen Hitler«, der über Atomwaffen verfügt, befürchtet, doch diese Gefahr ist inzwischen weitgehend gebannt: Innerhalb von nur zwei Jahren büßte Shirinowskijs Partei die Hälfte ihrer Stimmen ein, und bei der Präsidentschaftswahl vom Sommer 1996 erhielt Shirinowskij nur noch 5,78 Prozent der Stimmen. Die überwältigende Mehrheit seiner früheren Anhänger wandte sich von ihm ab, weil sie die Gefährlichkeit und Unverantwortlichkeit seiner Eskapaden erkannt hatte – und fürchtete. Mehr noch: In den letzten zwei Jahren ging der Einfluß rechtsextremistischer Kräfte insgesamt zurück.

Besteht die Gefahr eines Putschs von rechts? Zweifellos gibt es in Rußland noch immer sehr viele Rechtsextremisten, wohl mehr als in jedem anderen europäischen Staat. Die rechtsextreme Gefahr soll nicht verharmlost werden – eine Machtübernahme durch Rechtsextremisten aber ist alles andere als wahrscheinlich.

Rückkehr zum Sowjetsystem?

Die Wiederherstellung des früheren Sowjetsystems gehört zu den am häufigsten gestellten Prognosen. Nach den – gewiß übereilten – Erklärungen über das angebliche »Ende des Kommunismus« hat sich die Situation seit 1992 gewandelt. Nicht wenige Menschen in Osteuropa, vor allem aber in Rußland, sehnen sich angesichts der wirtschaftlichen Unwägbarkeiten, der sozialen Ungerechtigkeiten und der auf viele chaotisch wirkenden Zustände nach der vermeintlichen »Ordnung« der Sowjetzeit zurück. Der Verlust der Weltmachtstellung Rußlands verstärkte die nostalgischen Erinnerungen an frühere Zeiten, in denen die UdSSR als Supermacht Weltgeltung hatte.

Gerade einfache Menschen, »kleine Leute« sind es, die – wie ich in zahlreichen Gesprächen immer wieder feststellen konnte – nostal-

gische Gefühle für die einstige Sowjetunion hegen: Die Nostalgie-
woge war die Ursache des raschen Aufstiegs der Kommunistischen
Partei der Russischen Föderation (KPRF) seit 1992. Allerdings: Die
nostalgischen Gefühle sollten nicht überschätzt werden.

Immer wieder fiel mir in Gesprächen auf, daß – nach langen, be-
schönigenden, nostalgischen Tiraden – eine höfliche Zwischenfrage
genügte: »Würden Sie eine Rückkehr zur Breshnjew-Zeit befürworten,
oder bevorzugen Sie eine Rückkehr zur Stalin-Ära?« Sie wurde stets
mit einem erschreckten »Um Gottes willen, nein« beantwortet. Die
Nostalgie – sie ist ein Protest gegen die Schwierigkeiten und sozialen
Ungerechtigkeiten von heute – hat mit dem Wunsch nach einer Wie-
derkehr der sowjetischen Vergangenheit in der Regel nichts zu tun.

Aus der Parlamentswahl im Dezember 1995 ging die kommunistische Partei der Russischen Föderation mit 22,3 Prozent der Stimmen als stärkste Partei hervor. Gennadij Sjuganow, der Vorsitzende,
erhielt im ersten Wahlgang der Präsidentschaftswahl im Juni 1996
knapp 32 Prozent, im zweiten Wahlgang Anfang Juli 1996 sogar
über 40 Prozent der Stimmen. Aber selbst die Wähler der erstarkten
KPRF wollen in ihrer großen Mehrheit keine Rückkehr zum Sowjetsystem – einmal ganz abgesehen davon, daß dies gar nicht mehr zu
realisieren wäre. Sie verstehen die KPRF vielmehr als Korrektiv, als
soziale Opposition zur gegenwärtigen Führung Rußlands. Bestimmt
werden die Kommunisten noch für längere Zeit eine ernstzunehmende politische Kraft in Rußland sein. Ihre Forderungen sind in
Rechnung zu stellen. Aber von einer Rückkehr zum Sowjetsystem ist
Rußland sehr weit entfernt.

Wie wird die national-autoritäre Entwicklung weitergehen?

Die bisher skizzierten Szenarien – Militärputsch, nationaler Flächen-
brand, rechtsextremistische Diktatur, Rückkehr zum Sowjetsystem –
sind meiner Auffassung nach unwahrscheinlich.

Das bedeutet aber keineswegs, daß die Fortsetzung des »demokratischen Reformprozesses« garantiert ist. Wirkliche Demokraten, die
eine pluralistische parlamentarische Demokratie, rechtsstaatliche
Verhältnisse und enge Kooperation mit den Demokratien des Westens

Nachwort

anstreben, sind in Rußland nur eine kleine Minderheit. Parteien und Gruppierungen der (meist zerstrittenen) Demokraten erhalten bei Wahlen allenfalls 15 bis 20 Prozent der Stimmen, und diese stammen zumeist von Wählern aus den gebildeteren Schichten der großen Städte. Demokrat – dieser Begriff ist vielfach negativ besetzt, gilt zuweilen gar als Schimpfwort.

Vieles spricht dafür, daß dieses inzwischen etablierte autoritäre Präsidialsystem mit gewissen parlamentarischen und rechtsstaatlichen Komponenten und (zuweilen eingeschränkten) demokratischen Rechten und Freiheiten keine kurzfristige Übergangserscheinung ist, sondern für längere Zeit Bestand haben wird.

Das System legitimiert sich weltanschaulich – und dies ist in Rußland von besonderer Bedeutung – aus drei Faktoren: einer zumeist glorifizierenden Darstellung der russisch-zaristischen Vergangenheit, dem Bekenntnis zur russisch-orthodoxen Kirche als national-religiöser Tradition sowie einzelnen Aspekten der sowjetischen Zeit mit Schwerpunkt auf dem Sieg im Zweiten Weltkrieg.

In den letzten zwei Jahren war wiederholt von einer »nationalen Idee« die Rede. Der von der Jelzin-Führung Anfang August 1996 in der Regierungszeitung »Russiskaja Gaseta« initiierte Wettbewerb, der die besten Vorschläge für eine neue nationale Ideologie mit 10 Millionen Rubel – umgerechnet 3000 DM – belohnt, zeugt von dem Streben nach einer langfristigen Legitimität.

Birgt diese national-autoritäre Entwicklung Gefahren? Es ist anzunehmen, daß das neue Präsidialregime russischer Prägung weiter Bestand haben wird. Die gegenwärtig unsicheren und widerspruchsvollen Machtverhältnisse in der russischen Führung dürften kaum schnell überwunden werden. Die harten Auseinandersetzungen über den Kurs im Tschetschenienkonflikt sind keineswegs eine Ausnahmeerscheinung – sie werden sich in anderen Bereichen wiederholen. So ist mit harten Kontroversen zwischen jenen zu rechnen, die Marktwirtschaft und Privatisierung begrenzen und den staatlichen Einfluß wieder verstärken wollen, und jenen, die unter dem national-autoritären Schirm den Weg zu Marktwirtschaft und Privatisierung fortsetzen und den Weg beschleunigen wollen.

Die Entwicklung dürfte sich in ständigem Zickzackkurs vollziehen – mit begrenzten Fortschritten und ernsten Rückschlägen –, aber auch im Rahmen einer gewissen Stabilität. Allenfalls ist mit größeren sozialen Protestbewegungen zu rechnen. Erneute Putschversuche wie im August 1991, bewaffnete Kämpfe wie im Oktober 1993 oder ein zweites Tschetschenien sind jedoch höchst unwahrscheinlich. Dafür ist die Grundstimmung der russischen Bevölkerung gegen jeglichen Extremismus zu stark und das Bedürfnis nach Ruhe, Ordnung und Stabilität zu deutlich, ja, dominierend.

Der Weg Rußlands zur Demokratie wird schmerzhaft und langwierig sein. Positiv könnte sich jedoch auswirken, daß die Macht der Moskauer Zentrale stetig abnimmt und einzelne Regionen und Autonome Republiken an Bedeutung gewinnen, weil sich wirtschaftliche und politische Probleme dort schneller lösen lassen als durch die Moskauer Zentralgewalt. Wahrscheinlich werden sich erst nach einer längeren Periode – bis eine gewisse wirtschaftliche Stabilität erreicht ist – gefestigte demokratische Strukturen herausbilden können. Aber dies ist heute eher eine vage Hoffnung denn eine solide Prognose. Viele Russen setzen darauf, daß allmählich eine junge Politikergeneration an Einfluß gewinnt, die nicht mehr durch das Sowjetsystem geprägt ist, sondern sich durch Kompetenz, Sachkenntnis und Realismus auszeichnet. Doch dazu bedarf es einer längeren Übergangszeit.

Gefahren für den Westen?

Der seit 1993 immer deutlicher werdende national-autoritäre Prozeß wirkt sich zweifellos auch auf die Außenpolitik aus. Gorbatschows »neues Denken«, das Streben nach allgemein menschlichen Werten und das »gemeinsame europäische Haus« gehören der Vergangenheit an. An deren Stelle ist jedoch weder eine Rückkehr zum Kalten Krieg noch eine neue russische Bedrohung des Westens getreten. Selbst Rechtsnationalisten und Kommunisten wissen, daß Rußland viel zu sehr mit der Weltwirtschaft verwoben und auf den Westen angewiesen ist, als daß dieser Weg möglich wäre.

Die Zukunft der russischen Außenpolitik wird durch das Streben gekennzeichnet sein, den schmalen Grat zwischen (begrenzter) Kooperation auf der einen und (begrenzter) Konfrontation auf der anderen Seite zu beschreiten: Rußland wird im Rahmen der internationalen Gemeinschaft an internationalen Institutionen mitwirken, sich aber nie völlig integrieren; es wird die Beziehungen zu den westlichen Demokratien aufrechterhalten, aber dabei den eigenen Weg und die erstrebte Großmachtstellung deutlich unterstreichen. Die russische Außenpolitik wird widerspruchsvoll sein: autoritär, aber nicht totalitär; national-imperial, aber nicht imperialistisch; wirtschaftlich protektionistisch, aber ohne planwirtschaftliche Isolierung.

Man wird mit einer Abkühlung der Beziehungen zwischen Rußland und dem Westen rechnen müssen, auch wird sich Rußland zuweilen als schwieriger Partner erweisen – aber all das ist von der zuweilen befürchteten »neuen russischen Bedrohung« weit entfernt. Sowohl die Innenpolitik Rußlands wie auch seine Außenpolitik kann und wird zu manchen Besorgnissen führen – sie bietet jedoch keinen Anlaß zur Panik. Die Zeiten des Kalten Krieges sind vorbei, bedrohliche innenpolitische Entwicklungen wie Bürgerkrieg oder Diktatur – sowjetischer oder rechtsextremistischer Couleur – sind nicht zu erwarten. Fazit: Grund zu Besorgnis ja, Bedrohung nein.

Die real existierende Gefahr

In keinem Industriestaat der Erde sind nukleare Anlagen in einem derart besorgniserregenden Zustand wie in den Nachfolgestaaten der Sowjetunion. Das gilt nicht nur für die Mehrzahl der noch in Betrieb befindlichen Kernkraftwerke, sondern auch für die stillgelegten Reaktoren, die Anlagen zur Gewinnung von Plutonium und die Uranbergwerke mit ihren Atomanlagen. Der Zustand vieler russischer Atomkraftwerke ist äußerst besorgniserregend, und die Sicherheitsvorschriften sind völlig ungenügend. Von vielen Reaktoren gehen ernstzunehmende Gefahren aus, aber die Nuklearanlagen werden, von wenigen Ausnahmen abgesehen, nicht abgeschaltet, sondern weiter betrieben.

Das Reaktorunglück von Tschernobyl am 26. April 1986, dessen entsetzliche Folgen erst Jahre später in vollem Ausmaß erkannt worden sind, war die erste deutliche Warnung. Eine grundlegende Änderung dieser katastrophenträchtigen Situation wäre nur unter Einsatz gewaltiger Mittel möglich – die nicht vorhanden sind. Selbst westliche Unterstützung würde unter den gegebenen Bedingungen kaum eine wirkliche Lösung bringen.

Die veralteten, schlampig gewarteten, von zuweilen schlecht geschultem Personal bedienten und vom technischen Standard her nicht verantwortbaren Nuklearanlagen sind ein unkalkulierbares Risiko – nicht nur für Rußland und die Mitgliedsländer der GUS, sondern weit über den Bereich der GUS hinaus. Sie sind die gefährlichste Hypothek der einstigen Sowjetunion und eine permanente, auch für den Westen reale Bedrohung.

Wenn zuweilen von »Bedrohung« oder »Gefahr« aus dem Osten gesprochen wird, dann denke ich nicht an politische Unwägbarkeiten oder gar an eine militärische Bedrohung des Westens durch Rußland. Ich denke an die unsicheren und gefährlichen Atomkraftwerke, die weiterhin betrieben werden.

Anhang

BILDNACHWEIS

Alle Bildvorlagen stammen aus dem Archiv von Wolfgang Leonhard mit folgenden Ausnahmen:

dpa, Frankfurt, S. 23: Jelzin, Sjuganow, Lebed, Gaidar, Jawlinskij, Tschernomyrdin, Shirinowskij, Ryschkow, Ruzkoj

REGISTER

Adamowitsch, Ales 128
Adams, Jan S. 214
Aktschurin, Renat 271
Alexander I. (Zar) 166
Alexij II. (Patriarch) 72 f., 236
Alijew, Gajdar 180
Anpilow, Viktor 28, 46, 238
Ardsinba, Wladislaw 155

Baker, James 201
Bakey, Michael de 272
Barburin, Sergej 238
Bargow, Nikolaj 161
Barsukow, Michail 54 ff., 260
Bassajew, Schamil 62
Bednarz, Klaus 146, 148
Belenkow, Jurij 271
Beljajew, Sergej 104, 277
Bergmann, Wilfried 296
Bernhard, Josef 290
Blaum, Rudolf 296
Böckel, Jürgen 291
Bogomolow, Oleg 13, 100
Boldyrew, Jurij 44, 239
Borissow, Alexander 73
Boutros-Ghali, Boutros 155
Brakow, Jurij 50
Breshnjew, Leonid 79, 202, 322

Brynzalow, Wladimir 234, 240,
    250
Burbulis, Gennadij 44, 54
Burlakow, Matwej 67
Bush, George 214

Camdessus, Michael 90
Chasbulatow, Ruslan 33, 102
Chirac, Jacques 270
Cholodow, Dimitrij 67, 116
Chruschtschow, Nikita 57, 161,
    167, 211
Clinton, Bill 47, 224, 270

Dawydow, Oleg 113
Dole, Bob 226
Dshuna 16
Dudajew, Dschochar 33, 57 f.,
    61

Eichwede, Wolfgang 295

Fedulowa, Alewtina 45
Filatow, Sergej 37
Fischer, Leni 220
Fjodorow, Boris 44 f., 97
Fjodorow, Swjatoslaw 234,
    240 f., 252, 256

Gaidar, Jegor 9, 22 f., 27, 33,
    37, 44 f., 53 f., 93, 96, 100,
    106 f., 112, 229, 250, 263,
    301 f.
Gamsachurdija, Swiad 155
Genscher, Hans-Dietrich 201
Geraschtschenko, Viktor 98
Glogowski, Gerhard 291
Gorbatschow, Michail 35, 41,
    49 ff., 57, 63, 70, 73, 89, 110,
    128, 138, 141 f., 147, 161, 163,
    168, 171, 179, 189 f., 200, 203,
    229 f., 234, 239 f., 252, 256,
    274, 298, 300, 303, 305, 316,
    318, 324
Gorjatschewa, S. 14
Gratschow, Pawel 54, 59 f.,
    62, 67, 80 f., 116, 214, 251,
    260, 287
Gromow, Boris 27, 85
Gromow, Sergej 117
Gromyko, Andrej 200
Groth, Heinrich 168

Habsburg, Otto von 220
Hashimoto, Ryutaro 270
Hill, Graham 134
Hitler, Adolf 145, 165, 167, 175,
    204, 224
Hornhues, Karl-Heinz 220

Iljuchin, Viktor 248
Irmer, Ulrich 301

Jakowlew, Alexander (Flug-
    zeugbauer) 106

Jakowlew, Alexander (Politiker)
    54, 228
Jakunin, Gleb 73
Jandarbijew, Selin 245
Jasin, Jewgenij 275
Jasow, Dmitrij 199
Jawlinskij, Grigorij 22 f., 27,
    37, 43, 89, 138, 234 f., 238 f.,
    252 f., 256, 263, 272, 302
Jegorow, Michail 78
Jelzin, Boris 9 f., 23, 35 ff., 42,
    44, 46 ff., 66, 68 f., 74, 76 f.,
    80, 84 f., 89, 94, 96 f., 100 f.,
    103 ff., 107, 113, 117 f., 126,
    128 f., 132 f., 141, 147, 154 ff.,
    159 f., 163 f., 168, 173 f., 180,
    182, 184 ff., 190 f., 193, 196 ff.,
    201 f., 205, 207 f., 210 ff.,
    216 f., 226 f., 230 f., 234 ff.,
    251 ff., 256 ff., 275, 286,
    295 f., 316 ff., 323
Jerin, Viktor 62
Jewtuschenko, Jewgenij 304 f.
Jiang Zemin 210, 230
Joulwan, George 223
Jurkow, Jurij 120

Kalinin, Michail 162
Kantorn, Oleg 115
Karimow, Islam 244
Kartte, Wolfgang 90, 96, 284
Katharina II. die Große 166
Kebitsch, Wjatscheslaw 181 f.
Khomeini, Ruhollah 143
Kim Yong Sam 212
Kinkel, Klaus 225, 295

Register

Kiwelidi, Iwan 115
Kohl, Helmut 47, 198, 226, 270, 286, 300
Kondratjew, Wladimir 279
Kopelew, Lew 295, 312 f.
Korschakow, Alexander 54, 56, 104 f., 235, 260
Kostikow, Wjatscheslaw 47, 68
Kosyrew, Andrej 155, 175, 177, 190 ff., 200 ff., 207 f., 212, 216, 222 f., 227, 230
Kotschetkow, Georgij 73
Kowaljow, Sergej 54, 59 f., 69, 218, 221, 303
Kowaljow, Valentin 77, 115, 221
Krawtschuk, Leonid 147, 159 f., 182
Krehl, Constanze 269
Krylow, Sergej 227
Kryschtanowskaja, Olga 120
Kulikow, Anatolij 78 f., 116
Kupzow, Valentin 250 f., 265
Kutschma, Leonid 133, 160, 180, 244, 263
Kwasniewskij, Alexander 24, 165
Kwizinskij, Julij 46

Lambsdorff, Otto Graf 302
Lapschin, Michail 45
Lebed, Alexander 22 f., 32, 45 f., 62, 84, 234 f., 238, 250, 252 f., 256, 259 ff., 271 f.
Leber, Georg 225
LeCarré, John 203
Lenin, Wladimir 166, 266

Li Peng 210
Listjew, Wladislaw 67, 77 f., 118
Lukaschenka, Alexander 133, 164, 182, 184, 244
Lukin, Wladimir 203, 215, 223, 239, 303
Luschkow, Jurij 241, 257 f., 272
Luttwak, Edward 117

Major, John 269
Maleij, Michail 112
Meadowcraft, Michael 269
Melichow, Wladimir 121
Melnikow, Ivan 22, 24
Menghin, Wilfried 295
Meri, Lennart 197
Meschkow, Jurij 161 f.
Michailow, Viktor 214
Mironow, Sergej 271
Modrow, Hans 24
Mossalow, Viktor 249
Mühlemann, Ernst 219

Nabijew, Rachmon 158
Nasarbajew, Nursultan 154, 175, 244
Nikitin, Jewgenij 68
Nikonow, Wjatscheslaw 267
Njemzow, Boris 303

Orlow, Boris 13
Owtschinnikow, Richard 228

Perry, William 224
Polewanow, Wladimir 103 f.
Poltoranin, Michail 54

Popow, Gawriil 13, 51
Popzow, Oleg 78
Posnjak, Sergej 182
Primakow, Jewgenij 55, 200,
202 f., 210, 215, 220, 227 ff.

Rachmonow, Emomali 158, 209
Reagan, Ronald 203
Reiter, Bruno 290
Resin, Wladimir 12
Reuter, Ernst 166
Rochlin, Lew 84
Rudnjew, Wjatscheslaw 67
Ruge, Gerd 148
Ruzkoj, Alexander 23, 84, 238
Rybkin, Ivan 9, 56
Ryschkow, Nikolaj 23, 28, 46, 111

Sacharow, Andrej 51, 302
Sadowski, Sergej 122
Saltykow, Boris 123
Santer, Jacques 270
Sawgajew, Doku 33, 257
Schakkum, Martin 235, 240
Schamil/Schamyl 61
Schatalin, Stanislaw 89, 138
Scheinis, Viktor 303
Schewardnadse, Eduard 110,
154 f., 190, 200 ff., 230
Schewzowa, Lilija 249
Schliemann, Heinrich 294 f.
Schochin, Alexander 277
Schumejko, Wladimir 9
Schuschkewitsch, Stanislaw
147, 182
Selesnjow, Gennadij 235

Sergejewa, Olga 258
Shirinowskij, Wladimir 11, 13 f.,
22 f., 28, 32, 35 ff., 42 f., 53,
60, 77, 178, 180, 203, 207,
234 f., 239, 241, 250, 252 f.,
257, 263, 272, 275, 294, 301,
319 ff.
Sielaff, Horst 169
Sjuganow, Gennadij 9, 14, 23 f.,
41 f., 178, 203, 223, 234 ff.,
241 f., 244, 246 ff., 251 ff.,
256 ff., 264 ff., 268 f., 272,
275, 294 f., 303, 322
Skokow, Jurij 45, 261
Smirnow, Igor 145, 156
Snegur, Micea 156, 263
Sobtschak, Anatolij 9, 37, 101,
303
Solana, Javier 226
Soroka, Michail 129
Soskowez, Oleg 68, 103 f., 260
Stalin, Josef 92, 110, 145, 163,
167 f., 204, 224, 238, 247 f.,
266, 322
Starowoitowa, Galina 44, 54
Stepaschin, Sergej 55, 62

Tarschys, Daniel 220
Ter-Petrosjan, Lewon 180, 244
Topal, Stepan 144
Trubnikow, Wjatscheslaw 55
Tschasow, Jewgenij 271
Tschebotajew, G. 79
Tschernomyrdin, Viktor 12, 23,
43, 62, 104 f., 113, 207, 262 f.,
271 f., 278, 301 f.

Register

Tschubaijs, Anatolij 101 ff., 105
Tulejew, Aman 14, 235, 240,
   252

Udowenko, Gennadij 133
Ulmanis, Guntis 197
Waffenschmidt, Horst 169,
   290 f.

Warennikow, Valentin 85
Wiedemann, Erich 114
Wiedmann, Arno 295
Wlassow, Jurij 234, 240
Wolskij, Arkadij 9, 303
Wormsbecher, Hugo 168

Zecchini, Salvatore 96

DIE TÜRKEN VERSTEHEN:
DAS STANDARDWERK ZUM THEMA – EINE BRILLANTE ANALYSE

Udo Steinbach

Die Türkei im 20. Jahrhundert

Schwieriger Partner Europas

Rund 2 Millionen türkische Staatsbürger leben in Deutschland. Das prägt Gegenwart und Zukunft. »Mölln« und »Solingen« sind die radikalen Zeichen eines weitverbreiteten Unwissens über die Türkei und die Türken. Dieses Buch öffnet den Blick:

• Die historisch-kulturellen Wurzeln des Landes
• Der moderne, nichtreligiöse Staat mit einer muslimischen Bevölkerung
• Diktatur und Demokratie
• Die unvollendete Verwestlichung
• Die Kurdenfrage
• Deutsche und Türken
• Die Türkei in der Europäischen Gemeinschaft?
• Die zukünftige Entwicklung

478 Seiten, 23 Abbildungen, 5 Karten,
Zeittafel, Namen- und Sachregister
Gebunden mit Schutzumschlag

Gustav Lübbe Verlag

ENTDECKUNGEN
IN DEN GEHEIMARCHIVEN MOSKAUS

Wladimir Bukowski

Abrechnung mit Moskau

Das sowjetische Unrechtsregime und die Schuld des Westens

Dem ehemaligen Dissidenten Wladimir Bukowski ist es gelungen, Kopien sensationeller Geheim-Dokumente aus den Archiven des Kreml zu beschaffen. Diese Sitzungsprotokolle des Politbüros des ZK, KGB-Berichte, Briefe westlicher Regierungschefs u. a. werfen ein völlig neues Licht auf Schlüsselsituationen und Hauptakteure der jüngeren Geschichte, wie z. B.:

- Die Vorgeschichte des Einmarsches in Afghanistan
- Solidarność, Jaruzelski und der Ruf nach der Sowjetarmee
- Brandt, Bahr und die Entspannung
- Michail Gorbatschow – eine schillernde Persönlichkeit
- Falin, Portugalow und der Schutz des SED-Parteiarchivs nach der deutschen Vereinigung

Die Dokumente belegen aber auch, wie Bespitzelung und Unterdrückung der Bevölkerung in der UdSSR bis in die achtziger Jahre funktionierten.

656 Seiten, 15 Faksimiles, 6 Abbildungen,
Dokumentenkonkordanz, lexikalisches Register
Gebunden mit Schutzumschlag

Gustav Lübbe Verlag

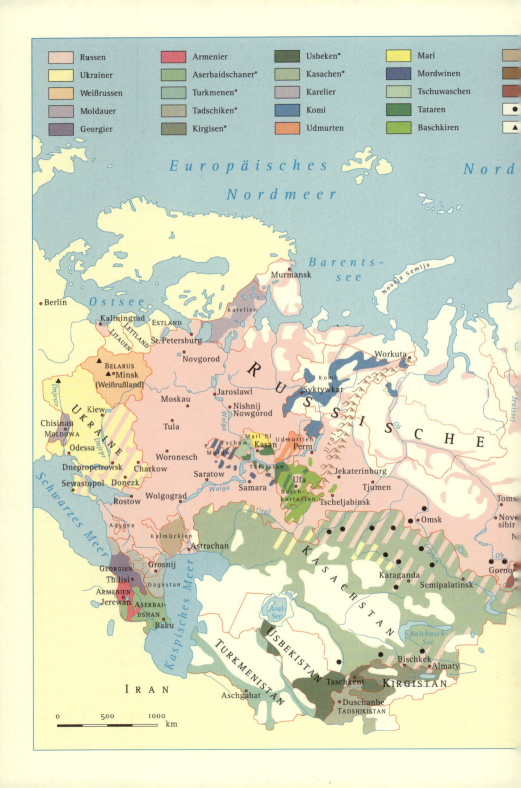